五禮通考

〔清〕秦蕙田 撰
方向東 王鍔 點校

三

吉禮〔三〕

中華書局

目録

五禮通考卷四十三　吉禮四十三

五禮通考卷四十四　吉禮四十四

五禮通考卷三十

吉禮三十

明堂

宋明堂

宋史寧宗本紀：紹熙五年即位，九月辛未，合祭天地于明堂，大赦。

文獻通考：光宗紹熙五年，詔今歲郊祀大禮，改作明堂大禮，令有司除事神儀物、諸軍賞賜依舊外，其乘輿服御、中外支費，並從省約。後以在壽皇喪制内，依淳熙十五年典故施行。

寧宗本紀：慶元六年九月辛未，合祭天地于明堂，大赦。

文獻通考：寧宗慶元六年，大饗明堂，以諒闇，用紹熙禮。紹熙五年，明堂，孝宗未卒哭，時趙汝愚朝獻景靈宮，嗣秀王伯圭朝享太廟，而上獨祀明堂。是年，光宗之喪甫踰月，而當行大禮，乃命右丞相謝深甫款天興之祠，嗣濮王不儔攝宗廟之祭，蓋亦用紹熙禮云。

開禧二年九月辛卯，合祭天地于明堂。

玉海：開禧二年，禮部侍郎倪思奏：「周家明堂，本爲嚴父。自皇祐定制，以太祖、太宗、真宗參配，事祖嚴父，于是兩盡，獨壽皇累行重屋之禮。是時，高宗尊御德壽，陛下初款合宫，而光宗頤神壽康，是以上于並侑祖宗。今光宗飈御在天，升祔云久，望亟命有司討論舊典，以光宗與祖宗並配天地。」詔集議。參政李璧奏：「竊考神宗聖訓有曰：『周公宗祀，乃在成王之世，成王以文王爲祖，則明堂非以配考明矣。』大哉王言！皇祐故事，後爲南郊，止云且奉三聖並侑。司馬光謂：『孔子以周公輔成王，致太平之業，而文王其父也，故引之以證聖人之德，莫大于孝，答曾子之問而已。非謂凡有天下者，皆當以父配天，然後爲孝也。』近世祀明堂者，皆以其父配帝，此誤識孝經之意，而違先王之禮，不可以爲法也。光所指近世，謂唐故事，代宗用杜鴻漸等議，以考肅宗配天，一時誤禮，本不足據，故錢公輔等于治平初，推本經訓，亦謂當先朝時，惜無一引古義而爭者。光、公輔之言，與神宗聖訓，相爲表裏，有合乎祀無豐昵之義。」思又奏：「易之豫曰：『配祖考。』則是饗帝可以兼配祖考也，晉摯虞之議曰：『郊丘之祀，掃地而祭，牲用繭栗，器用陶匏，事反其始，故配以遠祖。明堂之祭，備物以薦三牲，並陳籩豆成列，禮同人理，故配以近考。』此諸儒之論，有合于經者。皇祐參配，紹興專配，未嘗不嚴父。」璧又奏：「淳熙詔書曰：『具殫尊祖之誠。』則是嚴父之說，已經釐正，足以刊千載之誤，垂萬世之規，欲再舉淳熙以前典禮，則與壽皇所既改者，又將牴牾，因阜陵之已行，申神考之明訓，復先王之舊禮，一洗魏、晉以來之曲說。」詔祀事日迫，候將來別議。思又奏：「聖莫聖于神宗，賢莫賢于司馬光，固可以爲定論。然熙寧四年、元豐三年，兩行明堂親祠，實以英宗配。元祐初，光相哲宗，而明堂之祠，實以神宗配，已見于議論，終不敢輕改舊制，蓋以經文及漢、晉以來典章故耳。」集議官謂：「豫卦非爲明堂立文，考之正義云：『配祀明堂以考，文王也。』則是爲明堂立文分明。」

蕙田案：李壁此議，宗祀配帝之義，最爲曲盡。

嘉定二年九月辛丑，合祭天地于明堂，大赦。

文獻通考：嘉定二年，當郊，詔行明堂大禮。臣僚言：「臣聞古之王者，父事天，母事地，一歲之間，冬夏日至，大雩大享，以及四時迎氣之類，無非躬行郊見之禮。後世彌文日增，乘輿出郊，儀衛之供，百物之須，賞賚之數，無名之費，不一而足，雖欲行禮如先王，不可得已。夫禮從宜，苟不失乎先王之意，而有得于事天之實，何害其爲禮也？恭惟藝祖在位十有七年，親郊者四；太宗在位二十二年，親郊者五；真宗以後，三歲一郊，遂爲定制。逮仁宗皇祐間，始有事于明堂。蓋稽之古典，斷自聖意，而以義起也。陛下即位以來，圜丘重屋，其禮迭舉，及兹三載，又當親郊之期。有司文移督辦錢物，固已旁午于道。州縣之間，以應奉爲名，抑配于民，不知其幾。軍旅之後，旱蝗相仍，公私之積，旦暮不繼。民生既瘠，國力大屈，重以近日〔一〕，使命往來，其費逾倍，空匱之狀，可爲寒心。臣願陛下相時之宜，權停

〔一〕「近」，諸本作「今」，據文獻通考卷七五改。

郊祀之禮，仍以季秋大享明堂，既無失于事天之誠，而可以省不急之費。古之行禮，視年之上下，正此意耳。昔咸平中，鹽鐵使王嗣宗奏：『郊祀費用繁重，望行謁廟之禮。』當是之時，帑藏充溢，天下富饒，嗣宗猶以爲請，況今日國計，比之咸平，萬萬不侔矣。檢照國朝故事，仁宗嘉祐元年，恭謝天地于大慶殿，四年，祫祭，七年，明堂，蓋不行郊禋者九年。哲宗元祐，繼舉明堂者再；高宗紹興，繼舉明堂者五〔一〕。若陛下申講宗祀之儀，則于祖宗舊章，不爲無據。欲望下臣此章，令禮部詳議施行。臣又聞，真宗因王嗣宗之請，詔三司非禋祀所須，並行減省。是歲，減應奉雜物十萬六千，計其數之可考若此，則必有條目，而非漫然者矣。今若舉行明堂，其費比之郊丘，雖已不等，然明堂祭祀，儀物之外，賜予浮費，豈無合從節約者？望并詔有司，取其凡目，參酌考訂，當減者減之，當去者去之，一切條畫，無爲具文。方國用窘乏，民力殫竭之餘，減千則吾之千也。疑有脱文。若曰細微，不足經意，則真宗全盛之時，視十萬六千，何足道哉？唯陛下果斷而行之。」從之。

〔一〕「五」，諸本作「三」，據文獻通考卷七五改。

八年九月辛未，合祭天地于明堂。

王圻續通考：寧宗嘉定八年，合祭天地于明堂。吴詠繳進明堂御劄狀曰：「臣嘗出入禮經，讀郊特牲，謂祭有祈、有報、有辟焉；讀周官太祝，謂祀有祈福祥，有求永正，有弭災兵焉。所謂肇禋于郊，宗祀于明堂者，不但曰報而已。蓋海内乂安，兵革不興，年至于屢豐，則鋪張揚厲而主報，疆埸多事，水旱間作，民未有寧宇，則禬禳祀禱而主祈，此皆成周之令典，國家列聖以來，成法所不能廢也。粤自近歲，詞臣所撰赦詔，類多頌美形容之詞，而少愛人惻怛之意。矧今兵祲未解，民食孔艱，陛下畏威一念，如對上帝，毖祀一忱，若保赤子，所宜因此時力，致祈天永命之請。臣用是輒援仁祖、高宗兩朝故事，載之御劄，所有將來合降赦書，更宜推廣此意，深自貶損，明示四方。如建炎間，臣夢得所上奏疏，紹興間，臣蓋、臣近、臣世將諸臣所撰赦文，則庶幾可以迓續天命，感動人心，仰昭陛下寅畏懷保之實。」

十一年九月辛巳，合祭天地于明堂，大赦。

蕙田案：文獻通考數寧宗親祀明堂七，有十四年九月辛卯，但紀、志未載，用識于此。

宋史理宗本紀：嘉定十七年，嗣皇帝位。九月辛卯，祀明堂，大赦。

禮志：嘉定十七年閏八月，理宗即位，大享當用九月八日，在寧宗梓宮未發之前，下禮官及臺諫、兩省詳議。吏部尚書羅點等言：「本朝每三歲一行郊祀，皇祐以來始講明堂之禮，至今遵行。稽之禮經，有『越紼行事』之文，『既殯而祭』之説，則雖未葬以前，可以行事。且紹熙五年九月，在孝宗以日易月釋服之後，未發引之前；慶元六年九月，亦在光宗以日易月釋服之後，未發引之前。今來九月八日，前祀十日，皇帝散齋別殿，百官各受誓戒，係在閏八月二十七日，即當在以日易月未釋服之内。乞下太史局，于九月内擇次辛日行禮，則在釋服之後，正與前史相同。」乃用九月二十八日辛卯。前二日，朝獻景靈宫，前一日，享太廟，遣官攝事。皇帝親行大享，禮成不賀。

理宗本紀：紹定三年九月辛丑，祀明堂，大赦。六年九月辛亥，祀明堂，大赦。

端平三年九月辛未，祀明堂，大赦。

王圻續通考：端平三年，詔以今年九月有事于明堂，直寶謨閣、知婺州陳庸熙奏：「當舉皇祐典禮，以太祖、太宗、寧考並配于明堂。」詔令禮部、太常寺討論以聞。

宋史理宗本紀：嘉熙三年九月辛巳，祀明堂，大赦。

淳祐二年九月辛卯，祀明堂，大赦。

禮志：淳祐三年，將作少監、權樞密都承旨韓祥言：「竊以明堂之禮，累聖不廢嚴父配侑之典。南渡以來，事頗不同。高廟中興，徽宗北狩，當時合祭天地于明堂，以太祖、太宗配，非廢嚴父之祀，以父在故也。及紹興末，乃以徽廟配。孝宗在位二十八年，娛奉堯父，故無祀父之典，南郊、明堂，惟以太祖、太宗配，沿襲至今，遂使陛下追孝寧考之心有所未盡。」時朝散大夫康熙亦援倪思所著合宫嚴父爲言。上曰：「三后並侑之説，最當。」是後明堂以太祖、太宗、寧宗並侑。

蕙田案：續通考載端平三年，婺州陳庸熙言：「當舉皇祐典禮，以太祖、太宗、寧考並配。」疑禮志朝散大夫「康熙」即「庸熙」之訛也，存之以俟考。

理宗本紀：淳祐五年九月辛亥，祀明堂，奉太祖、太宗、寧宗並侑，大赦。

八年九月辛酉，祀明堂，大赦。

王圻續通考：監察御史陳垓言：「祀者，國之大事。三歲明禋，將享多非本物，皆自見科市户。今仰臣監督，各備正色，毋以他物充代。」從之。

十一年九月辛未，祀明堂，大赦。

寶祐二年九月辛亥，祀明堂，大赦。　五年九月辛酉，祀明堂，大赦。

禮志：寶祐五年九月辛酉，復奉高宗升侑，于是明堂之禮，一祖三宗並配。

王圻續通考：五年三月，詔曰：「高宗皇帝，克紹大業，寵綏萬民，厄十世以中興，恢旋乾轉坤之烈，御六飛而南渡，有櫛風沐雨之勞。定社稷以奠鰲極之安，明統系以詒燕謀之永。豈有光復我家之盛，未隆升陪世室之尊？永言孝思，稽古多闕，所以採博士、議郎之是，酌人情禮制之宜，倣有夏之祀少康，法元和之尊光武，合一祖三宗而並侑，有德有功，則參天貳地之宏規，丕承丕顯，用秩元祀，昭宣重光，陟配而多歷年，以陳常于時夏，會通而行典禮，將大享于季秋。」

宋史理宗本紀：景定元年九月辛巳，祀明堂，大赦。

禮志：度宗咸淳二年，將舉郊祀，時復議以高宗參配。時吏部侍郎洪燾等議：「禮者，所以別等差，視儀則，遠而尊者配于郊，近而親者配于明堂，明有等也。臣等謂宜如紹興故事，奉太宗配。將來明堂遵用先皇帝彝典，以高宗參侑，庶于報本之禮、奉先之孝爲兩盡其至。」詔恭依。

度宗本紀：咸淳五年九月辛酉，祀明堂，大赦。丙寅，明堂禮成，加上皇太后尊號、寶册。

禮志：度宗咸淳五年，又去寧宗，以太祖、太宗、高宗、理宗並配。

蕙田案：王氏通考有咸淳二年、四年大享，無五年大享，今依宋史爲定。

度宗本紀：八年九月辛未，明堂禮成。祀景靈宫，還，遇大雨，改乘逍遥輦，入和寧門，肆赦。

王圻續通考：八年，起居舍人高斯得進郊天故事曰：「臣聞人主事天之道，唯質與忱而已。蓋質者天地之性，而忱則天之道也。大路越席，掃地不壇，器用陶匏，牲用繭栗，皆尚質也；立澤聽誓，皮弁聽報，齋明盛服，三宿七戒，皆致忱也。外盡乎質，内盡乎忱，則天之親德享道也宜矣。秦、漢之後，文縟而掩其質，敬弛而汩其忱，千乘萬騎以爲華，寶鼎天馬以爲飾，而事天之本廢矣；牡荆靈旗以禱兵，方士秘術以求福，而事天之心蕩矣。若成帝者，則以文滅質，以欲汩忱之尤者也。甘泉、泰畤之祠，正承武帝奢華之後，丞相匡衡欲少去華就實，乃奏罷鑾輅龍鱗黻繡周張之飾，更定其儀與其樂章，帝雖勉從，而終不能改，故雄賦甘泉，極道八神警蹕、星陳天行、萬騎中營、玉車千乘之盛，以致靡麗之譏。是時趙昭儀又大幸，每上至甘泉，常陪法從，故雄賦云：『想西王母欣然而上壽兮，屏玉女而却虙妃。玉女無所眺其清盧兮，虙妃曾不得施其蛾眉。』以戒齊肅之事。惜乎帝之馳騖于紛華，湛溺于逸欲而不能用也。欲以感動天地，逆釐三神，不亦難乎？陛下穆卜季秋中辛，以行暘館之祀，今有日矣。咸秩之禮，昭事之忱，所宜早戒而預定者，聖心固已孜孜于此。蓋自乾、淳以來，每遇郊禋，必詔有司，自事天儀物及諸軍賞給之外，凡車服、仗衛、聲名、文物之具，莫不裁約而歸于儉；錫賚推恩，亦減承平之半，或三之一，可謂尚質之至矣。至于前期齋殿，致其精明，以對越在天者，尤極其嚴；行事之際，避黄道而不履，虚小次而不御，可謂至忱之極矣。是以神天顧歆，或積雨而頓霽，或微恙而立瘳，以樂成熙事，此則陛下之家法也。厥今四郊多壘，財力單匱，遠不逮乾、淳之時，臣願陛下于阜陵節約之外，損之又損，庶幾曰祀曰戒，二者兼得。乃若以忱事天，又其大本。記曰：『齋者，防其邪物，絶其嗜欲，言不敢散其志也。』今距齋宿之期，雖曰尚賒，然臣願陛下以聖人久禱爲心，兢兢業業，已如上帝臨汝，神在其上之時，則積此精誠，用于一日，天人相與，如響應聲，天神之不降，地祇之不格，風雨之不節，寒暑之不時，臣不信也。」

蕙田案：是年九月，享明堂，故斯得疏云穆卜季秋，行暘館之禮。南渡以後，當郊之歲，每以資用不足，權停郊祀，止享明堂。蓋以明堂代郊，故臣僚封事，統謂之郊天耳，實非南郊也。

王儀明禋儀注　明堂殿，正配四位，昊天上帝、皇地祇、太祖、太宗。各牲牢禮饌。二十二拜，二十三跪，俛伏，興。第一上，參神，兩拜，盥帨，各詣前位，跪奠鎮圭，俛伏，興；跪奠玉幣，俛伏，興，兩拜。第二上，再盥帨，洗拭爵，各詣前位，跪，三祭酒，俛伏，興，讀册，訖，兩拜，請還小次。依例不還。第三上，亞、終獻，畢，詣飲福位，兩拜，跪，三祭酒，啐酒，受俎，受摶黍，俛伏，興，兩拜，送神，望燎，奏「饌畢」〔一〕。恐當作「禮畢」。太廟及明堂殿，並以丑時一刻行事，前一刻到大次。逐處行禮，讀册官讀册，御樂傳旨，高宣御名，勿興。太廟行禮，裸鬯，畢，還版位，宮架樂作，御樂宣諭樂卿，徐其音節，毋得減促，九成止。行禮，歸大次東神門上，御樂宣諭亞、終獻：「列祖上帝，享以多儀，動容周旋，實勞宣力。」五使：大禮使，總一行大禮事務，行事日，復從皇

〔一〕「饌畢」，文獻通考卷七五作「禮畢」。

帝行禮；禮儀使，行事日前導，奏請皇帝行禮；儀仗使，總轄提振一行儀仗，儀仗用四千一百八十九人，自太廟排列至麗正門；鹵簿使，依禮經，鹵者，大盾也，總一部儀仗前連後從，謂之鹵簿；橋道頓遞使，提振修整車駕經由道路、頓宿齋殿等。應奉官：禮儀使，禮部侍郎二員、奏「中嚴、外辦」，御前奏。殿中監、進接圭，兼進飲酒，後受虛爵。太常卿、贊導。禮部郎中二員、奏「解嚴」，御前奏。太常博士四員，引禮儀使、引太常卿、引亞獻、引終獻。尚醖奉御。執尊，合上尊酒酌，飲福酒。宿齋行事官：侍中一員。奏請皇帝降座，歸齋室。

明堂大禮使，亞獻、終獻，左丞相，同景靈宫。吏部尚書、同前。户部尚書、同前，兼進飲福酒。禮部尚書、同前。兵部尚書、薦羊俎并徹。吏部侍郎二員、禮部侍郎、省牲、視腥熟節。刑部侍郎、同上。讀册官、太常卿、押樂。光禄卿、監察御史三員、殿下，隔門外東階下，隔門外西階下。舉册官、太府卿、太常丞、登歌，押樂。少府監、光禄丞、奉禮郎、協律郎、太祝、太社令、大官令、良醖令。酌皇帝獻酒。執事官五員、分獻官五員、亞終獻執事官五員。太廟行禮畢，如值雨，道路泥濘，降指揮乘逍遥子，赴文德殿宿齋。應導駕官並免導駕，並令常服從駕，許令張雨具，入麗正門，應執仗官兵等與免排立，並放散。淳熙六年九月，明堂。因雨，降前指揮。當晚晴霽，續降指揮，仍舊乘輅。合用執儀仗官兵等，止令于側近營寨，量前據數差撥前來排設。開禧二年九月，明堂。爲值雨，依前件指揮行事。

明堂神位。殿上，正配四位，昊天上帝、皇地祇、太祖皇帝、太宗皇帝。東朵殿一十三位，青帝、感生帝、黄帝、大明、天皇大帝、木神、火神、土神、勾芒、祝融、后土、東岳、南岳。西朵殿一十二位，白帝、黑帝、神州地祇、夜明、北極、金神、水神、蓐收、玄冥、中岳、西岳、北岳。東廊二百單八位，北斗、天乙、太乙、歲星、熒惑、鎮星、玄枵、星紀、析木、大火、壽星、鶉尾、鈎星、天柱、天厨、柱史、女史、御女、尚書、大理、陰德、天槍、真戈、天牀、三師、輔星、相星、太陽守、東鎮、南鎮、中鎮、東海、南海、東瀆、南瀆、虚宿、女宿、牛宿、斗宿、箕宿、尾宿、太子、心宿、庶子、房宿、宋星、氐宿、亢宿、角宿、軫宿、翼宿、張宿、織女、建星、天紀、日星、七公、帝座、大角、攝提、人星、司命、司危、司非、司禄、天津、離珠、羅堰〔一〕、天桴、奚仲、左旂、河鼓、右旂、天雞、輂道、漸臺、敗瓜、扶箱、天井、天棓、帛

〔一〕「羅堰」，諸本作「羅偃」，據文獻通考卷七五改。

度、屠肆、宗星、宗人、宗正、天籥、女牀、侯星、市樓、宦者、天江、車肆〔一〕、斗星、斛星、天市垣列肆、東咸、罰宿、貫索、鍵閉、鈎鈐、周伯星、西咸、天乳、招摇、梗河、亢池〔二〕、周鼎、天田、平道、進賢、郎位、郎將、内五諸侯、三公内座、九卿内座、東山、南山、中山、東林、南林、中林、東川、南川、東澤、南澤、天壘城、璃瑜、代星、齊星、周星、晉星、韓星、秦星、魏星、燕星、楚星、鄭星、越星、趙星、九坎、天田、狗國、天淵、狗星、鱉星、農丈人〔三〕、杵星、糠星、魚星、龜星、傅説、神官、積卒、從官、天輻、騎陣將軍、陣車、車騎、騎官、頓頑、折威、陽門、五柱、天門、衡星、庫樓〔四〕、平星、南門、青丘、長沙、土司空、左右轄、軍門、器府、東甌、天廟、酒旗、天相、東丘、南丘、中丘、西丘、北丘、東陵、南陵、中陵、西陵、北陵、東墳、南墳、中墳、西墳、北墳、東衍、南衍、中衍、西衍、北衍、東原、南原、中原、西原、北原、東隰、南隰、中隰、西隰、北隰。　西廊一百七十五位：

〔一〕「車肆」，諸本作「東肆」，據宋史天文志二改。
〔二〕「亢池」，原作「元池」，據味經窩本、文獻通考卷七五校勘記改。
〔三〕「農丈人」，原脱「人」字，據味經窩本、光緒本、文獻通考卷七五補。
〔四〕「庫樓」，原作「軍樓」，據味經窩本、文獻通考卷七五校勘記改。

帝座、五帝内座、太白、辰星、鶉火、鶉首、實沈、大梁、降婁、娵訾、河漢、天理、勢星〔一〕、内厨、天牢、三公、文昌、内階、四輔、八穀、杠星、華蓋、傳舍、六甲、鈎陳、紫微垣、西鎮、北鎮、西海、北海、西瀆、北瀆、星宿、柳宿、鬼宿、井宿、參宿、觜宿、畢宿、昴宿、胃宿、婁宿、奎宿、壁宿、室宿、危宿、太微垣、太子、明堂、權星、三台、五車、諸王、月星、謁者、幸臣、常陳〔二〕、内屏、從官、虎賁、靈臺、少微、長垣、黄帝座、四帝座、内平、太尊、積薪、積水、北河、天罇、五諸侯、鉞星、座旗、司怪、天關〔三〕、咸池、天潢〔四〕、三柱〔五〕、天高、礪石、天街、天船、積水、天讒、卷舌、天河、積尸、大陵、左更、天大將軍〔六〕、軍南門〔七〕、右更、附路、閣道、王良、策星、天厩、土公、雲雨、霹靂、騰蛇、雷電、離宫、造父、

〔一〕「勢星」，諸本作「執星」，據文獻通考卷七五改。
〔二〕「常陳」，諸本作「帝陳」，據文獻通考卷七五改。
〔三〕「天關」，諸本作「天闕」，據文獻通考卷七五校勘記改。
〔四〕「天潢」，諸本作「天漢」，據文獻通考卷七五校勘記改。
〔五〕「三柱」，諸本作「天柱」，據文獻通考卷七五校勘記改。
〔六〕「天大將軍」，原作「天火將軍」，據光緒本、文獻通考卷七五改。
〔七〕「軍南門」，原作「單南門」，據光緒本、文獻通考卷七五改。

土公吏、内杵、臼星、蓋屋、虚梁、墳墓、車府、西山、北山、西林、北林、中川、西川、北川、中澤、西澤、北澤、天稷、爟星、天記、外厨、天狗、南河、天社、矢星、水星、闕星、狼星、弧星、老人星、四瀆、野雞、軍市、水府、孫星、子星、丈人、天屎、天厠、伐星、屏星、軍井、玉井、九斿、參旗、附耳、九州殊口〔一〕、天節、天園、天陰、天廪、天苑、天囷、芻藁、天庾、天倉、鈇鑕、天溷、外屏、土司空、八魁、羽林軍、壘壁陣、斧鉞、敗臼、天綱、北落師門、天錢、泣星、哭星。　東廊、西廊、南廊，衆星共一百五十八位。

文獻通考：馬氏曰：右明禋親祀，先公景定庚申，以樞密院編修官攝殿中監；咸淳己巳，以右丞相充儀仗使；壬申，充禮儀使。此儀注則當時奉常禮院所供也。喪亂以來，文書散失，貴謹弟游當塗，于故家得之，因得以參考史志、會要之所未備，如景靈宫、太廟、明堂三日行禮拜跪之節，與五使以下職掌之詳，從祠神祇之名數是也。其餘儀文，史之所有而纂輯已備者，則更不贅録云。

又曰：禮經言：「郊報天而主日，配以月。」然則周之郊，以后稷配天之外，從祀唯日月而已。明堂，則鄭氏注謂：「所祀者，五方、五帝及五人帝、五官，配以文王、

〔一〕「九州殊口」，諸本作「九州珠口」，據文獻通考卷七五校勘記改。

武王而已，不祀他神也。」自秦、漢以來，郊禮從祀之神漸多，晉大興中，賀循言郊壇之上，尊卑雜位，千五百神。唐圜丘壇位，上帝、配帝以及從祀，通計七百餘座。然圜丘所祀者昊天，則從祀者天神而已，于地祇、人鬼無預也。自漢末，始有合祭天地之禮。魏、晉以來，則圜丘、方澤之祀，未嘗相溷。宋承五代之弊政，一番郊祀，賞賚繁重，國力不給。于是親祠之禮，不容數舉，遂以后土合祭于圜丘，而海岳鎮瀆、山川丘陵、墳隰原衍，皆在從祀之例。于是祭天從祀，始及地祇矣。至仁宗皇祐二年，大享明堂，蓋以親郊之歲，移其祀于明堂，而其禮則合祭天地，並祀百神，蓋雖祀于明堂，而所行實郊禮也。然既曰明堂，則當如鄭氏之注及歷代所行，故以太昊、炎帝、黄帝、少昊、顓頊五人帝，勾芒、祝融、后土、蓐收、玄冥五官神侑祀五帝，于是祭天從祀，又及人鬼矣。中興以來，國勢偏安，三歲親祀，多遵皇祐明堂之禮，然觀儀注所具神位，殿上正配四位，東朶殿自青帝至南岳十三位，西朶殿自白帝至北岳十二位，東廊自北斗至北隰二百有八位，西廊自帝座至哭星一百七十五位，又有衆星一百五十八位，共五百七十位，則比晉賀循所言，纔三之一，唐圜丘所祀，三之二耳。然晉、唐未嘗雜祀地祇、人鬼，而位數反多，此則以圜丘、方澤、明堂所祠，合爲一祠，自五帝、五官、海岳以至于原隰，而位數反少，殆不可曉。然晉史、唐史，但能言從祀之總數，而不及其名位之詳，故無由參稽互考，而不知其纖悉也。姑誌于此，以俟博聞者共訂焉。

蕙田案：馬氏通考，止于嘉定。而明禋儀注，供自咸淳，中間相隔四十餘年，故附度宗之末。

宋史瀛國公本紀：德祐元年九月辛巳，有事于明堂，赦。

右宋明堂

明明堂

明史世宗本紀：嘉靖十七年六月丙辰，定明堂大饗禮。九月辛卯，大享上帝于玄極寶殿，奉睿宗配。

禮志：明初無明堂之制。嘉靖十七年六月，致仕揚州府同知豐坊上疏言：「孝莫大于嚴父，嚴父莫大于配天。請復古禮，建明堂。加尊皇考獻皇帝廟號稱宗，以配上帝。」下禮部會議。尚書嚴嵩等言：「昔羲、農肇祀上帝，或爲明堂。嗣是夏后氏世室，殷人重屋，周人作明堂之制，視夏、殷加詳焉。蓋聖王事天，如子事父，體尊而情親。故制爲一歲享祀之禮，冬至圜丘，孟春祈穀，孟夏雩壇，季秋明堂，皆所以尊之也。明堂帝而享之，又以親之也。今日創制，古法難尋，要在師先王之意。明堂圜丘，皆所以事天，今大祀殿在圜丘之北，禁城東南，正應古之方位。明堂秋享，即以大祀殿行之爲當。至配侑之禮，昔周公宗祀文王于明堂，詩傳以爲物成形于帝，猶人成形于父。故季秋祀帝明堂，而以父配之，取其成物之時也。漢孝武明堂之享，以景帝配，孝章以光武配，唐中宗以高宗配，明皇以睿宗配，代宗以肅宗配，宋真宗以太宗配，仁宗以真宗配，英宗以仁宗配，皆世以遞配，此主于親親也。宋錢公輔曰：『郊之祭，以始封之祖，有聖人之功者配焉。明堂之祭，以繼體之君，有聖人之德者配焉。』當時司馬光、孫抃諸臣執辨于朝，程、朱大賢倡義于下，此主于祖宗之功德也。今復古明堂大享之制，其所當配之帝，亦唯二説而已。若以功德論，則太宗再造家邦，功符太祖，當配以太宗。若以親親論，則獻皇帝，陛下之所自出，陛下之功德，即皇考之功德，當配以獻皇帝。至稱宗之説，則臣等不敢妄議。」帝降旨：「明堂秋報大禮，于奉天殿行，其配帝務求畫一之説。皇考稱宗，何爲不可？再會議以聞。」于是户部左侍郎唐胄抗疏言：「三代之禮，莫備于周。孝經曰：『郊祀后稷以配天，宗祀文王于明堂以配上帝。』又曰：『嚴父莫大于配天，則周公其人也。』説者謂周公有聖人之德，制作禮樂，而文王適其父，故引以證聖人之孝，答曾子問而已。非謂有天下者，必皆以父配天，然後爲孝。不然，周公輔成王踐阼，其禮蓋爲成王而制，于周公爲嚴父，于成王則爲嚴祖矣。然周公歸政之後，未聞成王以嚴父之故，廢文王配天之祭，而移于武王也。後世祀明堂者，皆配以父，此乃誤孝經之義，而違先王之禮。昔有問于朱熹曰：『周公之後，當以文王配耶，當以時王之父配耶？』熹曰：『只當以文王配。』又曰：『繼周者如何？』熹曰：『只以有功之祖配，後來第爲嚴父之説所惑亂耳。』由此觀之，明堂之配，不專于父明矣。今禮臣不能辨嚴父之非，不舉文、武、成、康之盛，而乃濫引漢、唐、宋不足法之事爲言，謂之何哉！雖然，豐坊明堂之議，雖未可從，而明堂之禮則不可廢。今南、北兩郊皆主尊尊，必季秋一大享帝，而親親之義始備。自三代以來，郊與明堂各立所配之帝，太祖、太宗功德並盛，比之于周，太祖則后稷也，太宗則文王也。今兩郊及祈穀，皆奉配太祖，而太宗獨未有配，甚爲缺典。故今奉天殿大享之祭，必奉配太宗，而後我朝之典禮始備。」帝怒，下胄詔獄。嵩乃再會廷臣，先議配帝之禮，言：「考季秋成物之指，嚴父配天之文，宜奉獻皇帝配帝侑食。」因請奉文皇帝配祀于孟春祈穀。帝從獻皇帝配帝之請，而却文皇議不行。已復以稱宗之禮，集文武大臣于東閣議，言：「禮稱『祖有功，宗有德』。釋者曰：『祖，始也。宗，尊也。』漢書注曰：『祖之稱始，始受命也。宗之稱尊，有德可尊也。』孝經曰：『宗祀文王于明堂，以配上帝。』王肅注曰：『周公于文王，尊而祀之也。』此宗尊之説也。古者，天子七廟。劉歆曰：『七者正法，苟有功德則宗之，不可預爲設數。宗不在數中，宗變也。』朱熹亦以歆之説爲然。陳氏禮書曰：『父昭子穆，而有常數者，禮也。祖功宗德，而無定法者，義也。』此宗無數之説，禮以義起者。今援據古義，推緣人情，皇考至德昭聞，密佑穹旻，宗以其德可。聖子神孫，傳授無疆，皆皇考一人所衍布，宗以其世亦可。宜加宗皇考，配帝明堂，永爲有德不遷之廟。」帝以疏不言祔廟，留中不下。乃設爲臣下奏對之詞，作明堂或問，以示輔臣。大略言：「文皇遠祖，不應嚴父之義，宜以父配。稱宗雖無定説，尊親崇上，義所當行。既稱宗，則當祔廟，豈有太廟中四親不具之禮？」帝既排正議，崇私親，心念太宗永無配享，無以謝廷臣，乃定獻皇配帝稱宗，而改稱太宗號曰成祖。時未建明堂，迫季秋，遂大享上帝于玄極寶殿，奉睿宗獻皇帝配。殿在宫右乾隅，舊名欽安殿。禮成，禮部請帝陞殿，百官表賀，如郊祀慶成儀。帝以大享初舉，命賜宴群臣于謹身殿。已而以足疾不御殿，命群臣勿行賀禮。禮官以表聞，並罷宴，令光禄寺分給。

王圻續通考：嘉靖十七年，定大享禮。

一，前期五日，上詣犧牲所視牲。其先一日，上告于廟，及還，參拜，俱如大祀之儀。告詞、參詞，改稱大祀曰大享，餘並同。次日以後，命大臣輪視，如常儀。

一，前期四日，太常寺奏祭祀，如常儀。諭百官，致齋三日。

一，前期三日，上詣太廟寢殿，告請睿宗配帝，以醢醢酒果，再拜，一獻禮。祝文曰：「維嘉靖某年某月某日，孝子皇帝御名敢昭告于皇考睿宗皇帝曰：『兹以今月某日，恭行大享禮于大享殿，謹請皇考配帝侑神，伏唯鑒知。』謹告。」

一，前期二日，太常卿、光禄卿奏省牲，如常儀。

一，前期一日，上親填祝版于文華殿。夜二鼓，禮部同太常、堂上官詣安神御版位，俱如祈穀之儀。

一，陳設。上帝位，犢一，玉用蒼璧一，帛十二，青色。登一，簠簋各二，籩十二，豆十二，玉爵三，酒尊三，篚一，祝案一。配帝位同，惟不用玉。

一，正祭。與祈穀同。

一，祝文：「維嘉靖某年某月某日，嗣天子臣御名恭奏享于皇天上帝曰：『時當季秋，咸成農事。群生蒙利，黎兆允安。邦家是賴，帝德敷天。臣統群工，宜爲酬享。謹用玉帛、犧牲，祗謝生成大福，備此禋燎。奉皇考睿宗，知天守道，洪德淵仁，寬穆純聖，恭儉敬文。獻皇帝配帝侑歆，尚享。』」

圖書編：國朝明堂大享典禮：季秋行大饗禮于南郊大饗殿，省牲、齋戒，儀同前祈穀。前三日，上祭服詣睿宗廟，請皇考配帝，行一獻禮，用祝。前三日，太常博士奉祝版于文華殿，上填御名，訖，捧安于香帛亭，厨役舁至神庫供奉。三更初，太常官請安神位，陳設如儀。祭品。皇天上帝南向。騂牛一，蒼璧。皇考西向配，陳設同，無玉。是日，上常服乘輿至内西天門外神樂觀。二知觀叩頭，起，執香爐，導至神路。錦衣衛官跪奏「降輦」，上降輿，導引官導上至大次，具祭服，出。導引官導上由左門入，至陛上，典儀唱：「樂舞生就位，執事官各司其事。」内贊、對引官導上至拜位，内贊奏「就位」，典儀唱「迎帝神」，奏樂，樂止，奏「四拜」。傳贊百官同。典儀唱「奠玉帛，奏樂」，奏

「陞壇」；内贊導上至上帝香案前，跪奏「搢圭」，奏「上香」；訖，上受玉帛，奏「獻玉帛」；訖，奏「出圭」。内贊導上至配位香案前，儀同前。奏「復位」，樂止。典儀唱「進俎，奏樂」，齊郎舁安，訖，奏「陞壇」。内贊導上至上帝前，奏「搢圭」，奏「進俎」，奏「出圭」。内贊導上至配位前，儀同前。奏「復位」，樂止。典儀唱「行初獻禮，奏樂」，奏「陞壇」。内贊導上至上帝前，奏「搢圭」，上受爵，奏「獻爵」；訖，奏「出圭」，奏「詣讀祝位」，樂暫止，奏「跪」，傳贊衆官皆跪。贊讀祝；訖，樂復作，奏「俛伏，興，平身」。傳贊百官同。内贊導上至配位前，同前，獻爵；訖，奏「復位」，樂止，典儀唱「行亞獻禮、終獻禮」。儀同初獻，惟不讀祝。樂止，太常卿立于殿西，東向，唱「賜福胙」，内贊奏「詣飲福位」。内贊導上至祝飲位，光禄寺卿捧福酒胙，跪進于左，奏「跪」，奏「搢圭」，奏「飲福酒」；訖，奏「受胙」；訖，奏「出圭」，奏「俯伏，興，平身」；奏「復位」，奏「四拜」；傳贊百官同。典儀唱「徹饌，奏樂」，樂止，典儀唱「送帝神」，樂奏，四拜。傳贊百官同。樂止，典儀唱「讀祝官捧祝，進帛官捧帛〔二〕，掌祭官捧饌」，各恭詣泰壇上，退拜位之東立。典儀唱「望燎，

〔二〕「捧祝進帛官」，原脱，據味經窩本、乾隆本、光緒本補。

奏樂」，捧祝、帛、饌官出，出殿中門，奏「詣望燎位」，內贊、對引官導上至望燎位，燎半，奏「禮畢」。導引官導上至大次，易祭服，出，樂止，上回。

明史樂志：嘉靖十七年，定大饗樂章：

迎神，中和之曲　於皇穆清兮弘覆惟仁，既成萬寶兮惠此烝民。祇受厥明兮欲報無因，爰稽古昔兮式展明禋。肅肅廣庭兮遥遥紫旻，笙鏞始奏兮祥風導雲。臣拜稽首兮中心孔慇，爰瞻寶輦兮森羅萬神。庶幾昭格兮眷命其申，徘徊顧歆兮鑒我恭寅。

奠玉帛，肅和之曲　捧珪幣兮瑶堂，穆將愉兮聖皇。秉予心兮純一，荷帝德兮溥將。

進俎，凝和之曲　歲功阜兮庶類成，黍稷𩞄兮濡鼎馨。敬薦之兮慙非輕，大禮不煩兮惟一誠。

初獻，壽和之曲　金風動兮玉宇澄，初獻觴兮交聖靈。瞻玄造兮懷鴻禎，曷以酬之心怦怦。

亞獻，豫和之曲　帝眷我兮居歆，紛繁會兮五音。再捧觴兮莫殫臣心，惟帝欣懌兮生民是任。

終獻，熙和之曲　綏萬邦兮屢豐年，眇眇予躬兮實荷昊天。酒三獻兮心益虔，帝命參興兮勿遽旋。

徹饌，雍和之曲　祀禮既洽兮神人肅雍，享帝享親兮勉竭臣衷。惟洪恩兮罔極，儼連蜷兮聖容。

送神，清和之曲　九韶既成兮金玉鏗鏘，百辟森立兮戚羽斯藏。皇天在上兮昭考在旁，嚴父配天兮祗修厥常。殷薦既終兮神去無方，玄雲上升兮鸞鵠參翔。靈光回照兮郁乎芬芳，載慕載瞻兮願錫亨昌。子孫庶民兮惟帝是將，於昭明德兮永懷不忘。

望燎，時和之曲　龍輿杳杳兮歸上方，金風應律兮燎斯揚。達精誠兮合靈光，帝廷納兮玉帛將。顧下土兮眷不忘，願錫吾民兮長阜康。

唐胄傳：帝欲祀獻皇帝明堂，配上帝，胄力言不可。下詔獄拷掠，削籍歸。

豐熙傳：子坊，嘉靖二年進士，出爲南京吏部考功主事，尋謫通州同知。免歸。家居貧乏，思效張璁、夏言片言取通顯。十七年詣闕上書，言建明堂事，又言宜加獻皇帝廟號稱宗，以配上帝，世宗大悦。未幾，進號睿宗，配饗玄極殿。其議蓋自坊始，人咸惡坊畔父云。明年復進慶雲雅詩一章，詔付史館。待命久之，竟無所進擢，歸家悒悒以卒。

蕙田案：豐坊獻邪説以邀寵，卒悒悒以卒，可謂枉自爲小人矣。然當時亦必有惡之而使之然者，豈非公議有不可泯没者乎？諂如嚴嵩，尚爲兩可之論，而坊竟毅然出之，異哉！

王圻續通考：十八年九月六日，遣成國公朱希忠行大享禮于玄極殿，奉皇考配帝。

明史禮志：二十一年，敕諭禮部：「季秋大享明堂，成周禮典，與郊祀並行。曩以享地未定，特祭于玄極寶殿，朕誠未盡。南郊舊殿，原爲大祀所，昨歲已令有司撤之。朕自作制象，立爲殿，恭薦名曰泰享，用昭寅奉上帝之意。」乃定歲以秋季大享上帝，奉皇考睿宗配享。行禮如南郊，陳設如祈穀。明年，禮部尚書費寀以大享殿工將竣，請帝定殿門名，門曰「大享」，殿曰「皇乾」。及殿成，而大享仍于玄極寶殿，遣官行禮以爲常。

會典：嘉靖二十四年，即故大祀殿之址，建大享殿。而建皇乾殿于大享殿北，以藏神版。命禮部歲用季秋，奏請擇吉行大享禮。已，又命暫行于玄極寶殿。

明史穆宗本紀：隆慶元年正月丙寅，罷睿宗明堂配享。

禮志：隆慶元年，禮臣言：「我朝大享之禮，自皇考舉行，追崇睿宗，以昭嚴父配天之孝。自皇上視之，則睿宗爲皇祖，非周人宗祀文王于明堂之義。」于是帝從其請，罷大享禮，命玄極寶殿仍改欽安殿。

續通考：王氏圻曰：「明初，無明堂之制。世宗執嚴父配天之説，特創斯禮，以追隆所生。玄極既配之後，明年，幸承天，享帝于龍飛殿，亦奉獻皇帝配，所以尊其親者至矣！其後，自定規制，更建泰享殿，三年而後成，一時創制更新，典物隆備，宜與合宫世室，昭垂令典矣。乃殿成而祀事不舉，内殿殷薦，止于代攝，蓋帝排正議，崇私親，雖矯强于一時，終有惄然不自安者。故禮臣敦請，屢諭緩行，非僅耽奉玄修，憚乘輿之一出也。穆宗即位，以禮臣議罷之，允矣。」

蕙田案：明代明堂之禮，肇于世宗，然大享殿並非五室九階之制，大祀禮行于玄極道士之宫，并與唐、宋之規摹講求者異矣。至違正議而豐私昵，憚親行而藉攝事，不能見喻于臣民，矧可希踪于古哲耶？

右明明堂

五禮通考卷三十一

吉禮三十一

五帝

蕙田案：五帝之祭，周禮最著。月令迎氣，雖不言祀事，而大皞、炎帝、黄帝、少皞、顓頊，及勾芒、祝融、后土、蓐收、玄冥，所謂五人帝、五人神，皆與家語合。説者以爲五方之帝，即上帝之佐，故注疏家及諸儒以四郊之兆，即迎氣之祭，理或然也。乃鄭康成創爲六天之説，而五帝遂與昊天上帝並尊，又一一爲之名字，以明堂大享爲總祭五帝，則舛矣。先儒辭而闢之，不爽也。三代而後，秦之鄜、密，上下四時；漢增北時，所祀皆五帝，其所由來者舊矣。東漢以降，或從祀於圜丘，或合祭於明堂，或分祭於迎氣，大抵由重即輕，由繁即簡，逮明而不臚於祀焉，此亦不相沿襲之一大端也。後世合祭之事，多附見南郊、大饗，今復另爲一門，專以四時迎氣屬焉。考禮者，亦可知所别矣。

五帝兆

周禮春官小宗伯：兆五帝於四郊。注：兆，爲壇之營域。五帝，蒼曰靈威仰，太昊食焉；赤曰赤熛怒，炎帝食焉；黄曰含樞紐，黄帝食焉；白曰白招拒，少昊食焉；黑曰汁光紀，顓頊食焉。黄帝亦於南郊。

鄭氏鍔曰：求神各從其類，故蒼帝東，赤帝南，白帝西，黑帝北，各於其郊，四郊爲四帝之兆。黄帝之位，學者之論不一，余以月令考之，中央，土位，於季夏之後，夏，火也，火生土，其相生也，乃所以相繼也，然則黄帝之兆，其同位於南郊乎？説者謂玉用黄琮，不用赤璋，其位乃同南郊，何耶？余以爲祭之玉，當放其色，求之方，各因其位。

王氏昭禹曰：昊天之有上帝，猶國之有君。五精之君，猶四方之諸侯，諸侯有君道，故皆謂之君，五精之君有帝道，故皆謂之帝。

陳氏汲曰：鄭氏惑六經緯書有六天之説，後世莫能廢。至唐許敬宗，始立論非之，近世學者亦知其誕。大宰、掌次、司服皆言祀五帝；大宗伯以青圭禮東方，赤璋禮南方，白琥禮西方，玄璜禮北方；小宗伯兆五帝於四郊，則是爲迎氣，設於四郊之中，立五兆。所謂五帝者，五行之精氣，東方青帝，南方赤帝，西方白帝，北方黑帝，中央黄帝，鄭氏所謂五人帝從祀之説，則於義未害，蓋本月令之言。夫人臣如重、黎，五行之官尚從祀，則以五德之帝配食於五行精氣，或者是歟？案鄭氏注大宗伯青圭禮東方等，謂蒼精之帝，然則此所謂五帝者，即鄭氏所注大宗伯之文，謂五行精氣之帝也。鄭氏於彼注已是，於此五帝之下，又别爲五帝名，則爲誕矣。

蕙田案：鄭解「兆」字，甚是。五帝之説，陳及之爲正。先儒駁注疏六天之謬及五帝與上帝之辨，詳見「圜丘」門，不重録。

劉氏彝曰：天地之道，陰陽二氣而已。春生夏長，秋實冬藏，品彙於斯，各正性命。聖人不忘乎其所自，遂即圜丘以祀昊天上帝者，報本也；兆於四郊以祀五帝者，迎時氣也。報本所以神天之道，必有宰而御之者，故曰昊天上帝；迎氣所以神天之時，以其應候晷刻差，故曰五方帝。六者無形也，而萬物賴其生成之功；無位也，而聖人代其柄任之命。雖欲神而報之，莫知其神之所在也，故望其昊昊然，則圜丘報本之義生焉；望其五方之色，則兆於四郊之禮作焉。亦猶宗廟一祖也，而六享行焉。故天雖曰神，地雖曰祇，亦强名而神之者也。何以知其然哉？謹案大司樂之職云：「乃分樂而序之，以祭、以享、以祀。乃奏黄鍾，歌大吕，舞雲門，以祀天神。」若夫地示，則與四望也、山川也，各異其樂。天神至尊，一樂而已，明其神之不二也。又大裘而冕，圜丘五兆，不異此服，示其同也。聖人之意，其在兹乎！

禮記禮器：因吉土以饗帝於郊，饗帝於郊而風雨節，寒暑時。注：吉土，王者所卜而居之土也。享帝於郊，以四時所兆，祭於四郊者也。今漢亦四時迎氣，其禮則簡。五帝主五行之氣和，而庶徵得其序也。五行木爲雨，金爲暘，火爲燠，水爲寒，土爲風。疏：此謂祭五方之帝，因其所卜吉土以爲都，享祭五方之帝於都之四郊。又，王者各祭感生之帝於南郊是也。

方氏慤曰：吉土，卜土之吉者，以爲之兆也。

蕙田案：經文曰「吉土」，曰「郊」，自當以圜丘爲正。所謂「因天事天，爲高必因丘陵」也。鄭以吉土爲所卜而居之土，則指王者所居之都，與因天之義不符矣。又以郊爲專主四郊之壇兆，而圜丘反不與。蓋鄭以圜丘與郊爲二，故不引大司樂地上之文，而專以小宗伯四郊爲説，意欲自掩其闕，而不知其詞之曲、義之漏也。觀疏言「王者祭感生之帝於南郊」亦是，則孔氏已深窺其隱而代補之矣。今從先儒正説，載入「郊祀」門，仍附見於此。蓋經文固不專言四郊之兆，而四郊當亦在其中也，爰録注説而正之。

右五帝兆

五帝義及配神

家語五帝篇：季康子問於孔子曰：「舊聞五帝之名，而不知其實，請問何謂五帝？」孔子曰：「昔丘也聞諸老聃曰：『天有五行，水火金木土，分時化育，以成萬物，王注：一歲三百六十日，五行各主七十二日也。化生長育，一歲之功，萬物莫不成。其神謂之五帝。』五帝，五行之神，佐天生物者。而後世讖緯，皆爲之名字，亦爲妖怪妄言。古之王者，易代而改號，取法五行。五行更王，終始相生，亦象其義。法五行更王，終始相生，以木德王天下，其次以生之行轉相承。而諸説乃謂五精之帝下生王者，其爲蔽惑，無可言者。故其爲明王者，死而配五行。是以太皞配木，炎帝配火，黄帝配土，少皞配金，顓頊配水。」康子曰：「太皞氏其始之木何如？」孔子曰：「五行用事，先起於木。木東方，萬物之初皆出焉，是故王者則之，而首以木德王天下。其次則以所生之行轉相承也。」木生火、火生土之屬。康子曰：「吾聞勾芒爲木正，祝融爲火正，蓐收爲金正，玄冥爲水正，后土爲土正，此則五行之主而不亂，稱曰帝者何也？」孔子曰：「凡五正者，五行之官名。五行佐成上帝而稱五帝。太皞之屬配焉，亦云帝，從其號。天至尊，物不可以同其號，亦兼稱上帝，上得包下。五行佐成天事，謂之五帝，以地有五行，而其精神在上，故亦謂之上帝。黄帝之屬，故亦稱帝。蓋從天五帝之號，故王者雖號稱帝，而不得稱上帝，而曰天子者，子之與父，其尊卑相去遠矣。曰天王者，言乃天下之王也。昔少皞氏之子有四叔，曰重、曰該、曰修、曰熙，實能金木及水。使重爲勾芒，該爲蓐收，修及熙爲玄冥。顓頊氏之子曰黎，爲祝融。共工氏之子曰勾龍，爲后土。此五者，各以其所能業爲官職，各以一行之官，爲職業之事。生爲上公，死爲貴神，別稱五祀，不得同帝。」神故不得稱帝也。康子曰：「陶唐、有虞、夏后、殷、周，獨不得配五帝，意者德不及上古耶？將有限乎？」孔子曰：「古之平治水土及播殖百穀者衆矣，唯勾龍兼食於社，兼，猶配也。而棄爲稷神，易代奉之，無敢益者，明不可與等。故自太皞以降，逮於顓頊，其應五行而王，數非徒五，而配五帝，是其德不可以多也。」

楊氏復曰：此章注云：「五帝，五行之神，佐天生物者。」而後世讖緯，皆爲之名字，亦爲妖怪妄言。」夫所謂爲之名字，如靈威仰而下是也。自伏羲始畫八卦，更文王、夫子而後易道備，卦象、文言、繫辭言天者詳矣，何嘗有此等名字？推原此說之所出，則曰易緯乾鑿度也，春秋緯文耀鉤也、運斗樞也，孝經緯鉤命決也、援神契也，抑不知易也、春秋也、孝經也，聖人何嘗有一言一句如此？信乎其爲妖怪妄言矣。但此章所謂五帝，五行之神，佐天生物者，愚恐非夫子之言。或謂家語，王肅所作，何也？以易論之，乾、坤爲父母，震、巽、坎、離、艮、兑爲六子，卦畫固有此象矣。然序卦言：「帝出乎震，齊乎巽。」自震、巽而下，皆天帝之爲也。謂在天有五行能生物，則可謂五行佐天生物，則天與五行爲二矣。

是以程子曰：「不知乾坤之外，甚底是六子？」譬如人之四肢，只是一體耳，學者大惑也。

馬氏端臨曰：案五帝之祀，見於周禮，五帝之義，見於家語，其説本正大也。自秦、漢間廢祀天之禮，而以所謂郊祀者，祀於五時，名曰五帝。鄭康成解經，習聞秦、漢之事，遂於經所言郊祀，多指爲祀五帝，且據緯書爲之名字，於是王子雍群儒，引經傳以排之，而謂五帝者，太皞以下五人帝也。先儒楊信齋則謂果以五人帝爲五帝，則五人帝之前，其無司四時者乎？鄭則失矣，王亦未爲得也，其説善矣。然楊氏之釋五帝，則以爲如毛公所謂元氣昊大，謂之昊天，遠視蒼蒼，謂之蒼天。程子所謂以形體謂之天，以主宰謂之帝之類。則五帝乃天之别名，而元未嘗有所謂五帝之神也。愚謂若以爲天之别名而已，則曰帝可矣，何必拘以五，又何必於祀上帝之外，别立祀五帝之禮乎？蓋五帝爲五行之主而在天，猶五嶽爲五行之鎮而在地，家語所言盡之矣。今因疑緯書「靈威仰」等名字，而謂五帝之本無，因疑五帝之本無，而謂家語之非聖言，亦過矣。如日、月、星、宿、風伯、雨師，皆天神之見於祀典者，經傳所言昭昭也，而道家者流，則以爲各有名稱，甚者或爲姓字，其妖妄不經，甚於緯書，儒者所不道也。然因是而疑日月諸神之本無，可乎？

林氏之奇曰：古之祭上帝與祭五帝之禮，以經推之，禮莫盛於周。周之祭上帝，亦曰祀天，郊祀之天，明堂之上帝，即一也。郊祀從簡，爲報本反始，以稷配；明堂從備，爲大享報成，以文王配。稷，王業所始，文王，王業所成，從其類也。祭於郊曰天，於明堂曰上帝，天言兆朕，帝言主宰也。歲之祭五帝者五，周禮先言祀上帝，次言祀五帝，亦如之。蓋言祀青帝之禮亦如之，祀赤帝之禮亦如之，不可詳數，故但曰祀五帝亦如之。夫所謂祀五帝亦如之者，謂大臣之贊相、有司之備具，至其圭幣，則五帝各有方色，未嘗與上帝混而同也。周禮曰：「禮東方，禮南方。」月令云：「四立迎氣。」故曰歲之祭上帝者四，而祭五帝者五，若有故而旅，則不在此矣。

蕙田案：家語云：「天有五行，水火金木土，分時化育，以成萬物，其神謂之五帝。」注以爲五行之神，佐天生物者，此五帝之正義也。下云：「古之王者，易代而改號，取法五行更王，終始相生，亦象其義。」此言五人帝，取法五行，是五帝之配也，文義甚明。王氏注此，亦本不誤。乃王於周禮五帝，但指爲五人帝，王之蔽也。辨之者，遂謂家語王肅所作，又諸儒之蔽也。馬氏、林氏之説，得之矣。

禮記月令：孟春之月，其帝太皞，其神勾芒。注：此蒼精之君，木官之臣，自古以來，著德立功者也。太皞，宓戲氏。勾芒，少皞氏之子，曰重，爲木官。疏：「其帝太皞」者，謂自古以來，木德之君，其帝太皞也。謂之皞者，案異義古尚書説「元氣廣大謂之昊天」，則皞皞廣大之意，以伏羲德能同天，故稱皞。以東方生養，元氣盛大，西方收斂，元氣便小，故東方之帝謂之太皞，西方之帝謂之少皞。「其神勾芒」者，謂自古以來，主春立功之臣，其祀以爲神。是勾芒者，主木之官，木初生之時，勾屈而有芒角，故云勾芒。言太皞、勾芒者，以此二人生時，木王，主春，立德立功。及其死後，春祀之時，則祀此太皞、勾芒，故言也。此言之，據死後享祭之時，不論生存之日，故云其神「勾芒」。勾芒言其神，則太皞亦神也。太皞言帝，則勾芒當云臣也。互而相通，太皞在前，勾芒在後，相去懸遠，非是一時。太皞木王，勾芒有主木之功，故取以相配也。

蕙田案：少皞在太皞之後，故稱少以別之，猶太康、少康，非有優劣也。疏謂元氣有大小，非。

孟夏之月，其帝炎帝，其神祝融。注：此赤精之君，火官之臣，自古以來，著德立功者也。炎帝，大庭氏也。祝融，顓頊氏之子，曰黎，爲火官。疏：何胤曰：「春秋說云：炎帝號大庭氏，又爲地皇，作耒耜，播百穀，曰神農也。」云「黎爲火官」，案昭二十九年左傳云：「顓頊氏有子曰黎，爲祝融。」杜注云：「祝融，明貌。」

中央土。其帝黄帝，其神后土。注：此黄精之君，土官之神，自古以來，著德立功者也。黄帝，軒轅氏也。后土，亦顓頊氏之子，曰黎，兼爲土官。疏：案昭二十九年左傳云：「顓頊氏有子曰黎，爲祝融。共工氏有子曰勾龍，爲后土。」后土爲土官。知此經后土非勾龍而爲黎者，以勾龍初爲后土，後轉爲社，后土官缺，黎則兼之。故鄭注大宗伯云「黎食於火土」。以宗伯別云社稷，又云五祀，勾龍爲社神，則不得又爲五祀，故云「黎兼」也。

丘氏光庭曰：五行獨土神稱后者，后，君也。位居中，統領四行，故稱君也。案左傳勾龍爲后土，后土爲社，則是勾龍一人而配兩祭，非謂轉爲社神也。月令，土既是五行之神，以勾龍配之，正與左傳合。康成失之于前，穎達狥之于後，皆非也。然楚語曰：「顓頊命南正重司天，火正黎司地。」黎既司地，豈不可配土？蓋黎之司地，兼其職耳，非有功於土也。若黎可配土，則重亦可配天乎？且黎爲火正，而康成猶用兼之配土，豈勾龍土官，乃不可以配土乎？依左氏，勾龍配於兩祭，不亦宜乎？

蕙田案：五行之中，土最大，其功亦最鉅，故先王於五祀之外，又立社稷以祀之，而勾龍復配食於社焉。一行而兩祀，一官而兩配，皆所以報其功也。中央與社，所祀非二，故配神亦無二。注疏以勾龍轉爲社，黎兼土官，蓋誤。丘氏非之，是也。

孟秋之月，其帝少皞，其神蓐收。注：此白精之君，金官之臣，自古以來，著德立功者也。少皞，金天氏。蓐收，少皞氏之子，曰該，爲金官。疏：此秋云「其帝少皞」，在西方金位。左傳昭元年云：「昔金天氏有裔子曰昧，爲玄冥師，生允格、臺駘。」稱金天氏，與少皞金位相當，故少皞則金天氏也。又帝王世紀「少皞帝號曰金天氏」。云「少皞氏之子曰該，爲金官」者，案左傳昭二十九年蔡墨云少皞氏之子曰該，又云該爲蓐收，是爲金神，佐少皞於秋。「蓐收」者，言秋時萬物摧蓐而收斂。

孟冬之月，其帝顓頊，其神玄冥。注：此黑精之君，水官之臣，自古以來，著德立功者也。顓頊，高陽氏也。玄冥，少皞氏之子，曰修，曰熙，爲水官。疏：案五帝德云：「顓頊，高陽氏，姬姓也。」又帝王世紀云：「生十年而佐少皞，十二年而冠，二十年而登帝位，在位七十八年而崩，以水承金也。」云「玄冥，少皞氏之子，曰修，曰熙」者，案昭二十九年左傳云：「少皞氏有子曰修，曰熙。」又云：「修及熙爲玄冥。」是相代爲水官也。

春秋昭公二十九年左傳：蔡墨曰：「五行之官，是謂五官。實列受氏姓，封爲上公，祀爲貴神。社稷五祀，是尊是奉。注：五官之君長，能修其業者，死皆配食於五行之神，爲王者所尊奉。木正曰勾芒，注：取木生勾曲而有芒角也。其祀重焉。火正曰祝融，注：祝融，明貌。其祀黎焉。金正曰蓐收，注：秋物摧蓐而可收也。其祀該焉。水正曰玄冥，注：水陰而幽冥。其祀修及熙焉。土正曰后土。注：土爲群物主，故稱后也。其祀勾龍焉，在家則祀中霤，在野則爲社。」

獻子曰：「社稷五祀，誰氏之五官也？」對曰：「少皞氏有四叔，曰重，曰該，曰修，曰熙，實能金木及水。使重爲勾芒，該爲蓐收，修及熙爲玄冥，世不失職，遂濟窮桑，注：少皞氏之號。此其三祀也。顓頊氏有子曰黎，爲祝融，共工氏有子曰勾龍，爲后土，此其二祀也。后土爲社。」疏：五官之君長，死則皆爲貴神，王者尊奉之，如祭配食於五行之神，即下重、該、修、熙、黎是也，王者祭木、火、土、金、水之神，而以此人之神配之食，非專祭此人也。分五行以配四時，故五行之神，勾芒、祝融之徒，皆以時物之狀，而爲之名。此五者，本爲五行之神作名耳，非與重、該之徒爲名也。晉語云：「虢公夢在廟，有神人面，白毛，虎爪，執鉞立西阿，公懼而走。神曰：『無走！帝命曰：使晉襲於爾門。』公拜稽首。覺，召史嚚占之，對曰：『如君之言，則蓐收也。天之刑神也。』」如彼文，虢公所夢之狀，必非該之貌，自是金神之形耳。由此言之，知勾龍、祝融、玄冥、后土之徒，皆是木、火、水、土之神名，非所配人之神名也。雖本非配人之名，而配者與之同食，亦得取彼神名以爲配者神名，猶社本土神之名，稷本穀神之名，配者亦得稱社稷也。此五行之官，配食五行之神，天子制禮，使祀焉，是爲王者所尊奉也。

蕙田案：孔疏此條，釋五行之神名及配神者，亦得取彼名以爲名，極精。

葉氏夢得曰：左氏記蔡墨之言，謂以人司其官，死而遂祀以爲神者也。五行，本天地之氣，無形可求，其神必依人而行。上古不可得而知矣，自少皞以下，各以其子爲之，則世或擇其能者相代，如夏以柱爲稷，周以棄爲稷是也。後世五行之官不復修，唯后土祭於社，而勾芒立春出土則祀之；祝融、蓐收，無常祀也。

陳氏祥道曰：古者祭祀必有配，故社配以勾龍，稷配以棄，四時迎氣於郊，不可以無配也。故迎青帝，則配以太皡，迎赤帝，則配以炎帝，配以太皡，則從以勾芒；配以炎帝，則從以祝融，以至中央。秋冬之禮，類皆如此。蓋五帝以德，五神以功，德則究其所乘之勢而本之也，功則推其所職之事而歸之也。

朱子語録：問：「祭先賢先聖如何？」朱子曰：「有功德在人，人自當報之，古人祀人帝，只是如此。」

陳氏禮書：有天地則有五方，有五方則有五帝。古者祀五帝，必配以五人帝、五人臣。月令春夏秋中央之臣皆一人，而冬有修與熙者，蓋冬於方爲朔，於卦爲艮，於賢有左右，於器有權衡，於物有龜蛇，於色有青黑，則官有修、熙，宜矣。

右五帝義及配神

迎氣祭五帝

禮記月令：先立春三日，太史謁之天子曰：「某日立春，盛德在木。」天子乃齊。立春之日，天子親帥三公、九卿、諸侯、大夫以迎春於東郊。注：太史，禮官之屬，掌正歲年以序事。謁，告也。迎春，祭蒼帝靈威仰於東郊之兆也。王居明堂禮曰：「出十五里迎歲。」蓋殷禮也。周近郊五十里。疏：賈、馬、蔡邕，皆以爲迎春祭太皡及勾芒，鄭獨以爲祭蒼帝靈威仰者，以禮器云：

「饗帝于郊，而風雨節，寒暑時。」太皞是人帝，何能使風雨寒暑時？周禮司服：「王祀昊天上帝，則服大裘而冕，祀五帝亦如之。」五帝若是人帝，何得與天帝同服也？

楊氏復曰：鄭注五帝爲天帝，賈逵、馬融、王肅等以五帝爲五人帝，故爲鄭學者辨之云：「饗帝於郊而風雨節，寒暑時。若是五人帝，何能使風雨寒暑得時？」二説不同，當以鄭氏之説爲正。鄭氏注春官宗伯，謂禮五天帝而以五人帝配食。謂如立春禮蒼帝於東郊，而太皞、勾芒食焉。以其自外至者，無主不止，故四時別祀五帝，而以五人帝配食也。

先立夏三日，太史謁之天子曰：「某日立夏，盛德在火。」天子乃齊。立夏之日，天子親帥三公、九卿、大夫以迎夏於南郊。注：迎夏，祭赤帝赤熛怒於南郊之兆也。

先立秋三日，太史謁之天子曰：「某日立秋，盛德在金。」天子乃齊。立秋之日，天子親帥三公、九卿、諸侯、大夫以迎秋於西郊。注：迎秋者，祭白帝白招拒於西郊之兆也。

先立冬三日，太史謁之天子曰：「某日立冬，盛德在水。」天子乃齊。立冬之日，天子親帥三公、九卿、大夫以迎冬於北郊。注：迎冬者，祭黑帝汁光紀於北郊之兆也。

方氏慤曰：四立之日，則其氣至矣。故天子親帥其臣，以迎之於郊焉，所以導其氣之至也。五行獨不迎土者，以其居中，非自外至也。

胡氏銓曰：饗帝於郊，初不指言何帝，竊以爲蒼帝與太皞皆當祭，不必分也。鄭取春秋緯固不經，而賈、馬等亦太泥矣。鄭又以此爲殷禮，然王居明堂禮，亦何嘗指以爲殷？又逸禮亦豈盡足據？則此謂之周禮，可乎？

蕙田案：周禮言祀五帝，而不言所祭之時。月令有迎氣而無祭祀之事。然兆在四郊，而迎氣亦在四郊，則所迎之地即所兆之地可知也。祭則必於所兆，而迎氣必於四立，則迎氣之日即爲祭帝之日可知也。鄭氏據緯書，蒼帝等名字，固不可從，而謂祭於四郊，似可信也。或疑周禮言卜日，而四立日則不用卜，冢宰言十日戒，而月令三日齊，司服祀五帝大裘而冕，迎氣不應均服大裘。然四立雖有定日，亦須卜者卜其牲。再周禮泛言大祭祀，故以卜日該之，如南北郊亦在內，非無定日也。疏言示審慎，蓋亦是一解。冢宰先十日戒，乃散齊。太史先三日謁，乃致齊，義亦無礙。至大裘而冕，特言其祭服之重同於祀天耳，非謂夏秋皆服大裘也。論見「郊祀服冕」條下。今姑從鄭義，以俟考古者。

右迎氣祭五帝

祭五帝儀

周禮天官大宰：祀五帝，則掌百官之誓戒，與其具修。注：祀五帝，謂四郊及明堂。疏：月令四時迎氣，及季夏六月，迎土氣于南郊，其餘四帝，各於其郊，并夏正祭所感帝於南郊，故云祀五帝於四郊也。鄭云「及明堂」者，總享五帝於明堂。依月令，秦用季秋。鄭云「未知周以何月」。案下曲禮云：「大享不問卜。」鄭云：「祭五帝于明堂，莫適卜也。」彼明堂不卜，此下經云「帥執事而卜日」，則此祀五帝，不合有明堂。鄭云及明堂者，廣解祀五帝之處，其實此處無明堂。

前期十日，帥執事而卜日，遂戒。疏：四時迎氣、冬至郊天等，雖有常時常日，猶須審慎，仍卜日。

秋官大司寇：若禋祀五帝，則戒之日莅誓百官。

楊氏復曰：案鄭氏注掌次「祀五帝則張大次、小次，設重帟重案」云：此所謂四時迎氣，月令四立之祭是矣。及注太宰「祀五帝」，大司寇、小司寇「禋祀五帝」，皆云四時迎氣，亦當與掌次同。注又兼云總享明堂，何耶？夫總享五帝於明堂，漢禮則有之，非周禮也。漢襲秦禮，郊祀及明堂，皆祀五時之帝，周禮安有此哉？鄭注蓋約漢禮以言周禮耳。

天官司服：祀昊天上帝則服大裘而冕。祀五帝，亦如之。

鄭氏鍔曰：五帝雖天之佐而與天同體，故祀之服，亦可得而同。四圭有邸，奏黄鍾，歌大吕，舞雲門，其玉其樂皆同，其服何疑之有？

蕙田案：祭服與昊天上帝同者，明其重耳。祀火帝於孟夏，祀土帝於季夏，必無服大裘之理。行禮自有變通，唐開元禮夏亦服衮冕，可謂膠柱之見矣。

春官大宗伯：以青圭禮東方，以赤璋禮南方，以白琥禮西方，以玄璜禮北方，皆有牲幣，各放其器之色。注：禮東方以立春，謂蒼精之帝而太昊、勾芒食焉。禮南方以立夏，謂赤精之帝而炎帝、祝融食焉。禮西方以立秋，謂白精之帝而少昊、蓐收食焉。禮北方以立冬，謂黑精之帝而顓頊、玄冥食焉。禮神者，必象其類。疏云：「禮東方以立春，謂蒼精之帝」者，此已下皆據月令四時迎氣，皆在四立之日，故以立春、立夏、立秋、立冬言之也。

鄭氏鍔曰：不言禮中央者〔一〕，熊氏以爲中央黄帝，亦以赤璋，然以類求神，中央土色，宜用黄。孔氏以爲當用黄琮。然則土與地一類，故不言。

蕙田案：禮中央黄帝之玉，此節及覲禮祀方明俱不言，説者以爲用赤璋，則

〔一〕「禮」，原作「視」，據光緒本改。

赤非其色。以爲用黄琮，則琮非祀天神之玉，似俱未妥。然亦無明文可考也。

大司樂：乃奏黄鍾，歌大吕，舞雲門，以祀天神。注：天神，謂五帝及日、月、星辰。

地官充人：掌繫祭祀之牲牷。祀五帝則繫於牢，芻之三月。疏云：「祀五帝」者，上云掌繫祭祀之牲牷，則總養天地宗廟之牲。下别言「祀五帝」，則略舉五帝而已。其實昊天及地示與四望、社稷之等外神皆繫之也。

天官掌次：祀五帝，則張大次、小次，設重帟重案。注：祀五帝於四郊。疏：「祀五帝於四郊」者，案引宗伯「祀五帝於四郊」是也。此謂四時迎氣。

太宰：及執事，眡滌濯。

地官大司徒：祀五帝，奉牛牲，羞其肆。

秋官小司寇：凡禋祀五帝，實鑊水。

士師：祀五帝，則沃尸，及王盥，洎鑊水。

天官太宰：及納亨，贊王牲事。

及祀之日，贊玉幣爵之事。

楊氏復曰：祀五帝禮物樂章，大略當與郊祀同。而亦有不同者，如小宗伯兆五帝於四郊，乃祀五帝之位；月令四立之祭，乃祀五帝之時；大宗伯以青圭禮東方，以赤璋禮南方之類，乃禮五帝之玉；大宗伯牲幣各放其器之色，大司徒奉牛牲之類，皆祀五帝之禮也。大司樂乃奏黄鍾，歌大吕，舞雲門，以祀天神。鄭注云：神謂五帝及日、月、星辰，則祀五帝之樂也。又案大宗伯注疏，祭五天帝，以五人神配食。通典云：其配祭以五人帝，春以太皡，夏以炎帝，季夏以黄帝，秋以少昊，冬以顓頊，其壇位各於當方之郊，去國五十里，内曰近郊，爲兆位，於中築方壇，亦名曰太壇，而祭之，其禮七獻，畢獻之後，天子舞當代之樂。

蕙田案：陳氏禮書謂周官祀五帝之禮，有與天同，以極其隆，有與天異，以致其辨。其説最明。夫昊天上帝者，猶易卦之乾也。説卦傳曰「乾爲天」是也。五帝，則元、亨、利、貞四德，在天爲四時，在地爲五方，在行爲五行，所以運轉乎陰陽寒暑之氣，而爲生長收藏之主宰者也。譬之在人，性則乾之體也，天也，心則其主宰而曰君，猶昊天上帝也。五帝則仁、義、禮、智、信之德，發爲惻隱、羞惡、辭讓、是非之心，亦各有主宰而分見者是也。五帝與天同，其隆者四端，皆性也；異于天以致其辨者，偏端之見，非心之全體也。其理一也。鄭玄六天之説，則失之僭，從緯書而各爲之名字，則失之誕。王肅以爲即五人帝，則又失其本，皆無足據。至祭祀儀節，詳見「南郊」門。今擇經文之明著五帝及注可信者，列於右，大略較之祭天宜少殺，然不可考矣。

右祭五帝儀

王氏應電曰：或疑天一而已，不應有五，此後世篡入之文，是不然。周禮全經，文誤者寡，雖或篡入，不應數處皆然。蓋天體雖一，而氣之流行，截然不同。易曰「帝出乎震，齊乎巽」，月令曰「盛德在木」之類是矣。故王者因其氣之至而祀之也。夫天無心也，一陽之生，天心于是而見，故冬至以祭天；帝無形也，五氣之易，帝之主宰于是而見，故于四孟、季夏以祭五帝。然祭雖有五，但因其方氣之不同，而其禮物亦異，非天實有五也。至其所配，則以五人帝，而其從祀又以五人神者，蓋上古聖人繼天而王，其性雖無不全，其曆數受命必各得其氣之盛，若太皞以木德王，周人以火之類。又古者神明之臣，皆能燮調元和，司天司地，各有攸職，世執其功，如重爲勾芒，黎爲祝融，該爲蓐收，修及熙爲玄冥，其功不可掩，故必配以五人帝，而從以五人神也。或又云：祭不欲數，上帝一歲五祭，無乃煩而不敬乎？蓋元后者，天之元子，故事天之禮，一視其祖考。是故冬至之郊，視于禘；五帝之祀，視于時祭；其餘水旱之祈、禪革、大故、大烖、大師之類，告禱祠皆與祖廟並舉，一如子孫之事其先王，後人唯失其爲上天元子之意，故若疏遠而不相屬，甚有五年一郊者，故觀此反爲數耳。

蕙田案：王氏云冬至之郊，視乎禘；五帝之祭，視乎時祭。其説甚善。又祭法云：「埋少牢于泰昭，祭時也。」似亦與迎氣相近。然少牢用埋，則非天神矣。今不便採入，闕疑可也。

秦四時

史記秦本紀：周避犬戎難，東徙雒邑，襄公以兵送周平王。平王封襄公爲諸侯，賜之岐以西之地。於是始國，與諸侯通使聘享之禮，乃用騮駒、黄牛、羝羊各三，祠上帝西畤。索隱曰：襄公始列爲諸侯，自以居西畤。西畤，縣名，故作西畤，祠白帝。畤，止也，言神靈之所依止也；亦音市，謂爲壇以祭天也。

蕙田案：襄公所祀上帝，乃白帝，非昊天上帝也。始皇始廢封建，立郡縣。襄公時，安得有西畤縣？縣乃因西畤而得名耳。祀上帝曰西畤，則西方之帝耳。索隱謂爲壇以祭天，誤。

封禪書：秦襄公始列爲諸侯，居西垂。注：漢隴西郡縣，今在秦州上邽縣西南九十里。自以爲主少皞之神，作西畤，祀白帝，其牲用駵駒、黄牛、羝羊各一云。

通鑑前編：平王元年，秦祀上帝于西畤。

蕙田案：上帝應作白帝。

史記秦本紀：文公十年初，爲鄜畤，用三牢。

封禪書：秦文公東獵汧渭之間，卜居之而吉。文公夢黄虵自天下屬地，其口止于鄜衍。鄜屬馮翊。山阪曰衍。史敦曰：「此上帝之徵，君其祠之。」於是作鄜畤，用三牲郊祭白帝焉。自未作鄜畤也，而雍旁故有吴陽武畤，雍東有好畤，皆廢無祠。或曰：「自古以雍州積高，神明之隩，故立畤郊上帝，諸神祠皆聚云。蓋黄帝時常用事，雖晚周亦郊焉。」其語不經見，搢紳者不道。

通鑑前編：平王十有五年，秦作鄜畤。

史記秦本紀：德公元年，初居雍城大鄭宫，以犧三百牢祠鄜畤。卜居雍。

封禪書：作鄜畤後七十八年，秦德公既立，卜居雍，「後子孫飲馬於河」，遂都雍。雍之諸祠自此興。用三百牢於鄜畤。索隱曰：「百」，當爲「白」，秦君西祠少皞，牲尚白牢。秦，諸侯也，雖奢侈僭祭，郊本特牲，不可用三百牢以祭天，蓋字誤也。

秦本紀：秦宣公四年，作密畤。

封禪書：德公立二年卒。其後四年〔一〕，秦宣公作密畤於渭南，祭青帝。其後秦靈公作吳陽上畤，祭黄帝；徐廣曰：「凡去作密畤二百五十年。」作下畤，祭炎帝。索隱曰：吳陽，地名，蓋在岳之南。又上云「雍旁有故吳陽武畤」，今蓋因武畤又作上、下畤，以祀黄帝、炎帝。櫟陽雨金，秦獻公自以爲得金瑞，故作畦畤櫟陽而祀白帝。晉灼曰：漢注在隴西西縣人先祠山下，形如種韭畦。索隱曰：漢舊儀云：「祭人先於隴西西縣人先山，山上皆有土人，山下有畤，如種韭畦，畦中各有一土封〔二〕，故云畦畤。」其後百二十歲，而秦滅周。

正義：括地志云：「漢有五畤，在岐州雍縣南，則鄜畤、吳陽上畤下畤、密畤、北畤。秦文公夢蛇自天而下，屬地，其口止于鄜衍，作畤，郊祭白帝，曰鄜畤。秦宣公作密畤於渭南，祭青帝。秦靈公作吳陽上畤，祭黄帝；作下畤，祀炎帝。漢高帝曰：『天有五帝，今四，何也？待我而具五。』遂立黑帝，曰北畤是也。」

〔一〕「四年」，諸本作「六年」，據史記封禪書改。
〔二〕「一」，諸本作「二」，據史記封禪書改。

蕙田案：據此，則五時所祀者五帝，而非上帝明矣。自是五帝之祠，盛於兩漢，而上帝之祀，淆于方士之言，亂於讖緯之說，其害遂及於六經，雖曰注疏之流弊，實五時爲之厲階也。

秦本紀：昭襄王五十四年，王郊見上帝于雍。

封禪書：秦并天下，令祠官所常奉，惟雍四時上帝爲尊，故雍四時，春以爲歲禱，因泮凍，秋涸凍，冬賽祠，五月嘗駒，及四中之月祠，春夏用騂，秋冬用駵。時駒四匹，木寓龍欒車一駟。李奇曰：寓，寄也，寄生龍形於木也〔一〕。索隱曰：欒車，謂車有鈴。木寓車馬一駟，各如其帝色。黄犢羔各四，珪幣各有數，皆生瘞埋，無俎豆之具。

通典：秦始皇既即位，以昔文公出獵，獲黑龍，此其水德之瑞，用十月爲歲首，色尚黑，音尚大吕。

右秦四時

〔一〕「寓寄也寄生龍形於木也」十字，乃集解引漢書音義文，非李奇文。

西漢五時

漢書郊祀志：高祖立爲漢王二年，東擊項籍而還入關，問：「故秦時上帝祠何帝也？」對曰：「四帝，有白、青、黄、赤帝之祠。」高祖曰：「吾聞天有五帝，而四，何也？」莫知其説。於是高祖曰：「吾知之矣，乃待我而具五也。」乃立黑帝祠，命曰北時。有司進祠，上不親往。悉召故秦祀官，復置太祝、太宰，如其故儀禮。因令縣爲公社。

史記封禪書：令晉巫祠五帝，九天巫祠九天，皆以歲時祀宮中。索隱曰：孝武本紀云「立九天廟於甘泉」。三輔故事云「胡巫事九天於神明臺」。淮南子云「中央曰鈞天，東方曰蒼天，東北旻天〔一〕，北方玄天，西北幽天，西方皓天，西南朱天，南方炎天，東南陽天」。是爲九天也。正義曰：太玄經云一中天，二羨天，三徒天，四罰更天，五睟天，六郭天，七咸天，八治天，九成天也。

通考：案五帝之説，先儒多闢之，以爲帝即天也，天一而已，安得有五？然帝者，主宰之名，五行之在天，各有神以主之，而謂之五帝，猶云可也。至于九天之説，則其虚誕特甚，而漢初已祠之宮中。索隱、正義引淮南子及太玄經所載名字，是果何所傳授？而於義何所當耶？後來道家有所謂九天，又有所謂三十三天，且各有名字，然則其説，所從來遠矣。

〔一〕「旻天」，諸本作「昊天」，據史記封禪書改。

文帝十三年，制曰：「朕賴宗廟之靈，社稷之福，方内乂安，民人靡疾，閒者比年登。朕之不德，何以饗此？皆上帝諸神之賜也。蓋聞古者饗其德必報其功，欲有增諸神祠。」有司議增雍五畤路車各一乘，駕被具；駕車被馬之飾。西畤、畦畤寓車各一乘，寓馬四匹，駕被具。

文帝本紀〔一〕：十五年，黄龍見成紀。詔曰：「有異服之神見於成紀，毋害於民，歲以有年。朕親郊上帝諸神，禮官議，毋諱以勞朕。」有司禮官皆曰：「古者天子夏躬親禮祀，祠上帝於郊，故曰郊。」於是天子始幸雍，郊見五帝，以孟夏四月答禮焉。

十六年，上親郊見渭陽五帝廟。

漢書郊祀志：趙人新垣平以望氣見上，言：「長安東北有神氣，成五采，若人冠冕焉。或曰東北神明之舍，西方神明之墓也。張晏曰：「神明，日也。日出東方，舍謂陽谷。日没於西墓，謂濛谷也〔二〕。」師古曰：「此説非也。總言神明以東北爲居，西方爲冢墓之所，故立廟於渭陽也。」

〔一〕「文帝本紀」，下文節引自史記封禪書，非漢書文帝本紀文。

〔二〕「濛谷」，諸本作「北谷」，據漢書郊祀志上改。

天瑞下，宜立祠上帝，以合符應。」於是作渭陽五帝廟，同宇，帝一殿，面五門，各如其帝色。祠所用及儀，亦如雍五畤。明年夏四月，帝親拜霸渭之會。以郊見渭陽五帝，五帝廟臨渭，其北穿蒲池溝水。權火舉而祠，若光輝然屬天焉。於是貴平上大夫，賜累千金。而使博士諸生刺六經中作王制，謀議巡狩封禪事。文帝出長門〔一〕，若見五人於道北，遂因其直立五帝壇，祠以五牢具。

史記文帝本紀〔二〕：其後人有上書告平所言皆詐，下吏治，誅夷平。自是後，怠於神明之事，而渭陽長門五帝使祠官領，以時致禮，不親往焉。

漢書景帝本紀：六年冬十月，行幸雍，郊五畤。

史記封禪書：孝景即位十六年，祠官各以歲時祠如故，無有所興。

漢書武帝本紀：元光二年冬十月，行幸雍，祠五畤。

郊祀志：武帝初即位，尤敬鬼神之祀。六年，竇太后崩。其明年，徵文學之士。

〔一〕「長門」，諸本作「長安門」，據漢書郊祀志上改。
〔二〕「史記文帝本紀」，下文節引自漢書郊祀志上，非史記文帝本紀文。

明年，上初至雍，郊見五畤。後常三歲一郊。

武帝本紀：元狩元年冬十月，行幸雍，祠五畤。獲白麟，作白麟之歌。應劭曰：獲白麟，因改元曰元狩也。

郊祀志：亳人謬忌奏祠太乙方，曰：「天神貴者太乙，太乙佐者五帝。古者天子以春秋祭太乙東南郊，日一太牢，七日，爲壇開八通之鬼道。」於是，天子令太祝立其祠長安城東南郊，常奉祠如其方。其後人上書言：「古者天子三年一用太牢祠三一：天一、地一、太乙。」天子許之，令太祝領祠之於忌太乙壇上，如其方。後人復有言：「古天子常以春解祠，祠黄帝用一梟、破鏡；冥羊用羊祠；馬行用一青牡馬；太乙、皋山山君用牛；武夷君用乾魚；陰陽使者以一牛。」令祠官領之如其方，而祠太乙于忌太乙壇旁。後二年，郊雍，獲一角獸，若麃然。有司曰：「陛下肅祗郊祀，上帝報享，錫一角獸，蓋麟云。」於是以薦五畤，畤加一牛以燎。賜諸侯白金，以風符應合于天也。

武帝本紀：元狩二年冬十月，行幸雍，祠五畤。

元鼎四年冬十月，行幸雍，祠五畤。賜民爵一級，女子百戶牛酒。

五年冬十月，行幸雍，祠五畤。

元封二年冬十月，行幸雍，祠五畤。

四年冬十月，行幸雍，祠五畤。

史記封禪書：明堂禮畢，又上泰山，自有秘祠其巔。而泰山下祠五帝，各如其方，黄帝并赤帝，而有司侍祠焉。

蕙田案：漢先立五畤，後立渭陽五帝廟，五帝廟旋領祠官，而親祠五畤，是爲五帝正祭。其祀明堂，復有五帝者，蓋比諸圜丘從祀之例。至東漢明帝時，乃專以明堂祀五帝，而宋、齊以下，時或從之，則尤誤矣。然其事既行于明堂，則與五畤之祀又别，馬氏編輯，多有兩岐，今凡祀明堂者，悉入明堂，此不重載。

太初二年，有司言雍五畤無牢孰具，芬芳不備。迺令祠官進畤特牢具，色食所勝，孟康曰：若火勝金，則祠赤帝以白牲也。而以木寓馬代駒焉。及諸名山川用駒者，悉以木寓馬代。行過，乃用駒。他禮如故。

漢書武帝本紀：太始四年十二月，行幸雍，祠五畤。

宣帝本紀：五鳳二年春三月，行幸雍，祠五畤。

元帝本紀：初元五年三月〔一〕，行幸雍，祠五畤。

永光四年三月，行幸雍，祠五畤。

建昭元年春三月，上幸雍，祠五畤。

成帝本紀：建始二年春正月，罷雍五畤。

永始二年十一月，行幸雍，祠五畤。　三年冬十月庚辰，皇太后詔有司復甘泉泰畤、汾陰后土、雍五畤、陳寶祠。

郊祀志：明年，祀南郊之明年。匡衡坐事免官爵。衆庶多言不當變動祭祀者。又初罷甘泉泰畤作南郊日，大風壞甘泉竹宮，折拔畤中樹木十圍以上百餘。天子異之，以問劉向。向言：「家人尚不欲絶種祠，種祠，繼嗣所傳祠也。況於國之神寶舊畤！且甘泉、汾陰及雍五畤始立，皆有神祇感應，然後營之，非苟而已也。武、宣之世，奉此三神，禮敬敕備，神光尤著。祖宗所立神祇舊位，誠未易動。」上意恨之。後上以無繼嗣故，令皇太后詔有司曰：「蓋聞王者承事天地，交接太乙，尊莫著于祭祀。孝武皇帝大

〔一〕「初元」，諸本作「始元」，據漢書元帝本紀改。

聖通明，始建上下之祀，營泰畤于甘泉，定后土于汾陰，而神祇安之，享國長久，子孫蕃滋，累世遵業，福流於今。今皇帝寬仁孝順，奉循聖緒，靡有大愆，而久無繼嗣。思其咎職，殆在徙南北郊，違先帝之制，改神祇舊位，失天地之心，以妨繼嗣之福。春秋六十，未見皇孫，食不甘味，寢不安席，朕甚悼焉。春秋大復古，善順祀。其復甘泉泰畤、汾陰后土如故，及雍五畤、陳寶祠在陳倉者。」天子復親郊禮如前。

成帝本紀：元延元年三月，行幸雍，祠五畤。三年三月，行幸雍，祠五畤。

綏和元年三月，行幸雍，祠五畤。

郊祀志：平帝元始五年，大司馬王莽奏：「臣前奏徙甘泉泰畤、汾陰后土，皆復於南北郊。謹案周官『兆五帝於四郊』，山川各因其方，師古曰：春官小宗伯之職也。兆，謂爲壇之營域也。五帝於四郊，謂青帝於東郊，赤帝及黃帝于南郊，白帝於西郊，黑帝於北郊也。各因其方，謂順其所在也。今五帝兆居在雍五畤，不合於古。又日月雷風山澤，易卦六子之尊氣，所謂六宗也。星辰水火溝瀆，皆六宗之屬也。今或未特祀，或無兆居。謹與太師光、大司徒宮、羲和歆等八十九人議，皆曰天子父事天，母事地，今稱天神曰皇天上帝，泰一兆曰泰畤，而稱地祇曰后土，與中央黃靈同，又兆北郊未有尊稱，宜令地祇稱皇地分后祇，兆曰廣畤。易曰『方以類聚，物以群分』。師古曰：易上繫之辭也。方謂所向之地。分群神以類相從爲五部，兆天地之别神：中央帝黄靈后土畤及日廟、北辰、北斗、填星、中宿中宫於長安城之未地兆；東方帝太昊青靈勾芒畤及雷公、風伯廟、歲星、東宿東宫於東郊兆；南方炎帝赤靈祝融畤及熒惑星、南宿南宫於南郊兆；西方帝少皞白靈蓐收畤及太白星、西宿西宫於西郊兆；北方帝顓頊黑靈玄冥畤及月廟、雨師廟、辰星、北宿北宫於北郊兆。」奏可。於是長安旁諸廟兆畤甚盛矣。

右西漢五畤

東漢五郊迎氣

蕙田案：西漢崇重五帝，而不聞有迎氣之制。東漢以下，但有五郊迎氣，而無特祭五帝之文。故自此以下，獨存迎氣。其圜丘從祀，已見于前。馬氏多彼此互見，今並不列。

後漢書祭祀志：立春之日，皆青幡幘，迎春於東郭外。令一童男冒青巾，衣青衣，先在東郭外野中。迎春至者，自野中出，則迎者拜之而還，弗祭。三時不迎。

蕙田案：五時迎氣之禮，定于永平。此所載迎春於東郭外，三時不迎者，乃縣邑所行之事，故不備禮。以志不書創始年月，故載於永平二年之前，而附著其説如此。

明帝本紀：永平二年，始迎氣於五郊。

祭祀志：迎時氣，五郊之兆。自永平以禮讖及月令有五郊迎氣服色，因采元始中故事，兆五郊於洛陽四方。中兆在未，壇皆三尺，階無等。立春之日，迎春於東郊，祭青帝勾芒。月令章句曰：東郊去邑八里，因木數也。車旗服飾皆青。歌青陽，八佾舞雲翹之舞。及因賜文官太傅、司徒以下縑各有差。立夏之日，迎夏於南郊，祭赤帝祝融。月令章句曰：去邑七里，因火數也。車旗服飾皆赤。歌朱明，八佾舞雲翹之舞。先立秋十八日，迎黄靈於中兆，祭黄帝后土。月令章句曰：南郊五里，因土數也。車旗服飾皆黄。歌朱明，八佾舞雲翹、育命之舞。魏氏繆襲議曰：漢有雲翹、育命之舞，不知所出。舊以祀天，今可兼以雲翹祀圜丘，兼以育命祀方澤。立秋之日，迎秋於西郊，祭白帝蓐收。月令章句曰：西郊九里，因金數也。車旗服飾皆白。歌西皓，八佾舞育命之舞。使謁者以一特牲先祭先虞於壇，有事，天子入囿射牲，以祭宗廟，名曰貙劉。語在禮儀志。立冬之日，迎冬於北郊，祭黑帝玄冥。月令章句曰：北郊六里，因水數也。車旗服飾皆黑。歌玄冥，八佾舞育命之舞。

獻帝本紀：建安八年冬十月己巳，公卿初迎冬於北郊，總章始復備八佾舞。

注：獻帝起居注曰：「建安八年，公卿迎氣北郊，始復用八佾。」皇覽曰：「迎禮春、夏、秋、冬之樂，又順天道，是故距冬至日四十六日，則天子迎春於東堂，距邦八里，堂高八尺，堂階八等〔一〕。青稅八乘，旗旄尚青，田車載矛，號曰助天生。唱之以角，舞之以羽翟，此迎春之樂也。自春分數四十六日，則天子迎夏於南堂，距邦七里，堂高七尺，堂階七等〔二〕。赤稅七乘，旗旄尚赤，田車載戟，號曰助天養。唱之以徵，舞之以鼓鞉，此迎夏之樂也。自夏至數四十六日，則天子迎秋於西堂，距邦九里，堂高九尺，堂階九等〔三〕。白稅九乘，旗旄尚白，田車載兵，號曰助天收。唱之以商，舞之以干戚，此迎秋之樂也。自秋分數四十六日，則天子迎冬於北堂，距邦六

〔一〕「八等」，諸本作「三等」，據後漢書祭祀志改。
〔二〕「七等」，諸本作「二等」，據後漢書祭祀志改。
〔三〕「堂」，諸本脱，據後漢書祭祀志補。

里，堂高六尺，堂階六等。黑稅六乘，旗旄尚黑，田車載甲鐵鍪，號曰助天誅。唱之以羽，舞之以干戈，此迎冬之樂也。」

祭祀志：肅宗建初五年，始行月令迎氣樂。

東觀記曰：馬防上言：「聖人作樂，所以宣氣致和，順陰陽也。臣愚以爲可因歲首，發太蔟之律，奏雅、頌之音，以迎和氣。」時以作樂器費多，遂獨行十月迎氣樂也。

靈帝建寧二年，迎氣黃郊，道於洛水西橋，逢暴風雨，導從鹵簿車，或發蓋，百官霑濡，還不至郊，使有司行禮，迎氣北郊。

時議郎蔡邕上疏言：「臣自在宰府，及備朱衣，朱衣，謂祭官也。迎氣五時，而車駕稀出。四時致敬，屢委有司，雖有解除，猶爲疏廢。解除，謂謝過也。忘禮敬之大，任禁忌之書，拘信小故，以虧大典，故皇天不悅，顯風霆災妖之異。」

右東漢五郊迎氣

歷代祭五帝

宋書禮志：晉武帝泰始二年，詔定郊祀，群臣議：「五帝，即天地王氣，其實一神。

五郊宜改五精之號，皆同稱昊天上帝，各設一坐而已。」從之。

蕙田案：明堂除五帝之坐，五郊改五精之號，皆晉武特識，超越兩漢。但五帝本五行之氣，同在天中，而各有所主，譬如人有五官，不可指其一而名之曰人，同稱昊天上帝，於義殊爲未安也。

蕙田又案：晉、宋二史，郊堂以外，俱不言有别祭五帝之制。觀此條，五郊，是其指迎氣分祭無疑也。又明帝太寧三年詔書，有「依舊詳處」之文。是舊有之，而渡江後復設耳。

晉書明帝本紀：太寧三年，詔曰：「郊祀天地，帝王之重事。自中興以來，惟南郊，未曾北郊〔一〕，四時五郊之禮都不復設，主者其依舊詳處。」

隋書禮儀志：禮，天子每以四立之日及季夏，乘玉輅，建大旂，服大裘，各於其方之近郊爲兆，迎其帝而祭之。所謂燔柴於太壇，埽地而祭者也。春迎靈威仰者，三春之始，萬物稟之而生，莫不仰其靈德，服而畏之也。夏迎赤熛怒者，火色熛怒，其靈炎

〔一〕「未曾」，諸本脱，據晉書明帝本紀補。

至明盛也。秋迎白招拒者，招，集，拒，大也，言秋時集成萬物，其功大也。冬迎叶光紀者，叶，拾，光，華，紀，法也，言冬時收拾光華之色，伏而藏之，皆有法也。中迎含樞紐者，含，容也，樞，機，有開闔之義，紐者，結也，言土德之帝，能含容萬物，開闔有時，紐結有法也。然此五帝之號，皆以其德而名焉。梁、陳、後齊、後周及隋，制度相循，皆以其時之日，各於其郊迎，而以太皞之屬五人帝配祭。並以五官、三辰、七宿於其方從祀焉。

梁制，迎氣以始祖配，牲用特牛一，其儀同南郊。天監五年，明山賓請迎五帝于郊，皆以始祖配饗，詔依議。七年，尚書左丞司馬筠等議：「以昆蟲未蟄，不以火田，鳩化爲鷹，罻羅方設。仲春之月，祀不用牲，止珪璧皮幣。斯又事神之道，可以不殺，明矣。況今祀天，豈容尚此？請夏初迎氣，祭不用牲。」帝從之。八年，明山賓議曰：「周官祀昊天以大裘，祀五帝亦如之。頃代郊祀之服，皆用衮冕，是以前奏迎氣、祀五帝，亦服衮冕。愚謂迎氣、祀五帝，亦宜用大裘，禮俱一獻。」帝從之。

陳迎氣之法，皆因梁制。

魏書太祖本紀：天興元年，詔百司議定，五郊立氣，宣贊時令，敬授民時，行夏之正。

太和十五年十有二月己酉，車駕迎春于東郊。十六年三月乙亥，車駕初迎氣南郊，自此以爲常。十九年，詔議牲色，祕書令李彪曰：「五帝各象其方色，亦有其義。」

魏書禮志：太宗泰常三年，爲五精帝兆於四郊，遠近依五行數。各爲方壇四陛，埒壝三重，通四門。以太皞等及諸佐隨配。侑祭黄帝，常以立秋前十八日。餘四帝，各以四立之日。牲各用牛一，有司主之。

蕙田案：魏書此下云：「又六宗、靈星、風伯、雨師、司民、司禄、先農之壇，皆有别兆，祭有常日，牲用少牢。立春之日，遣有司迎春於東郊，祭用酒、脯、棗、栗，無牲幣。」此所謂祭，自指六宗諸壇而言。蓋正祭則以少牢，立春非諸壇之正祭，故殺，用酒、脯也。通典節取此文，直於「牛一」之下，接云「又立春日，遣有司」云云，則似一日之中，兩祀青帝，一以牛，一以酒、脯，知其不然矣。

劉芳傳：轉太常卿。芳以所置五郊及日月之位，去城里數於禮有違，乃上疏曰：

「臣聞國之大事，莫先郊祀，郊祀之本，實在審位。是以列聖格言，彪炳綿籍；先儒正論，昭著經史。臣學謝全經，業乖通古，豈可輕薦瞽言，妄陳管說。竊見所置壇祠，遠近之宜，考之典制，或未允衷，既曰職司，請陳膚淺。孟春令云『其數八』，又云『迎春於東郊』。盧植云：『東郊，八里之郊也。』賈逵云：『東郊，木帝太昊，八里。』許慎云：『東郊，八里郊。』鄭玄孟春令注云：『王居明堂禮曰：王出十五里迎歲，蓋殷禮也。周禮，近郊五十里。』鄭玄別注云：『東郊，去都城八里。』高誘云：『迎春氣於東方，八里郊也。』王肅云：『東郊，八里，因木數也。』此皆同謂春郊八里之明據也。孟夏令云『其數七』，又云『迎夏於南郊』。盧植云：『南郊，七里郊也。』賈逵云：『南郊，火帝炎帝，七里。』許慎云：『南郊，七里郊也。』鄭玄云：『南郊，去都城七里。』高誘云：『南郊，七里之郊也。』王肅云：『南郊，七里，因火數也。』此又南郊七里之審據也。中央令云『其數五』。盧植云：『中郊，五里之郊也。』賈逵云：『中央，黃帝之位，并南郊之季，故云兆五帝於四郊也。』鄭玄云：『中郊，西南未地，去都城五里。』此又中郊五里之審據也。孟秋令云『其數九』，又曰『迎秋於西郊』。盧植云：『西郊，九里郊。』賈逵云：『西郊，金帝少皞，九里。』許慎云：『西郊，九里郊也。』鄭玄云：『西郊，去都城九里。』高誘云：『西郊，九里之郊也。』王肅云：『西郊，九里，因金數也。』此又西郊九里之審據也。孟冬令云『其數六』，又云『迎冬於北郊』。盧植云：『北郊，六里郊也。』賈逵云：『北郊，水帝顓頊，六里。』許慎云：『北郊，六里郊也。』鄭玄云：『北郊，去都城六里。』高誘云：『北郊，六里之郊也。』王肅云：『北郊六里，因水數也。』此又北郊六里之審據也。宋氏含文嘉注云：『周禮，王畿千里，二十分其一，以爲近郊。近郊五十里，倍之爲遠郊。迎王氣蓋於近郊。漢不設王畿，則以其方數爲郊處，故東郊八里，南郊七里，西郊九里，北郊六里，中郊在西南未地，五里。』祭祀志云：『建武二年正月，初制郊兆於雒陽城南七里，依採元始中故事，北郊在雒陽城北四里。』此又漢世南北郊之明據也。今地祇準此。至如三十里之郊，進乖鄭玄所引殷、周二代之據，退違漢、魏所行故事。凡邑外曰郊，今計四郊，各以郭門爲限，里數依上。禮，朝拜日月，皆於東西門外。今日月之位，去城東西路各三十，竊又未審。禮又云：『祭日於壇，祭月於坎。』今計造如上。」詔曰：「所上乃有明據，但先朝置立已久，且可從舊。」

高祖本紀：太和十六年三月乙卯〔一〕，車駕初迎氣南郊，自此爲常。

隋書禮儀志：後齊五郊迎氣，爲壇各於四郊，又爲黄壇於未地。所祀天帝及配帝五官之神同梁。其玉帛牲各以其方色，其儀與南郊同。帝及后各以夕牲日之旦，太尉陳幣，告請其廟，以就配焉。其從祀之官，位皆南陛之東，西向。壇上設饌畢，太宰丞設饌於其座。亞獻畢，太常少卿乃於其所獻。事畢，皆撤。又云，立春前五日，於州大門外之東，造青土牛兩頭，耕夫犁具。立春，有司迎春於東郊，豎青幡於青牛之傍焉〔二〕。

五郊迎氣樂辭：

青帝降神，奏高明樂辭　歲云獻，谷風歸。斗東指，雁北飛。電鞭激，雷車遽。虹旌靡，青龍馭。和氣洽，具物滋。翻降止，應帝期。

赤帝降神，奏高明樂辭　婺女司旦，中吕宣。朱精御節，離景延。根荄俊茂，

〔一〕「乙卯」，魏書高祖本紀作「乙亥」。

〔二〕「豎」，諸本作「登」，據隋書禮儀志二改。

温風發。柘火風水，應炎月。執衡長物，德孔昭。赤旂霞曳，會今朝。

黄帝降神，奏高明樂辭 居中帀五運，乘衡畢四時。含養資群物，協德固皇基。嘽緩契王風，持載符君德。良辰動靈駕，承祀昌邦國。

白帝降神，奏高明樂辭 風涼露降，馳景颺寒精。山川摇落，平秩在西成。蓋藏成積，蒸人被嘉祉。從享來儀，鴻休溢千祀。

黑帝降神，奏高明樂辭 虹藏雉化，告寒。冰壯地坼，年殫。日次月紀，方極。九州萬邦，獻力。叶光是紀，歲窮。微陽潛兆，方融。天子赫赫，明聖。享神降福，惟敬。

後周五郊壇，其崇及去國，如其行之數。其廣皆四丈，其方俱百二十步。内壝皆半之。祭配皆同後齊。星辰、七宿、嶽鎮、海瀆、山林、川澤、丘陵、墳衍，亦各於其方配郊而祀之。其星辰爲壇，崇五尺，方二丈。嶽鎮爲埳，方二丈，深二尺。山林已下，亦爲埳。壇，崇三尺，埳深一尺，俱方一丈。其儀頗同南郊。冢宰亞獻，宗伯終獻，禮畢。

祀五帝歌辭：

奠玉帛，奏皇夏辭　嘉玉惟芳，嘉幣惟量。成形依禮，稟色隨方。神班有次，歲禮惟常。威儀抑抑，率由舊章。

初獻，奏皇夏　惟令之月，惟嘉之辰。司壇宿設，掌史誠陳。敢用明禮，言功上神。鈎陳旦闢，閶闔朝分。旒垂象冕，樂奏山雲。將迴霆策，蹔轉天文。五運周環，四時代序。鱗次玉帛，循迴樽俎。神其降之，介福斯許。

皇帝初獻青帝，奏雲門舞　甲在日，鳥中星。禮東后，奠蒼靈。樹春旗，命青史。候雁還，東風起。歌木德，舞震宮。泗濱石，龍門桐。孟之月，陽之天。億斯慶，兆斯年。

皇帝初獻配帝，奏舞　帝出于震，蒼德於神。其明在日，其位居春。勞以定國，功以施人。言從配祀，近取諸身。

皇帝初獻赤帝，奏雲門舞　招搖指午，對南宮。日月相會，實沈中。離光布政，動温風。純陽之月，樂炎精。赤雀丹書，飛送迎。朱絃絳鼓，罄虔誠。萬物含養，各長生。

皇帝獻配帝，奏舞　以炎爲政，以火爲官。位司南陸，享配離壇。三和實俎，百味浮蘭。神其茂豫，天步艱難。

皇帝初獻黄帝，奏雲門舞　三光儀表正，四氣風雲同。戊己行初曆，黄鍾始變宫。平琮禮内鎮，陰管奏司中。齋壇芝曄曄，清野桂馮馮。夕牢芬六鼎，安歌韻八風。神光乃超忽，佳氣恒葱葱。

皇帝初獻配帝，奏舞　四時咸一德，五氣或同論。猶吹鳳凰管，尚對梧桐園。器圜居土厚，位總配神尊。始知今奏樂，還用我雲門。

皇帝初獻白帝，奏雲門舞　肅靈兑景，承配秋壇。雲高火落，露白蟬寒。帝律登年，金精行令。瑞獸霜輝，祥禽雪映。司藏肅殺，萬保咸宜。厥田上上，收功在斯。

皇帝初獻配帝，奏舞　金行秋令，白帝朱宣。司正五雉，歌庸九川。執文之德，對越彼天。介以福祉，君子萬年。

皇帝初獻黑帝，奏雲門舞　北辰爲政玄壇，北陸之祀員官。宿設玄圭浴蘭，坎德陰風御寒。次律將迴窮紀，微陽欲動細泉。管猶調於陰竹，聲未入於春絃。待歸餘於送曆，方履慶於斯年。

皇帝初獻配帝，奏舞　地始坼，虹始藏。服玄玉，居玄堂。沐蕙氣，浴蘭湯。匏器潔，水泉香。陟配彼，福無疆。君欣欣，此樂康。

隋五時迎氣。青郊爲壇，國東春明門外道北〔一〕，去宮八里。高八尺。赤郊爲壇，國南明德門外道西，去宮十三里。高七尺。黄郊爲壇，國南安化門外道西，去宮十二里。高七尺。白郊爲壇，國西開遠門外道南，去宮八里。高九尺。黑郊爲壇，宮北十一里丑地〔二〕。高六尺。並廣四丈。各以四方立日。黄郊以季夏土王日。祀其方之帝，各配以人帝，以太祖武元帝配。五官及星三辰七宿，亦各依其方從祀。其牲依方色，各用犢二，星辰加羊豕各一。其儀同南郊。其嶽瀆鎮海，各依五時迎氣日，遣使就其所，祭之以太牢。

音樂志：五郊歌辭五首：迎送神、登歌，與圜丘同。

青帝歌辭，奏角音　震宮初動，木德惟仁。龍精戒旦，鳥曆司春。陽光煦物，

〔一〕「國東春明門外道北」，諸本作「國南明德門外道西」，據隋書禮儀志二改。
〔二〕「丑」，諸本作「田」，據隋書禮儀志二改。

温風先導。巖處載驚，膏田已冒。犧牲豐潔，金石和聲。懷柔備禮，明德惟馨。

赤帝歌辭，奏徵音　長嬴開序，炎上爲德。執禮司萌，持衡御國。重離得位，芒種在時。含櫻薦實，木槿垂蕤。慶賞既行，高明可處。順時立祭，事昭福舉。

黄帝歌辭，奏宫音　爰稼作土，順位稱坤。孕金成德，履艮爲尊。黄本内色，宫實聲始。萬物資生，四時咸紀。靈壇汎掃〔一〕，盛樂高張。威儀孔備，福履無疆。

白帝歌辭，奏商音　西成肇節，盛德在秋。三農稍已，九穀行收。金氣肅殺，商威飂戾。嚴風鼓莖，繁霜殞蔕。厲兵詰暴，敕法慎刑。神明降嘏，國步惟寧。

黑帝歌辭，奏羽音　玄英啓候，冥陵初起。虹藏於天，雉化於水。嚴關重閉，星迴日窮。黄鍾動律，廣莫生風。玄尊示本，天産惟質。恩覃外區，福流景室。

〔一〕「汎」，諸本作「汎」，據隋書音樂志下改。

五禮通考卷三十二

吉禮三十二

五帝

歷代祭五帝

舊唐書禮儀志：武德、貞觀之制，神祇大享之外，每歲立春之日，祀青帝於東郊，帝宓羲配，勾芒、歲星、三辰、七宿從祀。立夏，祀赤帝於南郊，帝神農氏配，祝融、熒惑、三辰、七宿從祀。季夏土王日，祀黄帝於南郊，帝軒轅配，后土、鎮星從祀。立秋，祀白帝於西郊，帝少昊配，蓐收、太白、三辰、七宿從祀。立冬，祀黑帝於北郊，帝顓頊配，玄冥、辰星、三辰、七宿從祀。每郊帝及配座，用方色犢各一，籩、豆各四，簠、簋各二〔一〕，甑、俎各一。勾芒已下五星及三辰、七宿，每宿牲用少牢，每座籩、豆、簠、簋、甑、俎各一。

音樂志：祀五方上帝於五郊，樂章四十首：貞觀中，魏徵等作，今行用。

祀黄帝降神，奏宫音　黄中正位，含章居貞。既彰六律，兼和五聲。畢陳萬舞，乃薦斯牲。神其下降，永祚休平。

皇帝行，用太和詞同冬至圜丘。

登歌奠玉帛，用肅和　渺渺方輿，蒼蒼圓蓋。至哉樞紐，宅中圖大。氣調四序，風和萬籟。祚我明德，時雍道泰。

迎俎，用雍和　金縣夕肆，玉俎朝陳。饗薦黄道，芬流紫辰。迺誠迺敬，載享載禋。崇薦斯在，惟皇是賓。

皇帝酌獻飲福，用壽和詞同冬至圜丘。

〔一〕「二」，諸本作「一」，據舊唐書禮儀志四改。

送文舞出，迎武舞入，用舒和　御徵乘宫出郊甸，安歌率舞遞將迎。自有雲門符帝賞，猶持雷鼓答天成。

武舞用凱安詞同冬至圜丘。

送神用豫和詞同冬至圜丘。　此與太和、壽和四曲以下並同。

祀青帝降神，用角音　鶴雲旦起，鳥星昏集。律候新風，陽開初蟄。至德可饗，行潦斯挹。錫以無疆，烝人乃粒。

登歌奠玉帛，用肅和　玄鳥司春，蒼龍登歲。節物變柳，光風轉蕙。瑶席降神，朱絃饗帝。誠備祝嘏，禮殫珪幣。

迎俎，用雍和　大樂希音，至誠簡禮。文物斯建，聲名濟濟。六變有成，三登無體。迎春豐潔，恩覃愷悌。

送文舞出，迎武舞入，用舒和　笙歌籥舞屬年韶，鷺鼓鳧鐘展時豫。調露初迎綺春節，承雲遽踐蒼霄馭。

祀赤帝降神，用徵音　青陽告謝，朱明戒序。延長是祈，敬陳椒醑。博碩斯薦，笙鏞備舉。庶盡肅恭，非馨稷黍。

登歌奠玉帛，用肅和　離位克明，火中宵見。峰雲暮起，景風晨扇。木槿初榮〔一〕，含桃可薦。芬馥百品，鏗鏘三變。

迎俎，用雍和　昭昭丹陸，奕奕炎方。禮陳牲幣，樂備篪簧。瓊羞溢俎，玉醑浮觴。恭惟正直，歆此馨香。

送文舞出，迎武舞入，用舒和　千里温風飄絳羽，十枚炎景勝朱干。陳觴薦俎歌三獻，拊石摐金會七盤。

祀白帝降神，用商音　白藏應節，天高氣清。歲功既阜，庶類收成。萬方靜謐，九土和平。馨香是薦，受祚聰明。

登歌奠玉帛，用肅和　金行在節，素靈居正。氣肅霜嚴，林凋草勁。豺祭隼擊，潦收川鏡。九穀已登，萬箱流詠。

迎俎，用雍和　律應西成，氣躔南吕。珪幣咸列，笙竽備舉。苾苾蘭羞，芬芬桂醑。式資宴貺，用調霜序。

〔一〕「榮」，諸本作「容」，據舊唐書音樂志三改。

送文舞出，迎武舞入，用舒和　璿儀氣爽驚緹籥，玉呂灰飛含素商。鳴鞞奏管芳羞薦，會舞安歌葆旄揚。

祀黑帝降神，用羽音　嚴冬季月，星迴風厲。享祀報功，方祈來歲。

登歌奠玉帛，用肅和　律周玉琯，星迴金度。次極陽烏，紀窮陰兔。火林霰雪，湯泉凝沍。八蜡已登，三農息務。

迎俎，用雍和　陽月斯紀，應鍾在候。載潔牲牷，爰登俎豆。既高既遠，無聲無臭。静言格思，惟神保佑。

送文舞出，迎武舞入，用舒和　執籥持羽初終曲，朱干玉鏚始分行。七德、九功咸已暢，明靈降福具穰穰。

又五郊樂音十首：太樂舊有此詞，不詳所起。

黄郊迎神　朱明季序，黄郊王辰〔一〕。厚以載物，甘以養人。毓金爲體，稟火成身。宮音式奏，奏以迎神。

〔一〕「王」，諸本作「土」，據舊唐書音樂志三改。

送神　春末冬暮，徂夏杪秋。土王四月，時季一周。黍稷已享，籩豆宜收。送神有樂，神其賜休。

青郊迎神　緹幕移候，青郊啓蟄。淑景遲遲，和風習習。璧玉宵備，旌旄曙立。張樂以迎，帝神其入。

送神　文物流彩，聲明動色。人竭其恭，靈昭其飭。歆薦無已，垂禎不極。送禮有章，惟神還軾。

赤郊迎神　青陽節謝，朱明候改。靡草雕華，含桃流彩。簴列鐘磬，筵陳脯醢。樂以迎神，神其如在。

送神　炎精式降，蒼生攸仰。羞列豆籩，酒陳犧象。昭祀有應，宜其不爽。送樂張音，惟靈之往。

白郊迎神〔一〕　序移玉律，節應金商。天嚴殺氣，吹警秋方。槱燎既積，稷奠並芳。樂以迎奏，庶降神光。

〔一〕「郊」，諸本作「帝」，據舊唐書音樂志三改。

送神　祀遵五禮，時屬三秋。人懷肅敬，靈降禎休。奠歆旨酒，薦享珍羞。載張送樂，神其上遊。

黑郊迎神　元英戒序，黑郊臨候。掌禮陳彝，司筵執豆。寒雰斂色，沍泉凝漏。樂以迎神，八音斯奏。

送神　北郊時冽，南陸輝處。奠本虔誠，獻彌恭慮。上延祉福，下承歡豫。廣樂送神，神其整馭。

通典：永昌元年即嗣聖六年。敕，天無二稱，帝是通名。承前諸儒，互生同異，乃以五方之帝，亦謂爲天，假有經傳互文，終是名實未當。稱號不別，尊卑相混，自今郊祀之禮，惟昊天上帝稱天，自餘五帝皆稱帝。

通考：玄宗開元十一年正月十日，制：「獻歲之吉，迎氣方始，敬順天時，無違月令。所由長吏，可舉舊章。」

開元禮：立春日，祀青帝於東郊。以太昊配，勾芒、歲星、三辰、七宿從祀。

立夏日，祀赤帝於南郊。炎帝配，祝融、熒惑、三辰、七宿從祀。

季夏日，祀黄帝於南郊。軒轅配，后土、鎮星從祀。

立秋日，祀白帝於西郊。少昊配，蓐收、太白、三辰、七宿從祀。

立冬日，祀黑帝於北郊。顓頊配，玄冥、辰星、三辰、七宿從祀。正座、配座籩豆各十二，五辰、五官、三辰、七宿籩豆各二，餘各一也。

以上樂用本音，皆以黄鍾爲均，三成，准周禮云：「圜鍾之均六變，天神皆降可得。」而禮記云：「天神皆降。」明五帝、日、月、星、辰皆天神也。又准周禮「樂三變」，唯致丘陵之祇，今改用六變。

齋戒攝事祀官齋戒，如圜丘儀。　前祀七日平明，太尉誓百官於尚書省曰：「某月某日，祀青帝於東郊，各揚其職，不供其事，國有常刑。」皇帝散齋四日，致齋三日，如圜丘儀。

陳設　前祀三日，尚舍直長施大次於外壝東門之内道北，南向。尚舍奉御鋪御座。攝事則衛尉設祀官、公卿已下次於道南，北向，西上。　衛尉設陳饌幔於内壝東門之外道南，北向；設文武侍臣次，又設祀官及從祀群官、諸州使、蕃客等次。前祀二日，太樂令設宮懸之樂於壇南壝之内，設歌鐘歌磬於壇上，各如圜丘之儀。右校掃除壇之内外，郊社令積柴於燎壇，其壇於樂懸之南，外壝之内。攝事則其壇於神壇之左，内壝之外。　方一丈，高丈二尺，開上，南出户，方六尺。前祀一日，奉禮設御位在壇之東南，西向。攝事則設祀官、公卿位於内壝東門之内道北，執事位於道南，每等異位，重行，西向，以北爲上。設望燎位於柴壇之北，南向。設祀官、公卿位於内壝東門之外道南，分獻之官於公卿之南，執事位於其後。設祀官及從祀群官位及門外等位，一如圜丘。攝事則御史位於壇上。設牲牓於東壝之外，當門西向〔一〕，配帝牲牓少退，南上。設廩犧令位於牲西南，祝史陪其後〔二〕，俱北向。設諸太祝位於牲東，各當牲後，祝史陪其後，俱西向。設太常卿省牲位於牲前，近北，南向。設青帝夏赤帝，季夏黄帝，秋白帝，冬黑帝。酒罇於壇之上下，太罇二、著罇二、犧罇二、罍二在壇上，於東南隅〔三〕，北向；象罇二、壺罇二、山罍二在壇下，皆於南陛之東，北向，西上。設配帝著罇二、犧罇二、象罇二、罍二在壇上，於青帝酒罇之東，北向，西上。歲星、三辰、勾芒氏夏祝融，季夏后土，秋蓐收，冬玄冥，已下放此。俱象罇二，各設於神座之左，皆右向。七宿壺罇二，設於神座之右而左向。上帝、配帝之罇置於坫，星辰以

〔一〕「向」，諸本脱，據通典卷一一〇、開元禮卷一二補。
〔二〕「祝史」，諸本作「御史」，據通典卷一一〇、開元禮卷一二改。
〔三〕「於」，諸本脱，據通典卷一一〇補。

下鐏藉以席，皆加勺、冪，設爵於鐏下。設御洗於壇南陛東南，亞獻之洗又於東南，俱北向。罍水在洗東，篚在洗西，南肆。篚實以巾、爵。設星辰之鐏、罍、洗、篚各於其方陛道之左，俱内向，執鐏、罍、篚、冪者，各於其後。又設玉幣之篚於壇上下鐏坫之所。祀日未明五刻，太史令、郊社令設青帝靈威仰神位，赤帝赤熛怒，黄帝含樞紐，白帝白招拒，黑帝叶光紀。於壇上北方，南向，席以藁秸；設帝太昊氏神座，夏神農、季夏軒轅、秋少昊、冬顓頊，已下放此。於東方，西向，席以莞；設歲星、三辰之座於壇之東北，七宿之座於壇之西北，各於壇下南向〔一〕，相對爲首；設勾芒氏之座於壇之東南〔二〕，西向，席皆莞；設神位各於座首。

省牲器。如别儀。鑾駕出宫。如圜丘儀。

奠玉帛　祀日，未明三刻，諸祀官各服其服，郊社令、良醖令各率其屬入實鐏、罍、玉幣。凡六鐏之次，太鐏爲上，實以汎齊；著鐏次之，實以醴齊；犧鐏次之，實以盎齊；象鐏次之，

〔一〕「壇下」，諸本作「其壇」，據通典卷一一〇、開元禮卷一二改。

〔二〕「南」，諸本作「面」，據通典卷一一〇、開元禮卷一二改。

實以醍齊；壺罇次之，實以沈齊；山罍下，實以三酒。配帝，著罇爲上，實以汎齊；犧罇次之，實以醴齊；象罇次之，實以盎齊。其歲星、三辰、勾芒氏之象罇，俱實以醍齊；七宿之壺罇，俱實以汎齊。玄酒各實於五齊之上罇。禮神之玉，東方以青珪，南方以赤璋，中央以黄琮，西方以騶虞，北方以玄璜，其幣各隨方色，長丈八尺。太官令帥進饌者實籩豆簠簋，入設於内壝東門之外饌幔内。未明二刻，奉禮帥贊者先入就位，贊引引御史〔一〕、博士、諸太祝及令史、祝史與執罇、罍、篚、冪者，入自東壝門，當壇南，重行，北面，西上。立定，奉禮曰「再拜」，贊者承傳，御史已下皆再拜。訖，執罇、罍、篚、冪者各就位。贊引引御史、博士、諸太祝詣卯陛升，行掃除於上，令史、祝史行掃除於下。訖，引就位。車駕將至，謁者、贊引引祀官〔二〕，通事舍人分引從祀群官、諸方客使先至者，各就門外位。駕至大次門外，迴輅南向。將軍降，立於輅右。侍中進，當鑾駕前，跪奏稱「侍中臣某言，請降輅」。俛伏，興，還侍位。皇帝降輅之大次。通事舍人各引文武九品已上從祀之官皆就壝外位〔三〕。攝則無「車駕

〔一〕「贊引引」，諸本脱一「引」，據通典卷一一〇、開元禮卷一二補。
〔二〕「祀」，原作「祝」，據味經窩本、乾隆本、光緒本、通典卷一一〇、開元禮卷一二改。
〔三〕「之官皆就」，諸本脱，據通典卷一一〇、開元禮卷一二補。

將至」下至「壝外位」儀。太樂令帥工人、二舞次入就位，文舞入陳於懸内，武舞立於懸南道西，謁者引司空入陳掃除，訖，出復位，如常儀。皇帝停大次，半刻頃，通事舍人、贊引各引從祀群官、介公、酅公、諸方客使先入就位。太常博士引太常卿立於大次門外〔一〕，當門北向。侍中版奏「外辦」。攝則初司空入，謁者引祀官、贊引引執事俱就門外位，司空掃除，訖，各引入就位。贊再拜，謁者進太尉之左，白「有司謹具，請行事」。無「皇帝停大次」下至「太常卿奏謹具」儀。皇帝服大裘而冕，夏服衮冕。出次，華蓋、侍衛如常儀。博士引太常卿，太常卿引皇帝，凡太常卿前導，皆博士先引。至内壝門外〔二〕，殿中監進大珪，尚衣奉御，又以鎮珪授殿中監，殿中監受，進，皇帝搢大珪，執鎮珪，華蓋仗衛停於門外〔三〕，近侍者從入，如常。謁者引禮部尚書、太常少卿陪從，如常儀。皇帝至版位，西向立。每立定，太常卿、博士即立於左。謁者、贊引各引祀官次入就位。立定，太常卿前奏稱「請再拜」，退，復位，皇帝再拜。奉禮曰：「衆官再拜。」衆官在位者皆再拜。其先拜者不拜。太常卿前奏

〔一〕「外」，諸本脱，據通典卷一一〇、開元禮卷一二補。
〔二〕「門」，諸本脱，據通典卷一一〇、開元禮卷一二補。
〔三〕「外」，諸本脱，據通典卷一一〇、開元禮卷一二補。

「有司謹具，請行事」，退，復位。協律郎跪，俛伏，舉麾，鼓柷，奏角音，夏徵音，季夏宮音，秋商音，冬羽音。乃以黄鍾之均，作文舞之舞〔一〕，樂六成，偃麾，戛敔，樂止。太常卿前奏稱「請再拜」，退，復位，皇帝再拜。攝事拜。奉禮曰：「衆官再拜。」衆官在位者皆再拜。上下諸太祝俱取玉幣於篚，各立於罇所，其奠玉幣及毛血，並如圜丘儀。攝則太尉爲初獻，受玉幣，登歌作肅和之樂，餘亦如圜丘攝事之儀。

進熟　皇帝既升，奠玉帛，其設饌、盥洗、奠，皆如圜丘之儀。攝事，如圜丘攝事儀。太祝持版進於神座之右，東向跪，讀祝文曰：「維某年歲次某月朔某日，子嗣天子臣某，攝事云「嗣天子臣某，謹遣太尉封臣名」。敢昭告於青帝靈威仰，獻春伊始，時維發生，品物昭蘇，式遵恒禮，敬以玉帛犧齊，粢盛庶品，肅恭燔祀，暢兹和德，帝太昊氏配神作主，尚饗。」訖，興，夏云「昭告於赤帝赤熛怒，朱明戒序，長嬴馭節，庶品蕃碩，用遵恒典，敬以玉帛犧齊，粢盛庶品，恭敬禋祀，肅昭養德，帝神農氏配神作主」。季夏云「黄帝含樞紐，爰兹溽暑，實惟土潤，戊己統位，黄鐘在宫，敬以玉帛犧齊，粢盛庶品，恭備燔祀〔二〕，式虔厚德，帝軒轅氏配神作主」。秋云「白帝

〔一〕「作」，諸本脱，據通典卷一一〇、開元禮卷一二補。
〔二〕「備」，諸本作「修」，據通典卷一一〇、開元禮卷一二改。

白招拒，素秋伊始，品物收成，祇率舊章，展其恒禮云云〔一〕，帝少昊氏配神作主」。冬云「黑帝叶光紀，玄冥戒序，庶類安寧，資此積歲，祇率恒典云云〔二〕，帝顓頊氏配神作主」。皇帝再拜，初讀祝文訖，樂作；太祝進奠版於神座前，興，還罇所；皇帝拜，訖，樂止。太常卿引皇帝詣配帝酒罇所，執罇者舉冪，侍中取爵於坫，進，皇帝受爵〔三〕，侍中贊酌汎齊，訖，樂作；太常卿引皇帝進當太昊氏神座前，東向跪，奠爵，俛伏，興；太常卿引皇帝少退，東向立，樂止。太祝持版進於神座之左，北面，跪讀祝文曰：「維某年歲次某月朔日，子開元神武皇帝臣某，敢昭告於帝太昊氏，爰始立春，盛德在木，用致燔燎青帝靈威仰，惟帝布兹仁政，功叶上玄，謹以制幣犧齊，粢盛庶品，備兹明薦，配神作主，尚饗。」訖，興。夏云「昭告於帝神農氏，時維孟夏，火德方融，用致明禋於赤帝赤熛怒。惟帝表功協德，允斯作對，謹以制幣犧齊，粢盛庶品，式陳明薦，配神作主」。季夏云「告於帝軒轅氏，時維季夏，位膺土德，式奉明禋于黃帝含樞紐〔四〕，惟帝功施厚地，道合上玄，謹以」云云。秋云「告於帝少昊氏，時維立秋，金德在馭，用致燔燎於白

〔一〕「云云」，諸本脱，據通典卷一一〇補。
〔二〕「云云」，諸本脱，據通典卷一一〇補。
〔三〕「於坫進皇帝受爵」七字，諸本脱，據通典卷一一〇、開元禮卷一二補。
〔四〕「式」，諸本脱，據通典卷一一〇補。

帝白招拒。惟帝立兹義政，叶此神功，謹以」云云。冬云「告於帝顓頊氏，時維立冬，水德在馭，用致禋燎於黑帝叶光紀。惟帝道合乾元，允兹升配，謹以」云云。其飲福及亞獻至還宫，並同圜丘之儀。攝事同圜丘攝事〔一〕。

文獻通考：開元二十五年十月一日，制：「自今已後，每年立春之日，朕當帥公卿親迎春於東郊。其後夏及秋，常以孟月朔於正殿讀時令，仍令禮官即修撰儀注。既爲常式，及是常禮，務從省便，無使勞煩也。」

唐書玄宗本紀：開元二十六年正月丁丑，迎氣于東郊。

舊唐書禮儀志：開元二十六年，又親往東郊迎氣，祀青帝，以勾芒配，歲星及三辰、七宿從祀。其壇本在春明門外，玄宗以祀所隘狹，始移於滻水之東面，而位望春宫。其壇一成，壇上及四面皆青色。勾芒壇在東南。歲星已下，各爲一小壇，在青帝壇之北。親祀之時，有瑞雪，壇下侍臣及百寮拜賀稱慶。

文獻通考：肅宗元年建卯月一日，赦文：「朕敬授人時，慎徽月令，庶無極憓，以

〔一〕上「攝事」，諸本作「攝官」，據通典卷一一〇改。

獲休徵。自今以後，每至四孟月迎氣之日，令所司明案典禮，宣讀時令，朕當與百辟卿士舉而行之。」

舊唐書禮儀志：德宗貞元元年十月二十七日，詔：「郊祀之義，本於至誠。制定禮名，合從事實，使名實相副，尊卑有倫。五方配帝，上古哲王，道濟蒸人，禮著明祀。論善計功，則朕德不類，統天御極，則朕位攸同。而祝文所有稱臣以祭，既無益於誠敬，徒有黷於等威。宜從改正，以敦至禮。自今以後，祀五方配帝祝文，並不須稱臣。其餘禮數如舊。」

舊唐書歸崇敬傳：時有術士巨彭祖上疏云：「大唐土德，千年合符，請每四季郊祀天地。」詔禮官、儒者議之。崇敬議曰：「案舊禮，立春之日，迎春於東郊，祭青帝。立夏日，迎夏於南郊，祭赤帝。先立秋十八日，迎黃靈於中地，祀黃帝。秋、冬各於其方。黃帝於五行爲土，王在四季生於火，故火用事之末而祭之，三季則否。漢、魏、周、隋，共行此禮。國家土德乘時，亦以每歲六月土王之日祀黃帝於南郊，以后土配，所謂合禮。今彭祖請用四季祠祀，多憑緯候之説，且據陰陽之説。事涉不經，恐難行用。」又議祭五人帝不稱臣云：「太昊五帝，人帝也，於國家即爲前後之禮，無君臣之義。若於人帝而稱臣，則於天帝復何稱也？」議者或云：『五人帝列於月令，分配五時。』則五神、五音、五祀、五蟲、五臭、五穀，皆以備其時之色數，非謂別有尊崇也。」

宋史禮志：五方帝，宋因前代之制，冬至祀昊天上帝於圜丘，以五方帝、日、月、五星以下諸神從祀。又以四郊迎氣及土王日專祀五方帝，以五人帝配，五官、三辰、七宿從祀。各建壇于國門之外：青帝之壇，其崇七尺，方六步四尺；赤帝之壇，其崇六尺，東西六步三尺，南北六步二尺；黄帝之壇，其崇四尺，方七步；白帝之壇，其崇七尺，方七步；黑帝之壇，其崇五尺，方三步七尺。

文獻通考：太宗太平興國八年，詔祀土德於黄帝壇，如大祠之制。

淳化三年正月上辛，親祀南郊，五方帝並列從祀，詔罷本壇之祭。

宋史禮志：真宗景德二年，鹵簿使王欽若言：「五方帝位版如靈威仰、赤熛怒，皆是帝名，理當恭避。望下禮官詳定。」禮官言：「案開寶通禮義纂，靈威仰、赤熛怒、含樞紐、白招拒、叶光紀者，皆五帝之號。漢書注五帝自有名，即靈符、文祖之類是也。既爲美稱，不煩迴避。」詔可。

蕙田案：五帝，特主宰五氣之神，緯書各爲之名字，先儒斥爲妖怪妄言，是矣。王欽若以爲名諱當避，禮官又以爲美稱，未知何據而云然，不亦誕乎！

宋史樂志：景德以後祀五方帝十六首：

青帝降神，高安六變。　四序伊始，三陽肇新。氣迎東郊，蟄户咸春。功宣播殖，澤被生民。祝史正辭，昭事惟寅。

奠玉幣、酌獻，並用嘉安　條風始至，盛德在木。平秩東作，種獻穜稑。律應青陽，氣和玉燭。惠被兆民，以介景福。

送神，高安　備物致用，薦羞神明〔一〕。禮成樂舉，克享克禋。

酌獻，佑安　條風斯應，候律維新。陽和啓蟄，品物皆春。篪簧協奏，簠簋畢陳。精羞豐薦，景福攸臻。

赤帝降神，高安　長贏戒序，候正南訛。功資蕃育，氣應清和。鼎實嘉俎，樂備登歌。神其來享，降福孔多。

〔一〕「神明」，原誤倒，據味經窩本、乾隆本、光緒本、宋史樂志七乙正。

奠玉幣、酌獻，嘉安景祐用祐安，辭亦不同。　象分離位，德配炎精。景風協律，化神含生。百嘉茂育，乃順高明。神無常享，享于克誠。

送神，高安　籩豆有踐，黍稷惟馨。禮終三獻，神歸杳冥。

黄帝降神，高安　坤輿厚載，黄裳元吉。宅中居正，含章抱質。分王四季，其功靡秩。育此群生，首兹六律。

奠玉幣、酌獻，嘉安景祐用祐安，辭亦不同。　中央定位，厚德維新。五行攸正，四氣爰均。笙鏞以間，簠簋斯陳。爲民祈福，肅奉明禋。

送神，高安　土德居中〔一〕，方輿配位。樂以送神，式申昭事。

白帝降神，高安　西顥騰晶，天地始肅。盛德在金，百嘉茂育。彍弩射牲，築場登穀。明靈格思，旌罕紛屬。

奠玉幣、酌獻，嘉安景祐用祐安，辭亦不同。　博碩肥腯，以炰以烹。嘉栗旨酒，有瀰斯盈。肴核惟旅，肅肅烝烝。吉蠲備物，享于克誠。

〔一〕「土」，諸本作「上」，據宋史樂志七改。

送神，高安　飈輪戾止〔一〕，景燭靈壇。金奏繹如，白露溥溥。黑帝降神，高安　隆冬戒序，歲曆順成。一人有慶，萬物由庚。有旨斯酒，有碩斯牲。報功崇德，正直聰明。

奠玉幣、酌獻，嘉安景祐用祐安，辭亦不同。　大儀斡運，星紀環周。三時不害，黍稷盈疇。克誠致享，品物咸羞。禮成樂變，錫祚貽休。

送神，高安　管磬咸和，禮獻斯畢。靈馭言旋，神降之吉。

文獻通考：仁宗時，制四立、土王日，祭五方帝。

宋史禮志：仁宗天聖六年，詔太常葺四郊宫，少府監遣吏齎祭服就給祠官，光禄進胙，監祭封題〔二〕。

文獻通考：皇祐定壇，如唐郊祀録。各廣四丈，其高用五行八七五九六爲尺數。　慶曆用羊、豕各一，正位太罇各二，不用犧罇，增山罍爲二，在壇上，簠、簋、俎

〔一〕「輪」，諸本作「翰」，據宋史樂志七改。
〔二〕「監祭」，諸本作「登祭使」，據宋史樂志七改。

各增爲二。嘉祐，加羊、豕各二。

宋史禮志：仁宗嘉祐元年，以集賢校理丁諷言：案春秋文耀勾爲五帝之名，始下太常去之。

元祐六年，知開封府范百禄言：「每歲迎氣於四郊，祀五帝，配以五神，國之大祀也。古者天子皆親帥三公、九卿、諸侯、大夫以虔恭重事，而導四時之和氣焉。今吏所差三獻皆常參官，其餘執事贊相之人皆班品卑下，不得視中祠行事者之例。請下禮部與太常議，宜以公卿攝事。」從之。

政和五禮新儀：五方帝壇廣四丈。青帝壇高八尺，赤帝壇高七尺，黃帝壇高五尺，白帝壇高九尺，黑帝壇高六尺，壇飾依方色。立春祀青帝，以帝太昊氏配，以勾芒氏、歲星、三辰、七宿從祀。勾芒位于壇下卯階之南，歲星、析木、大火、壽星于壇下子階之東，西上；角宿、亢宿、氐宿、房宿、心宿、尾宿、箕宿位於壇下子階之西，東上。立夏祀赤帝，以帝神農氏配，以祝融氏、熒惑、三辰、七宿從祀。祝融位于壇下卯階之南，熒惑、鶉首、鶉火、鶉尾位于子階之東，西上；井宿、鬼宿、柳宿、星宿、張宿、翼宿、軫宿位于子階之西，東上。季夏祀黃帝，以帝軒轅氏配，以后土、鎮星從祀。后土位于壇下卯階之南，鎮星位于壇下子階之東。立秋祀白帝，以帝少昊氏配，以蓐收、太白、三辰、七宿從祀。蓐收位于壇下卯階之南，太白、大梁、降婁、實沈位于壇下子階之東，西上；奎宿、婁宿、胃宿、昴宿、畢宿、觜宿、參宿位于子階之西，東上。立冬祀黑帝，以帝高陽氏配，以玄冥、辰星、三辰、七宿從祀。玄冥位于壇下卯階之南，辰星、娵訾、玄枵、星紀位于子階之東，西上；斗宿、牛宿、女宿、虚宿、危宿、室宿、壁宿位于子階之西，東上。皇帝祀五方帝儀，皇帝服衮冕，祀黑帝則服裘被衮，配位，登歌作承安之樂。餘並如祈穀、祀上帝儀。

宋史高宗本紀：紹興三年夏四月己亥，復舉五帝之祀。

禮志：紹興初，仍祀五帝于郊。

文獻通考：紹興三年，司封員外郎鄭士彦，請以立春、立夏、季夏土王日、立秋、立冬祀五帝於四郊。

九年，國子監丞張希亮言：「祀五帝，今用酒脯。乞依大祀，用牲牢。」

宋史高宗本紀：紹興二十七年五月辛卯，復以五帝爲大祀。

樂志：紹興以後，祀五方帝六十首：

青帝降神，高安，圜丘宫三奏。　於神何司，而德于木？蕭然顧歆，則我斯福。我祀孔時，我心載祇。匪我之私，神來不來。

黃鍾爲角一奏。　神兮焉居？神在震方。仁以爲宅〔一〕，秉天之陽。神之來矣，道修以阻。望神未來，使我心苦。

太蔟爲徵〔二〕一奏。　神在途矣，習習以風。百靈後先，敢一不恭！奔走癘疫，拔除菑凶。顧瞻下方，逍遥從容。

姑洗羽一奏。　温然仁矣，熙然春矣。龍駕帝服，穆將臨矣。我酒清矣，我肴烝矣。我樂備矣，我神顧矣。

升殿，正安　在國之東，有壇崇成。節以和樂，式降式登。潔我珮服，璆琳鏘鳴。匪壇斯高，曷妥厥靈。

青帝奠玉幣，嘉安　物之熙熙，胡爲其然。蒙神之休，乃敢報旃。有邸斯珪，有量斯幣。于以奠之，格此精意。

太昊氏位奠幣，嘉安　卜歲之初，我迎春祇。孰克侑饗，曰古宓戲。於皇宓

〔一〕「仁」，諸本作「神」，據宋史樂志七改。
〔二〕「爲」，諸本脱，據宋史樂志七補。

戲，萬世之德。再拜稽首，敢愛斯璧。

奉俎，豐安　靈兮安留，煙燎既升。有碩其牲，有俎斯承。匪牲則碩，我德惟馨。綏節安歌，庶幾是聽。

青帝酌獻，祐安　百末布蘭，我酒伊旨。酌以匏爵，洽我百禮。帝居青陽，顧予嘉觴。右我天子，宜君宜王。

太昊酌獻，祐安　五德之王，誰實始之？功括造化，與天無期。酌我清酤，盥獻載飭。神鑒孔饗，天子之德。

亞、終獻，文安　貳觴具舉，承神嘉虞。神具醉止，眷焉此都。我歲方新，我畝伊殖。時暘時雨，緊神之力。

送神，高安　忽而來兮，格神鴻休。忽而往兮，神不予留。神在天兮，福我壽我。千萬春兮，高靈下墮。

赤帝降神，高安，圜鐘爲宫　離明御正，德協于火。有感其生，惟帝是荷。帝圖炎炎，貽福錫我。鑒于妥虔，高靈下墮。

黄鍾爲角　赤精之君，位于朱明。茂育萬物，假然長贏。我潔我盛，我觴我誠。神其下來，雲車是承。

太蔟爲徵　八卦相盪，一氣散施。隆熾恢台，職神尸之。肅肅飈御，神戾于天。於昭神休，天子萬年。

姑洗爲羽　燁燁其光，炳炳其靈。肹其如容，歘其如聲。扇以景風，導以朱斿。我德匪類，神其安留。

升殿，正安　除地國南，有基崇崇。載陟載降，式虔式恭。燎煙既燔，㦸冕斯容。神如在焉，肆予幽通。

赤帝奠玉幣，嘉安　太微呈祥，炎德克彰。佑我基命，格于明昌。一純二精，有嚴典祀。于以奠之，以介繁祉。

神農氏奠幣，嘉安　練以纁黄，有篚將之。肸蠁斯答，有神昭之。維神于民，實始貨食。歸德報功，敢怠王國。

奉俎，豐安　有牲在滌，從以騂牡。或肆或將，有潔其俎。神嗜飲食，飶飶芬芬。莫腆于誠，神其顧歆。

赤帝酌獻，祐安　四月維夏，兆于重離。帝執其衡，物無癘疵。於皇帝功，思樂旨酒。奠爵既成，垂福則有。

神農氏酌獻，祐安　猗歟先農，肇茲黍稷！既殖既播，有此粒食。秬鬯潔清，彝鐏疏羃。竭我瑶斝，奠報嘉績。

亞、終獻，文安　盥爵奠斝，載虔載恭。籩豆靜嘉，於樂鼓鐘。禮備三獻，神具醉止。孰顯神德，揚光紛委。

送神，高安　神來何從？颼然靈風。神去何之？杳然幽蹤。伊神去來，霧散雲烝。從遺休祥，山崇川增。

黄帝降神，高安，圜鍾爲宫　維帝奠位，乃咸于時。孰主張是，而樞紐之？穀我腹我，比予于兒。告我冠服，迨其委蛇。

黄鍾角　蓀無不在，日與我居。孰不可來〔一〕？肸蠁斯須。象服龍駕，淵淵鼓桴。蓀不汝多，多汝意乎。

太蔟徵　樂哉帝居，逝留無常！爾信我宅，爾中我鄉。乃眷茲土，於赫君王。

〔一〕「來」，諸本作「求」，據宋史樂志七改。

翩然下來，去未遽央。

姑洗羽　澹兮撫琴，啾兮吹笙。神之未來，肅穆以聽。繽紛羽旄，姣服在中。神既來止，亦無惰容。

升殿，正安　民生地中，動作食息。與我周旋，莫匪爾極。捕鰈東海，搴茅南山。彼勞如何，矧升降間！

黃帝奠玉幣，嘉安　萬櫝之寶，一絢之絲。孕之育之，誰爲此施？歸之后神，神曰何爲。不宰之功，蕩然四垂。

有熊氏位奠幣，嘉安　維有熊氏，以土勝王。其後皆沿，茲德用壯。黼黻幅舄，裳衣是創。幣之玄纁，對此昭亮。

奉俎，豐安　王曰欽哉，無愛斯牲！登我元祀，亦有皇靈。以將以享，或剥或烹。大夫之俎，天子之誠。

黃帝酌獻，祐安　黍以爲翁，鬱以爲婦。以侑元功，以酌大斗。伊誰歆之？皇皇帝后。伊誰嘏之？天子萬壽。

有熊氏酌獻，祐安　昔在綿邈，有曰公孫。登政撫辰，節用良勤。所蓄既大，所行宜遠。載其華罇，從以簫管。

亞、終獻，文安　羽觴更陳，厥味清涼。飲之不煩，又有蔗漿。夜未艾止，明星浮浮。願言妥靈，靈兮淹留。

送神，高安　靈不肯留，沛兮將歸。玉節猋逝，翠旗並馳。顧瞻佇立，悵然佳期。蹇千萬年，無斁人斯。

白帝降神，高安，圜鍾爲宫　白藏啓序，庶彙向成。有嚴禋祀，用答幽靈。風馬雲車，來燕來寧。洋洋在上，休福是承。

黄鍾角　素精肇節，金行固藏。氣沖炎伏，明河翻霜。功收有年，禮薦有章。祇越眇冥，鴻基永昌。

太蔟徵　昊天之氣，揫斂萬彙。涓日潔齊，有嚴厥祀。有牲惟肥，有酒維旨。神之燕娭，錫兹福祉。

姑洗羽　執矩斯兑，實惟素靈。受職儲休，萬寶以成。饗于西郊，奠玉陳牲。侑以雅樂，來歆克誠。

升殿，正安　素猋諧律，西顥墮靈。肇復元祀，晨煬肅清。下土層陔，嘉薦芳馨。以御蕃祉，介我西成。

白帝奠玉幣，嘉安　惟時素秋，肇舉元祀。禮備樂作，降登有數。洋洋在上，神既來止。神之格思，錫我繁祉。

少昊氏位奠幣[一]，嘉安　西顥肅清，群生茂遂。有嚴報典，孔明祀事。珪幣告成，神靈燕喜。賚我豐年，以錫民祉。

奉俎，豐安　洽禮既陳，諧音具舉。有滌斯牲，孔碩爲俎。維帝居歆，介我稷黍。樂哉有秋，緊神之祐。

白帝酌獻，祐安　徂商肇祀，靈蓋孔饗。恭承嘉禧，湛澹秬鬯。監此馨香，靈其安留。疇惠下民，匪靈之休。

少昊氏位酌獻，祐安　沆碭西顥，功載萬世。乘金宅兑，侑我明祀。嘉觴布蘭，牲玉潔精。神之燕虞，肅用有成。

亞、終獻，文安　肅成萬物，泬寥其秋。惟茲祀事，戾止靈斿。酌獻具舉，典禮

〔一〕「氏」，諸本作「祀」，據宋史樂志七改。

是求。冀福斯民〔一〕，黍稷盈疇。

送神，高安　沉碭白藏，順成萬寶。有來德馨，於昭神妥。露華晨晞，飇馭聿還。介我嗣歲，澤均幅員。

黑帝降神，高安，圜鍾爲宫　吉日壬癸，律中應鍾〔二〕。國有故常，北郊迎冬。乃蒇祀事，必祗必恭。明默雖異，感而遂通。

黄鍾爲角　良月盈數，四氣推遷。吉蠲是時，典司其權。高靈下墮，降祉幅員。神之聽之，祀事罔愆。

太簇爲徵　北方之神，執權司冬。三時務農，于焉告功。禮備樂作，歸功于神。風馬來游，承錫斯民。

姑洗爲羽　天地閉塞，盛德在水。黑精之君，降福羡祉。洋洋在上，若或見之。齊莊承祀，其敢斁思。

〔一〕「民」，諸本作「成」，據宋史樂志七改。

〔二〕「律」，原作「吉」，據味經窩本、宋史樂志七改。

升殿，正安　昧爽昭事，煌煌露光。滌溉蠲潔，容儀肅莊。牲肥酒旨，薦此芬芳。降陟有序，禮無越常。

黑帝奠玉幣，嘉安　晨曦未升，天宇肅穆。祇若元祀，將以幣玉。神之格思，三獻茅縮。明靈懌豫，下土是福。

高陽氏位奠幣，嘉安　颷馭雲蓋，神之顧歆。丕昭禮容，發揚樂音。祀事既舉，仰當神心。申以嘉幣，式薦誠諶。

奉俎，豐安　辰牲孔碩，奉牲以告。祕祝非祈，豐年宜報。至意昭徹，交乎神明。降福穰穰，用燕群生。

黑帝酌獻，祐安　赫赫神遊，周流八極。德馨上聞，于焉來格。不腆酒醴，用伸悃愊。神其歆之！民用饗德。

高陽氏酌獻，祐安　十月納禾，民務藏蓋。不有神休，民罔攸賴。孟冬之吉，禮行不昧。神隆百祥，昭著蓍蔡。

亞、終獻，文安　萬彙揫斂，時維冬序。蠢爾黎氓，入此室處。酌獻告神，禮以時舉。賴此陰騭，民有所祜。

送神，高安　神之戾止，天門夜開。禮備告成，雲軿亟回。旗纛晻靄，萬靈喧豗。獨遺祉福，用澤九垓。

蕙田案：五帝之祭，遼、金、元不見于史，明太祖定禮，緣諸儒「天一而已，安得有六」之説，郊壇專祀昊天上帝，不列五帝從祀之位，又無四時迎氣之祭相沿，惟立春，出土牛迎春，祭勾芒，不祭青帝，而五帝遂不臚于祀典。此外，火神尚有專祠，玄冥則道家真武廟，意略相近。黄帝、白帝無聞矣。竊意天地之氣，流行四序，各有主宰，聖人敬而祀之。在天爲五帝，猶在地有五嶽也，五嶽有祭，則五帝亦不宜闕。考元、明以來，太歲、月將不見于經者，猶行祀事，矧其爲周禮之大祀耶？夫積月以成時，積時而成歲。太歲主一歲干支之神，六十年而一周，四時則歲歲無改，月將主一月之建，分四時爲孟仲季，五帝則爲之統綱，品其秩，當不在太歲、月將下。秩祀典者，或亦有俟論定與？

右歷代祭五帝

祭四時附

禮記祭法：埋少牢於泰昭，祭時也。注：昭，明也，亦謂壇也。時，四時也，亦謂陰陽之神也。埋之者，陰陽出入於地中也。疏：此明四時所祭之處，春夏爲陽，秋冬爲陰，若祈陰則埋牲，祈陽則不應埋之。今總云「埋」者，以陰陽之氣，俱出入於地中而生萬物，故並埋之。

馬氏晞孟曰：四時有生物之功，地主於成物，此其所以埋少牢以祭之也。

蕙田案：祭法此句，孔安國謂六宗之一，蔡氏書傳因之。然考諸他書及後世禮制，無有議及此者。不若寒暑、日月星、水旱、四方可自爲一祭。今因祭四時，與四時迎氣相近，姑附於此。然「泰昭」之義未詳，豈在四郊、五帝兆之南昭明之地與？而少牢用埋，又似祭地祇，而非天神，不可强釋，闕疑可也。

右祭四時

祭寒暑

蕙田案：周禮春官籥章有中春逆暑、中秋迎寒之樂。祭法「相近于坎壇，祭寒暑也」。說者以爲即禋六宗之一。自秦有伏臘祠，而逆暑、迎寒之禮廢，但于藏冰、開冰時，有司寒一祭，歷代不廢。故唐開元禮有享司寒儀。通典、通志但存「享司寒」一門，文獻通考則仍祭寒暑名目。然自南宋以後，即享司寒亦不著祀典矣。

寒暑坎壇

禮記祭法：相近于坎壇，祭寒暑也。注：「相近」當爲「禳祈」，聲之誤也。禳猶卻也。祈，求也。寒暑不時，則或禳之，或祈之，寒于坎，暑于壇，祭用少牢。疏：祭寒暑者，或寒暑太甚，祭以禳之，或寒暑頓無，祭以祈之。

張子曰：寒暑無定，暑近日壇，寒近月坎而已，故曰「相近於坎壇，祭寒暑也」。注謂「相近」爲「禳祈」者，非。

陸氏佃曰：迎寒則與寒相近于坎，迎暑則與暑相近于壇。相近，一作「祖迎」。

右寒暑坎壇

享司暑司寒

周禮春官籥章：掌土鼓、豳籥。注：杜子春曰：「土鼓，以瓦爲匡，以革爲兩面，可擊也。」鄭司農云：「豳籥，豳國之地竹，豳詩亦如之。」玄謂豳籥，豳人吹籥之聲章，明堂位曰：「土鼓、蒯桴、葦籥，伊耆氏之樂。」　疏：後鄭云「豳人吹籥之聲章」，云「豳人吹籥」，其義難明，謂作豳人吹籥之聲章，商祝、夏祝之類。聲章，即下文豳詩之等是也。明堂位曰「土鼓、蒯桴、葦籥，伊耆氏之樂」者，鄭注禮運云：「土鼓，築土爲鼓也。蒯桴，桴謂擊鼓之物，以土塊爲桴。」**中春，晝擊土鼓，歈豳詩以逆暑。**　注：豳詩，豳風七月也。歈之者，以籥爲之聲。七月言寒暑之事，迎氣歌其類也。此風也，而言詩，詩，總名。迎暑以晝，求諸陽。　疏：中春，二月也。言迎暑者，謂中春晝夜等，已後漸暄，故預迎之耳。又曰：鄭知「歈之者，以籥爲之聲」者，以發首云「掌土鼓、豳籥」，故知詩與雅頌，皆用籥歈之也。云「七月言寒暑之事」者，七月云「一之日觱發，二之日栗烈」，七月流火之詩，是寒暑之事。「迎暑以晝，求諸陽」者，對下「迎寒以夜，求諸陰」也。**中秋，夜迎寒亦如之。**　疏：言「亦如之」，亦當擊土鼓，吹豳詩也。

朱子豳風七月詩集傳：周禮籥章，中春，晝擊土鼓，吹豳詩，以逆暑。中秋，夜迎寒亦如之。即謂此詩也。

楊氏曰：籥章不文，凡穀祈年于田祖。疏曰：「此祈年于田祖，并迎暑迎寒，並不言祀事，既告神，當有祀事可知。但以告祭非常，故不言之耳。若有禮物，不過如祭法埋少牢之類。」

易氏祓曰：民事終始，實關天時之消長，故必先之以迎寒逆暑。逆如逆女之義，自外而入于內，以我爲主，謂陽常居大夏而主歲功。迎如迎賓之義，自內而出於外，以彼爲客，謂陰常居大冬，時出而佐陽。中春爲歲陽之中，晝爲日陽之中，如是而逆暑，與堯典所謂「日中星鳥，寅賓出日」同意。中秋爲歲陰之中，夜爲宵陰之中，如是而迎寒，與堯典所謂「宵中星虚，寅餞納日」同意。萬物生于土，反于土，則土者，物之終始也。逆暑迎寒，所以皆擊土鼓焉。

張子曰：當春之晝，吾方逆暑，則三之日于耜，四之日舉趾，蓋有以逆其氣。當秋之夜，吾方迎寒，則一之日觱發，二之日栗烈，蓋有以迎其氣。

楊氏復曰：陰陽積而爲寒暑，寒暑相推而成歲。寒暑不時，無以成歲，故迎之逆之，所以道其氣。陽生于子，冬至日在牽牛；陰生於午，夏至日在東井。聖人向明而治，于中春逆暑，背其所向則不順，故謂之逆。中秋迎寒，面其所向則順，故謂之迎。

禮記月令：仲春之月，天子乃鮮羔開冰。注：「鮮」當爲「獻」，聲之誤也。獻羔，謂祭司寒也。祭司寒而出冰，薦于宗廟，乃後賦之。疏：按詩豳風七月云：「四之日其蚤，獻羔祭韭。」故知鮮爲獻也。云「獻羔謂祭司寒」者，以經云獻羔啓冰，先薦寢廟，恐是獻羔寢廟，故云「祭司寒」。左傳直云「獻羔而啓之」。知「祭司寒」者，以傳云「祭寒而藏之」，既祭司寒，明啓時亦祭之。薦於宗廟，謂仲春也；乃後賦之，謂孟夏也。故凌人云「夏頒冰」，左傳云「火出而畢賦」是也。畢，盡也，謂應是得冰之人，無問尊卑，盡賦與之。

方氏慤曰：古者鑿冰於建丑之月，則以重陽方固而達陽氣也。藏冰於建寅之月，則以少陽尚稟而閉陰氣也。開冰於建卯之月，則以陽方中而順中氣也。頒冰於建巳之月，則以陽方盛而禦暑氣也。夫開冰，陽事也，不以羊而以羔者，方少陽用事之時，而又品物少故也。

陸氏佃曰：鮮，讀如字，擊牲曰鮮。言鮮者，嫌於不殺。知然者，以下云祀，不用犧牲。據此，小祀用牲，唯開冰。

春秋昭公四年：春，王正月，大雨雹。左氏傳：大雨雹，季武子問於申豐曰：「雹可禦乎？」對曰：「聖人在上，無雹，雖有，不爲災。古者，日在北陸而藏冰，注：禦，止也。申豐，魯大夫。陸，道也。謂夏十二月，日在虛危，冰堅而藏之。疏：釋天云：「北陸，虛。西陸，昴也。」孫炎云：「陸，中也。北方之宿，虛爲中也。西方之宿，昴爲中也。」彼以陸爲中，杜以陸爲道者，陸之爲中爲道，皆無正訓，各以意言耳。周禮凌人：「正歲十有二月，令斬冰。」詩云：「二之日鑿冰沖沖。」月令：「季冬冰盛水腹，命取冰。」鄭玄云：「腹，厚也。」以此知日在北陸，謂夏之十二月也。**西陸朝覿而出之。**注：謂夏三月，日在昴畢，蟄蟲出而用冰。春分之中，奎星朝見東方。疏：覿，見也。西道之宿，有早朝見者，于是而出之，謂奎星晨見而出冰也。西方凡有七宿，傳言西陸朝覿〔一〕，于傳之文，未知何宿覿也。杜以西陸朝覿，實是春分二月。故杜此注云：「春分之中，奎星朝見東方。」及下「獻羔啓之」

〔一〕「傳」，諸本作「專」，據春秋左傳正義卷四二改。

注云：「謂二月春分，獻羔祭韭。」是皆據初出其冰，公始用之時也。所以杜注云「謂夏之三月，日在昴畢，蟄蟲出而用冰」者，以此傳云「西陸朝覿而出之」，下傳「覆之」云「其出之也，朝之禄位，賓食喪祭，于是乎用之」，則是普賜群臣，故杜云：「謂夏三月。」又下注云「言不獨共公」，是據普班之時也，故下傳又云「火出而畢賦」是也。然冰之初出，在西陸始朝覿之時，冰之普出，在西陸朝覿之後，總而言之，亦得稱「西陸朝覿而出之」也。**其藏冰也，深山窮谷，固陰沍寒，於是乎取之。**注：沍，閉也。必取積陰之冰，所以道達其氣，使不爲災。**其出之也，朝之禄位，賓食喪祭，于是乎用之。**注：言不獨共公。疏：此謂公家用之也。朝廷之臣，食禄在位，大夫以上，皆當賜之冰也。其公家有賓客享食，公家有喪有祭，于是乎用之，言其不獨共公身所用也。周禮凌人云：「春始治鑑。凡内、外饔之膳修鑑焉。凡酒、漿之酒醴亦如之。祭祀，共冰鑑。賓客共冰。大喪，共夷槃冰。」是公家所用冰也。**其藏之也，黑牡秬黍，以享司寒。**注：黑牡，黑牲也。秬，黑黍也。司寒，玄冥，北方之神，故物皆用黑。有事于冰，故祭其神。疏：此祭玄冥之神，非大神，且非正祭，計應不用大牲。杜言黑牡、黑牲，當是黑牡羊也。秬，黑黍，釋草文也。啓冰，唯獻羔祭韭，藏冰則祭用牲黍者，啓唯告而已，藏則設享祭之禮，祭禮大而告禮小故也。月令于冬云「其神玄冥」，故知司寒是玄冥也。**其出之也，桃弧、棘矢，以除其災。**注：桃弓、棘箭，所以禳除凶邪，將御至尊之故。疏：説文云：「弧，木弓也。」謂空用木，無骨節也。服虔云：「桃，所以逃凶也。」棘矢者，棘亦有箴，取其名也。蓋出冰之時，置此弓矢于凌室之户，所以禳除凶邪，將御至尊，故慎其事，爲此禮也。**其出入也時。食肉之禄，冰皆與焉。**注：食肉之禄，謂在朝廷治其職事，就官食者。**大夫命婦，喪浴用冰。祭寒而藏之，獻羔而啓之，公始用之。火出而畢賦，**注：命婦，大夫妻。享司寒，謂二月春分，獻羔祭韭，始開冰室。公先用，優尊。火星，昏見東方，謂三月、四月中。疏：周禮云：「夏頒冰。」謂正歲之夏，即四月是也。故杜兼言四月。**自命夫、命婦至於老疾，無不受冰。**注：老，致仕在家者。**其藏之也周，其用之也徧，則冬無愆陽，夏無伏陰，春無淒風，秋無苦雨，雷出不震，**注：愆，過也，謂冬温。伏陰，謂夏寒。淒，寒也。霖雨爲人所患苦。疏：雷出不震，言有雷而不爲霹靂也。下云「雷不發而震」，言無雷而有霹靂也。**無菑霜雹，癘疾不降，**疏：霜雹，即是災，言無此災害之霜雹也。寒暑失時，則民多癘疾，天氣爲之，故云降也。**民不夭札。**注：短折爲夭，夭死爲札。**今藏川池之冰，棄而不用，風不越而殺，雷不發而震。**疏：風不以理舒散，而暴疾害物；雷不徐緩動發，而震擊爲害。**雹之爲菑，誰能禦之？七月之卒章，藏冰之道也。」**注：七月，詩豳風卒章曰：「二之日鑿冰沖沖。」謂十二月鑿而取之。三之日納於凌陰。凌陰，冰室也。四之日其蚤，獻羔祭韭，謂二月春分，蚤開冰室，以薦宗廟。

周禮凌人疏曰：公始用之，謂二月之時，蠅蟲已生，公始用之。四月已後，暑氣漸盛，則賜及群下。服氏云：「火出，于夏爲三月，於商爲四月，於周爲五月。」爾雅云：「北陸，虚也。」服氏云：「陸，道也。北陸言在，謂十二月在危一度。西陸朝覿不言在，則不在昴，謂二月在婁四度，謂春分時，奎婁晨見東方而出冰，是公始用之。」今鄭注引朝覿而出之，謂經夏頒冰，則西陸，爾雅曰：「西陸，昴也。」朝覿而出冰，群臣用之。若然，日體在昴在三月内，得爲夏頒冰者，據三月末之節氣，故證夏頒冰。此言夏，據得夏之節氣。春秋言火出者，據周正。于七月詩「二之日」云云，孫皓問：「藏之既晚，出之又早何？」鄭答：「豳土晚寒，故夏正月納冰。夏二月仲春，大蔟用事，陽氣出，地始温，故禮應開冰，先薦寢廟，是公始用之也。」

詩國風豳風：二之日鑿冰沖沖，三之日納於凌陰。四之日其蚤，獻羔祭韭。傳：冰盛水腹，則命取冰于山林。沖沖，鑿冰之意。凌陰，冰室也。箋：古者，日在北陸而藏冰，西陸朝覿而出之，祭司寒而藏之，獻羔而啓之。其出之也，朝之禄位，賓食喪祭，于是乎用之。月令：「仲春，天子乃獻羔開冰，先薦寢廟。」周禮凌人之職「夏頒冰，掌事。秋，刷」。上章備寒，故此章備暑。后稷先公，禮教備也。疏：毛以爲豳公教民，二之日之時，使人鑿冰沖沖然。三之日之時，納于凌陰之中。四之日其早，朝獻黑羔于神，祭用韭菜而開之，所以禦暑。言先公之教，寒暑有備也。月令：「季冬，冰方盛，水澤腹堅，命取而藏之。」注云：「腹堅，厚也。此月日在北陸，冰堅厚之時。」昭四年左傳説「藏冰之事」云：「深山窮谷，於是乎取之，是于冰厚之時，命取冰也。」左傳言取冰于山耳。此兼言林者，以山木曰林，故連言之。沖沖，非貌非聲，故云鑿冰之意。納于凌陰，是藏冰之處，故知爲冰室也。案天官凌人云：「正歲十有二月，令斬冰，三其凌。」注云：「凌，冰室也。三之者，爲消釋度也。杜子春云『三其凌』者，三倍其冰。」此言凌陰，始得爲凌室，彼直言凌，此亦得爲凌室者，凌冰一物。既云斬冰，而又云三其凌，則是斬冰三倍，多于凌室之所容，故知「三其凌」者，謂凌室。不然，單言凌者，止得爲冰體，不得爲冰室也。凌人十二月斬冰，即以其月納之，此言三之日納于凌陰，四之日即出之，藏之既晚，出之又早者，鄭答孫皓云：「豳土晚寒，故可夏正月納冰，夏二月仲春，大蔟用事，陽氣出，地始温，故禮應開冰，先薦寢廟。」言由寒晚，得晚納冰，依禮須早開故也。月令：「孟春律中大蔟，二月律中夾鍾。」言二月大蔟用事者，以大蔟爲律，夾鍾爲吕，吕者助律宣氣，律統其功，故雖至二月，猶云大蔟用事。自「于是乎用之」以上，皆昭四年左傳文。彼説藏冰之事，其末云「七月之卒章，藏冰之道」，與此同，故具引之。釋天云：「北陸，虚也。西陸，昴也。」孫炎曰：「陸，中也。北方之宿，虚爲中也。西方之宿，昴爲中。」然則日在北陸，謂日體在北方之中宿，是建丑之月，夏之十二月也。劉歆三統曆術：「十二月小寒節，日在女八度。大寒中，日在危一度。」是大寒前一日，日猶在虚，於此之時，可藏冰也。西陸朝覿而出之，謂日行已過于昴，星在日之後，早朝出現也。三統術：「四月立夏節，日在畢十二度，星去日半次，然後見。」是立夏之日，日去昴星之界已十二度，昴星得朝見也。于此之時，可出冰也。祭司寒而藏之，還謂建丑之月，祭主寒之神，而藏此冰也。獻羔而啓之，謂建卯之月，獻羔以祭主寒之神，開此冰也。二月開冰，君始用之，未賜臣也。至于夏初，其出之也。朝之禄位，賓食喪祭，于是乎普用之，乃是頒賜臣下也。服虔云：「禄位，謂大夫以上。賓客食喪有祭，祭祀是其普用之事也。」服虔以西陸朝覿而出之，謂二月日在婁四度，春分之中，奎始晨見東方，蟄蟲出矣。故以是時出之，給賓客喪祭之用。服説如此，知鄭不與同者，以鄭答孫皓曰：「西陸朝覿，謂四月立夏之時。」周禮曰「夏班冰」是也。鄭以西陸朝覿謂四月，與服異也。鄭意所以然者，以西陸爲昴。爾雅正文，西陸朝覿，當爲昴星朝見，不得爲奎星見也。故知出之爲四月賜，非二月初開也。傳下句別言「祭司寒而藏之，獻羔而啓之」，乃謂十二月始藏之，二月初開之耳。傳言「祭寒而藏之」，不言司寒，箋引彼文加「司」字者，彼文上句云「以享司寒」，下句重述其事，略其「司」字。箋以經有藏冰、獻羔二事，故略引下句以當之，不引上句，故取上句之意，加「司」字以足之。服虔云：「司寒，司陰之神玄冥也。」將藏冰致寒氣，故祀其神。鄭意或亦然也。箋又引其「出之」以下者，解此藏冰之意，言爲此頒冰，故藏之也。傳文其出之也，在司寒之上，此引之倒者，以其不證經文，故退令在下。月令「仲春，天子乃獻羔、開冰，先薦寢廟」，月令文也。彼作鮮羔，注云「鮮當爲獻」。此已破之證經獻羔之事在二月也。祭羔韭者，蓋以時韭新出，故用之。王制云：「庶人春薦韭。」亦以新物，故薦之也。周禮凌人之職「夏班冰，掌事。秋，刷」，天官凌人文。彼注云：「暑氣盛，王以冰頒賜，則主爲之刷清也。秋涼，冰不用，可以清除其室也。」案傳「以啓之」下云「火出而畢賦」，又云「火出于夏爲三月」，則是三月頒冰。周禮言「夏頒冰」者，凡言時事，總舉天象，不可必其月也。以三月火始見，四月則立夏，時相接連，冰以暑乃賜之，故當在于四月，是火出之後，故傳以火出言之。上章「蠶績裳裘」，是備寒之事。故此章又説藏冰，是備暑之事。言「后稷先公，禮教備也」，以序言后稷，故兼言之。

朱子集傳：鑿冰，謂取冰于山也。沖沖，鑿冰之意。周禮「正歲十二月，令斬冰」是也。納，藏也，藏冰所以備暑也。凌陰，冰室也。豳土寒多，正月風未解凍，故冰猶可藏也。蚤，蚤朝也。韭，菜名。獻羔祭韭而後啓之。月令「仲春，獻羔開冰，先薦寢廟」是也。

黄氏一正曰：司寒之神，藏冰時，先以黑牡、秬黍享之。至開冰，而又祭以羔、韭也。

右享司暑司寒

歷代享司寒

漢書志：秦德公時，初作伏祠。師古曰：「立秋之後，以金代火，金畏于火，故遇庚日必伏。庚，金也。」孟康曰：「周時無伏，至此乃方有之。」磔狗邑四門，以禦蠱災。

文獻通考：案秦祠，伏磔狗之禮，非古也。以古有祀寒暑之禮，姑附於此。

宋書孝武帝本紀：大明六年五月丙戌，置凌室，修藏冰之禮。

禮志：孝武帝大明六年五月，詔立凌室，藏冰。有司奏，季冬之月，冰壯之時，凌室長率山虞及輿隸取冰於深山窮谷涸陰沍寒之地，以納於凌陰。務令周密，無洩其氣。先以黑牡、秬黍祭司寒於凌室之北。仲春之月，春分之日，以黑羔、秬黍祭司寒。啓冰室，先薦寢廟。夏祠用鑑盛冰，室一鑑，以禦温氣蠅蚋。三御殿及大官膳羞，並以鑑供冰。自春分至立秋，有臣妾喪，詔贈秘器。自立夏至立秋，不限稱數，以周喪事。繕制夷槃，隨冰供給。凌室在樂遊苑内，置長一人，吏一人，保舉吏二人。

隋書禮儀志：季冬藏冰，仲春開冰，並用黑牡、秬黍，於冰室祭司寒神。開冰，加以桃弧、棘矢。

唐書百官志：上林署　季冬，藏冰千段，先立春三日納之冰井，以黑牡、秬黍祭司寒，仲春啓冰，亦如之。

舊唐書禮儀志：武德、貞觀之制，季冬藏冰，仲春開冰，並用黑牡、秬黍祭司寒之神於冰室，籩、豆各二，簠、簋、俎各一，其開冰，加以桃弧、棘矢，設於神座。

唐書禮樂志：孟冬祭司寒，籩、豆皆八，簠一，簋一，俎一，黑牡一。

通志：唐制，先立春三日，用黑牡、秬黍祭司寒之神於冰室。祭訖，鑿冰萬段，方三尺，厚尺五寸，而藏之。仲春開冰，祭如藏禮，加以桃弧、棘矢，設於冰室户内之右。禮畢，遂留之。

開元禮孟冬祭司寒儀：納冰、開冰附。

前三日，諸祭官散齋二日於家正寢，致齋一日於祭所。右校掃除祭所，衛尉陳設如常。祭日，未明十刻[一]，太官丞具特牲之饌。未明一刻，郊社丞入布神座於廟北，南向，設神位於座首。又帥其屬設酒罇于座東南，設洗于酒罇東南，俱北向。罍水在洗東，篚在洗西，南肆。篚實以巾爵。執罇罍篚者各位於罇罍篚之後。上林令設桃弧、棘矢於冰室户内之右，祭訖，遂留之。奉禮設上林令位于神座東南，執事者陪其後，俱重行，西向，北上。質明，上林令以下各服其服。郊社丞、良醖之屬入實罇、罍，太官丞監實籩、豆、簠、簋，贊引引上林令，又贊引引執事者，俱就門外位，立定。太祝與執罇罍篚冪者先入立於神座前，北向，俱再拜，訖，各就位。贊引引上林令，又贊引引執事者，俱入就位，立定，贊拜，上林令以下皆再拜。太官丞出詣饌所。贊引進上林令之左，白「有司謹具，請行事」，退，復位。太官丞引饌入，太祝迎於座首，設於神座前，訖，太官丞以下還本位，太祝還罇所[二]。贊引引上林令盥手，洗爵，詣酒罇所。執罇者舉冪，上林令酌酒，贊引引上林令進神座前，北向跪，奠爵，俛伏，興，少退，北向立。

[一]「十刻」，諸本作「一刻」，據通典卷一一六改。
[二]「還本位太祝」，諸本脱，據通典卷一一六、開元禮卷五一補。

太祝持版進於神座之右，東向跪，讀祝文曰：「維某年歲次月朔日，開元神武皇帝謹遣某官姓名，敢昭告于玄冥之神：順兹時令，增冰堅厚，式遵常典，將納凌陰，謹以玄牡、秬黍，嘉薦清酌，明祀於神，尚享。」訖，興，上林令再拜。太祝進，跪，奠版於神座，俛伏，興，還罇所。太祝以爵酌福酒，進上林令之右，西向立。上林令再拜，受爵，跪，祭酒，遂飲，卒爵。太祝進，受爵，還罇所。上林令跪〔一〕，俛伏，興，再拜，贊引引還本位。太祝進，跪，徹豆，俛伏，興，還罇所。太祝與執罇罍篚者俱復位，立定。贊引贊拜，上林令以下皆再拜，贊引進上林令之左，白「禮畢」。贊引引上林令以下出，其祝版焚於齊所。

五代史唐明宗本紀：長興元年冬十月丁酉，始藏冰。

文獻通考：周顯德元年，詔築壇北郊，以孟冬祭司寒，其藏冰開冰之祭，俟冰室成即行之。

宋史禮志：司寒之祭，常以四月，命官率太祝，用牲、幣及黑牡、秬黍祭玄冥之神，

〔一〕「跪」，諸本脱，據通典卷一一六、開元禮卷五一補。

乃開冰以薦太廟。建隆二年，置藏冰署而修其祀焉。

文獻通考：太宗淳化三年，秘書監李至言：「開冰之祭，當在春分。」上覽奏，即命正其禮。

宋史禮志：秘書監李至言：「按詩豳七月曰：『四之日獻羔祭韭。』蓋謂周以十一月爲正，其四月即今之二月也。春秋傳曰：『日在北陸而藏冰。』謂夏十二月，日在危也。『獻羔而啓之』，謂二月春分，獻羔祭韭，始開冰室也。『火出而畢賦』，火星昏見，謂四月中也。又按月令：『天子獻羔開冰，先薦寢廟。』詳其開冰之祭，當在春分，乃有司之失也。」帝覽奏曰：「今四月，韭可苦屋矣，何謂薦新？」遂正其禮。

天聖新令：「春分開冰，祭司寒於冰井務，卜日，薦冰於太廟；季冬藏冰，設祭亦如之。」

神宗詔，改定小祀，以藏冰、出冰祭司寒。

文獻通考：神宗元豐中，詳定郊廟奉祀。禮文所言：「熙寧祀儀，孟冬選吉日祭司寒。國朝祀令，春分日開冰，季冬月藏冰，祭司寒於北郊。案春秋左傳曰：『古者，日在北陸而藏冰，西陸朝覿而出之。其藏之也，黑牲、秬黍以享司寒；其出之也，桃弧、棘矢以除其災。』古者，司寒唯以藏冰、啓冰之日，孟冬非有事於冰，則不應祭享。其祀儀，孟冬選吉日祭司寒，宜從寢罷。惟季冬藏冰，則享司寒於冰井務，牲用黑牡羊，穀用秬黍。仲春開冰，則但用羔而已。月令『天子獻羔開冰』。孔穎達曰：『啓冰唯獻羔。』唐郊祀録：『仲春開冰，祭司寒於冰室，以桃弧、棘矢設於神座。』夫桃弧、棘矢以禳除凶邪，非禮神之物，當置於凌室之户。其啓冰獻羔，當依孔穎達之說。」從之。

徽宗大觀四年，議禮局言：「春秋左氏傳，以少皞有四叔，其一爲玄冥。杜預以玄冥爲水官，故歷代祀之爲司寒，則玄冥非天神矣。本廟儀注，其祭司寒禮畢，燔燎，是以祀天神之禮而享人鬼也。請罷燔燎而埋祝幣。」從之。

宋史禮志：政和議禮局言：「今祠儀，司寒，歲用羊、豕一。祠令：小祠，牲入滌一月，所以備潔養之法。今肉以豕，又取諸市，與令文相戾。請諸小祠祭以少牢，仍用體解。」

大學衍義補：丘氏濬曰：祭法：「埋少牢於泰昭，祭時也。相近於坎壇，祭寒暑也。」案一歲之間，而有春夏秋冬之時，四時之候，而有寒暑温涼之氣。冥冥之間，必各有神以司之。古者，各因其時而致其祭，隨其候而行其禮。本朝於春秋二時，祭太歲之神及四時、月將之神。蓋以四時之首，合於太歲，而四時之令，分於月將，其亦祭時與寒暑之遺意歟？

圖書編：章氏潢曰：祭法：「相近于坎壇，祭寒暑也。」周禮籥章：「中春，晝擊土鼓，歌豳詩以逆暑。中秋，夜迎寒亦如之。」其禮，逆暑以晝，求諸陽也；迎寒以夜，求諸陰也。此何以祭？疏謂寒暑太甚，祭以禳之，寒暑頓無，祭以祈之，理或然也。然則茲祭也，亦王者輔相調燮之一事歟？

右歷代享司寒

五禮通考卷三十三

吉禮三十三

日月

蕙田案：大戴禮保傅傳：「天子春朝朝日，秋暮夕月。」國語：「天子大采朝日，少采夕月。」周官典瑞：「王搢大圭，執鎮圭，繅藉五采五就，以朝日。」玉藻：「天子朝日於東門之外。」祭義：「祭日於東，祭月於西。祭日於壇，祭月於坎。」祭法：「王宮，祭日也；夜明，祭月也。」陳用之謂：日壇名王宮，以有君道也；月壇名夜明，以昱乎夜也。祭以春秋分者，天地至尊，故祭於陰陽之始生而以二至；日月次天地，故祭於陰陽之正中而以二分，此日月之正祭也。其餘主日配月，則郊壇之從祭，禮日南門，禮月北門，則因覲而祭；祈年天宗，則因蜡而祭；風雨不時，則因禜而祭：皆非正祭。周禮實柴，其秩爲隆。漢武東向揖日，西向揖月，則太簡，拜於殿下，則太褻。如魏黄初太和禮、唐開元禮、宋政和禮、明集禮，壇壝典禮，尚不至失古制，輯「日月篇」。

日月坎壇正祭

禮記祭法：王宫，祭日也；夜明，祭月也。注：王宫，日壇。王，君也，日稱君。宫壇，營域也。夜明，亦謂月壇也。疏：王，君也。宫亦壇也，營域如宫也。日神尊，故其壇曰君宫也。夜明者，祭月壇名也。月明於夜，故謂其壇爲夜明也。

方氏慤曰：天無二日，土無二王，則王有日之象，而宫乃其居也，故祭日之壇曰王宫。祭義曰：「祭日於壇，祭月於坎。」彼以形言，此以明言也。

周氏謂曰：月爲陰而盛于夜，故曰夜明。

祭義：祭日於壇，祭月於坎，以别幽明，以制上下。注：幽明者，謂日照晝，月照夜。疏：此經及下經皆據春分朝日，秋分夕月。「祭日於壇」，謂春分也。「祭月於坎」，謂秋分也。祭日於東，祭月於西，以別外内，以端其位。注：端，正也。疏：祭日於東，用朝旦之時，是爲外。祭月於西，鄉夕之時，是爲内。是以別外内，以正其位也。而崔氏云「祭日於壇，祭月於坎，還據上文郊祭之時」，今謂若是郊祭，日與月當應同處，何得祭日於壇，祭月於坎，日於東，月於西，祭不同處？則崔説非也。崔又云：「日月有合祭之時。謂郊祭天而主日，配以月，其禮大，用牛。各祭之時，謂春分朝日，秋分夕月，其禮小，故祭法用少牢。」今謂小司徒云「小祭祀，奉牛牲」。鄭注謂「玄冕所祭」，自玄冕皆用牛也，何得用少牢？今謂祭法日月用少牢，鄭云「禱祈之祭也」，崔氏説又非。崔氏又云：「迎春之時，兼日月者。」今案諸文迎春、迎秋，無祭日月之文。小宗伯云「兆五帝於四郊，四望、四類亦如之」。謂四望、四類之祭，亦如五帝在四郊。故鄭云「兆日於東郊，兆月與風師於西郊」。不謂兆五帝之時，即祭日月。崔説又非。

日出於東，月生於西。陰陽長短，終始相巡，以致天下之和。疏：陰，謂夜也。陽，謂晝也。夏則陽長而陰短，冬則陽短而陰長。

慕容氏彦逢曰：此明分祭之禮。所謂「春分朝日，秋分夕月」是也。日昱乎晝，月昱乎夜，則日月以晝夜而分幽明。日以陽爲尊，上道也，月以陰爲卑，下道也，則日月以陰陽而定上下。壇出乎上而明，坎出乎下而幽，祭以類而求焉，故可得而禮矣。

方氏慤曰：壇之形則圜而無所虧，以象日之無所虧而盈也。坎之形則虚而有所受，以象月之有所受而明也。壇高而顯，坎深而隱，一顯一隱，所以別陰陽之幽明；一高一卑，所以制陰陽之上下。東動而出，西靜而入，出則在外，入則反内，故東西所以别陰陽之外内。東爲陽中，西爲陰中，中則得位，故東西所以端陰陽之位。日出於東，月生於西，此又覆明祭日月於東西之意也。日之出入也，歷朝夕晝夜而成一日；月之死生也，歷晦朔弦望而成一月。日往則月來，月往則日來，終則有始，相巡而未嘗絶，故以是致天下之和也。

周禮春官小宗伯：兆五帝於四郊，四類亦如之。鄭注：四類，日、月、星、辰。兆日於東郊，兆月於西郊。

蕙田案：祭日於壇，祭月於坎；祭日於東，祭月於西。注疏謂「春分朝日，秋分夕月」是也。崔氏謂「還據上文郊祭之時」，祭法「王宫祭日，夜明祭月」，注，先儒亦有謂從祀於郊者，皆非是。夫圜丘祭天，誠敬專一，既無兼祭百神之禮，而他神亦皆有致祭之兆，亦無庯雜然並附於郊壇，況壇與坎，幽明上下，判然迥别，豈有於郊壇之上復爲日壇、月坎乎？理不可通。孔氏辨之極是。

宗元案：南郊祀天，北郊禮地，而兆日則於東，兆月則於西，此自上古以來皆然。正先天乾南、坤北、離東、坎西之本位也，益信伏羲卦位，邵子據説卦經文而摹出者，爲確不可易。若如漢、唐人，但以文王卦位爲易之本圖，則南郊宜兆日，北郊宜兆月，而祀天則於西北，禮地則於西南，先王制禮，不乃俱亂其位乎？然則文王卦位又何爲而悉反之？曰是從先王制禮，中一本而分，亦一時並行者爾。夫圜丘固在南郊，方丘固在北郊矣，而祭天則於冬日至，祭地則於夏日至，是即後天乾北坤南之義也。朝日固在春分，夕月固在秋分矣，而朝覲則禮日於南門之外，禮月於北門之外，是即後天離南、坎北之義也。此先天後天，所以相爲體用而不可相無也。是以不能達化窮神者，不能制禮作樂，此亦其一端之可見者乎？

玉藻：朝日於東門之外。注：朝日，春分之時也。東門，謂國門也。

禮器：大明生於東，月生於西。

方氏慤曰：日月皆有明，日本明，月受日而明。大明生於東，經所謂「日出於東」是也。月生於西，揚雄所謂「載魄於西」是也。此陰陽所以分也。

國語周語：古者，先王既有天下，又崇立於上帝、明神而敬事之，於是乎有朝日、夕月，以教民事君。注：明神，日月也。禮，天子以春分朝日，以秋分夕月，拜日於東門之外。然則夕月在西門之外必矣。

魯語：天子大采朝日，與三公、九卿祖識地德；日中考政，與百官之政事，師尹、維旅、牧、相，宣序民事。注：「禮，天子以春分朝日，示有尊也。」虞說曰：「大采，衮織也。祖，習也。識，知也。地德所以廣生。」昭謂：「禮玉藻，天子玄冕以朝日。玄冕，冕服之下則大采，非衮織也。」周禮：「王搢大圭，執鎮圭，藻藉五采五就以朝日。」則大采謂此也。言天子與公卿因朝日以修陽政而習地德，因夕月以治陰教而糾天刑。日照晝，月照夜，各因其照〔一〕，以修其事也。

少采夕月，與大史、司載糾虔天刑；日入監九御，使潔奉禘、郊之粢盛，而後即安。注：夕月以秋分。糾，恭也。虔，敬也。刑，法也。或云：「少采，黼衣也。」昭謂：「朝日以五采，則夕月其三采也。載，天文也。司天文謂馮相氏、保章氏，與大史相儷偶也。此因夕月而恭敬觀天法、考行度以知妖祥也。」監，視也。九御，九嬪之官，主粢盛、祭服者。即，就也。

春秋莊公十八年穀梁傳：王者朝日。故雖爲天子，必有尊也。貴爲諸侯，必有長也。故天子朝日，諸侯朝朔。疏：天子朝日於東門之外，服玄冕；其諸侯，則玉藻云「皮弁以聽朔於太廟」，與天子禮異。其禮雖異，皆早旦行事。

大戴禮保傅篇：三代之禮，天子春朝朝日，秋暮夕月，所以明有別也。注：祭日東壇，祭月西壇，以別内外，以端其位。

〔一〕「照」，諸本作「明」，據國語魯語下改。

蕙田案：漢書賈誼傳同。

右日月坎壇正祭

因事祭日月

儀禮覲禮：天子乘龍路，載大旂，象日月、升龍、降龍，出，拜日於東門之外，反祀方明。禮日於南門外，禮月與四瀆於北門外。

黄氏直卿曰：覲禮載朝日之禮，蓋時會殷同，王既揖諸侯於壇，乘龍路，載大旂，出，拜日於東門之外，反祀方明。此所謂大朝覲者也。常歲春朝朝日，諸侯有修歲事而朝者，豈亦帥之而出歟？國語大采朝日，少采夕月，蓋日朝焉。

蕙田案：國語「大采朝日，少采夕月」，韋注亦以春秋分之祭釋之，蓋古者無旦夕拜日月之禮也。旦夕常於殿下拜日月，乃漢氏之禮。魏文嘗以煩褻譏之，良是。黄氏以國語所云爲日朝，殆非也。又案：此條因覲而祭。

禮記郊特牲：郊之祭也，大報天而主日也。

祭義：郊之祭，大報天而主日，配以月。

逸周書作雒：周公作大邑成周於土中，乃設立兆於南郊，配以后稷，日月、農星、先王皆與食。

宗元案：郊祭，大報天而主日，又配以月。楊氏謂「垂象著明，莫大乎日月。故祭天而主日配月，非必百神從祀也」。此説誠是。則注疏謂徧報天之諸神，以日爲諸神之主者，非也。然既不及諸神，則惟祭一天可矣，何爲又主乎日而以月配之？此義蓋未有發明之者。孔疏乃謂如君燕群臣，以膳宰爲之主，則甚得聖人尊祖配天之微意。蓋主乃賓主之主，以人臣無敢當尊者，故另以宰夫爲之主。況天尊無上，可以直擬上帝而薦享之耶！惟日爲陽宗，以是爲主，庶可藉以上通帝座，日月同類，既主日，即以月配耳，則其以始祖配天者，亦是此意。聖人敢自謂我有功德，遂可直達于天哉？故積吾之誠意，以昭格乎祖，庶藉祖之神靈，以對越乎天，純是聖人虔恭寅畏之至意，而無一毫侈張誇大之私心者也。此義不明，郊壇從祀至於千五百餘神，則益雜矣。今逸周書所云「日月、農星、先王皆與食者」，無乃不能遏其端，而反爲之推波助瀾也歟！

蕙田案：以上三條，因郊而祭。

月令：天子乃祈來年於天宗。注：此周禮所謂蜡祭也。天宗，謂日月星辰也。疏：云「天宗謂日月星」者，以蜡祭唯公，社不祭地，故知祭天宗者不祭天，若是祭天，何須稱宗？下季冬云「天之神」，是天之衆神，有司中、司命不稱宗，明稱宗者，謂日月星也。案異義六宗，賈逵等以爲天宗三，謂日、月、星，地宗三，謂泰山、河、海。鄭玄六宗，以爲星也，辰也，司中也，司命也，風師也，雨師也，不同賈逵之義。今此云「天宗謂日月星」者，尚書六宗，文承「肆類上帝」之下，凡郊天之時，日月從祀，故祭以日月配，日月在類上帝之中〔一〕，故六宗不得復有日月。此不云六宗，而云天宗，與彼別也。蔡邕云：「日爲陽宗，月爲陰宗，北辰爲星宗也。」

蕙田案：以上一條，因蜡而祭。

春秋昭元年左氏傳：日月星辰之神，則雪霜風雨之不時，于是乎禜之。

蕙田案：以上一條，因禜而祭。

右因事祭日月

祭日月儀

周禮春官大宗伯：以實柴祀日月。注：實柴，實牛柴上也。實柴，或爲「賓柴」。疏：祭義曰：「郊之祭也，大報天而主日，配以月。」則郊祭，并祭日月可知。

〔一〕「類」，諸本脱，據禮記正義卷一七補。

蕙田案：凡祀日月星辰，皆用實柴，以其爲天神，故升烟氣以享之也。疏專以「郊祭從祀」釋之，蓋誤。

典瑞：王晉大圭，執鎮圭，繅藉五采五就以朝日。注：繅有五采文，所以薦玉，木爲中幹，用韋衣而畫之。就，成也。王朝日者，示有所尊，訓民事君也。天子常春分朝日，秋分夕月。覲禮曰：「拜日于東門之外。」晉，讀爲「搢紳」之「搢」，謂插于紳帶之間，若帶劍也。疏：云「王朝日者，示有所尊，訓民事君也」者，王者父天母地，兄日姊月，故春分朝日，秋分夕月。以王者至尊，猶朝日夕月，況民得不事君乎？是訓民事君也。云「天子常春分朝日，秋分夕月」，知者，案祭義云「祭日于東，祭月于西」，又玉藻云「玄端而朝日于東門之外」，又覲禮「春拜日于東門之外」，既春拜日于東，明秋夕月于西，故知春分朝日，秋分夕月也。

圭璧以祀日月。注：圭其邸爲璧，取殺于上帝。疏：祭日月，謂若春分朝日，秋分夕月，并大報天主日，配以月。又月令云「祈來年于天宗」，鄭云「天宗，日月星辰」亦是也。祭法埋少牢已下，祭日月星辰，謂禱祈而祭，亦用此圭璧以禮神也。云「圭其邸爲璧」者，上文四圭、兩圭及下璋邸，皆言邸，鄭皆以邸爲璧，但此圭云璧不言邸，故鄭還以邸解璧也。云「取殺于上帝」者，郊天及神州之神雖相對，但天尊地卑，故四玉有異〔二〕，

〔二〕「玉」，諸本作「二」，據禮記正義卷二〇改。

鄭直云象，不言殺也。今日月星天神，故以殺言之也。言殺者，取降殺以二爲節也。

考工記玉人：圭璧五寸，以祀日月。疏：此圭璧，謂以璧爲邸，旁有一圭。

禮記玉藻：天子玄端而朝日于東門之外。注：「端」當爲「冕」，字之誤也。玄衣而冕，冕服之下。疏：案宗伯，實柴祀日月星辰，則日月爲中祀。而用玄冕者，以天神尚質。

方氏慤曰：經有曰玄冕，曰玄冠，曰玄端，何也？蓋玄端者，祭服、燕服之總名。衣玄衣而加玄冕，則爲祭服；衣玄衣而加玄冠，則爲燕服。或冠、冕通謂之端，玄端而朝日，則是玄冕者也。玄端而居，則是加玄冠者也。

大戴禮朝事篇：天子冕而執鎮圭，尺有二寸，帥諸侯朝日于東郊。

周禮天官掌次：朝日則張大次、小次，設重帟、重案。注：朝日，春分拜日於東門之外。次，謂幄也。重帟，復帟。重案，牀重席也。疏：知「朝日，春分」者，祭義云「祭日於東」，故鄭約用春分也。云「拜日於東門之外」者，謂在東郊。

春官大司樂：乃奏黄鍾，歌大吕，舞雲門，以祀天神。注：天神，謂五帝及日月星辰也。疏：此下又不見日月星别用樂之事，故知此天神中有日月星辰可知。

尚書大傳：古者，帝王以正月朝迎日於東郊，所以爲萬物先，而尊事天也。祀上帝於南郊，所以報天德。迎日之辭曰：「維某年月上日，明光於上下，勤施於四方，旁作穆穆，維予一人某，敬拜迎日東郊。」

蕙田案：禮家言朝日以春分，而大傳獨云正月，豈迎日之禮又與朝日有間乎？其迎日詞，襲用洛誥美周公之文，殆非古也。姑存之，以備參考。

陳氏禮書：古者之祀日月，其禮有六。郊特牲曰「郊之祭，大報天而主日，配以月」，一也；玉藻曰「朝日於東門之外」，祭義曰「祭日於東郊，月於西郊」，二也；大宗伯「四類於四郊，兆日於東郊，兆月於西郊」，三也；大司樂「樂六變而致天神」，月令「孟春祈來年於天宗，天宗者，日月之類」，四也；覲禮「拜日於東門之外，反祀方明，禮日於南門之外，禮月於北門之外」，五也；「雪霜風雨之不時，於是乎禜之」，六也。夫因郊蜡而祀之，非正祀也。類禜而祀之，與覲諸侯而禮之，非常祀也。春分朝之於東門之外，秋分夕之於西門之外，此祀之正與常者也。日言朝，則於日出之朝朝之也；月言夕，則於月出之夕夕之也。日壇謂之王宮，以其有君道故也；月壇謂之夜明，以其昱於夜故也。其次則大次、小次，設重帟、重案；其牲體則實柴；其服則玄冕、玄端；其圭之繅藉，則大采、少采；禮之之玉，則一圭邸璧；祀之之樂，則奏黄鍾，歌大吕，舞雲門；玉藻十有二旒，龍衮以祭，玄端以朝於東門之外，則龍衮、玄端，皆言其衣也。衣玄冕之衣，則用玄冕矣。鄭氏改玄端爲玄冕，不必然也。虞氏釋國語，謂朝日以衮冕，然祀上帝以衮冕，而朝日以圭璧，與張次設帟，一切殺於上帝，則其不用衮冕可知矣。周禮於掌次之次、帟、案與典瑞之大圭、鎮圭、繅藉，言朝而已，則夕月之禮，又殺乎此也。漢武帝因郊泰畤，朝日行宫，東向揖日，其夕西向揖月，則失東西郊之禮也。魏文帝正月祀日於東門之外，則失春分之禮也。齊何佟之曰：「王者兄日姊月。」馬、鄭用二分，盧植用立春，佟之以爲日者太陽之精，月者太陰之精。春分，陽氣方永；秋分，陰氣向長。天地至尊，故用其始而祭以二至，日月次天地，故祭以二分，則融與康成得其義矣。魏薛靖曰：「朝日宜用仲春之朔，夕月宜用仲春之朏。」此尤無據也。後周於東門外爲壇以朝日，燔燎如圜丘，於西門外爲壇於坎中，方四丈，深四丈，以夕月，燔燎如朝日。隋、唐壇坎之制，廣狹雖與後周差異，大概因之。

蕙田案：兆爲之營域。鄭注小宗伯云「兆日月於東西郊」，蓋指其壇坎而言，非祭也。祭義言「祭於壇坎」，即祭於所兆之處，非有二也。禮書分爲二禮，誤矣。祀日月之義，經文有並言之者，如禮之以圭璧，燔之以實柴之類。至於玄端之服，圭之搢執，次、帟、案之張設，經皆止言朝日，而不及月，蓋從省文，非有隆殺之辨。蓋日月雖有陰陽之分，而其爲天之貴神則一，故祭義曰「主日配月」，則祀之之儀，不應有二，所異者，兆有東西，制有壇坎，名有王宫、夜明，時有春秋，候有朝暮，采有大少，其見于經者如此，其他則無所别。禮書云「夕月之禮，殺乎朝日」，亦未知所據。至杜氏通典仍崔氏之謬，今不載。

楊氏復曰：典瑞「朝日」注云：「天子當春分朝日，秋分夕月。」玉藻「朝日於東門之外」注云：「朝日於春分之時。」馬融、鄭康成皆同此説。賈誼亦曰：「三代之禮，春朝朝日，秋暮夕月，所以明有敬也。」蓋冬至祭天，夏至祭地，此祭天地之正禮也。春分朝日，秋分夕月，此祭日月之正禮也。陳氏云：「天地至尊，故用其始而祭以二至；日月次天地，故祭以二分。」此言是也。所謂兆日於東郊，兆月於西郊，祭日於壇，祭月於坎，祭日於東，祭月於西，王宫祭日，夜明祭月，即春分朝日，秋暮夕月之事也。此外則因事而祭，如大報天而主日，配以月，此因郊而祭也。覲禮拜日於東門之外，禮日於南門外，禮月於北門外，此因覲而行禮也。月令祈來年於天宗，此因蜡而祈也。日月星辰之神，則雪霜風雨之不時，於是乎禜之，此因禜而祭也。

蕙田案：易曰：「懸象著明，莫大乎日月。」先天卦離爲日，居東，坎爲月，居西，所以肖其體也。後天卦離爲日，爲火，居南，坎爲月，爲水，居北，所以著其用也。坎、離代乾、坤用事，是以二郊之外，次以日月。二至祭天地，陰陽之始也；二分祭日月，陰陽之中也。此聖人所以通乎晝夜之道，而知幽明之故也。三代之禮，其祭有正、有告、有報、有祈、有禳，兆日于東，兆月於西，東乃出震，西則生明，端其位也。兆於東郊者以壇，兆於西郊者以坎，壇圜而明，坎虚而受，昭其象也。朝以春分之朝，夕以秋分之夕，因其時也。朝日則日中考政，夕月則日入糾刑，法其德也。祀以實柴，圭璧五寸，繅藉五就，玄端而冕，樂奏黄鍾，舞以雲門，次以重帟、重案，辨其秩也。此每年之正祭，禮之常也。其因郊而祭者，主日配月，從祀上帝，崇其功而報之也，因蜡而祭者，周禮侯嘉慶、順豐年、冀其福而祈之也，雖皆非正而常祭者也。因禜而祭者，卻凶咎，寧風旱，值其沴而禳之也，因覲而祭者，告其事而拜日於東門之外，仍其體之正也，反祀方明，而禮日於南門外，禮月於北門外，效其用之大也，皆非正與常也。此先王崇立明神而敬事之，祭日月之大端也。

右祭日月儀

日月附録

書經堯典：分命羲仲，宅嵎夷，曰暘谷。寅賓出日。

蕙田案：蔡傳：賓，禮接之如賓客，亦帝嚳歷日月而迎送之意。據此，則迎之而已，迎日之禮不傳，未便輯入祀典，附識以俟考。

楚辭九歌東君：朱子注：今案，此日神也。禮曰「天子朝日于東門之外」，漢志亦有東君。

拾遺記：炎帝神農築圜丘以祀朝日，飾瑶階以揖夜光。

史記五帝本紀：帝嚳高辛氏歷日月而迎送之。

羅泌路史：帝嚳高辛氏以日至設丘兆於南郊，以祀上帝、日月星辰。

柳宗元朝日説：柳子爲御史，主祀事，將朝日，其寮問曰：「古之名曰朝日而已，今而曰祀朝日，何也？」余曰：「古之祀者，則朝拜之云也。今而加祀焉者，則朝旦之云也。今之所云非也。」問者曰：「以夕而偶諸朝，或者今之是乎？」余曰：「夕之名，則朝拜之偶也。古者旦見曰朝，暮見曰夕，故詩曰：『邦君諸侯，莫肯朝夕。』左氏傳曰：『百官承事，朝而不夕。』禮記曰『日入而夕』，又曰『朝不廢朝，夕不廢夕』。晉侯將殺豎襄，叔向夕；楚子之留乾谿，右尹子革夕；齊之亂，子我夕；趙文子礱其椽，張老夕；智襄子爲室美，士茁夕：皆暮見也。漢儀，夕則兩郎向瑣闈拜，謂之夕郎，亦出是名也。故曰大采朝日，小采夕月。又曰『春朝朝日，秋夕夕月』，若是其類足矣。又加祀焉，蓋不學者爲之也。」寮曰：「欲子之書其説，吾將施于世，可乎？」予從之。

蕙田案：柳子釋朝夕義詳矣，而以加祀爲不學者爲之，殆非也。古人之于神也，一飲食之微，蔬食、菜羹必祭焉。朝日夕月而有祀，宜也。

右日月附録

歷代祀日月

史記封禪書：始皇東遊海上，祠八神。六曰月主，祠之萊山。在齊北，渤海。七曰日主，祠成山。成山斗入海，最居齊東北隅，以迎日出。各用一牢具祠，而巫祝所損益，珪幣雜異焉。

漢書郊祀志：高祖六年，長安置祠祀官、女巫。晉巫祠東君，以歲時祠宮中。師古曰：東君，日也。

武帝本紀：元鼎五年十一月辛巳朔旦冬至，立泰畤於甘泉。天子親郊見，朝日夕月。師古曰：春朝朝日，秋暮夕月，蓋常禮也。郊泰畤而揖日月，此又別儀。

郊祀志：祭日以牛，祭月以羊彘特。泰一，祝宰則衣紫及繡。五帝各如其色，日赤，月白。十一月辛巳朔旦冬至，昒爽，天子始郊拜泰一。朝朝日，夕夕月，則揖而見。

通典：漢武帝立二十八年，始郊泰一。朝日夕月，改周法，其後常以郊泰畤，質明出行竹宮，東向揖日，其夕，西向揖月，即爲郊日月。又不在東西郊，遂朝夕常於殿下東面拜日，群公無四朝之事。

蕙田案：西漢無郊天之禮，安得有祀日月之事？漢書所載，乃郊見泰一時所行耳。至于朝夕于殿下拜之，可見有不能自已于其心者，則典禮之宜講明矣。

漢書武帝本紀：太始三年二月，幸瑯邪，禮日成山。孟康曰：禮日，拜日也。如淳曰：祭日於成山也。

郊祀志：宣帝修武帝故事，盛車服，敬齊祀之禮，頗作詩歌。祠成山於不夜，萊山於黃。成山祠日，萊山祠月。京師近縣鄠，則有日月祠。

地理志：東萊郡不夜，有成山日祠。師古曰：齊地記云古有日夜出，見於東萊，故萊子立城，以不夜爲名。

郊祀志：成帝建始二年，匡衡、張譚復條奏，罷雍舊祠二百三所，成山、萊山皆罷。元始五年，丞相衡等議，復長安南北郊。莽又頗改其祭禮，曰：「四望，蓋謂日月星海也。三光高而不可得親，海廣大無限界，故其樂同。祀天則天文從，祭地則地理從。三光，天文也。山川，地理也。天地合祭，其旦，東鄉再拜朝日；其夕，西鄉再拜夕月。然後孝弟之道備，而神祇嘉享，萬福降輯。」後莽又奏言：「日月靁風山澤，易卦六子之尊氣，今或未特祀，或無兆居。謹與太師光、大司徒宮、羲和歆等議，日廟於長安城。」

晉書禮志：漢儀，每月旦，太史上其月曆，有司侍郎、尚書見讀其令，奉行其正。朔前後二日，牽牛酒至社下，故以祭日。日有變，割羊以祀社，用救日變。執事者長冠〔一〕，衣絳領袖緣中衣、絳袴袜以行禮〔二〕，如故事。

〔一〕「者長冠」，諸本作「長官」，據晉書禮志上改。
〔二〕「袴袜」，諸本作「緣」，據晉書禮志上改。

魏志文帝本紀：黄初二年春正月乙亥，朝日于東郊。

晉書禮志：禮，春分祀朝日於東，秋分祀夕月於西。漢武帝郊泰畤，平旦出竹宫，東向揖日，西向揖月。即郊日月，又不在東西郊也。後遂旦夕常拜。故魏文帝詔曰：「漢氏不拜日於東郊，而旦夕常於殿下東西拜日月，煩褻似家人之事，非祀天神之道也。」黄初二年正月乙亥，祀朝日於東郊之外，又違禮二分之義。

通典：秘書監薛靖論云：「案周禮，朝日無常日。鄭玄云用二分。秋分之時，月多東昇，西向拜之，背實遠矣。朝日宜用仲春之朔，夕月宜用仲秋之朔。」據魏書所引，則此「朔」字當爲「朏」字之誤。淳于睿駁之，引禮記云：「祭日於東，祭月於西，以端其位。」周禮，秋分夕月，並行于上代。西向拜月，雖如背實，亦猶月在天而祭之於坎，不復言背也。猶如天子東西遊幸，朝堂之官及拜官猶北向朝拜，寧得以背實爲疑？

魏志明帝本紀：太和元年春二月丁亥，祀朝日於東郊，八月己丑，祀夕月於西郊。

宋書禮志：太和元年二月丁亥朔，朝日於東郊。八月己丑，夕月於西郊。此古禮也。白虎通：「王者父天母地，兄日姊月。」此其義也。

晉書禮志：武帝太康二年，有司奏，春分依舊請車駕祀朝日，寒温未適，可不親出。詔曰：「禮儀宜有常，若如所奏，與故太尉所撰不同，復爲無定制也。間者方難未平，故每從所奏，今戎事弭息，惟此爲大。」案此詔，帝復爲親祀朝日也。此後廢。

南齊書禮志：永元元年，步兵校尉何佟之議曰：「蓋聞聖帝明王之治天下也，莫不尊奉天地，崇敬日月，故冬至祀天於圜丘〔一〕，夏至祭地于方澤，春分朝日，秋分夕月，所以訓民事君之道，化下嚴上之義也。故禮云『王者必父天母地，兄日姊月』。周禮典瑞云『王搢大圭，執鎮圭，藻藉五采五就以朝日』。馬融云『天子以春分朝日，秋分夕月』。覲禮『天子出拜日於東門外』。此處當有脱文，覲下盧、鄭二條，並是解玉藻可見。盧植云『朝日以立春之日也』。鄭玄云『端當爲冕，朝日春分之時也』。禮記朝事議云『天子冕而執鎮圭，尺有二寸，率諸侯朝日於東郊，所以教尊尊也』。故鄭知此端爲冕也。禮記保傅云『天子春朝朝日，秋暮夕月，所以明有敬也』。而不明所用之定辰。馬、鄭云『用二分之時』，盧植云『用立春之日』。佟之以爲日者，太陽之精；月者，太陰之精。春分陽氣方永，秋分陰氣向長。天地至尊用其始，故祭以二至，日月禮次天

〔一〕「祀」，諸本作「配」，據南齊書禮志上改。

地，故朝以二分，差有理據，則融、玄之言得其義矣。漢世則朝朝日，暮夕月。魏文帝詔曰：『覲禮天子拜日東門之外，反祀方明。朝事議曰天子冕而執鎮圭，率諸侯朝日於東郊。以此言之，蓋諸侯朝，天子祀方明，因率朝日也。漢改周法，群公無四朝之事，故不復朝於東郊，得禮之變矣。然旦夕常於殿下東向拜日，其禮太煩。今採周春分之禮，損漢日拜之儀，又無諸侯之事，無所出東郊，今正殿即亦朝會行禮之庭也，宜常以春分于正殿之庭拜日。其夕月文不分明，其議奏。』魏秘書監薛循請魏書、通典俱作「薛靖」，「循」、「請」二字並衍誤。論云『舊事朝日以春分，夕月以秋分。案周禮朝日無常日，鄭玄云用二分，故遂施行。秋分之夕，月多東昇，而西向拜之，背實遠矣。謂朝日宜用仲春之朔，夕月宜用仲秋之朔』。淳于睿駁之，引禮記云『祭日于東，祭月于西，以端其位』。周禮秋分夕月，並行于上世。西向拜月，雖如背實，亦猶月在天而祭之于坎，不復言背月也。佟之案禮器云『爲朝夕必放于日月』。鄭玄云『日出東方，月出西方』，又云『大明生于東，月生于西，此陰陽之分，夫婦之位也』。鄭玄云『大明，日也』，知朝日東向，夕月西向，斯蓋各本其位之所在耳。猶如天子東西遊幸，朝堂之官及拜官者猶北向朝拜，寧得以背實爲疑邪？佟之謂魏世所行，善得與奪之衷。晉初棄圜丘方澤，于兩郊二至輟禮，至于二分之朝，致替無義。江左草創，舊章多闕，宋氏因循，未能反古。竊惟皇齊應天御極，典教惟新，謂宜使盛典行之盛代，以春分朝于殿庭之西，東向而拜日，秋分于殿庭之東，西向而拜月，此即所謂『必放日月，以端其位』之義也。使四方觀化者，莫不欣欣而頌美。服無旒藻之飾〔一〕，蓋本天之至質也，朝日不得同昊天至質之禮，故玄冕三旒也。近代祀天，著衮十二旒，極文章之義，則是古今禮之變也。禮天朝日，既服宜有異，頃世天子小朝會，著絳紗袍、通天金博山冠，斯即今朝之服次衮冕者也。竊謂宜依此拜日月，甚得差降之宜也。佟之任非禮局，輕奏大典，實爲侵官，伏追慙震。」從之。

蕙田案：佟之議，甚得禮意。但謂于殿庭間東向西向拜之，非是。

魏書太祖本紀：天興三年二月丁亥，詔有司祀日于東郊。

禮志：天興三年春，帝始祀日于東郊，用騂牛一。秋分祭月于西郊，用白羊一。

太和十五年八月甲寅，集群官，詔曰：「近論朝日夕月，皆欲以二分之日於東西郊

〔一〕「服無」，諸本脱，據南齊書禮志上校勘記補。

行禮。然月有餘閏，行無常準，若一依分日，或值月出于東，而行禮于西，尋情即禮，不可施行。昔秘書監薛靖等常論此事，以爲朝日以朔，夕月以朏。卿等意謂朏朔二分，何者爲是？」尚書游明根對曰：「考案舊式，推校衆議，宜從朏月。」

高祖本紀：太和十六年二月甲午，初朝日于東郊，遂以爲常。八月庚寅，車駕初夕月于西郊，遂以爲常。

蕙田案：自漢以後，朝日夕月之禮，至魏高祖始合于經義。

周書孝閔帝本紀：元年二月癸酉，朝日于東郊。

隋書禮儀志：禮，天子以春分朝日于東郊，秋分夕月于西郊。漢法，不俟二分于東西郊，常以郊泰畤。旦出竹宮，東向揖日，其夕西向揖月。魏文帝譏其煩褻，似家人之事，而以正月朝日于東門之外。前史又以爲非時。及明帝太和元年二月丁亥，朝日于東郊，八月己丑，夕月于西郊，始合于古。後周以春分朝日于國東門外，爲壇，如其郊。用特牲青幣，青圭有邸。皇帝乘青輅，及祀官俱青冕，執事者青弁。司徒亞獻，宗伯終獻，燔燎如圜丘。秋分夕月于國西門外，爲壇于坎中，方四丈，深四尺，燔燎，禮如朝日。

周書武帝本紀：保定元年春二月甲午，朝日于東郊。

宣帝本紀：宣政元年六月即位，秋八月丙寅，夕月于西郊。

隋書高祖本紀：開皇七年二月丁巳，祀朝日于東郊。

禮儀志：隋因周制。開皇初，于國東春明門外爲壇，如其郊。每以春分朝日。又于國西開遠門外爲坎，深三尺，廣四丈，爲壇于坎中，高一尺，廣四尺。每以秋分夕月。牲幣與周同。

北史劉芳傳：芳轉太常卿。以所置日月之位，去城里數，於禮有違，乃上疏曰「臣聞國之大事，莫先郊祀，郊祀之本，實在審位。臣學謝全經，業乖通古，豈可輕薦瞽言，妄陳管説。竊見所置壇祀遠近之宜，考之典制，或未允衷，既曰職司，請陳膚淺。據殷、周、漢、魏所行故事，依禮朝拜日月，皆于東西門外。今日月之位，去城東西，路各三十，竊又未審。禮又云：『祭日于壇，祭月于坎。』今計造如上」云云。詔曰：「所上乃有明據，但先朝置立已久，且可從舊。」

隋書音樂志：朝日、夕月歌詩二首：迎送神、登歌，與圜丘同。

朝日，奏諴夏辭　扶木上朝暾，嵫山沉暮景。寒來遊晷促，暑至馳輝永。時和合璧耀，俗泰重輪明。執圭盡昭事，服冕罄虔誠。夕月，奏誠夏辭　澄輝燭地域，流耀鏡天儀。曆草隨弦長，珠胎逐望虧。成形表蟾兔，竊藥資王母。西郊禮既成，幽壇福惟厚。

唐書禮樂志：春分朝日于東郊，秋分夕月于西郊。廣四丈，高八尺者，朝日之壇也。爲坎深三尺，縱廣四丈，壇于其中高一尺，方廣四丈者，夕月之壇也。

舊唐書禮儀志：武德、貞觀之制，春分朝日于國城之東，秋分夕月于國城之西，各用方色，犢一，籩、豆各四，簠、簋、甑、俎各一。

音樂志：祀朝日樂章八首：貞觀中作，今行用。

降神，用豫和詞同冬至圜丘。　皇帝行，用太和詞同冬至圜丘。　夕月同。

登歌，奠玉帛，用肅和　惟聖格天，惟明饗日。帝郊肆類，王宫戒吉。珪奠春舒，鐘歌曉溢。禮云克備，斯文有秩。

迎俎〔二〕，用雍和　晨儀式薦，明祀惟光。神物爰止，靈暉載揚。玄端肅事，紫

〔二〕「俎」，原作「神」，據光緒本、舊唐書音樂志三改。

幄興祥。福履攸假，於昭令王。
皇帝酌獻飲福，用壽和詞同冬至圜丘。夕月同。
送文舞出，迎武舞入，用舒和　崇牙樹羽延調露，旋宮扣律掩承雲。誕敷懿德昭神武，載集豐功表睿文。
武舞，用凱安詞同冬至圜丘。送神，用豫和詞同冬至圜丘。夕月同。
又祀朝日樂章二首：太樂舊有此辭，不詳所起。
迎神　太陽朝序，王宮有儀。蟠桃彩駕，細柳光馳。軒祥表合，漢曆彰奇。禮和樂備，神其降斯。
送神　五齊兼飭，百羞具陳。樂終廣奏，禮畢崇禋。明鑒萬寓，昭臨兆人。永流洪慶，式動曦輪。
祀夕月樂章八首：貞觀中作，今行用。
登歌，奠玉帛，用肅和　測妙爲神，通微曰聖。坎祀貽則，郊禋展敬。璧薦登光，金歌動暵。以載嘉德，以流曾慶。
迎俎，用雍和　朏晨爭舉，天宗禮闢。夜典涼秋，陰明湛夕。有醑斯旨，有牲斯碩。穆穆其暉，穰穰是積。

送文舞出，迎武舞入，用舒和　合吹八風金奏動，分容萬舞玉鞘驚。詞昭茂典光前烈，夕耀乘功表盛明。

五禮通考卷三十四

吉禮三十四

日月

歷代祀日月

舊唐書禮儀志：王仲丘撰成一百五十卷，名曰大唐開元禮，以日月爲中祀。

開元禮皇帝春分朝日于東郊儀：秋分夕月及攝事附。

齋戒

前祀五日，皇帝散齋三日，致齋二日，如圜丘儀。諸應祀之官齋戒，如别儀。

陳設如祀五帝儀，唯不設配帝位及罇、罍，燎壇方八尺，高一丈，開上，南出户，方三尺。

鑾駕出宫如圜丘之儀。

奠玉帛

祀日未明三刻，諸祀官各服其服。郊社令、良醞令各帥其屬入實罇、罍、玉幣。凡罇之次，太罇爲上，實以醴齊；著罇次之，實以盎齊；罍罇實以清酒；其玄酒各實于上罇；罍罇無玄酒。禮神之玉，以圭有邸。其幣，大明以青，夜明以白。太官令帥進饌者實諸籩豆簠簋，入設于内壝東門之外饌幔内。未明二刻，奉禮帥贊者先入就位，贊引引御史、太祝及令史與執罇罍篚羃者入自東門，當壇南，重行，北面，以西爲上。凡引導者，每曲一逡巡。立定，奉禮曰：「再拜。」贊者承傳，凡奉禮有詞，贊者皆承傳。御史以下皆再拜。訖，執罇者升自東陛，立于罇所，壇下執罍洗篚羃者各就位。贊引引御史、太祝詣壇東陛，升，行埽除于上，令史、祝史行埽除于下，訖，引降就位。駕將至，謁者、贊引各引祀官及從祀群官、諸國蕃客使俱就門外位。駕至大次門外，迴輅南向，將軍降立于輅右。侍中進當鑾駕前，跪奏稱：「侍中臣某言，請降輅。」俛伏，興，還侍立。皇帝降輅，之大次。通事舍人引文武五品以上從祀之官皆就門外位。太樂令帥工人、二舞次入就位，文舞入陳于懸内，武舞立于懸南道西。謁者引司空入就位，立定，奉禮曰「再拜」，司空再拜，訖，謁者引司空詣壇東陛，升，行埽除于上，降，行樂懸于下，訖，引出，就位。皇帝停大次半刻頃，通事舍人分引從祀文武群官、介公、酅公、諸國客使先入就位。太常博士引太常卿立于大次門外，當門北向，侍中版奏「外辦」。皇帝服玄冕出次，華蓋、侍衛如常儀。侍中負寶，陪從如式。博士引太常卿，太常卿引皇帝，凡太常卿前導，皆博士先引。至南内壝門外。殿中監進大圭，尚衣奉御，又以鎮圭授殿中監，殿中監受，進，皇帝搢大圭，執鎮圭。華蓋仗衛停于門外，近侍者從入如常。謁者引禮部尚書、太常少卿陪從如常，皇帝至版位，西面立。每立定，太常卿與博士退立于左。謁者、贊引各引祀官次入就位。立定，太常卿前奏稱：「請再拜。」退，復位，皇帝再拜。奉禮曰：「衆官再拜。」在位者皆再拜。太常卿前奏：「有司謹具，請行事。」攝則初司空入，謁者、贊引各引祀官以次入就位，贊拜，訖，謁者進太尉之左曰：「請行事。」凡獻，皆以太尉爲初獻。退，復位。協律郎跪，俛伏，舉麾，興。凡取物者，皆跪，俯伏而取以興。奠物則奠訖，俛伏而後興。鼓柷，奏元和之樂，乃以圜鍾之均，以文舞之舞，樂舞六成，偃麾，戞敔，樂止。凡樂，皆協律郎舉麾，工鼓柷而後作；偃麾，戞敔而後止。太常卿前奏稱：「請再拜。」退，復位，攝則奉禮贊曰：「衆官再拜。」皇帝再拜。奉禮曰：「衆官再拜。」在位者皆再拜。太祝取玉幣于篚，立于罇所，太常卿引皇帝，太和之樂作。皇帝每行，皆作太和之樂。皇帝詣壇，升自南陛，侍中、中書令已下及左右侍從、量人從升。以下皆如之。皇帝升壇，北向立，樂止。攝則謁者引太尉升奠。太祝加玉于幣，以授侍中，侍中奉玉帛，東向進，皇帝搢鎮圭，受玉帛，每受物，搢鎮圭，奠訖，執圭，俛伏，興。登歌，作肅和之樂，乃以大吕之均。太常卿引皇帝進，北面跪，奠于大明夕月云夜明。神座，俛伏，興，太常卿引皇帝少退，北面〔一〕，再拜，訖，登歌止。太常卿引皇帝，樂作，皇帝降自南陛，還版位，西向立，樂止。攝則謁者引太尉。初，群官拜訖，祝史奉毛血之豆立于門外，俟登歌止，祝史奉毛血入，升自南陛，太祝迎取于壇上，進奠于神座前，太祝與祝史退立于罇所。

進熟

皇帝既升奠攝則太尉既升奠。玉帛，大官令出，帥進饌者奉饌陳于内壝門外。謁者引司徒出，詣饌所，司徒奉俎。初，皇帝既入，至位，樂止。大官令引饌入，俎初入門，

〔一〕「面」，諸本作「向」，據通典卷一一一改。

雍和之樂作，以黄鍾之均，饌至陛，樂止。祝史進，徹毛血之豆，降自東陛以出。饌升南陛，太祝迎引于壇上，設于神座前。籩豆蓋冪先徹，乃升。簠簋既奠，却其蓋于下。設訖，謁者引司徒以下降自東陛，復位，太祝還鐏所。太常卿引皇帝詣罍洗，樂作，其盥洗之儀如圜丘。太常卿引皇帝，樂作，皇帝詣壇，升自南陛，樂止。謁者引司徒升自東陛，立于鐏所，齋郎奉俎從升，立于司徒之後，太常卿引皇帝詣鐏所，執鐏者舉冪，侍中贊酌醴齊，訖，壽和之樂作。皇帝每酌獻及飲福，皆作壽和之樂。太常卿引皇帝少退，北向立，樂止。太祝持版進于神座之右，東面，跪讀祝文曰：「維某年歲次月朔日，子嗣天子臣某，攝則云「謹遣太尉臣名」。敢昭告于大明，惟神宣布太陽，照臨下土，動植咸賴，幽隱無遺。時惟仲春，敬遵常禮，夜明，云「昭著玄象，輝耀陰精，理曆授時，仰觀取則，爰兹仲秋，用率常禮」。謹以玉帛犧齊，粢盛庶品，祇祀于神，尚享。」訖，興，皇帝再拜。初讀祝文訖，樂作，太祝進奠版于神座，還鐏所，皇帝拜訖，樂止。太祝以爵酌上鐏福酒授侍中，侍中受爵西向進，皇帝再拜，受爵，跪祭酒，啐酒，奠爵，俛伏，興。太祝帥齋郎進俎，太祝減神前胙肉加于俎，太祝持俎以授司徒，司徒奉俎西向進，皇帝受以授左右。攝則太尉受以授齋郎。謁者引司徒降，復位。皇帝跪取爵，遂飲，卒爵，侍中進，受爵，以授太祝。

太祝受爵，復于坫，皇帝俛伏，興，再拜，樂止。太常卿引皇帝，樂作，皇帝降自南陛，還版位，西向立，樂止。文舞出，鼓柷，作舒和之樂，出，訖，戛敔，樂止。武舞入，鼓柷，作舒和之樂，立定，戛敔，樂止。皇帝獻將畢，謁者引太尉詣罍洗，盥手，攝則太尉獻，將畢，謁者引太常卿爲亞獻，下皆倣此。洗匏爵。訖，謁者引太尉自東陛升壇，詣著罇所〔一〕，執罇者舉冪，太尉酌盎齊，武舞作，謁者引太尉進大明神座前，北向跪，奠爵，興。謁者引太尉少退，北向，再拜。太祝以爵酌罍福酒，進太尉之右，西向立。太尉再拜，受爵，跪祭酒，遂飲，卒爵，太祝進受爵，復于坫，太尉興，再拜，謁者引太尉降，復位。初，太尉獻將畢，謁者引光禄卿皇帝儀與攝事同，以光禄卿爲終獻。詣罍洗，盥洗匏爵，升，酌盎齊。終獻如亞獻之儀。訖，謁者引光禄卿降，復位，武舞六成，樂止。舞獻俱畢，太祝進徹豆，還罇所。徹者，籩豆各少移于故處。奉禮曰：「賜胙。」贊者唱「衆官再拜」，在位者皆再拜。已飲福受胙者不拜。太和之樂作，太常卿前奏稱「請再拜」，退，復位，皇帝再拜。奉禮曰：「衆官再拜。」在位皆再拜。樂一成，止。太常卿前奏：「請就望燎

〔一〕「著」，諸本脱，據通典卷一一一補。

位。」太常卿引皇帝，樂作，攝則謁者引太尉。皇帝就望燎位，南向立，樂止。于群官將拜，太祝執篚進神座前，跪取玉帛、祝版，齋郎以俎載牲體、黍稷飯、爵酒，興，降自南陛，南行，經懸内，當柴壇南，東行，自南陛登柴壇，以玉幣、祝版、饌物寘于柴上户内，訖，奉禮曰：「可燎。」東西各四人以炬燎火，半柴，太常卿前奏：「禮畢。」太常卿引皇帝還大次，樂作，皇帝出内壝門，殿中監前受鎮珪，以授尚衣奉御，殿中監又前受大珪，華蓋仗衛如常儀，皇帝入次，樂止。謁者、贊引引祝官及從祀群官、諸國蕃客以次出，贊引引御史以下俱復執事位，立定，奉禮曰：「再拜。」御史以下俱再拜，贊引引出，工人、二舞以次出。

鑾駕還宮如圜丘之儀。

册府元龜：天寶三載三月戊寅，詔曰：「祭之爲典，以陳至敬，名或不正，是相奪倫。日月照臨，下土式瞻，既超言象之外，宜極尊嚴之禮，列爲中祀，頗紊大猷。自今已後，升爲大祀，仍以四時致祭，庶昭報之誠，格于上下，欽崇之稱，合于典則。」

蕙田案：開元禮最得禮意，玄宗則既行之矣，乃天寶改元，旋自反汗，郊天之禮，屢用移易。日月中祀，禮之常經，忽又升爲大祭，二分朝夕，祭之大倫，忽又致以四時，其意何居？

唐書新羅傳：新羅元日相慶，是日拜日月神。

宋史禮志：天禧初，太常禮院以監察御史王博文言，詳定：「準禮，春分朝日于東郊，秋分夕月于西郊。國語：『大采朝日，少采夕月。』又曰：『春朝朝日，秋夕夕月。』唐柳宗元論云：『夕之名者，朝拜之偶也。古者旦見曰朝，暮見曰夕。』案禮，秋分夕月，蓋其時晝夜平分，太陽當午而陰魄已生，遂行夕拜之祭以祀月〔一〕。未前十刻，大官令率宰人割牲，未後三刻行禮。蓋是古禮以夕行朝祭之儀。又案禮云：從子至巳爲陽，從午至亥爲陰。參詳典禮，合于未後三刻行禮。」

蕙田案：夕月祭刻，此爲合禮。

樂志：景德朝日三首：

降神，高安六變。陽德之母，羲御寅賓。得天久照，首兹三辰。正辭備物，肅肅振振。淪精降監，克享明禋。

〔一〕「月」，諸本作「日」，據宋史禮志六改。

奠玉幣、酌獻，嘉安　醴齊良潔，有牲斯純。大采玄冕，乃昭其文。王宮定位，粢盛苾芬。民事以叙，盛德升聞。

送神，高安　懸象著明，照臨下土。降福穰穰，德施周普。

夕月三首：

降神，高安六變。　凝陰禀粹，照臨八埏〔一〕。麗天垂象，繼日代明。一氣資始，四時運行。靈祇昭格，備物薦誠。

奠玉幣、酌獻，嘉安　夕曜乘秋，功存寓縣。金奏在縣，以時致薦。祀事孔寅，明靈降眷。潔粢豐盛，倉箱流衍。

送神，高安　夙陳籩豆，潔誠致祈。垂休保佑，景祚巍巍。

禮志：慶曆三年，定朝日之圭、夕月之圭，皆五寸。　朝日夕月，慶曆用羊、豕各二，籩、豆十二，簠、簋、俎二。

皇祐五年，定朝日壇，舊高七尺，東西六步一尺五寸，增爲八尺，廣四丈，如唐郊

〔一〕「埏」，原作「紘」，據味經窩本、乾隆本、光緒本、宋史樂志八改。

祀録。夕月壇與隋、唐制度不合，從舊則壇小，如唐則坎深。今定坎深三尺，廣四丈，壇高一尺，廣二丈，四方爲陛，降入坎中，然後升壇。壇皆兩壝，壝皆二十五步。增大明、夜明壇山罍二，籩、豆十二。禮生引司天監官分獻，上香，奠幣、爵，再拜。

通考：元豐六年，禮部言：「熙寧祀儀，朝日壇廣四丈，夕月壇廣二丈，以唐王涇郊祀録考之，夕月壇方廣四丈，今止二丈，蓋禮儀之誤。請依制廣，改造夜明壇。」從之。

宋史樂志：大觀秋分夕月四首：

降神，高安　至陰之精，虧而復盈。輪高僊桂，階應祥蓂。玉兔影孤，金莖露溢。其駕星車，顧于兹夕。

奠玉幣　玉鈎初彎，冰盤乍圓。扇掩秋後，烏飛枝邊。精凝蟾蜍，輝光嬋娟。歆于明祀，弭芳節焉。

酌獻　名稽漢儀，歌參唐宗。往于卿少，乘秋氣中。周天而行，如姊之崇。可飛霞佩，下瑠璃宫。

送神　四扉大開，五雲車立。霓裾娣從，風翿童執。摇曳胥來，鏘洋爰集。歆我嚴禋，西面以揖。

禮志：五禮新儀定二壇高廣、坎深如皇祐，無所改。

文獻通考：政和三年，議禮局上五禮新儀，朝日壇廣四丈，高八尺，四出陛，兩壝，二十五步。夕月坎深三尺，廣四丈，壇高一尺，廣二丈，四方各爲陛，入坎中，然後升壇。兩壝，每壝二十五步。

宋史高宗本紀：紹興三年四月己亥，復舉五帝、日月之祀。

文獻通考：紹興三年，司封員外郎鄭士彦言：「春分朝日，秋分夕月，祀典未舉，望詔禮官講求。」從之。其後于城外惠照院望祭，位版日書曰大明，月書曰夜明，玉用圭璧，大明幣用赤，夜明幣用白，禮如祀感生帝。

宋史樂志：紹興朝日十首：

降神，高安，圜鍾爲宮　玄烏既至，序屬春分。朝于太陽，厥典備存。載嚴大采，示民有尊。揚光下燭，煜爚東門。

黄鍾爲角　升暉麗天，陽德之母。率無頗偏，兼燭下土。恭事崇壇，禮樂具舉。頓御六龍，裴回容與。

太蔟爲徵　周祀及闇，漢制中營。肸蠁是届，禮神以兄。我潔斯璧，我肥斯牲。神兮燕享，鑒觀孔明。

姑洗爲羽　屹爾王宫，泛臨翊翊。惠此萬方，豈惟五色。以修陽政，以習地德。雲景杳冥，施祥無極。

初獻升殿，正安　天宇四霽，嘉壇聿崇。肅祇嚴祀，登降有容。仰瞻曜靈，位居其中。既安既妥〔一〕，沛哉豐融！

奠玉幣，嘉安　物之備矣，以交于神。時惟炎精，不忘顧歆。經緯之文，璆琳之質。燦然相輝，其儀秩秩。

奉俎，豐安　扶桑朝暾，和氣肸飾。奉此牲牢，爲俎孔碩。芬馨進聞，介我黍稷。所將以誠，兹用享德。

酌獻，嘉安　匏爵斯陳，百味旨酒。勺以獻之，再拜稽首。鐘鼓在列，靈方安留。眷然加薦，惟時之休。

〔一〕「妥」，諸本作「宴」，據宋史樂志八改。

亞、終獻，文安　禮罄沃盥，誠意肅將。包茅是縮，奠畢重觴。焕矣情文，既具醉止。熙事備成，靈其有喜。

送神，禮安　羲和駕兮，其容杲杲。將安之矣？言歸黄道。光赫萬物，無古無今。人君之表，咸仰照臨。

夕月十首：

降神，高安，圜鍾爲宫　金行告遒〔一〕，玉律分秋。禮蔵西郊，毖祀聿修。精意潛達，永孚于休。神之聽之，爰格飈斿。

黄鍾爲角　時維秋仲，夜寂天清。實嚴娇事，用答陰靈。壇壝斯設，黍稷惟馨。雲車來下，庶歆厥誠。

太蔟爲徵　遡日著明，麗天作配。潔誠以祠，禮行肅拜。光凝冕服，氣肅環珮。庶幾昭格，祇而不懈。

姑洗爲羽　穆穆流輝，太陰之精。盈虧靡忒，寒暑以均。克禋克祀，揆日涓

〔一〕「遒」，原作「道」，據味經窩本、宋史樂志八改。

辰。牲碩酒旨，來燕來寧。

升殿，正安　猗歟崇基，右平左墄！祇率典常，届兹秋夕。陟降惟寅，威儀抑抑。神其鑒觀，穰簡是集。

奠玉幣，嘉安　少采陳儀，實曰坎祭。禮備樂舉，嚴恭將事。于以奠之，嘉玉量幣。神兮昭受，陰騭萬彙。

奉俎，豐安　穀旦其差，有牲在滌。工祝致告，爲俎孔碩。肸蠁是期，祚我明德。備兹孝欽，式和民則。

酌獻，嘉安　白藏在序，享惟其時。躬即明壇，禮惟載祇。斟以瑶爵，神靈燕娭。歆馨顧德，錫我蕃釐。

亞、終獻，文安　肅雍嚴祀，聖治昭彰。清酒既載，或肆或將。禮匝三獻，終然允臧。神具醉止，其樂且康。

送神，理安　歌奏雲闋，式禮莫愆。以我齊明，罄其吉蠲。神保聿歸，降康自天。蘿圖永固，億萬斯年。

遼史太祖本紀：天贊三年九月庚子，拜日于蹛林。

穆宗本紀：應曆二年冬十一月己卯，日南至，始用舊制，行拜日禮。

禮志：拜日儀：皇帝升露臺，設褥，向日再拜，上香。閤門使通，閤使或副、應拜臣僚殿左右階陪位，再拜。皇帝升座。奏牓訖，北班起居畢，時相以下通名再拜，不出班，奏「聖躬萬福」。又再拜，各祇候。宣徽以下横班同。諸司、閤門北面先奏事，餘同。教坊與臣僚同。

聖宗本紀：統和元年十二月戊申，千齡節，祭日月，禮畢，百僚稱賀。

統和四年十一月癸未，祭日月，爲駙馬都尉勤德祈福。

開泰二年夏四月甲子，拜日。四年六月庚戌，上拜日如禮。秋七月，上又拜日，遂幸秋山。七年夏四月，拜日。

金史禮志：朝日壇曰大明，在施仁門外之東北，當闕之卯地，門壝之制皆同方丘。夕月壇曰夜明，在彰義門外之西北，當闕之西地〔一〕，掘地汙之，爲壇其中。春分朝日于東郊，秋分夕月于西郊。

〔一〕「之西地」，諸本作「西」，據金史禮志一改。

太宗本紀：天會四年春正月丁卯朔，始朝日。

禮志：朝日、夕月儀：齋戒、陳設、省牲器、奠玉幣、進熟，其節並如大祀之儀。朝日玉用青璧，夕月用白璧，幣皆如玉之色。牲各用羊一、豕一。有司攝三獻司徒行事。其親行朝日，金初用本國禮，天會四年正月，始朝日于乾元殿，而後受賀。熙宗天眷二年，定朔望、朝日儀。皇帝服靴袍，百官常服。有司設爐案、御褥位于所御殿前陛上，設百官褥位于殿門外，皆向日。宣徽使奏導皇帝至位，南向，再拜，上香，又再拜，各門皆相應贊〔二〕，殿門外臣僚陪拜如常儀。

世宗大定二年，以無典故罷。

十五年，言事者謂今正旦并萬春節，宜令有司定拜日之禮。有司援據漢、唐春分朝日，升煙、奠玉如圜丘之儀。又案唐開元禮，南向設大明神位，天子北向，皆無南向拜日之制。今已奉敕以月朔拜日，宜遵古制，殿前東向拜。詔姑從南向。其日，先引臣僚于殿門外立，陪位立殿前班露臺左右，皇帝于露臺香案拜如上儀。

〔二〕「各」，金史禮志二作「閤」。

十八年，上拜日于仁政殿，始行東向之禮。皇帝出殿，東向設位，宣徽贊「拜」，皇帝再拜，上香，訖，又再拜。臣僚並陪拜，依班次起居，如常儀。

章宗本紀：明昌五年三月庚辰，初定日月常祀。

宣宗本紀：貞祐元年閏九月戊辰朔，拜日于仁政殿，自是每月吉爲常。

元史世祖本紀：至元十六年十二月甲申，祀太陽。二十五年春正月庚寅，祭日于司天臺。

成宗本紀：至元三十一年四月即位，五月，祭太陽于司天臺。

蕙田案：司天臺，所以測日觀星，蓋司天者所應用之地，猶官府之有衙署，錢糧之有倉庫也，豈所以交神致祭乎？要之，壇坎不必務廣大，而其地不可不特設也。

武宗本紀：至大三年冬十月丙午，三寶奴及司徒田忠良等言：「曩奉旨舉行南郊配位從祀，北郊方丘、朝日夕月典禮。臣等議，春秋朝日夕月，實合祀典。」有旨：「所用儀物，其令有司速備之。」

明史禮志：洪武三年，禮部言：「古者祀日月之禮有六。郊特牲曰『郊之祭，大報天而主日，配以月』，一也；玉藻曰『朝日于東門之外』，祭義曰『祭日于東郊，祭月于西郊』，二也；大宗伯『肆類于四郊，兆日于東郊，兆月于西郊』，三也；月令孟冬『祈來年于天宗』，天宗，日月之類，四也；覲禮『拜日于東門之外，反祀方明，禮日于南門之外，禮月于北門之外』，五也；『霜雪風雨之不時，則禜日月』，六也。説者謂因郊祀而祀之，非正祀也。類禜而祀之，與覲諸侯而禮之，非常祀也。唯春分朝之于東門外，秋分夕之于西門外者，祀之正與常也。蓋天地至尊，故用其始而祭以二至。日月次天地，春分陽氣方永，秋分陰氣方長，故祭于二分，爲得陰陽之義。自秦祭八神，六曰月主，七曰日主，雍又有日月廟。漢郊太乙，朝日夕月，改周法。常以郊泰時，質明出竹宫，東向揖日，西向揖月，又于殿下東西拜日月。宣帝于成山祠日，萊山祠月。魏明帝始朝日東郊，夕月西郊。唐以二分日，朝日夕月于國城東西。宋人因之，升爲大祀。元郊壇以日月從祀，其二分朝日夕月，皇慶中議建立而未行。今當稽古正祭之禮，各設壇專祀。朝日壇宜築于城東門外，夕月壇宜築于城西門外。朝日以春分，夕月以秋分，星辰則祔祭于月壇。」從之。其祀儀與社稷同。

明集禮：壇制，築朝日壇于城東門外，高八尺，方廣四丈，築夕月壇于城西門外，高六尺，方廣四丈，俱兩壝，每壝二十五步。燎壇方八尺，高一丈，開上，南出户，方三尺。神位版以松柏爲之，長二尺五寸，闊五寸，趺高五寸，朱漆金字。唯祝册，朝日曰「唯神陽靈東升，運行于天。神光下燭，無私無偏。歲紀聿新，昭天之德。萬物具瞻，黄道弗忒。國有時祀，古典式遵。曦馭既格，海宇咸春」。夕月曰「唯神太陰所鍾，承光于日。配陽之德，麗于穹碧。惟此秋夕，雲斂氣清。仰瞻素輝，神馭以升。夜明有壇，用伸報祭。唯神鑒臨，萬古不昧」。星辰曰「唯神羅列周天，耿耿其輝。既瞻月馭，衆象以微。上之所躔，下必有應。爰遵古典，用伸報稱。季秋禮祀，設壇既崇。神其歆格，鑒此寸衷」。

蕙田案：星辰從祀月壇，本不應讀祝，所撰祝文，但當用之專祭耳。然集禮所載夕月儀，則星辰另自讀祝，故此亦載入，以仍其舊。實繁文也。

祭器並設，太尊二，著尊二，山罍二，在壇上東南隅，北面；象尊二，壺尊二，山罍二，在壇下；籩、豆各十，簠、簋各四。玉幣：玉並用圭璧五寸。幣，大明用赤，夜明、星辰並用白。牲：大明用赤犢，夜明用白犢，星辰用純色犢。玄酒齊，太尊實醴齊，著尊實盎齊，山罍實清酒，其明水、玄酒各實于上尊。籩豆之實：籩實以石鹽、乾魚、乾棗、栗、黃榛子仁、菱仁、芡仁、鹿脯、白餅、黑餅，豆實以韭菹、醓醢、菁菹、鹿醢、芹菹、兔醢、筍菹、魚醢、脾析菹、豚拍。　祭服：服衮冕。

皇帝春朝朝日儀注：時日以春分日行事。　齋戒　皇帝散齋三日，致齊二日，陪祭官、執事官並齊五日，如常儀。　省牲　前期二日，所司設皇帝大次于壝外東門内道北，南向。設省牲位于内壝東門外。先祭一日，導駕官同太常卿導引車駕詣大次，太常卿奏「請中嚴」。皇帝服皮弁。太常卿奏「外辦」，導駕官同太常卿導引皇帝詣省牲位，執事者各執乃事。廩犧令帥其屬牽牲自東行過御前，省訖，牽詣神厨。執事者取毛血，實于豆。太常卿奏「請詣神厨」，導駕官同太常卿導引至神厨。太常卿奏「請視鼎鑊，請視滌濯」。遂烹牲。導駕官同太常卿導引皇帝還大次。　陳設　前祭一日，所司陳設如圖儀。　鑾駕出宫，鹵簿導從，同圜丘儀。　正祭　祭日清晨，太常卿帥執事者，各實尊、罍、籩、豆、簠、簋、登、俎，又實幣于篚，加圭璧，陳于尊所。祝版寘于神位之右。樂生、舞生入就位，諸執事官、陪祭官各入就位，太常卿奏「請中嚴」。皇帝服衮冕。太常卿奏「外辦」，導駕官同太常卿導引皇帝至御位，南向立。　迎神　贊禮唱「迎神」，協律郎跪，俛伏，舉麾，奏熙和之曲，樂一成，止。贊禮唱「請行禮」。太常卿奏「有司謹具，請行事」。奏「鞠躬，拜，興，拜，興，平身」，皇帝鞠躬，拜，興，拜，興，平身。贊禮唱「皇太子以下在位官皆再拜」，傳贊唱「鞠躬，拜，興，拜，興，平身」，皇太子以下鞠躬，拜，興，拜，興，平身。奠玉幣　贊禮唱「奠玉幣」，太常卿奏「請詣盥洗位」，導駕官同太常卿導引皇帝詣盥洗位。太常卿贊盥曰：「前期齊戒，今晨奉祭。加其清潔，以對神明。」太常卿奏「搢圭」，皇帝搢圭，司執洗者舉盥，進巾。太常卿奏「盥手、帨手，出圭」，皇帝盥手、帨手，出圭。太常卿奏「請升壇」，贊曰：「神明在上，整肅威儀。」升自午陛，太常卿奏「請詣大明神位前」。司玉幣者奉玉幣以俟，協律郎跪，俛伏，舉麾，奏保和之曲。導駕官同太常卿導引皇帝至神位前，北向立。太常卿奏「跪，搢圭」，皇帝跪，搢圭。司香官舉香跪進于皇帝之左，太常卿奏「上香，上香，三上香」，皇帝上香，上香，三上香。司玉幣者奉玉幣跪進于皇帝之右，皇帝受玉幣，奠于大明神位前。太常卿奏「出圭，鞠躬，拜，興，拜，興，平身」，皇帝出圭，鞠躬，拜，興，拜，興，平身。樂止。太常卿奏「復位」，導駕官同太常卿導引皇帝復位。進熟　贊禮唱「進俎」，齋郎舉俎至壇前，進俎官舉俎，升自午陛，協律郎跪，俛伏，舉麾，奏缺之曲。導駕官同太常卿導引皇帝至大明神位前，太常卿奏「搢圭」，皇帝搢圭。

進俎官以俎進于皇帝之右，皇帝以俎奠于大明神位前。太常卿奏「出圭」，皇帝出圭。太常卿奏「復位」，導駕官同太常卿導引皇帝復位。初獻　贊禮唱「行初獻禮」，太常卿奏「請行初獻禮」、「請詣爵洗位」，導駕官同太常卿導引皇帝至爵洗位。太常卿奏「搢圭」，皇帝搢圭。執爵官以爵進，皇帝受爵，滌爵，拭爵，以爵授執爵官。太常卿奏「出圭」，皇帝出圭。太常卿奏「請詣酒尊所」，導駕官同太常卿導引皇帝升壇至酒尊所。太常卿奏「搢圭」，皇帝搢圭。執爵官以爵進，皇帝執爵。司尊者舉冪，酌泛齊。皇帝以爵授執爵官。太常卿奏「出圭」，皇帝出圭。太常卿奏「請詣大明神位前」，協律郎跪，俛伏，舉麾，奏安和之曲、武功之舞。導駕官同太常卿導引皇帝至神位前，太常卿奏「跪，搢圭」，皇帝跪，搢圭。司香官捧香，跪進于皇帝之左，太常卿奏「上香，上香，三上香」，皇帝上香，上香，三上香。執爵官捧爵跪，進于皇帝之右，皇帝受爵，太常卿奏「祭酒，祭酒，三祭酒，奠爵」，皇帝祭酒，祭酒，三祭酒，奠爵。樂舞止。太常卿奏「出圭」，皇帝出圭。讀祝官取祝版於神右，跪讀訖，樂舞作。太常卿奏「俛伏，興，平身；稍後，鞠躬，拜，興，拜，興，平身」。皇帝俛伏，興，平身；稍後，鞠躬，拜，興，拜，興，平身。樂舞止。太常卿奏「請復位」，導駕官同太常卿導引皇帝復位。亞獻並同初獻儀。惟尊酌醴齊，樂奏中和之曲、文德之舞。奠爵後不讀祝。終獻並同亞獻儀。惟尊酌盎齊，樂奏肅和之曲、文德之舞。　飲福受胙　贊禮唱「飲福，受胙」，太常卿奏「請詣飲福位」，導駕官同太常卿導引皇帝升壇至飲福位，北向立。太常卿奏「鞠躬，拜，興，拜，興，平身」，皇帝鞠躬，拜，興，拜，興，平身。太常卿奏「跪，搢圭」，皇帝跪，搢圭。奉爵官酌福酒跪進于皇帝之左，贊曰：「唯此酒肴，神之所與。賜以福慶，億兆同霑。」皇帝受福酒，祭酒，飲福酒，以爵寘于坫。奉胙官奉胙，跪進于皇帝之右。皇帝受胙，以胙授執事者。執事者跪受于皇帝之右。太常卿奏「出圭」，皇帝出圭。太常卿奏「俛伏，興，平身；稍後，鞠躬，拜，興，拜，興，平身」。皇帝俛伏，興，平身；稍後，鞠躬，拜，興，拜，興，平身。太常卿奏「請復位」，導駕官同太常卿導引皇帝復位。　徹豆　贊禮唱「徹豆」，協律郎跪，俛伏，舉麾，奏凝和之曲。掌祭官徹豆，贊禮唱「賜胙」。太常卿奏「皇帝飲福受胙，免拜」。贊禮唱「皇太子以下在位官皆再拜」，傳贊唱「鞠躬，拜，興，拜，興，平身」，皇太子以下皆鞠躬，拜，興，拜，興，平身。樂止。　送神　贊禮唱「送神」，協律郎跪，俛伏，舉麾，奏壽和之曲。太常卿奏「鞠躬，拜，興，拜，興，平身」，皇帝鞠躬，拜，興，拜，興，平身。贊禮唱「皇太子以下在位官皆再拜」，傳贊唱「鞠躬，拜，興，拜，興，平身」，皇太子以下皆鞠躬，拜，興，拜，興，平身。贊禮唱「祝人取祝，帛人取帛，詣望燎位」，讀祝官捧祝，捧帛官捧帛，掌祭官取饌及爵酒，詣柴壇，寘户上。樂止。　望燎　贊禮唱「望燎」，導駕官同太常卿導引皇帝至望燎所，贊禮唱「可燎」，東西面各二人以炬燎火，柴半燎，太常卿奏「禮畢」，導駕官同太常卿導引皇帝還大次，解嚴。　鑾駕還宮，鹵簿導從，如來儀。　大樂鼓吹，振作。

皇帝秋夕夕月儀注：時月以秋分日行事。　齊戒　省牲　陳設　鑾駕出宮　正祭　迎神以上並同朝日儀，惟迎神，奏凝和之曲。　奠玉幣，並同朝日儀。樂止後。　太常卿奏「請詣星辰神位前」，導駕官同太常卿導引皇帝至神位前，太常卿奏「跪，搢圭」，皇帝跪，搢圭。司香官捧香，跪進于皇帝之左，太常卿奏「上香，上香，三上香」，皇帝上香，上香，三上香。司幣者捧幣，跪進于皇帝之右，皇帝受幣，奠于星辰神位前。太常卿奏「出圭，鞠躬，拜，興，拜，興，平身」，皇帝出圭，鞠躬，拜，興，拜，興，平身。太常卿奏「復位」，導駕官同太常卿導引皇帝復位。　進熟並同朝日儀。出圭後，導駕官同太常卿導引至星辰神位前，進俎官以俎進于皇帝之右。太常卿奏「搢圭」，皇帝搢圭。以俎奠于星辰神位前，太常卿奏「出圭」，皇帝出圭。太常卿奏「復位」，導駕官同太常卿導引皇帝復位。初獻並同朝日儀。樂舞止後。太常卿奏「請詣酒尊所」，導駕官同太常卿導引皇帝至酒尊所。執爵官以爵進，皇帝受爵，司尊舉冪，酌泛齊，以爵授執爵官。太常卿奏「請詣星辰神位前」，樂作，導駕官同太常卿導引皇帝至神位前，太常卿奏「跪，搢圭」，皇帝跪，搢圭。司香官捧香跪搢于皇帝之左，太常卿奏「上香，上香，三上香」，皇帝上香，上香，三上香。執爵官捧爵跪進于皇帝之右，皇帝受爵，太常卿奏「祭酒，祭酒，三祭酒，奠爵」，皇帝祭酒，祭酒，三祭酒，奠爵。太常卿奏「出圭」。讀祝官取祝版于神位之右，跪讀訖，太常卿奏「俛伏，興，平身；稍後，鞠躬，拜，興，拜，興，平身」。皇帝俯伏，興，平身；稍後，鞠躬，拜，興，拜，興，平身。太常卿奏「請復位」，導駕官同太常卿導引皇帝復位。亞獻、終獻並同朝日儀。其詣星辰神位，並同初獻儀，惟不讀祝，不上香。飲福受胙，同朝日儀。徹豆同朝日儀，樂奏壽和之曲。送神同朝日儀，樂奏豫和之曲。望燎同朝日儀。

蕙田案：集禮所載夕月之儀，悉如朝日之儀。亞獻、終獻之儀，悉如初獻之儀。今節録之。

明史樂志：朝日樂章：洪武三年定。

迎神，熙和之曲　吉日良辰，祀典式陳。純陽之精，惟是大明。濯濯厥靈，昭鑒我心。以候以迎，來格來歆。

奠幣，保和之曲　靈旗莅止，有赫其威。一念潛通，幽明弗違。有幣在篚，物薄而微。神兮安留，尚其饗之。

初獻，安和之曲　神兮我留，有薦必受。享祀之初，奠茲醴酒。晨光初升，祥徵應候。何以侑觴，樂陳雅奏。

亞獻，中和之曲　我祀維何？奉茲犧牲。爰酌醴齊，載觴載升。洋洋如在，式燕以寧。庶表微衷，交于神明。

終獻，肅和之曲　執事有嚴，品物斯祭。黍稷非馨，式將其意。薦茲酒醴，成我常祀。神其顧歆，永言樂只。

徹豆，凝和之曲　春祈秋報，率爲我民。我民之生，賴于爾神。惟神祐之，康寧是臻。祭祀云畢，神其樂歆。

送神，壽和之曲　三獻禮終，九成樂作。神人以和，既燕且樂。雲車風馭，靈光照灼。瞻望以思，邈彼寥廓。

望燎，豫和之曲　俎豆既徹，禮樂已終。神之云還，倐將焉從。以望以燎，庶幾感通。時和歲豐，維神之功。

夕月樂章：

迎神，凝和之曲　吉日良辰，祀典式陳。太陰夜明，以及星辰。濯濯厥靈，昭鑒我心。以候以迎，來格來歆。

奠幣以下，樂章並與朝日同。

大政紀：洪武四年正月，詔定親祀朝日、夕月服衮冕，陪祭官各服本品梁冠祭服。九月乙亥，詔親祀日月，齋三日。降香，齋一日，著爲令。

洪武二十一年三月，增修南郊壇壝于大祀殿丹墀內，疊石爲臺四，東西相向，以爲日月星辰四壇從祀，其朝日、夕月、禜星之祭，悉罷之。

蕙田案：洪武初，集禮所定，頗合典禮。自郊壇改爲合祭，而諸禮俱廢。惜哉！

明史禮志：嘉靖九年，帝謂：「大報天而主日，配以月。大明壇當與夜明壇異。

且日月照臨，其功甚大。太歲等神，歲有二祭，而日月星辰止一從祭，義所不安。」大學士張璁亦以爲缺典。遂定春秋分之祭如舊儀，而建朝日壇于朝陽門外，西向；夕月壇于阜成門外，東向。壇制有隆殺以示别。朝日，護壇地一百畝；夕月，護壇地三十六畝。朝日無從祀，夕月以五星、二十八宿、周天星辰共一壇，南向祔焉。春祭，時以寅，迎日出也。秋祭，時以亥，迎月出也。

王圻續通考：嘉靖九年，用夏言議，改建四郊，兆日于東郊，兆月于西郊。每歲春分行朝日禮，秋分行夕月禮。朝日壇在朝陽門外，方廣五丈，高五尺九寸，壇面甎青色琉璃，四出陛，九級。圓壝墻七十五丈，高八尺一寸，厚二尺三寸。欞星門六，正西三，南東北各一。外圍墻前方後圓，西北各三門，墻西北有石坊，曰禮神街。夕月壇在阜成門外，方廣四丈，高四尺六寸，壇面甎白色琉璃，四出陛，六級。方壝墻二十四丈，高八尺，厚二尺二寸八分。欞星門六，正東三，南北西各一。外圍方墻，東北各三門，墻東北有石坊，亦曰禮神街。朝日壇儀注：一，前期三日，太常寺奏「祭祀如常儀」。諭百官致齋二日。一，前期二日，夕月前二日，太常寺奏「省牲如常儀」。一，前期一日，夕月前一日，太常卿同光禄卿奏「省牲如常儀」。一，前期一日，夕月是日，上親填祝版于文華殿，遂告于廟。紅楮版，硃書，如遇遣官之歲，則中書官代填日月，用白楮版，墨書。　一，陳設。大明之神，西向；夕月，夜明之神，東向。犢一，羊一，豕一，登一，鉶一，簠、簋各二，籩十，豆十，玉爵三。夕月，金爵三，酒尊三，紅瓷；夕月白瓷，酒盞三十，紅瑪瑙玉一，夕月白璧，帛一，紅色。夕月，白色篚一，祝案一，夕月有從位一，壇南向，籩十，豆十，帛十，青、紅、黄、玄各一，白六。　一，正祭，是日，免朝。錦衣衛備隨朝駕。上常服，乘輿由東長安門出。夕月，由西長安門出，至壇北門入，至具服殿，具祭服。夕月則具皮弁服，出，導引官導上由左門入，夕月由中門入。典儀唱「樂舞生就位，執事官各司其事」。内贊奏「就位」，上就拜位。典儀唱「迎神」，樂作。樂止，内贊奏「四拜」，夕月則兩拜。典儀唱「奠玉帛」，樂作。内贊奏「陞壇」，導上至大明神位前，夕月則夜明神位前，奏「跪」，奏「搢圭」，司香官捧香，跪進于上左，内贊奏「上香，上香，三上香」。訖，捧玉帛官以玉帛跪進于上右，内贊奏「獻玉帛」，上受玉帛，奠訖，奏「出圭」，奏「復位」，樂止。典儀唱「行初獻禮」，樂作。内贊奏「陞壇」，導上至神位前，奏「搢圭」，捧爵官以爵跪進于上右。上受爵，内贊奏「獻爵」，上獻訖，奏「出圭」，奏「詣讀祝位」，奏「跪」，傳贊衆官皆跪，樂暫止。贊「讀祝」，讀祝官跪讀祝，畢，樂復作。奏「俛伏，興，平身」，奏

「復位」，樂止。典儀唱「行亞獻禮」，樂作。儀同初獻，但不讀祝，樂止。典儀唱「行終獻禮」，樂作，儀同亞獻，樂止。太常卿進立于壇前之右，唱「賜福胙」。内贊奏「詣飲福位」，導上至飲福位。奏「跪」，奏「搢圭」，光禄官捧福酒，跪進于上右，内贊奏「飲福酒」。上飲訖，光禄官捧福胙，跪進于上右，内贊奏「受胙」。上受訖，奏「出圭，俛伏，興，平身」，奏「復位」，上復位。奏「兩拜」，傳贊百官同。典儀唱「徹饌」，樂作，執事官徹饌，訖，樂止。典儀唱「送神」，樂作。内贊奏「四拜」，夕月則兩拜，興，平身，樂止。典儀唱「讀祝官捧祝，進帛官捧帛，掌祭官捧饌，各詣燎位」，夕月則詣瘞位，樂作。内贊奏「禮畢」，樂止。導引官導上至具服殿易常服，陞輦，還，參拜于廟。參拜畢，上還宫，遣官則否。

一，夕月壇分獻官儀注：初獻，讀祝，獻官朝上跪，至，俛伏，興，平身。贊引引獻官由北級上至神位前，贊「搢笏，上香，獻帛、獻爵」。訖，贊「出笏」，復位。亞、終獻同上，復位。贊引引獻官至神位前，贊「搢笏，獻爵，出笏，復位」。一，祝文：「維某年某月某朔某日，嗣天子御名謹昭告于大明之神，惟神陽精之宗，列聖之首，神光下照，四極無遺，功垂今昔，率土仰賴。兹當仲春，式遵古典，以玉帛牲醴之儀，恭祀于神。伏惟鑒歆，錫福黎庶。尚享。」「維某年某月某朔某日，嗣天子御名謹昭告于夜明之神，惟神鍾陰之精，配陽之德，繼明于夕，有生共賴。既惟五星列宿，咸司下土，各有攸分，眇予之資，仰承帝命，君此生民。兹者時惟秋分，爰遵典禮，以玉帛牲醴之儀，用修常祭于神，惟神歆鑒，福我邦民。尚享。」

圖書編：朝日壇，嘉靖九年，罷從祀。建壇朝陽門外二里許，爲制一成，壇面紅琉璃，東西南北皆九級，俱白石。內櫺星門四，西門外爲燎爐、瘞池，西南爲具服殿，東北爲神庫、神厨、宰牲亭、燈庫、鐘樓，北爲遣官房。外建天門二，北天門外西北爲禮神坊，西天門外迤南爲陪祀齋宿房，護壇地一百畝。歲春分，祭大明之神于朝日壇，西向。甲、丙、戊、庚、壬年，上祭服親祀，餘年，遣文大臣攝之。夕月壇，嘉靖九年，建壇阜成門外之南二里許，爲制一成，壇用白琉璃，東西南北皆六級，俱白石。內櫺星門四，東門外爲瘞池，東北爲具服殿，南門外爲神庫，西南爲宰牲亭、神厨、祭器庫，北門外爲鐘樓、遣官房。外天門二，東門外北爲禮神坊，護壇地三十六畝七分。歲秋分，祭夜明之神于夕月壇，東向，從祀木火土金水星、二十八宿、周天星辰，南向。丑、辰、未、戌年，上皮弁服親祀，餘年，遣武大臣攝之。

蕙田案：朝日之祭，用天干之五；夕月之祭，用地支之四。六十年中，祭日者三十，祭月者二十，而又有甲辰、甲戌等十年，日月皆親祭。丁卯、己巳等二十年，皆不親祭。

明史樂志：嘉靖九年，復定朝日樂章：

迎神，熙和之曲　仰瞻兮大明，位尊兮王宫。時當仲春兮氣融，爰遵祀禮兮報功。微誠兮祈神昭鑒，願來享兮迓神聰。

奠玉帛，凝和之曲　神靈壇兮肅其恭，有帛在篚兮赤琮。奉神兮祈享以納，予躬奠兮忻以顒。

初獻，壽和之曲　玉帛方奠兮神歆，酒行初獻兮舞呈。齊芳馨兮犧色騂，神容悦兮鑒予情。

亞獻，時和之曲　二齊升兮氣芬芳，神顔怡和兮喜將。予令樂舞兮具張，願垂普照兮民康。

終獻，保和之曲　慇懃三獻兮告成，群職在列兮周盈。神錫休兮福民生，萬世永賴兮神功明。

徹饌，安和之曲　一誠盡兮予心懌，五福降兮民獲禧。仰九光兮誠已申，終三獻兮徹敢遲。

送神，昭和之曲　祀禮既周兮樂舞揚，神享以納兮還青鄉。予當拜首兮奉送，願恩光兮普萬方。永耀熹明兮攸賴，烝民咸仰兮恩光。

望燎之曲　覩六龍兮御駕，神變化兮鳳翥鸞翔。束帛殽羞兮詣燎方，佑我皇明兮基緒隆長。

夕月樂章：

迎神，凝和之曲　陰曰配合兮承陽宗，式循古典兮齋以恭。覩太陰來格兮星辰羅從，予拜首兮迓神容。

初獻，壽和之曲　神其來止，有嚴其誠。玉帛在篚，清酤方盈。奉而奠之，願鑒微情。夫祀兮云何？祈祐兮群氓。

亞獻，豫和之曲　二觴載斟，樂舞雍雍。神歆且樂，百職惟供。願順歸兮五行，祈民福兮惟神必從。

終獻，康和之曲　一誠以申，三舉金觥。鐘鼓鍧鍧，環珮琤琤。鑒予之情，願永保我民生。

徹饌，安和之曲　禮樂肅具，精意用申。位坎居歆，納兹藻蘋。徹之弗遲，儀典肅陳。神其鑒之，佑我生民。

送神，保和之曲　禮備告終兮神喜旋，穹碧澄輝兮素華鮮。星辰從兮返神鄉，露氣清兮霓裳蹁躚。

望瘞之曲　殺羞兮束帛，薦之于瘞兮罔敢愆。予拜首兮奉送，願永貺兮民樂豐年。

禮志：十年，禮部上朝日夕月儀：朝日，迎神四拜，飲福、受胙兩拜，送神四拜；夕月，迎神、飲福、受胙、送神皆再拜。飲並如舊儀。

圖書編：嘉靖十年，夕月壇以鐵爐置于坎上焚燎，不必造燎壇，以稱祭月于坎之義。

明史禮志：隆慶三年，禮部上朝日儀，言：「正祭遇風雨，則設小次于壇前，駕就小次行禮。其升降奠儀，俱以太常寺執事官代。」制曰「可」。

蕙田案：明集禮朝日、夕月，皆以清晨行事。續文獻通考稱隆慶以前，朝日以卯時，夕月以酉時。明史稱嘉靖時，朝日以寅，夕月以亥，互有不同。宋夕月以未後三刻，稍爲近之。惟本朝日以卯，月以酉，爲得陰陽出入之正矣。

右歷代祀日月

五禮通考卷三十五

吉禮三十五

星辰

蕙田案：祭法云：「王宫，祭日；夜明，祭月；幽宗，祭星。」此日月與星辰異壇矣。春朝朝日，秋莫夕月，此日月之正祭。其星辰正祭，不見於經，而祭之之秩，與日月相等，故宗伯實柴、典瑞圭璧、月令祈年、左傳禜祭，皆以日、月、星辰連言。至大宗伯「以槱燎祀司中、司命、風師、雨師」，天府「祭天之司民、司禄」，説者以爲六者皆星，若果皆星，則何不統之實柴内，而别以槱燎祀之？以爲非星，則風師、雨師非星可也，司中、司命、司民、司禄，何得謂之非星？以理揆之，實柴、槱燎乃祀之秩，實柴所祀五緯、十二辰、二十八宿，其餘衆星不與。其衆星之中，職有所司，有功烈於民者，乃列名祀之，秩尊故燔柴實牲，秩卑故槱燎不實牲，此周禮所以別言之也。其獻民數祭司民、獻穀數祭司禄、校人祭馬祖、諸侯祭分野，乃係專祭，不在星辰壇。至靈星所以祈農，禮經不見，僅見周頌絲衣詩序，漢時頗崇祀，亦係專祭，與實柴槱燎之文無涉。今以類相依，以「星辰」門統之，若後世所祀九宮太乙、太歲等，亦星辰之餘，并附見焉。

統祭星辰

禮記祭法：幽宗，祭星也。注：宗，當爲「禜」，字之誤也。幽禜，亦謂星壇也。星以昏始見，禜之言營也。春秋傳曰：「日月星辰之神，則雪霜風雨之不時，於是乎禜之。」疏：幽宗，祭星壇名也。幽，闇也。宗，當爲「禜」〔一〕。禜，壇域也，蓋星至夜而始出，故謂之幽也。爲營域而祭之，故謂之幽禜也。

方氏愨曰：幽言其隱而小。揚雄曰：「視日月而知衆星之蔑。」故祭星之所，謂之幽宗焉。幽、雩

〔一〕「當」，原作「廟」，據光緒本、禮記正義卷四六改。

皆謂之宗，宗，尊也。祭祀無所不用其尊。詩曰：「靡神不宗。」無所不用其尊之謂也。泰壇、泰折不謂之宗者，天地之大，不嫌於不尊也。

蕙田案：鄭氏改「宗」爲「禜」，似屬無據。方氏訓如字，自可通。但鄭以「禜」爲「營」，疏謂「爲營域而祭之」，方氏謂「祭星之所，謂之幽宗」，義固相同也，然不言營域在何方何所。今案祭祀之地，見於經而有據者，祀天於南郊，祭地於北郊，兆五帝於四郊，朝日於壇，在東門之外，夕月於坎，應在西門之外。而祭寒暑，先儒謂相近於日月之坎壇，祭四方又有四坎壇，雩宗則諸神自郊徂宫，亦各有常祭之處。唯祭時之泰昭、祭星之幽宗，則未嘗别見。今案此節所祭，皆承上燔柴泰壇、瘞埋泰折而言，意者昭爲陽明之意，幽爲陰闇之意，豈四時乃天地之氣，四方皆有之，或在四郊壇兆之南，南爲離明相見之地，故曰昭；星乃天象，隨月而見於夜，或在西郊月坎之北，坎爲隱伏，故曰幽與？言泰、言宗，皆尊之之意。注疏及方氏説，義似未足，今姑繹其字義，而略爲之説，以俟考。

周禮春官大宗伯：以實柴祀星辰。注：實柴，實牛柴上也。星謂五緯，辰謂日月所會十二次。

疏云：「星謂五緯」者，五緯即五星，東方歲星，南方熒惑，西方太白，北方辰星，中央鎮星。言緯者，二十八宿隨天左轉爲經，五星右旋爲緯。案元命包云：「文王之時，五星以聚房也。」星備云：「五星初起牽牛。」此云星，明是五緯。又案星備云：「歲星一日行十二分度之一，十二歲而周天；熒惑日行三十三分度之一，三十三歲而周天；鎮星日行二十八分度之一，二十八歲而周天；太白日行八分度之一，八歲而周天；辰星日行一度，一歲而周天。」是五緯所行度數之事。且諸文皆星、辰合解之。故尚書堯典云「曆象日、月、星辰」，洪範「五紀」亦云星辰。鄭皆星、辰合釋者，餘文于義不得分爲二，故合釋。此文上下不見祭五星之文，故分星爲五緯，與辰別解。若然，辰雖據日、月會時而言，辰即二十八星也。案昭七年左傳：「晉侯問伯瑕曰：『何謂六物？』對曰：『歲、時、日、月、星、辰是也。』公曰：『多語寡人辰而莫同，何謂辰？』對曰：『日、月之會是爲辰，故以配日。』」是其事。但二十八星，面有七，不當日、月之會，直謂之星；若日、月所會，則謂之宿，謂之辰，謂之次，亦謂之房。故尚書胤征云「辰弗集于房」，孔注云「房，日、月所會」是也。

蕙田案：星兼經星、緯星而言，辰，天之無星處皆是。是以日、月所會，大略分之則爲十二次耳，非即指二十八宿也。北辰，辰之最尊者，並無星象，亦不在二十八宿之內，是其徵矣。注專以五緯釋星，疏即以二十八宿爲辰，皆非。

典瑞：圭璧以祀星辰。疏：星辰所祭，謂小宗伯「四類亦如之」，注云「禮風師、雨師于郊之屬」。

考工記：玉人之事，圭璧五寸，以祀星辰。

春官大司樂：乃奏黄鍾，歌大吕，舞雲門，以祀天神。注：天神，謂五帝、日、月、星、辰。

凡以神仕者，掌三辰之灋，以猶鬼神示之居，辨其名物。注：猶，圖也。居，謂坐也。天者，群神之精，日月星辰其著位也。以此圖天神、地祇、人鬼之坐者，謂布祭衆寡與其居句。疏：神有衆寡多少，或居方爲之，或句曲爲之也。

薛氏季宣曰：日、月、星辰，謂之三辰。日，陽也。月，陰也。星辰亦有陰陽焉。陰陽之氣，有消息盈虚之理，而三辰之法，未嘗不由之。三辰之數，有升降出入往來之變，而鬼、神、示之居，未嘗不從之。推陰陽而考三辰，觀三辰以居鬼、神、祇，非知幽明之故者，不能也。

以冬日至致天神人鬼。注：天、人，陽也。陽氣升而祭鬼神，蓋用祭天之明日。疏：大司樂「冬日至，于地上之圜丘奏之，若樂六變，天神皆降」。但其時天之神皆降，仍于祭天之明日，更祭此等小神祇，故于此别之也。當冬至之日，正祭天神，事繁，不可兼祭，此等雖無正文，鄭以意解之，故云蓋用祭天之明日也。

肆師：立次祀，用牲幣；立小祀，用牲。注：鄭司農曰：「次祀，日月星辰。小祀，司命以下。」

禮記月令：孟冬之月，天子乃祈來年於天宗。注：謂祭日月星辰也。

春秋昭元年左氏傳：日月星辰之神，則雪霜風雨之不時，於是乎禜之。注：禜祭，爲營攢用幣以祈福祥。星辰之神，若實沈者。疏云：「星辰之神，若實沈者」，言此禜祭，祭其先世主星辰者之神矣，非獨祭此星辰之神也。

爾雅釋天：祭星曰布。疏：李巡曰：「祭星者，以祭布露也。」故曰布。孫炎曰：「既祭，布散于地，似星布列也。」

蕙田案：祭法一條，見祭星辰之處。大宗伯、典瑞、考工記、大司樂四條，見祭星辰之儀。「凡以神仕」一條，見祭星辰之時。月令、左傳二條，見因事祭星辰。爾雅一條，總言祭星辰之名。若其正祭，則於經無見也。故合爲一類，而以祭星辰統之。

右統祭星辰

祭司中司命

周禮春官大宗伯：以槱燎祀司中、司命。注：槱，積也。詩曰：「芃芃棫樸，薪之槱之。」積柴，實牲體焉。燔燎而升烟，所以報陽也。鄭司農云：「司中，三能三階也。司命，文昌宮星。」玄謂司中、司命，文昌第五、第四星，或曰中能、上能也。疏：先鄭云「司中，三能三階也」者，案武陵太守星傳云：

「三台，一名天柱。上台司命爲太尉，中台司中爲司徒，下台司禄爲司空。」云「司命，文昌宮星」者，亦據星傳云：「文昌宮第四曰司命，第五曰司中。」二文俱有司中、司命，故兩載之。云云「司中、司命，文昌第五、第四星」者，此破先鄭也。何則？先鄭以爲司中是三台，司命是文昌星。今案：三台與文昌皆有司中、司命，何得分之？故後鄭云「文昌第五、第四星」。必先言第五後言第四者，案文昌第四云司命，第五云司中，此經先云司中，後云司命，後鄭欲先説司中，故先引第五證司中，後引第四證司命，故文倒也。案武陵太守星傳云：「文昌宮六星，第一曰上將，第二曰次將，第三曰貴相，第四曰司命，第五曰司中，第六曰司禄。」是其本次也。云「或曰中台」者，亦據武陵太守星傳而言。云「三台，一名天柱，上台司命爲太尉，中台司中爲司徒，下台司禄爲司空」，引此破先鄭也。

楚辭九歌大司命朱子注：周禮大宗伯「以槱燎祀司中、司命」，疏引星傳云：三台，上台曰司命，又文昌宮第四星亦曰司命，故有兩司命也。少司命注：案前篇注説有兩司命，則彼固爲上台，而此則文昌第四星歟？

蕙田案：司命之説，二鄭訖無定論。朱子亦但隨文解之，蓋楚俗祠祀，固不足以考禮，而名稱既古，又分兩祭，則知兩岐之説，古已有之，蓋不始于二鄭矣。

黄氏榦曰：司中、司命，文昌第五、第四星，未可信。鄭又以爲中能、上能，則當時已有兩説矣。三代之禮，散亡久矣，諸儒之説，于經有據而理安者，方可信；出于讖緯不經，與凡臆度義起而于理不安者，皆難信。

楊氏復曰：先鄭釋司中、司命是一説，後鄭又是一説。竊謂惟皇上帝降中于民，非帝之外别有司中之神也。乾道變化，各正性命，非乾道之外别有司命之神也。蓋統言之則曰帝曰乾，祀典專指一事之所指而祀之，以報其德則曰司中曰司命，義與司民、司禄同。注家穿鑿異同，又以星象言之，過矣。

方氏苞曰：先王制司命、司中之祀，蓋以人受天地之中以生，必有賦之以性者，湯所謂降中是也。既生而有形氣，又必有制其死生脩短之數者，孔子所謂命是也。王者相協生民之中，欲登之于仁壽，而消其疵厲夭札，故特立神號以祀之，亦使民知所受之有中，以正其德，所禀之有命，以定其志也。蓋禮以義起者也，既有典祀祝號，然後天文家以三能、文昌諸星當之。

蕙田案：二鄭釋司中、司命，説雖不同，然其以星名當之，則一而已。朱子注九歌、兩司命，則猶先鄭之意也。楊氏謂統言之則曰帝曰乾，專指則曰司中曰司命，而不以星象言之，是明與鄭異矣。方氏謂既有典祀祝號，天文家遂以星當之，則舉兩説而合之矣。夫謂之非星者，失之空；專以三台、文昌言者，失之鑿。竊意宗伯祀典如五帝、四方、風雲、雷雨，一皆天地之氣化，其始非必各有一神以默主之，而王者崇報之意，因其有功於天地也，故亦各爲類以祀之，司中主理，司命主氣，亦猶是耳。至星象之見於天，因其爲精氣之所聚，故義類感召，亦遂各有所主，此天文家所以以星當之也。

右祭司中司命

祭司民司禄

周禮秋官小司寇：孟冬，祀司民，獻民數於王，王拜受之。注：司民，星名，謂軒轅角也。小司寇于祀司民而獻民數于王，重民也。疏：大比，登民數于天府，據三年大比而言。此則據年民數皆有增減，于孟冬春官祭司民之時，小司寇以民數多寡獻于王也。

司民：三年大比，以萬民之數詔司寇。司寇及孟冬祀司民之日，獻其數於王，王拜受之，登之於天府。注：鄭司農云：「文昌宫三能，屬軒轅角，相與爲體。近文昌爲司命，次司中，次司禄，次司民。」玄謂司民，軒轅角也。天府，主祖廟之藏者。疏曰：「及孟冬祀司民之日」者，謂司寇于春官孟冬祭祀司民星之日，以與司寇爲節，此日司寇獻其民數于王。云「王拜受之，登于天府」者，重此民數，民爲邦本故也。先鄭云「文昌宫三能，屬軒轅角，相與爲體。近文昌爲司命，次司中，次司禄，次司民」，武陵太守星傳文昌第一曰上將，第二曰次將，第三曰貴相，第四曰司命，第五曰司中，第六曰司禄，不見有司民。三台六星，兩兩相居，起文昌東南則在太微，亦無司民之事，故後鄭不從。云「司民，軒轅角也」者，案軒轅星有十七星，如龍形，有兩角，角有大民、小民，故依之也。

鄭氏鍔曰：軒轅之角，有大民、小民之星，其神實主民。説者謂春官祭之。然春官天府但受其數耳。司民之官，言司寇及孟冬祀司民之日獻其數，則司民之祀，正司寇之所主明矣。先王以爲民之登耗，必有神主之，故每歲孟冬物成之時，使司寇祀之。司寇，刑官也，宜無與于民數，大比之年，則以户口之數詔之，何也？以刑之繁簡，民之息耗繫焉。所以告之者，使省刑而已。司寇得其數，于祀司民之日則獻于王，以爲民之所以生者屬乎天，亦隱有神者相之而其權在王，王能恤天之所生，則已得以省刑矣。司民，天之星也，王者以名官，所以法之也。

高氏愈曰：司寇濫刑，則民日耗，故以民數詔之，使不敢殘刑以逞也。司民，主民生死壽夭，故祀之以祈繁衍。王拜受者，天地之性，人爲貴，且以爲邦本故也。

春官天府：若祭天之司民、司禄而獻民數、穀數，則受而藏之。注：司禄，文昌第六星，或曰下能也。禄之言穀也。年穀登乃後制禄。祭此二星者，以孟冬既祭之，而上民穀之數于天府。疏：此主祭祀者，祭天之司民、司禄在孟冬之時。鄭知祭此二星在孟冬者，見月令孟冬云「祈來年于天宗」，即日月星，是知祭在孟冬也。

楊氏復曰：當獻民數之時而祭司民，所以報天生烝民之德也。當獻穀數之時而祭司禄，所以報天生百穀之德也。然則所謂天者，其昊天上帝歟！曰「莫非天也」。凡天之生物，只氣數到自生，天生烝民，有烝民之氣數，百穀雖植物，亦有百穀之氣數，氣數之所主處，便自有神，亦如五土之神、五穀之神之類是也。即一事之所主，而名之曰司，因一事之功而祭報之，則曰司民、司禄之神，亦如司春、司夏、司寒、司中、司命之類是也。其大者如乾坤六子之神、日月星辰之神、嶽瀆山川之神，亦不越乎氣數，所以成變化而行鬼神者此也。先鄭、後鄭以星言之，人各一説，此不可以爲據。

文獻通考：馬氏曰：祀司中、司命、司民、司禄，出於周禮。注家以爲四司皆星也，未知何據。而星宿之名，多出於緯書，又先、後鄭之説，自爲牴牾，此後人之所以難據以爲信也。但信齋楊氏皆歸之於天與氣數，而以爲非有一星以主之，則其説又似太渺茫，蓋天之有日月星辰，猶君之有百司庶府也。謂品物歲功一出於天，而無日月星辰以司之，猶謂政教號令一出於君，而無百司庶府以行之也，況金、木、水、火、土，人間有此五物，則天上亦有此五星以主之，而洪範言「星有好風，星有好雨」，則司風、雨者，亦星也。然則司中、司命、司民、司禄，何害其爲星乎？

右祭司民司禄

祭分野星

春秋襄公九年左氏傳：古之火正，或食於心，或食於味，以出内火。是故味爲鶉

火，心爲大火。注：謂火正之官，配食于火星。建辰之月，鶉火星昏在南方，則令民放火。建戌之月，大火星伏在日下，夜不得見，則令民内火，禁放火。疏：昭二十九年傳，五行之官，有木正、火正、金正、水正、土正，後世祀之。火正之官，居職有功，祀火星之時，以此火正之神配食也。有天下者祭百神，天子祭天之時，因祭四方之星。諸侯祭其分野之星。其祭火星，皆以火正配食也〔一〕。火正配火星而食，有此傳文。其金、木、水、土之正，不知配何神而食。經典散亡，不可知也。

陶唐氏之火正閼伯居商丘，祀大火，而火紀時焉。相土因之，故商主大火。注：閼伯，高辛氏之子。傳曰：「遷閼伯于商丘，主辰。」辰，大火也，今爲宋星，然則商丘在宋地。相土，契孫，湯之祖也。始代閼伯之後，居商丘，祀大火。疏：祀大火者，閼伯祀此大火之星，居商丘而祀大火星也。相土因之，復主大火，是商丘之地屬大火也。然則在地之上，各有上天之分，周禮保章氏「以星土辨九州之地所封，封域皆有分星」。鄭玄云：「星土，星所主土也。封，猶界也。大界則曰九州，州中諸國之封域，於星亦有分焉。其書亡矣，今其存可言者，十二次之分也。星紀，吴、越也；玄枵，齊也；娵訾，衛也；降婁，魯也；大梁，趙也；實沈，晉也；鶉首，秦也；鶉火，周也；鶉尾，楚也；壽星，鄭也；大火，宋也；析木，燕也。」是言地屬于天，各有其分之事也。鄭唯云其存可言，不知存者本是誰説，其見于傳紀者，則此

〔一〕「火」，諸本脱，據春秋左傳正義卷三〇補。

云「商主大火」，昭元年傳云「參爲晉星」，二十八年傳云「龍，宋、鄭之星」，則蒼龍之方，有宋、鄭之分也。又曰「以害鳥帑，周、楚惡之」，則朱鳥之方，有周、楚之分也。昭七年四月日食，傳稱「魯、衛惡之，去衛地，如魯地」，則春分之日，在魯、衛之分也。又十年傳曰：「今茲歲在顓頊之墟，姜氏、任氏實守其地。」則于時歲星在齊、薛之分也。又三十二年傳曰：「越得歲而吴伐之，凶。」則于時歲星在吴、越之分也。晉語云：「實沈之墟，晉人是居。」周語云：「歲在鶉火，我有周之分野。」是有分野之言也。天有十二次，地有九州，以此九州當彼十二次，周禮雖云「皆有分星」，不知其分，誰分之也，何必所分，能當天地？星紀在于東北，吴、越實在東南；魯、衛東方諸侯，遥屬戌亥之次；又三家分晉，方始有趙，而韓、魏無分，趙獨有之。漢書地理志分郡國以配諸次，其地分或多或少，鶉首甚多，鶉火極狹，徒以相傳爲説，其源不可得而聞之。堯封閼伯于商丘，比及相土，應歷數世，故云「代閼伯之後，居商丘，祀大火」也。

昭公元年左氏傳：子産曰：「昔高辛氏有二子，伯曰閼伯，季曰實沈，居於曠林，不相能也。日尋干戈，以相征討。后帝不臧，遷閼伯於商丘，主辰，商人是因，故辰爲商星。注：商人湯先相土封商丘，因閼伯故國，祀辰星〔一〕。疏：襄九年傳云：「閼伯居商丘，祀大火，相土因之，故商主大火。」辰，即大火星也，故商人祀辰星。商，謂宋也。宋，商後，故稱商人也。**遷實沈**

〔一〕「辰星」，諸本誤倒，據春秋左傳正義卷四一乙正。

於大夏，主參，唐人是因，以服事夏、商。其季世曰唐叔虞，當武王邑姜方震大叔，夢帝謂己：『余命而子曰虞，將與之唐，屬之參。』及成王滅唐而封大叔焉，故參爲晉星。由是觀之，則實沈，參神也。」

右祭分野星

祭房星

周禮夏官校人：春祭馬祖。注：馬祖，天駟也。孝經説曰：「房爲龍馬。」疏：馬與人異，無先祖可尋，而言祭祖者，則天駟也。故取孝經説「房爲龍馬」，是馬之祖。春時通淫，求馬蕃息，故祭馬祖。

詩小雅吉日：吉日維戊，既伯既禱。疏：伯，長也。馬祖始是長也。鄭云：「馬祖，天駟。」釋天云：「天駟，房也。」孫炎曰：「龍爲天馬，故房四星，謂之天駟。」鄭亦引孝經説「房爲龍馬」是也〔一〕。

嚴氏粲曰：伯是馬祖之神，言既伯，是既有事于馬祖，謂祭之也。

右祭房星

〔一〕「龍馬」，原作「天駟」，據光緒本、毛詩正義卷一〇改。

祭靈星農星

詩周頌絲衣序：絲衣，繹賓尸也。高子曰：「靈星之尸也。」疏：經之所陳，皆繹祭始末之事也。子夏作序，則惟此一句而已。後世有高子者，別論他事云「靈星之尸」。言祭靈星之時，以人爲尸，後人以高子言靈星尚有尸，宗廟之祭，有尸必矣，故引高子之言，以證賓尸之事。高子者，不知何人。公孫丑稱高子之言，以問孟子，則高子與孟子同時。靈星者，不知何星。漢書郊祀志云：「高祖詔御史，其令天下立靈星祠。」張晏曰：「龍星左角曰天田，則農祥也。晨見而祭之。」史傳之説靈星，唯有此耳。

何楷世本古義曰：絲衣，祭靈星也。靈星，農祥也。先王祀之，而配以后稷，歌絲衣之詩以樂之。此詩有二説，云「繹賓尸也」，又引高子曰「靈星之尸也」。愚以本文「絲衣其紑，載弁俅俅，自羊徂牛」三語定之，當從高子之説。陳祥道亦云：「高子以絲衣之尸爲靈星之尸，是也。」靈星者，農祥也。東方蒼龍七宿，房、心通有農祥之稱。周語虢文公曰：「農祥晨正，土乃脈發。」韋昭以爲「房星也。立春之日，晨中于午，農事之候，故曰農祥」。又伶州鳩曰：「昔武王伐殷，月在天駟。月之所在，辰馬農祥也。我太祖后稷之所經緯也。」晉語董因曰：「大火，閼伯之星也。是謂大辰，辰以成善，后稷是相。」韋昭謂：「心星所在大辰辰次爲天駟。駟，馬也，故曰辰馬。辰爲農祥，周先后稷之所以成善道，戒農事也。」合前二説，則房、心皆謂農祥，亦以二星相近故也。而應劭則引賈逵説，以爲龍第三有天田星。靈者，神也，故祀以報功。辰之星爲靈星，故以壬辰日祀靈星于東南，金勝木，爲土相也。張晏亦曰：「龍星左角曰天田，則農祥也。晨見而祭之。」范氏亦引舊説，以龍左角爲天田星，主穀，祀用壬辰日祠之，壬爲水，辰爲龍，從其類也。據此，則靈星乃專指天田而爲之名。考星經，則天田二星，在角北者是也，故服虔以靈星爲角星。又有天田九星，在牛東南，非此天田也。唐志云：「歲星主農祥，后稷馮焉。故周人常閲其禨祥，以觀善敗。其始王也，次于鶉火，以達天黿；其衰也，淫于玄枵，以害鳥帑。」逸周書作洛篇云：「周公作大邑成周于土中，乃設丘兆于南郊，以祀上帝，配以后稷。日月農星、先王皆與食。」是則農星有祭自周公時已然，以周家農事開基，而此星獨主農祥，故特著之祀典，不與凡星同。所謂「后稷之所經緯」者也。杜佑通典載：「周制，仲秋之月，祭靈星于國之東南。」以爲東南祭之，就歲星之位也。歲星，五星之始，最尊，故就其位。王充論衡亦云：「今靈星，秋雩也。」而漢舊儀則謂古時歲再祭靈星，春秋用太牢。要之，古禮無文，俱莫能定其是否。愚以是詩證之，則正孟冬蜡祭時事，其謂祭于仲秋，謂春秋再祭者，誤也。何者？蜡祭之禮，皮弁素服，他祭不然。據此詩曰「絲衣」，曰「載弁」，此足表明其爲蜡祭矣。絲衣之爲蜡祭者，何也？禮月令篇「孟冬之月，天子祈來年于天宗」，與祭八蜡，祠大社、門閭同時而舉，即此祭也。靈星之爲天宗者，何也？祭法曰：「幽宗，祭星也。」是星有宗之名。虞書「禋于六宗」，賈逵謂天宗三，日、月、星，地宗三，河、海、岱。是星又有天宗之名。然星與日月，雖並稱天宗，而日月及他星，皆無關農事，其晨見之時，當歲功之始，而獨主穀者，唯靈星耳。故周公郊祀，特舉與日月並列，固以重民事，亦以彰祖德，美其名則曰靈星，尊其神則曰天宗也。漢興，高祖五年，或言周興而邑，立后稷之祠，至今血食天下，于是制詔御史，「其令天下立靈星祠」。言祀后稷，而謂之靈星者，以后稷配食星也；亦名赤星，祠龍左角色赤也。牲用太牢，縣邑令長侍祠，舞者用童男十六人。舞者象教田，初爲芟除，次耕種、耘耨、驅爵及穫刈、舂簸之形，象其功也。孝武遊登五岳，尊祠靈星。建武二年，立靈星祠，有司掌之。晉令縣祀靈星，唐以立秋後辰日祠靈星，祝曰：「九穀方成，三時不害，馮茲多祐，介其農穡。」開元祀于國城東南。天寶四載，升中祀。宋皇祐中，立靈星壇，東西丈三尺，南北亦如之。蓋歷代靈星之見于祀典者如是，祠之設，專爲祈田，每隸郡邑。唯周之肇祀，反其所自始，與后稷比隆，制固淵乎遠矣。風俗通載俗說，縣令問主簿：「靈星在城東南，何法？」主簿仰答曰：「唯靈星所以在東南者，亦不知也。」每思其詼諧，啞然失笑！嗚呼！以高子筆之于詩序之後，而先儒猶未能明其制而信其是，且詆以爲誤，彼縣令、主簿皆俗吏，其能知之也哉？羅泌云：「于祭有尸，見君子氤氳事神之盡也。宗廟有尸，以盡孝也。而自天地社稷山川群小祀，一皆有尸，則亦以事父母之心事之也。」大抵神鬼陰屬，非附陽體，則不可以見，是故尸以託之，繹賓之尸，高子以爲靈星，是三辰亦有尸矣。

蕙田案：絲衣、載弁，乃士助祭之服。何氏據此爲蜡祭之證，且以月令之天宗爲專指靈星，愚皆不敢以爲然。特所載靈星祀典頗詳，故録以備考。

五經通義：靈星爲立尸，故云「絲衣其紑，載弁俅俅」。言王者祭靈星，公尸所服也。

逸周書作洛篇：周公作大邑成周於土中，乃設丘兆於南郊，以祀上帝，配以后稷。

日月農星、先王皆與食。

通典：周制，仲秋之月，祭靈星於國之東南。注：東南祭之，就歲星之位也。歲星爲星之始，最尊，故就其位。王者所以復祭靈星者，爲人祈時，以種五穀，故别報其功也。

風俗通：祀典既以立稷，又有先農，無爲靈祀后稷也。左中郎將賈逵説，以爲龍第三有天田星，靈者，神也，故祀以報功。辰之神爲靈星，故以壬辰日祀靈星於東南，金勝木，爲土相。

蕙田案：高子説詩，雖無他證佐，然可見靈星之祀，蓋自古有之，不始於漢矣。靈星，或以爲歲星，或以爲房星、心星，或以爲天田星。而天田又有二，一在角北，一在牛東南，今亦無以的知其然否。要其爲農祥而祀之，以祈民事，則信而有徵也。又考逸周書作洛之説，農星亦從祀郊壇，而農星，或即靈星與？

又案：歲在五緯中，房、心在二十八宿中，皆當祭之於幽宗，不應特祀於國之東南，則以靈星爲天田者，近是。

右祭靈星農星

歷代祭星辰

史記封禪書：秦并天下，而雍有日、月、參、辰、南北斗、熒惑、太白、歲星、填星、二十八宿、風伯、雨師、四海、九臣、十四臣、諸布、諸嚴、諸逑之屬，百有餘廟。於下邽有天神。灃、滈有昭明，於杜、亳有壽星祠〔一〕。索隱曰：漢舊儀云〔二〕：「祭參、辰於池陽谷口，夾道左右爲壇也。雍，地名也。」爾雅「祭星曰布」，或云諸布是祭星之處。案欒産引河圖云「熒惑星散爲昭明」〔三〕。壽星，蓋南極老人星也，見則天下理安，故祠之以祈福壽也〔四〕。

漢書郊祀志：高祖六年，長安置祠祀官、女巫。荆巫祠司命，以歲時祠宫中。師古曰：司命，説者云文昌第四星也。

風俗通：謹案詩云：「芃芃棫樸，薪之槱之。」周禮槱燎司中、司命。司命〔五〕，文昌也。司中，文昌上六星也。槱者，積薪燔柴也。今民間獨祀司命耳，刻木長尺二

〔一〕「杜」，諸本作「社」，據史記封禪書改。
〔二〕「漢舊儀」，諸本作「漢書舊儀」，據史記封禪書改。
〔三〕「欒産」，諸本作「欒彦」，據史記封禪書改。
〔四〕「壽」，原脱，據光緒本、史記封禪書補。
〔五〕「司命」，諸本脱，據風俗通義校注祀典第八補。

寸，爲人像，行者擔篋中，居者别作小屋，齊地大尊重之〔一〕。汝南餘郡亦多有，皆祠以腊〔二〕，率以春秋之月。

漢書郊祀志：八年，或言曰：周興而邑，立后稷之祠，至今血食天下。於是高祖制詔御史：「其令天下立靈星祠，常以歲時祠以牛。」張晏曰：龍星左角曰天田，則農祥也。晨見而祭之。

通典：漢高祖八年，命郡國、郡邑立靈星祠，時或言周興而邑，立后稷之祀，至今血食，以其有播種之功也，于是高祖命立靈星祠。三輔故事：「長安城東十里有靈星祠。」一云靈星，龍左角爲天田，主穀農祥，晨見而祭之。言祠后稷而謂之靈星者，以后稷又配食星也。常以歲時祠以牛。古時歲再祭靈星，春秋用少牢。壬辰位祠之，壬爲水，辰爲龍，就其類也。縣邑令長侍祠，舞者童男十六人，即古之二羽。舞象教田，初爲芟除，次耕種，次芸耨、驅爵及穫刈、舂簸之形，象成功也。

唐類函：嵩山記云：漢武巡遊，祭五嶽，尊事靈星，乃作殿堂，周迴種松柏，祠

〔一〕「地」上，諸本衍「天」字，據風俗通義校注祀典第八删。
〔二〕「腊」，諸本作「腊」，據風俗通義校注祀典第八改。

前兩傍立石碣以表之。

漢書郊祀志：宣帝立歲星、辰星、太白、熒惑、南斗祠於長安城旁。

漢舊儀：祭參、辰星於池陽谷口，夾道左右爲壇埒，各周三十六里。

漢書郊祀志：成帝時，匡衡奏罷雍舊祠二百三所，唯山川諸星十五所爲應禮云。

後漢書禮儀志：仲秋之月，祀老人星於國都南郊老人廟。季秋之月，祠心星於城南壇心星廟。

古今注：元和三年初，爲郡國立稷及祠社靈星禮器也。

通典：晉以仲秋月，祀老人星於國都南遠郊老人星廟。季秋祀心星於南郊壇心星廟。

文獻通考：東晉以來，靈星、老人星、心星配享南郊，不復特祀。

隋書禮儀志：陳制，令太史署常以二月八日〔一〕，於署庭中，以太牢祀老人星，兼祀天皇大帝、太一、日月、五星、鉤陳、北極、北斗、三台、二十八宿、丈人星、子孫星，都四

〔一〕「史」，諸本作「中」，據隋書禮儀志二改。

十六座。凡應預祠享之官，大醫給除穢氣散藥，先齋一日服之，以自潔。其儀本之齊制。

魏書禮志：天興二年十月，立星神，一歲一祭，常以十二月，用馬、鹿各一，牛、豕各一，雞一。太祖初，有兩彗星見，劉后使占者占之，曰：「祈之，則當掃定天下。」后從之，故立其祀。

高祖太和三年，禱星於苑中。十五年詔曰：「先恒有水火之神四十餘名，及城北星辰。今圜丘之下，既祭風伯、雨師、司中、司命，明堂祭門、户、井、竈、中霤，每神皆有。此四十神計不須立，悉可罷之。」

北史劉芳傳：芳轉太常卿。以靈星之祀，不應隸太常，乃上疏曰：「靈星本非禮事，兆自漢初，專爲祈田，恒隸郡縣。郊祀志云：『高祖五年，制詔御史，其令天下立靈星祠〔一〕，牲用太牢，縣邑令長得祠〔二〕。』晉祠令云：『郡、縣、國祀社稷、先農，縣

〔一〕「祠」，原作「祀」，據光緒本、北史劉芳傳改。
〔二〕「得」，味經窩本、北史劉芳傳改作「侍」。

又祠靈星。』此靈星在天下諸縣之明據也。今移太常，恐乖其本。臣以庸蔽，謬忝今職，考括墳籍，博采群議，既無異端，謂粗可依據。」詔曰：「所上乃有明據，但先朝置立已久，且可從舊。」

隋書禮儀志：星辰四望等爲中祀，司中、司命及諸星爲小祀，養牲在滌，中祀三旬，小祀一旬。

通典〔一〕：隋於國城西北十里亥地，爲司中、司命、司禄三壇，同壝，祠以立冬後亥日。

唐書禮樂志：四時祭靈星、司中、司命、司人、司禄，籩八、豆八、簠一、簋一、俎一，五官、五星、三辰、七宿皆少牢，靈星、司中、司命、司人、司禄皆羊一。

文獻通考：唐制，立秋後辰日，祀靈星於國城東南。立冬後亥日，祀司中、司命、司民、司禄於國城西北，不用樂，籩、豆各八，簋、俎等各一。

開元禮：以星辰爲中祀，司中、司命諸星之屬爲小祀。立冬後亥日，祀司中、司

〔一〕「通典」，下文引自文獻通考卷八〇，秦氏誤録。

命、司人、司禄於國城西北，有司行事。每座象罇二，於壇上東南隅，北向，皆有坫，以西爲上。設司中、司命、司人、司禄神座於壇上，近北，南向，以西爲上。初獻司中，祝文曰：「時屬安寧，兆庶康乂，用率常禮，報兹祉福。」次獻司命，祝文曰：「賴兹正直，黎庶康寧。資此良辰，用申常禮。」次獻司人，祝文曰：「星紀已周，兆庶寧阜。備兹蠲吉，式薦馨香。」次獻司禄，祝文曰：「元英紀時，歲事云畢。聿遵典故，修其常祀。」飲福行事，如風師儀。立秋後辰日，祀靈星於國城東南〔一〕，有司行事，祝文曰：「維九穀方成，三時不害。憑兹多祐，介其農穡。」

舊唐書禮儀志：開元二十四年七月己巳〔二〕，初置壽星壇，祭老人星及角、亢等七宿。

册府元龜：開元二十四年七月庚子，有上封事者言：「月令云，八月，日月會於壽星，居列宿之長。五者，土之數，以生爲大。臣竊以壽者，聖人之長也。土者，皇

〔一〕「於國城東南」五字，原脱，據光緒本、文獻通考卷八〇補。
〔二〕「己巳」，舊唐書禮儀志四作「乙巳」。

家之德也。陛下首出壽星之次，旅於土德之數，示五運開元之期，萬壽無疆之應，伏請兩京各改一殿，以『萬壽』爲名，至千秋節，會百僚於此殿，如受元之禮。每至八月社日，配壽星祠，至於大社壇享之。」詔曰：「德莫大於生成，福莫先於壽考，苟有所主，得無祀之。今有上事者言，仲秋，日月會於壽星，以爲朕生於是月，欲以配社而祭，於義不倫。且壽星，角、亢也。既爲列宿之長，復有壽星之名，豈唯朕躬獨享其應？天下萬姓，寧不是懷？蓋秦時已有壽星祠，亦云舊矣。宜令所司特置壽星壇，嘗以千秋節日，修其祀典，申敕壽星壇宜祭老人星及角、亢七宿，著之常式。」

玉海：天寶十四載三月，時雨未降，令給事中王維等分祭五星壇。

册府元龜：德宗貞元六年春二月甲申，復祀司中、司命、司人、司禄及靈星。

五代史唐本紀：同光二年九月壬子，置水於城門，以禳熒惑。

宋史禮志：景德三年，太常禮院言：「案月令：『八月，命有司享壽星於南郊。』注云：『秋分日，祭壽星於南郊。壽星，南極老人星也。』爾雅云：『壽星，角、亢也。』注云：『數起角、亢，列宿之長，故云壽星。』唐開元中，特制壽星壇，常以千秋節日祭老人星及角、亢七宿。請用祀靈星小祠禮，其壇亦如靈星壇制，築于南郊，以秋分日祭之。」

文獻通考：知樞密院事王欽若言：「壽星之祀，肇自開元，伏以陛下光闡鴻猷，並秩群祀，而蕭薌之祭，獨略此祠，縉紳之談，皆謂闕典。加以周伯星出，實居角、亢之間，天既垂休，禮罔不答。伏望特詔禮官，俾崇祀事，庶百祥之允集，介萬壽以無疆。」詔有司詳定。遂請「以秋分日饗壽星及角、亢七宿，爲壇南郊，高三尺，周回八步四尺，四陛一壝〔一〕，其祭器祀禮，咸以靈星爲準」。奏可。

禮志：諸星祠，有壽星、周伯、靈星之祭。大中祥符二年，翰林天文邢中和言：「景德中，周伯星出角、亢下。案天文志，角、亢爲太山之根，果符上封之應。望于親郊日特置周伯星位於亢宿間。」詔禮官與司天監定議，且言：「周伯星出氐三度，然亢、氐相去不遠，並鄭分。兖州，壽星之次，宜如中和奏，設位氐宿之間，以爲永式。」

天禧四年，從靈臺郎皇甫融請，凡修河致祭，增尾宿、天江、天記、天社等諸星在天河内者，凡五十位。

〔一〕「一」，原作「下」，據光緒本、文獻通考卷八〇改。

文獻通考：慶曆四年，靈臺郎王太明言：「案占書，主河、江、淮、濟溝渠漑灌之事十九星，汴口祭河瀆七位而不及星。」司天監定亢池主渡水往來迎送之事，北河爲胡門北戒，南河爲越門南戒，土司空掌水土功事，皆不主江、淮、濟。箕、斗、奎三星顓主津瀆〔二〕。太明所遺，請與東井、天津、天江、咸池、積水、天淵、天潢、水位、水府、四瀆、九坎、天船、王良、羅堰等十七星在天河内者當祠。二月詔，汴口祭河，兼祠十七星。

宋史仁宗本紀：康定元年十二月癸未，詔南京祠大火。

禮志：大火之祀，康定初，南京鴻慶宫災，集賢校理胡宿請修其祀，而以閼伯配焉。禮官議：「閼伯爲高辛火正，實居商丘，主祀大火。後世因之，祀爲貴神，配火侑食，如周棄配稷、后土配社之比，下歷千載，遂爲重祀。祖宗以來，郊祀上帝，而大辰已在從祀，閼伯之廟，每因赦文及春秋，委京司長吏致奠，咸秩之典，未始云闕。然國家有天下之號實本於宋，五運之次，又感火德，宜因興王之地，商丘之舊，爲壇兆祀大火，以閼伯配。建辰、建戌出内之月，内降祝版，留司長吏奉祭行事。」乃上壇制：高五

〔二〕「斗」，原作「計」，據光緒本、文獻通考卷八〇改；「主」，諸本作「注」，據文獻通考卷八〇改。

尺，廣二丈，四陛，陛廣五尺，一壝，四面距壇各二十五步。位牌以黑漆朱書曰大火位，配位曰閼伯位。牲用羊、豕一。器準中祠。歲以三月、九月擇日，令南京長吏以下分三獻，州、縣官攝太祝、奉禮。

慶曆以立秋後辰日祀靈星，其壇東西丈三尺，南北丈二尺，壽星壇方丈八尺。皇祐定如唐制，二壇皆周八步四尺。其享禮，籩八，豆八，在神位前左右，重三行。俎二，在籩、豆外。簠、簋一，在二俎間。象尊二，在壇上東南隅，北向，西上。七宿位，各設籩一，豆一，在神位前左右。俎一，在籩、豆外，中設簋一、簠一，在俎左右。爵一，在神位正前。壺尊二，在神位右。光禄實以法酒。

元豐中，禮文所言：「時令秋分〔一〕，享壽星於南郊。熙寧祀儀：于壇上設壽星一位，南向。又于壇下卯陛之南設角、亢、氐、房、心、尾、箕七位，東向。案爾雅所謂『壽星，角、亢』，非此所謂秋分所享壽星也。今于壇下設角、亢位，以氐、房、心、尾、箕同祀，尤爲無名。又案晉天文志『老人一星在弧南，一曰南極，常以秋分之旦見于丙，春

〔一〕「分」，諸本作「冬」，據宋史禮志六改。

分之夕没于丁，見則治平，主壽昌，常以秋分候之南郊』。後漢于國都南郊立老人星廟，常以仲秋祀之，則壽星謂老人矣。請依後漢，于壇上設壽星一位，南向，祀老人星。其壇下七宿位不宜復設。」案通考作「元豐四年」。

元豐詳定局言：「周禮：『小宗伯之職，兆五帝于四郊，四類亦如之。』鄭氏曰：『兆爲壇之營域。星辰運行無常，以氣類爲之位，兆司中、司命于南郊。』以氣類祭之。熙寧祀儀：兆司中、司命于國城西北亥地，則是從其星位，而不以氣類也。請稽舊禮，兆司中、司命、司禄于南郊，祀以立冬後亥日。其壇兆則從其氣類，其祭辰則從其星位，仍依熙寧儀，以司民從司中、司命、司禄之位。」

元符元年，左司員外郎曾旼言：「今令文北極天皇而下皆用濕香，至于衆星之位，香不復設，恐于義未盡。」于是每陛各設香。又言：「先儒以爲實柴所祀者無玉，槱燎所祀者無幣。今太常令式，衆星皆不用幣，蓋出于此。然考典瑞、玉人之官，皆曰『圭璧以祀日月星辰』。則實柴所祀非無玉矣。槱燎無幣，恐或未然。」至是遂命衆星隨其方色用幣。

宋史樂志：司中、司命五首：

迎神，欣安　冠峨峨兮，服章蕤蕤。靈來下兮，進止委蛇。我涓我壇，我潔我俎。降輿卻旌，于兹享御。

升降，欽安〔二〕　神綏舒舒，佩環鏗鏗。陟降上下，壇燎光明。有盥于罍，有帨于巾。不昊不敖，庶以安神。

奠幣，容安　我誠既潔，我豆既豐。神來降斯，有儼其容。薦此嘉幣，肅肅雍雍。何以侑之？於樂鼓鐘。

酌獻，雍安　酌兹旨酒，既盈且芬。式用來歆，衎衎熏熏。何以迎神？薦有嘉籩。何以錫民？曰唯豐年。

送神，欣安　雲兮飄飄，風兮稜稜。飇馭反空，杲日來昇。歸旆揚揚，衆樂鏘鏘。我神式懽，惠我嘉祥。

東坡志林：紹聖二年五月望日，敬造真一法酒成，請羅浮道士鄧守安拜奠北斗真君。將奠，雨作，已而清風肅然，雲氣解駁，月星皆見，魁標皆爽。徹奠，陰雨

〔二〕「欽安」，諸本作「歛安」，據宋史樂志十二改。

如初。

禮志：建中靖國元年，又建陽德觀以祀熒惑。因翰林學士張康國言，天下崇寧觀並建火德真君殿，仍詔正殿以「離明」爲名。太常博士羅畸請宜倣太一宮，遣官薦獻，或立壇于南郊，如祀靈星之儀。有司請以閼伯從祀離明殿，又請增閼伯位。案春秋傳曰：五行之官分爲上公，祀爲貴神。祝融，高辛氏之火正也；閼伯，陶唐氏之火正也。祝融既爲上公，則閼伯亦當服上公衮冕九章之服。既又建熒惑壇于南郊赤帝壇壝外，令有司以時致祭，增用圭璧，火德、熒惑以閼伯配，俱南向。五方火精、神等爲從祀。壇廣四丈，高七尺，四陛，兩壝，壝二十五步，從新儀所定。

徽宗本紀：崇寧元年秋七月甲申朔，建長生宮以祠熒惑。四年秋七月辛丑，置熒惑壇。

禮志：政和新儀：壽星壇改定，壇高三尺，東西袤丈三尺，南北袤丈二尺，四出陛，一壝，二十五步。初乾興祀靈星，值屠牲有禁，乃屠于城外。至是，敕有司：「凡祭祀牲牢，無避禁日。」著爲令。

政和之制，司中、司命、司民、司禄爲四壇，各廣二十五步，同壝。又言：「周禮樂師之職：『凡國之小事用樂者，令奏鐘鼓。』説者曰：『小祀也。』小師職注『小祭祀謂司中、司命』是也。既已有鐘鼓，則是有樂明矣。請有司祀司中、司命用樂，仍製樂章以爲降神之節。」又言：「周禮小司徒之職：『凡小祭祀奉牛牲羞其肆。』又肆師云：『小祭祀用牲。』所謂小祭祀，即司中、司命、司民、司禄之類是也。後世以有司攝事，難于純用太牢，猶宜下同大夫禮，用羊、豕可也。今祀儀，司中、司命、司民、司禄用羊、豕一。祠令：小祠，牲入滌一月，所以備潔養之法。今每位肉以豕，又取諸市，與令文相戾。請諸小祀祭以少牢，仍用體解。」「請司中、司命止薦熟。」從之。

文獻通考：政和三年四月，議禮局議上五禮新儀。立秋後辰日祀靈星。

高宗本紀：紹興三年正月癸酉，復祭大火。

禮志：紹興三年，詔祀大火。太常寺言：「應天府祀大火，今道路未通，宜于行在春秋設位。」

高宗本紀：紹興七年五月壬申，命禮官舉熒惑、壽星之祀。六月壬辰，命歲辰戌月祀大火，配以閼伯。

通考：紹興七年，太常博士黄積言：「立春後丑日祀風師，立夏後申日祀雨師、雷神，秋分日饗壽星，立夏日祀熒惑。」從之。壽星，禮料用籩一，鹿脯；豆一，鹿臡；著尊一，實以法酒。

通考：紹興十八年，禮部侍郎沈該言：「國家乘火德之運，以王天下，先朝建陽德觀，專奉火德，配以閼伯，而祀以夏至。舊典可舉，望詔有司于宫觀内，别建一殿，專奉火德，配以火伯，以時修祀，益固炎圖。」詔禮部、太常寺討論。太常寺討論得應天府祀大火，繫以季春秋，擇日差官于本廟致祭。今道路未通，從宜于行在春秋設位。臣僚言：「多事以來，大火之祀弗舉。比年多災，雖緣有司不戒，然預防之計，宜無所不用其至。望命有司參酌舊典，即行在每建辰、戌出納之月，設位望祭，豈特昭炎德昌熾之福，亦弭災之道。」尋太常寺請以季春出火日于東郊，季秋納火日于西郊，各建壇壝，以大祀之禮禮火神，禮料依感生帝。

宋史樂志：紹興祀大火樂章十二首：

降神，高安，圜鍾爲宫　五緯相天，各率其職。司禮與視，則維熒惑。至陽之精，届我長嬴。于以求之，祀事孔明。

黄鍾爲角　有出有藏，伏見靡常。相我國家，鑒觀四方。視罔不正，終然允臧。神其來格，明德馨香。

太簇爲徵　小大率禮，不愆于儀。展采錯事，秩祀孔時。維今之故，閱我數度。修厥典常，神其來顧。

姑洗爲羽　於赫我宋，以火德王。永永丕圖，緊神之相。神之來矣，維其時矣。禮備樂奏，神其知矣。

升殿，正安　有儼其容，有潔其衷。屹屹崇壇，伊神與通。神肯降格，嘉神之休。虔恭降登，神乎安留。

熒惑位奠玉幣，嘉安　馨香接神，肹蠁恍惚。求神以誠，薦誠以物。有藉斯玉，有篚斯幣。是用薦陳，昭茲精意。

商丘宣明王位奠幣，嘉安　熒惑在天，唯火與合。緊神主火，純一不雜。作配熒惑，祀功則然。不腆之幣，于茲告虔。

捧俎，豐安　火遵其令，無物不長。視此牲牢，務得其養。豢以祀神，有腯其肥。非神之宜，其將曷歸？

熒惑位酌獻，祐安　皇念有神，介我戩穀。登時休明，有此美禄。酌言獻之，有飶其香。神兮燕娭，醉此嘉觴。

宣明王位酌獻，祐安　誰其祀神？知神嗜好。閼伯祀火，爲神所勞。睠言配食，既與火俱。於樂旨酒，承神嘉虞。

亞、終獻，文安　神既踐施，嗜我飲食。申以累獻，以承靈億。神方常羊，咸畢我觴。于再于三，于誠之將。

送神，用理安　登降上下，奠璧獻斝。音送粥粥，禮無違者。已虞至旦，神其將歸。顧我國家，遺以繁釐。

出火祀大辰十二首：

降神，高安，圜鍾爲宫　煒煒我宋，火德所畀。用火紀時，允維象類。神自類歆，誠繇類至。有感斯通，孚我陽燧。

黄鍾爲角　樂音上達，粤惟出虚。火性炎上，亦生于無。我鏞我磬，我笙我竽。氣同聲應，昭哉合符。

太簇爲徵　火在六氣，獨處其兩。感生維君，繫辰克相。何以驗之？占兹垂象。騰駕蒼虬，欻其來饗。

姑洗爲羽　星入于戌，與火俱詘。火出于辰，與星俱伸。一伸一詘，孰操縱之？利用出入，民咸用之。

升殿，正安　屹彼嘉壇，赤伏始屆。掞光曜明，洋乎如在。俛仰重離，默與精會。隨我降升，肅聽環珮。

大辰位奠玉幣，嘉安　維莫之春，五陽發舒。日之夕矣，三星在隅。莫量匪幣，莫嘉匪玉。明薦孔時，神光下矚。

商丘宣明王位奠幣，嘉安　二七儲神，與天地並。孰儷厥德？聿唯南正。功楙陶唐，澤流億姓。作配嚴禋，贊列唯稱。

捧俎，豐安　有嚴在滌，陳彼牲牢。孔碩其俎，薦此血毛。厥初生民，飲茹則然。以燔以炙，伊誰云先？

大辰位酌獻，祐安　孰爲大辰？唯北有斗。曾是彗星，斯名孔有。幽禜報功，潔齊敢後。容與嘉觴，式歆旨酒。

宣明王位酌獻，祐安　周設司爟，雖列夏官。仍襲孔昜，闓端實難。相彼商丘，永懷初造。不腆桂椒，匪以爲報。

亞、終獻，文安　潛之伏矣，柞槱既休。有俶其來，榆柳是求。靈駕紛羽，尚其安留。飲我三爵，言言油油。

送神，理安　五運唯火，實宗衆陽。宿壯用明，千載愈光。神保聿歸，安處火房。鬱攸不作，炎圖永昌。

納火祀大辰十二首：

降神，高安，圜鍾爲宫　赫赫皇圖，炎炎火德。侈神之賜，奄有方國。粢盛既豐，俎豆有飶。於萬斯年，報祀無斁。

黄鍾爲角　火星之躔，有煒其光。表于神位，伏于戌方。時和歲稔，仁顯用藏。告爾萬民，出納有常。

太簇爲徵　季秋之月，律中無射。農事備收，火功告畢。克禋克祀，有嚴有翼。風馬雲車，尚其來格。

姑洗爲羽　明明我后，重祭欽祠。有司肅事，式薦晨儀。禮唯其稱，物唯其時。神之聽之，福禄來爲。

升殿，正安　猗與明壇，右平左墄！冕服斯皇，玉珮有節。陟降惟寅，匪徐匪疾。式崇大祀，禮文咸秩。

大辰位奠玉幣，嘉安　金行序晚，玉露晨清。齋戒豐潔，肅恭神明。嘉幣惟量，嘉玉惟精。于以奠之，庶幾來聽。

商丘宣明王位奠幣，嘉安　恭惟火正，自陶唐氏。邑于商丘，配食辰祀。有功在民，有德在位。敢替典常，惟恭奉幣。

捧俎，豐安　萬彙攸成，四方寧謐。工祝致告，普存民力。迺薦斯牲，爲俎孔碩。介以繁祉，式和民則。

大辰位酌獻，祐安　庶功備矣，休德昭明。天地釀和，鬱鬯斯清。玉瓚以酌，瑤觴載盈。周流常羊，來燕來寧。

宣明王位酌獻，祐安　廣大建祀，式崇其配。馨香在兹，清酒既載。穆穆有暉，洋洋如在。聿懷嘉慶，繄神之賚。

亞、終獻，文安　幣玉肅陳，笙簧具舉。桂醑浮觴，瓊羞溢俎。禮有三獻，式和且序。神具醉止，慶流寰宇。

送神，理安　神靈降鑒，天地回旋。唯馨薦矣，既醉歆焉。諸宰斯徹，式禮莫愆。隤祉降祥，天子萬年。

禮志：乾道五年，太常少卿林栗等言：「本寺已擇九月十四日，依旨設位，望祭應天府大火，以商丘宣明王配。二十一日内火，祀大辰，以閼伯配。大辰即大火，閼伯即商丘宣明王也。緣國朝以宋建號，以火紀德，推原發祥之所自，崇建商丘之祠，府曰應天，廟曰光德，加封王爵，錫謚宣明，所以追嚴者備矣。今有司旬日之間舉行二祭，一稱其號，一斥其名，義所未安。乞自今祀熒惑、大辰，其配位稱閼伯，祝文、位版並依應天府大火禮例，改稱宣明王，以稱國家崇奉火正之意。」

元史世祖本紀：至元五年十二月，敕二分、二至及聖誕節日祭星于司天臺。

王圻續通考：十七年正月，祭斗。

元史世祖本紀：十八年春正月丁巳，制以六祖李全祐嗣五祖李居壽祭斗。二十二年八月辛酉〔一〕，命有司祭斗三日。十二月辛卯，敕有司祭北斗。二十六年十二月丁亥，命回回司天臺祭熒惑。

〔一〕「辛酉」，元史世祖本紀作「辛丑」。

王圻續通考：至元二十七年，命回回司天臺祭熒惑。二十八年，命元教宗師張留孫寘醮，祠星三日。

元祀儀，皆禮官所擬而定于中書。日星始祭于司天臺，而回回司天臺，遂以禜星爲職事。

元史成宗本紀：至元三十一年，成宗即位。五月壬子，祭太陽、太歲、火、土等星于司天臺。庚申，祭紫微星于雲仙臺。

元貞元年十二月庚子朔，遣集賢院使額爾根薩里等祭星于司天臺。

大德九年八月己卯，命太常卿綽羅、昭文館大學士靳德進祭星于司天臺。

仁宗本紀：武宗至大四年，仁宗即位。秋七月，禜五星于司天臺。

皇慶二年夏四月甲子，禜星于司天臺。

延祐五年五月戊辰，遣平章政事王毅禜星于司天臺三晝夜。六年春正月己卯，禜星于司天臺。二月丁亥，改禜星于回回司天臺。九月壬辰，禜星于司天臺。

英宗本紀：延祐七年，英宗即位。八月戊申，禜星于司天監。十二月乙丑，禜星于回回司天監四十晝夜。

至治元年六月丁卯，禜星于司天臺。　二年五月戊子，禜星于五臺山。

泰定帝本紀：至治三年，泰定帝即位。十一月乙卯，禜星于司天監。十二月壬申，禜星于司天監。

泰定元年五月癸丑，命司天監禜星。七月丁未，禜星于上都司天監。十一月甲午，禜星于回回司天監。　二年二月丁酉，禜星于回回司天監。七月甲寅，禜星于上都司天監。　三年三月壬子，禜星于司天監。　四年夏四月乙未，禜星于回回司天臺。

文宗本紀：天曆元年九月丁丑，命司天監禜星。辛巳，命司天監禜星。　二年五月己未，遣翰林學士承旨額琳特穆爾北迎大駕，命司天監禜星。八月庚寅，明宗崩。己亥，帝復即位于上都。甲辰，命司天監及回回司天監禜星。

至順元年秋七月壬子，命西僧禜星。

順帝本紀：至正八年六月丙戌，立司天臺于上都。

明史禮志：靈星諸神。洪武元年，太常寺奏：「周禮『以槱燎祠司中、司命、風師、雨師』。天府『若祭天之司民、司禄，而獻民數、穀數，受而藏之』。漢高帝命郡國立靈星祠。唐制，立秋後辰日祀靈星；立冬後亥日，遣官祀司中、司命、司民、司禄以少牢。

宋祀如唐，而于秋分日祀壽星。今擬如唐制，分日而祀，爲壇于城南。」從之。

二年，從禮部尚書崔亮奏，每歲聖壽日祭壽星，同日祭司中、司命、司民、司禄，示與民同受其福也。八月望日祀靈星。皆遣官行禮。

三年罷壽星等祀。

大政紀：三年正月，禮部定星辰祔祭于月壇。

明史禮志：洪武三年，帝謂中書省臣：「日月皆專壇祭，而星辰乃祔祭于月壇，非禮也。」禮部擬于城南諸神享祭壇正南向，增九間，朝日夕月祭周天星辰，俱于是行禮。朝日夕月仍以春秋分祭，星辰則于天壽節前三日。從之。

四年九月，帝躬祀周天星辰。正殿共十壇，中設周天星辰位，儀如朝日。

大政紀：四年正月，詔定親祭星辰，用皮弁服，陪祭官各服本品梁冠祭服。九月乙亥詔，親祀星辰，齋三日；降香，齋一日。著爲令。

明史樂志：洪武四年，祀周天星辰樂章：

迎神，凝和之曲　星辰垂象，布列玄穹。擇茲吉日，祀禮是崇。濯濯厥靈，昭鑒我心。謹候以迎，庶幾來歆。

奠帛，保和之曲詞同朝日。

初獻，保和之曲　神兮既留，品物斯薦。奉祀之初，醴酒斯奠。仰惟靈耀，以享以歆。何以侑觴？樂奏八音。

亞獻，中和之曲　神既初享，亞獻再升。以酌醴齊，仰薦于神。洋洋在上，式燕以寧。庶表微衷，交于神明。

終獻，肅和之曲　神既再享，終獻斯備。不腆菲儀，式將其意。薦兹酒醴，成我常祀。神其顧歆，永言樂只。

徹豆，豫和之曲　祀事將畢，神既歆只。徹兹俎豆，以成其禮。唯神樂欣，無間始終。樂音再作，庶達微悰。

送神，雍和之曲詞同朝日。

望燎，雍和之曲　神既享祀，靈馭今旋。燎烟既升，神帛斯焚。巍巍霄漢，倏焉以適。拳拳余衷，瞻望弗及。

禮志：二十一年，以星辰既從祀南郊，罷禜星之祭。

右歷代祭星辰

星辰附

蕙田案：禮經祀典，但有星辰、寒暑、四時之祭，蓋星辰有分主職事，分主土地，若天子立六官之掌、五等之封也。寒暑、四時，則分主一時，分主一氣，若天子設羲和之官，以正春夏秋冬者也。至于歲之運行，則不聞別祭其神者。蓋古人所云「歲在鶉火、歲在玄枵」，皆以星紀爲次，而更無他神，則已並列星辰而無庸別祀也。自唐玄宗信術士之言，別立九宫貴神之祭，後人或以爲列星，或曰司水旱、風雨、霜雹、疾疫，蓋皆依倣之辭而實無考究，何也？既謂之星，則星辰本有正祭，又當從祀圜丘，不應獨遺此九星而須別祭也。且稱之曰星，則已有天蓬、天内諸名矣，而其神則又有太乙、攝提諸號，然則五行、二十八宿諸星，其神又當何號耶？又以爲司水旱、風雨，夫水旱、風雨，已非一神，又與星辰各别，何此九星者乃併古之三祀爲一也？又以爲分方守位，則應如九州分野之星，而復云飛碁巡行，二十五年而移一宫，則又如五行迭旺之氣，蓋其説之支離膠擾，大抵出於道家之附會而無當于禮典者也。然唐、宋及金，舉行不一，又不可缺而弗述，今故于星辰之後，爲類以附，而以太乙、太歲、月將繼其後。蓋嘗以意測之，天地運行，其中必有主之者，安得謂之無神？然則九宫太乙者，其大運之流行，二十餘年而一易者乎！太歲，則歲之所建，一年一易，四時則時之所司，一時一易者乎！寒暑，則時之所極，積二時而一當其權。月將，則月之所值，一月而一躔其位。以是推之，理亦宜然。然古之聖人，非不知歲與月之皆有神也，而祭止于四時、寒暑者，豈非以歲之運行，既以星辰主之，固不必更生區别耶？後世既秩于祀典，今考而録之，以備議禮者之參稽。統低一字，以小變其例云。

九宫貴神

唐書玄宗本紀：天寶三載十二月癸丑，祠九宫貴神于東郊，大赦。

舊唐書禮儀志：天寶三載，有術士蘇嘉慶上言〔一〕：「請於京東朝日壇東，置九宫貴神壇，其壇三成，成三尺，四陛，其上依位置九壇，壇尺五寸。東南曰招摇，正東曰軒轅，東北曰太陰，正南曰天一，中央曰天符，正北曰太乙，西南曰攝提，正西

〔一〕「蘇嘉慶」，原作「蘇加慶」，據光緒本、舊唐書禮儀志四改。後同改。

曰咸池，西北曰青龍。五爲中，戴九履一，左三右七，二四爲上，六八爲下，符于遁甲。四孟月祭，尊爲九宫貴神，禮次昊天上帝，而在太清宫太廟上，用牲牢、璧幣，類于天地神祇。」玄宗親祀之，如有司行事，即宰相爲之。

文獻通考：天寶三載，術士蘇嘉慶上言：「請于城東置九宫神壇，每歲四孟月祭，尊爲九宫貴神。」十月十六日，敕：「無文咸秩，有功必祀。漢則八神是禱，晉則六宗置壇，皆議叶當時，禮高群望。惟九宫貴神，實司水旱，功佐上帝，德庇下民，冀嘉穀歲登，災害不作。至于祀典，歷代猶闕，豈有享于幽贊之功，而無昭報之禮？宜令所司，即擇處以來月甲子日立壇，仍議其牲牢禮秩。每至四時初節，令中書門下往攝祭者，著以成式，垂之不刊。」其年十二月二十四日，親祀九宫貴神于東郊。

册府元龜：天寶三載十二月癸巳，制曰：「唯神之主，必恭禋祀。率先之訓，義在躬親。朕欽若昊穹，子育黎庶，思通明靈之德〔一〕，以洽和平之理。是修闕典，咸秩無文。如在之誠，久陳於郊廟；懷柔之至，亦徧于山川。況九宫所主，百神之貴，

〔一〕「思」，原脱，據光緒本、册府元龜卷三三補。

上分天極，下統坤維，陰騭生靈，功深亭育。故式昭新典，肇建明祠，將以爲人，載祈孚祐，宜叶元辰之吉，用申大祭之禮。可以今月立春，朕親祀九宮壇，仍令中書門下與禮官等，即詳定儀注奏聞。」癸丑，親祠九宮貴神于東郊。

唐孫逖親祭九宮壇大赦文：制曰：「勵精爲理，三紀于兹。上荷宗廟延祥，克開厥後；下賴股肱叶德，以致雍熙。而麟鳳龜龍，近遊郊藪；蠻夷戎狄，遠輸琛賮。乘時年之休運，恢皇王之遠圖。是以圜丘、方澤之儀，昇中告類之禮，靡典不舉，靡神不懷。恭惟九宮，明祀尚闕。載深兢惕，用建靈壇，爰以元辰，親執奠獻，叶青陽發生之慶，祈黔庶吉祐之福。」

蕙田案：開元禮頒行未幾，天寶改元，即爲非禮作俑，異哉！

唐書肅宗本紀：乾元二年正月丁丑，祀九宮貴神。三年，復祀九宮貴神。

舊唐書禮儀志：乾元三年正月，又親祀之。初，九宮神位，四時改位，呼爲飛位。乾元之後，不易位。太和二年八月，監察御史舒元輿奏：「七月十八日，祀九宮貴神，臣次合監祭，職當監察禮物。伏見祝版九片，臣伏讀既竟，竊見陛下親署御名及稱臣于九宮之神。臣伏以天子之尊，除祭天地宗廟之外，無合稱臣者。王者父天母地，兄日姊月，此以九宫爲目〔一〕，是宜分方而守其位。臣又觀其名號，乃太乙、天乙、招摇、軒轅、咸池、青龍、太陰、天符、攝提也。此九神，于天地猶子男也，于日月猶侯伯也。陛下尊爲天子，豈可反臣於天之子男耶？臣竊以爲過。縱陰陽者流言其合祀，則陛下當合稱皇帝遣某官致祭于九宫之神，不宜稱臣與名。臣實愚瞽，不知其可。伏緣行事在明日雞初鳴時，成命已行，臣不敢滯。伏乞聖慈異日降明詔禮官詳議，冀明萬乘之尊，無所虧降，悠久誤典，因此可正。」詔都省議，皆如元輿議。乃降爲中祠，祝版稱皇帝，不署。

文獻通考：三年，以祀九宫壇舊是大祠，太常博士崔龜從議曰：「九宫貴神，經典不載。天寶中術士奏請，遂立祠壇，事出一時，禮同郊祀。臣詳其圖法，皆是星名。縱司水旱兵荒，品秩不過列宿。今者，五星悉是從祀，日月猶在中祀，豈容九宫獨越常禮，備列王事，誡誓百官？尊卑乖儀，莫甚于此。若以常在祀典，不可廢除，臣請降爲中祀。」從之。

〔一〕「此」，諸本作「比」，據舊唐書禮儀志四校勘記改。

舊唐書禮儀志：武宗會昌元年十二月，中書門下奏：「準天寶三載十月六日敕，『九宮貴神，實司水旱，功佐上帝，德庇下人。冀嘉穀歲登，災害不作。每至四時初節，令中書門下往攝祭』者。準禮，九宮次昊天上帝，壇在太清宮、太廟上，用牲牢、璧幣，類于天地。天寶三載十二月，玄宗親祠。乾元二年正月，肅宗親祠。伏自累年以來，水旱愆候，恐是有司禱請，誠敬稍虧。今屬孟春，合修祀典，望至明年正月祭日，差宰臣一人禱請。向後四時祭，並請差僕射、少師、少保、尚書、太常卿等官，所冀稍重其事，以申嚴敬。臣等十一月二十五日已于延英面奏，伏奉聖旨令檢儀注進來者〔一〕。今欲祭時，伏望令有司崇飾舊壇，務于嚴潔。」敕旨依奏。

舊唐書武宗本紀：會昌二年春正月，中書奏：「百官議九宮壇本大祠，請降爲中祠。」宰相崔珙、陳夷行奏定左右僕射上事儀注。

禮儀志：二年正月四日，太常禮院奏：「準監察御史關牒：『今月十三日，祀九宮貴神，已敕宰相崔珙攝太尉行事，合受誓誡，及有司徒、司空否？』伏以前件祭本

〔一〕「令」，原作「合」，據光緒本、舊唐書禮儀志四改。

稱大祠，準太和三年七月二十四日敕，降爲中祠。昨據敕文，秖稱崇飾舊壇，務于嚴潔，不令別進儀注，更有改移。伏恐不合却用大祀禮料，伏候裁旨。」中書門下奏曰：「臣準天寶三載十月六日敕，『九宮貴神，實司水旱』。臣等伏覩，既經兩朝親祀，必是祈請有徵。況自太和已來，水旱愆候，陛下常憂稼穡，每念烝黎。臣等合副聖心，以修墜典。伏見太和三年禮官狀云：『縱司水旱兵荒，品秩不過列宿。今者五星悉是從祀，日月猶在中祀。』竊詳其意，以星辰不合比于天官。曾不知統而言之，則爲天地，在于辰象，自有尊卑。謹案後魏王鈞志：『北辰第二星，盛而常明者，元星路寢，太帝常居，始由道奧而爲變通之迹。又天皇大帝，其精曜魄寶，蓋萬神之秘圖，河海之命紀皆稟焉。』據玄說即昊天上帝也。天乙掌八氣、九精之政令，以佐天極，徵明而有常，則陰陽序，大運興。太乙掌十有六神之法度，以輔人極，徵明而得中，則神人和而王道昇平。又北斗有權、衡二星，天乙、太乙參居其間，所以財成天地，輔相神道也。若一概以列宿論之，實爲淺近。案漢書曰：『天神貴者太乙，佐曰五帝。』古者，天子以春秋祭太乙，列于祀典，其來久矣。今五帝猶爲大祀，則太乙無宜降祀，稍重其祀，固爲得所。劉向有言曰：『祖宗所立神祇舊典，誠未易動。』又曰：『古今異制，經無明文，至尊至重，難以疑説正也。』其意不欲非祖宗舊典。以劉向之博通，尚難于改作，況臣等學不究于天人，識尤懵于祀典，欲爲參酌，恐未得中。伏望更令太常卿與學官同詳定，庶獲明據。」從之。檢校左僕射太常卿王起、廣文博士盧就等獻議曰：「伏以九宫貴神，位列星座，往因致福，詔立祠壇。降至尊以稱臣，就東郊以親拜。在祀典雖云過禮，庇群生豈患無文，恩福黔黎，特申嚴奉，誠聖人屈己以安天下之心也。厥後祝史不明，精誠亦怠，禮官建議，降處中祀。今聖德憂勤，期臻壽域，兵荒水旱，寤寐軫懷，爰命台臣，緝興墜典。伏惟九宫所稱之神，即太乙、攝提、軒轅、招摇、天符、青龍、咸池、太陰、天乙者也。謹案黄帝九宫經及蕭嵩五行大義：『一宫，其神太乙，其星天蓬，其卦坎，其行水，其方白。二宫，其神攝提，其星天内，其卦坤，其行土，其方黑。三宫，其神軒轅，其星天衝，其卦震，其行木，其方碧。四宫，其神招摇，其星天輔，其卦巽，其行木，其方緑。五宫，其神天符，其星天禽，其卦離，其行土，其方黄。六宫，其神青龍，其星天心，其卦乾，其行金，其方白。七宫，其神咸池，其星天柱，其卦兑，其行金，其方赤。八宫，其神太陰，其星天任，其卦艮，其行土，其方白。九宫，其神天乙，其星天英，其卦離，其行火，其方紫。』觀其統八卦，運五行，土飛于中，數轉于極，雖敬事迎釐，不聞經見，而範圍亭育，有助昌時，以此兩朝親祀而臻百祥也。然以萬物之精，上爲列星，星之運行，必繫于物。貴而居者，則必統八氣，總萬神，斡權化于混茫〔一〕，賦品彙于陰騭，與天地日月誠相參也。豈得緊賴于敷祐，而屈降于等夷？又據太尉攝祀九宫貴神舊儀：前七日，受誓誡于尚書省，散齋四日，致齋三日。牲用犢。祝版御署，稱嗣天子臣。圭幣樂成。比類中祀，則無等級。今據江都集禮又開元禮：蜡祭之日，大明、夜明二座及朝日、夕月，皇帝致祝，皆率稱臣。若以爲非泰壇配祀之時，得主日報天之儀。卑緣厭屈，尊用德伸，不以著在中祠，取類常祀。此則中祠用大祠之義也。又據太社、太稷，開元之制，列在中祠。天寶三載二月十四日敕，改爲大祠，自後因循，復用前禮。長慶三年正月，禮官獻議，始準前敕，稱爲大祠。唯御署祝文稱『天子謹遣某官某昭告』。文義以爲殖物粒人，則宜增秩，致祝稱禱，有異方丘，不以伸爲大祠，遂屈尊稱。此又大祠用中祠之禮

〔一〕「斡」，原作「幹」，據光緒本、舊唐書禮儀志四改。

也。參之日月既如彼，考之社稷又如此，所謂功鉅者因之以殊禮，位稱者不敢易其文，是前聖後儒陟降之明徵也。今九宮貴神，既司水旱，降福禳災，人將賴之，追舉舊章，誠爲得禮。然以立祠非古，宅位有方，分職既異其司存，致祝必參乎等列，求之折衷，宜有變通，稍重之儀，有以爲比。伏請自今已後，却用大祠之禮，誓官備物，無有降差。唯御署祝文，以社稷爲本，伏緣已稱臣于天帝，無二尊故也。」敕旨依之，付所司。

蕙田案：九宮貴神，出于術士荒唐之言，玄宗惑之，崇祀類于天地，在太廟之上，可謂過矣。文宗從崔龜從之議，降爲中祀，稍得其平。然不逕除之者，以其名託星辰，有其舉之，莫敢廢也。武宗崇信道家言，時相逢其意，遂復升大祀，此與漢匡衡奏罷雍舊祠二百三所，于祀典大有廓清之力，乃未久而復，二事頗相類。夫邪説之不勝正論，常也。然自大道不明，人心易惑，彼邪説者，雖一時爲正論之所屈，而旋息旋作，鮮有久而不變者。是以定禮制，匡流俗，不可不先正其本也。

宋史禮志：太乙九宮神位，在國門之東郊。壇之制，四陛外，西南又爲一陛曰坤道，俾行事者升降由之。其九宮神壇再成，第一成東西南北各百八尺，各相去一丈六尺。初用中祀，咸平中改爲大祀，壇增兩壝，玉用兩圭有邸，藉用稿秸，加褥如幣色，其御書祝，禮如社稷。尋以封禪，别建九宮壇泰山下行宮之東，壇二成，成一尺，面各長五丈二尺，四陛及坤道各廣五丈。上九小壇，相去各八尺，四隅各留五尺。壇下兩壝，依大祠禮。及祀汾陰，亦遣使祀焉。自後親郊恭謝，皆遣官于本壇别祭。

文獻通考：宋制，二仲祀九宮貴神，爲大祀。咸平四年，駕部員外郎、直祕閣杜鎬上言：「案封禪書，『天神貴者太乙，太乙之佐曰五帝』。今禮以五帝爲大祠，太乙爲中祠，況九宮所主風雨、霜雹、疾疫之事，唐朝玄、肅二宗，並嘗親祀。會昌中，陞次昊天上帝。欲望復爲大祀。」從之。

宋史樂志：景德祀九宮貴神三首：

降神，高安　倬彼垂象，照臨下土。躔次運行，功德周普。九宮既位，唯德是輔。神之至止，皇皇斯覩。

奠玉幣，酌獻，嘉安　靈禋既肅，明神既秩。在國之東，協日之吉。升歌有儀，六變中律。懷和萬靈，降兹陰騭。

送神，高安　祇薦有常，唯神無方。回飈整馭，垂休降祥。

文獻通考：大中祥符元年，東封泰山，于行宫東築壇二成，俱高三尺，上成縱廣各五丈，下成五丈二尺。上爲小壇，餘如京城祀壇，牲用太牢，以祀九宫。

宋史禮志：景祐二年，學士章得象等定司天監生于淵、役人單訓所請祀九宫太一依逐年飛移位次之法：「案郄良遇九宫法，有飛碁立成圖，每歲一移，推九州所主災福事。又唐術士蘇嘉慶始置九宫神壇，一成，高三尺，四陛。上依位次置九小壇，東南曰招摇，正東曰軒轅，東北曰太陰，正南曰天一，中央曰天符，北曰太一〔一〕，西南曰攝提，正西曰咸池，西北曰青龍。五數爲中，戴九履一，左三右七，二四爲上，六八爲下，符于遁甲，此則九宫定位。歲祭以四孟〔二〕，隨歲改位行棋，謂之飛位。自乾元以後，止依本位祭之，遂不飛易，仍减冬、夏二祭。國朝因之。今于淵

〔一〕「依位次置九小壇東南曰招摇正東曰軒轅東北曰太陰正南曰天一中央曰天符北曰」三十四字，原脱，據光緒本、宋史禮志六補。

〔二〕「歲」，原作「設」，據光緒本、宋史禮志六改。

等所請，合天寶初祭之禮，又合良遇飛棋之圖。然其法本術家，時祭之文，經理不載。議者或謂不必飛宮，若日月星辰躔次周流而祭有常所，此則定位之祀所當從也。若其推數于回後，候神于恍惚，因方弭沴，隨氣考詳〔一〕，則飛位之文固可遵用。請依唐禮，遇祭九宮之時，遣司天監一員詣祠所，隨每年貴神飛棋之方，旋定祭位，仍自天聖已巳入曆，太一在一宮，歲進一位，飛棋巡行，周而復始。」詔可。

文獻通考：九宮，慶曆儀，每座籩、豆十二，簠、簋、俎二。皇祐增定壇如郊祀録，三成，成三尺，四階，上依位寘小壇九，皆高尺五寸，縱廣八尺，西南爲坤階。治平初，樞密副使胡宿言：「九宮司水旱，國家列于常祀。至和中，光禄小吏慢于祭而震死二人，威靈所傳，耳目未遠。今春夏垂盡，而時雨尚愆，有惻上仁，徧走群望，宜特遣近臣，并祠九宮。」禮院以爲舊制，每歲雩祀外，水旱稍久，皆遣官告天地、宗廟、社稷及諸寺觀宮廟，貴神亦宜准此。從之。

宋史禮志：元豐中，太常博士何洵直言：「熙寧祀儀，九宮貴神祝文稱『嗣天子

〔一〕「詳」，諸本作「神」，據宋史禮志六改。

臣某』，以禮秩論之，當與社稷爲比，請依祀儀爲大祀。其祝版即依會昌故事及開寶通禮，書御名不稱臣。又近制，諸祠祭牲數，正配以全體解割，各用一牢，貴神九位悉是正座，異壇别祝，尊爲大祀，而共用二少牢，于腥熟之俎，骨體不備。謂宜每位一牢，凡九少牢。」詔下太常，修入祀儀。元祐七年，監察御史安鼎言：「案漢武始祠太乙一位，唐天寶初兼祀八宫，謂之九宫貴神。漢祀太乙，日用一犢，凡七日而止；唐祀類于天地。今春秋祀九宫太乙，用羊、豕，其四立祭太乙宫十神，皆無牲，以素饌加酒焉。載詳星經：太乙一星在紫宫門右，天一之南，號曰天之貴神。其佐曰五帝，飛行諸方，躡三能以上下，以天極星其一明者爲常居。主使十六神，知風雨、水旱、兵革、饑饉、疾疫、災害之事。唐書曰：『九宫貴神，實司水旱。太乙掌十六神之法度，以輔人極。』國朝會要亦云〔二〕：『天之尊神及十精、十六度，並主風雨。』由是觀之，十神太乙、九宫太乙與漢所祀太乙，共是一神。今十神皆用素饌，而九宫並薦羊、豕，似非禮意。」詔禮官詳定：十神、九宫太乙各有所主，即非一

〔二〕「國朝會要」，原作「國朝會典」，據味經窩本、乾隆本、光緒本、宋史禮志六改。

神，故自唐迄今皆用牲牢，别無祠壇用素食禮。遂依舊制。

樂志：元祐祀九宫貴神二首：

降神，景安六變。　上天貴神，九宫設位。功德及物，乃秩明祀。望拜紫壇，赫然靈氣。奠玉薦幣，歆之無愧。

送神，景安　天之貴神，推移九宫。厥位靡常，降康則同。來集于壇，顧歆恪恭。歌以送之，飈靜旋穹。

禮志：崇寧三年，太常博士羅畸言：「九宫諸神位，無禮神玉，惟有燔玉。竊謂宜用禮神玉，少倣其幣之色，薦於神坐。」議禮局言：「先王制禮，用圭璧以祀日月星辰，所謂圭璧者，圭，其邸爲璧，以取殺于上帝也。今九宫神皆星名，而其玉用兩圭有邸。夫兩圭有邸，祀地之玉，以祀星辰，非周禮也。乞改用圭璧，以應古制。」

五禮新儀：仲春、仲秋，祀九宫貴神，壇三成，一成縱廣十四丈，再成縱廣十二丈，三成縱廣十丈，各高三尺。其上依方位寘小壇九，各高一尺五寸，縱廣八尺，四陛，又西南爲一陛曰坤道。兩壝，每壝二十五步。

禮志：紹興十一年，太常丞朱輅言：「九宫貴神所主風、雨、霜、雪、雹、疫，所係甚重，請舉行祀典。」太常寺主簿林大鼐亦言：「十神太乙、九宫太乙，皆天之貴神，國朝分爲二，並爲大祀。比一新太乙宫，而九宫貴神尚寓屋而不壇。」乃詔臨安府于國城之東，建築九宫壇壝，其儀如祀上帝。

高宗本紀：紹興十八年六月甲辰，築九宫貴神壇于東郊。

樂志：紹興祀九宫貴神十首：

降神，景安，圜鍾爲宫　紫闕幽宏，唯神靈尊。輔成泰元，贊役乃坤。曰雨曰暘，緼豫調紛。享薦隕光，蒙祉如屯。

黄鍾爲角　載陽衍德，農祥孔昭。賚兹元嘏，穰穰黍苗。象輿眇冥，金奏遠姚。無閟厥靈，丹衷匪恌。

太蔟爲徵　於赫九宫，天神之貴。煌煌彪列，下土是莅。幽贊高穹，陰騭萬類。肅若舊典，有嚴祇事。

姑洗爲羽　練時吉良，聿崇明祀。粢盛潔豐，牲碩酒旨。肅唱和聲，來燕來止。嘉承天休，賚及含齒。

初獻升壇，正安　於昭毖祀，周旋有容。歷階將事，趨進鞠躬。改步如初，没階彌恭。左城右平，陟降雍雍。

太乙位奠玉幣，嘉安　煌煌九宮，照臨下土。陰騭庶類，功施周普。恪修祀典，禮備樂舉。嘉玉量幣，馨非稷黍。攝提、權星、招摇、天符、青龍、咸池、太陰、太乙位，樂曲並同。

奉俎，豐安　靈鑒匪遠，誠心肅祗。是烝是享，俎實孔時。禮行樂奏，肸蠁是期。雲車風馬，神其燕娭。

太乙位酌獻，嘉安　惟天丕冒，彪列九神。財成元化，陰騭下民。有酒斯旨，登薦苾芬。昭哉降鑒，茀禄來臻！

亞、終獻，文安　均調大化，陰騭下民。駿功有赫，誕舉明禋。嘉觴中貳，執事惟寅。清明迺矣，福禄攸臻。

送神，景安　薦獻有序，降登無違。禮樂備舉，昭格燕娭。雲車縹緲，神曰還歸。報以景貺，翊我昌期。

王圻續通考：金宣宗興定元年七月，以久旱，祀九宮貴神于東郊。

右九宮貴神

五禮通考卷三十六

吉禮三十六

星辰附

太一

楚辭九歌：東皇太一。

宋朱子注：太一，神名，天之尊神，祠在楚東，以配東帝也，故云東皇。漢書云：「天神貴者太一，太一佐曰五帝，中宮天極星，其一明者，太一常居也。」淮南子曰：「太微者，乃太一之庭；紫宮者，太一之居。」

蕙田案：以太一爲尊神，其事始于漢武，而屈子九歌，乃在其前二百餘年，則流俗相傳，其來已久。蓋道家之説，流布民間，而後遂置爲祀典也。故録之，以誌其始。

前漢書郊祀志：置壽宮神君。臣瓚曰〔一〕：「壽宮，奉神之宮也。」神君最貴者曰太一，其佐曰太禁、司命之屬，皆從之。非可得見，聞其言，言與人音等。時去時來，來則風肅然。居室帷中，時晝言，然常以夜。天子祓，然後入。孟康曰：「崇潔自除祓，然後入。」因巫爲主人，關飲食，所欲言行下。李奇曰：「神所欲言，下之于巫。」又置壽宮、北宮，張羽旗，設供具，以禮神君。神君所言，上使受書，其名曰「畫法」。孟康曰：「策畫之法也。」其所言，世俗之所知也，無絶殊者，而天子心獨喜。其事秘，世莫知也。

文獻通考：馬氏曰：「案太一，莫知其何神。天官書言：『中宮天極星，其一明者，太一常居。』則其爲星也，明矣。祭法雖有幽禜之禮，然叙其事于祭天地、四時、寒暑、日月之後，則亦非祀典之首也。漢承秦制，以祀五帝爲郊天。至武帝時，

〔一〕「臣瓚」，原作「孟康」，據光緒本、漢書郊祀志上改。

採謬忌之説，則以爲五帝特太一之佐，于是具太一祠壇在五帝之上，帝親郊拜，則以祀天之禮事之矣。然郊祀明堂，巍然受祭天之禮，何其崇極也！至于因巫爲主人，關飲食，所欲言行下，則又何其猥屑也！武帝惑于方士求仙延年之説，故所以事鬼神者，其諂且瀆至于如此。」

蕙田案：漢書天子郊拜太一，如雍郊禮，其尊在五畤上，所謂泰畤也。其立祀之意，與唐、宋所祀九宫太一、十神太一不同。此條壽宫神君，有太禁、司命之佐，則非如郊祀所云矣。特爲編入，以爲後世惑方士、崇淫祀之始。

舊唐書肅宗本紀：乾元元年夏六月己酉，初置太一神壇于圜丘東，命宰相王璵攝行祠事。

蕙田案：此于九宫貴神外，别置太一神壇之始。

宋史太宗本紀：太平興國八年五月丁卯，詔作太一宫于都城南。十一月己未，太一宫成。

石林燕語：太平興國中，司天言太一，或有五福、大游、小游、四神、天一、地一、真符、君基、臣基、民基凡十神，皆天之貴神。而五福所臨無兵疫，凡行五宫，四十五年一易。今自甲申歲，入黄室巽宫，當吴分野，請即蘇州建宫祠之。已而復有言，今京城東南蘇村，可應姑蘇之名，乃改築于蘇村，京師建太一宫自此始。

蕙田案：甲申，即太平興國八年之明年，改爲雍熙元年。

雍熙元年八月丁酉，親祀太一宫。

真宗本紀：大中祥符二年二月乙巳，幸上清宫祈雨。戊申，遣使祠太一，祠玄冥。

仁宗本紀：天聖六年三月壬戌，作西太一宫。九月癸卯，祠西太一宫。十二月癸亥，祠西太一宫。

神宗本紀：熙寧四年十一月丁亥，作中太一宫。

禮志：熙寧四年，司天中官正周琮言：「太一經推算，七年甲寅歲，太一陽九、百六之數，復元之初。故經言：『太歲有陽九之災，太一有百六之厄，皆在入元之初終。』今陽九、百六當癸丑、甲寅歲，爲災厄之會。然五福太一移入中都，可以稍異爲祥。竊詳五福太一，自國朝雍熙元年甲申歲，入東南巽宫時，修東太一宫。天聖七年己巳歲，五福太一入西南坤位，修西太一宫。請稽詳故事，崇建祠宇，迎之京師。」詔建中太一宫于集禧觀。十太一神，並用通天冠、絳紗袍。

熙寧六年十一月癸丑，中太一宫成。乙卯，親祀太一宫。

文獻通考：熙寧六年，中太一宫成，命王安石爲奉安太一使，吴充、孫固爲前導官，主管鹵簿，奉安神像，降德音于天下。

太常禮院言：「中太一宫冠服，依東、西太一，而東、西太一，唯五福、君基冠通天冠，大游以下皆冠道冠。案史記『天神貴者太一，太一佐者五帝』，又方士言，十太一皆天之尊神，請並用通天冠、絳紗袍。」從之。

禮部言：「五福、十太一祝版青詞稱『嗣天子臣某』。謹案，古之祝詞，以天子至尊，雖祇事天地宗廟，示民嚴上，蓋未有稱臣者。故禮曰：踐阼臨祭祀，内事曰『孝王某』，外事曰『嗣王某』。内謂宗廟，外謂郊社。大戴禮載祀天祝文，稱『予一人某』。漢承古禮，稱『天子』以事天，其贊享辭又曰『皇帝』。魏明帝始詔天地、明堂、五郊可稱『天子臣某』，東晉賀循製策，祝文稱『皇帝臣某』，沿襲至今，蓋用魏、晉之制。本朝儀注祀儀，于上帝、五帝、日月並稱臣，檢會九宫貴神祝版進書，已不稱臣。五福、十太一，當依熙寧六年以前故事，其被遣之官，自宜稱臣。如此，則不失輕重之體。」從之。

宋史禮志：元豐詔改定大祀：太一，東以春，西以秋，中以冬夏。

文獻通考：政和三年，議禮局上五禮新儀。立春，祀東太一宫。立夏、季夏土旺日，祀中太一宫。立秋日，祀西太一宫。立冬日，祀中太一宫。中太一宫真室殿，五福太一在中，君棊太一在東，大遊太一在西，俱南向；延休殿，四神太一。承鼇殿，臣棊太一在東，西向，北上。凝祐殿，直符太一。臻福殿，民棊太一在西，東向，北上。膺慶殿〔一〕，小游太一在中，天一太一在東，地一太一在西。靈貺殿，太歲在中，太陰在西，俱南向。三皇、五方帝、日、月、五星、二十八宿、十日、十二辰、天地水三官、五行、九宫、八卦、五岳、四海、四瀆、十二山神等並爲從祀，東、西太一宫準此。東太一宫大殿，五福太一在東，君棊太一在西，俱南向；大游太一殿在大殿之北，南向；臣棊太一殿在南〔二〕，北向；小游太一、直符太一、四神太一殿在大殿之東，西向，北上；天一太一、民棊太一、地一太一殿在大殿之西，東向，北上。西太一宫黄庭殿，五福太一在中，君棊太一在東，大游太一在西；均福殿，小游太一在中，俱南向；延貺殿，天一太

〔一〕「膺慶殿」，原作「歷慶殿」，據光緒本、文獻通考卷八〇改。
〔二〕「南」，原作「西」，據光緒本、文獻通考卷八〇改。

一在中，四神太一在南，臣棊太一在北，俱西向；資祐殿，地一太一在中，民棊太一在南，直符太一在北，俱東向。

紹興十八年，詔擇地建太一宫。先是，命禮官考典故，十月癸卯，上之曰：「太平興國初，司天楚芝蘭建言：『太一有十，曰五福、君基、大游、小游、天一、臣基、直符、民基、四神、地一，天之尊神也。五福所在，無兵疫，人民豐樂。自雍熙元年入巽宫，吴分蘇州，請建宫都城東南蘇村，以應蘇臺之名，乃建東太一宫。八年，宫成，合千一百區，凡十殿四廊，圖三皇、五帝、九曜、七元、天地水三官、南斗、三台、二十八宿、天曹四司、十精太一、五岳、儲副、佐命、十二山神、八卦、六丁、五行、四瀆、本命等神及四直靈官、三十六神將象五百二十四軀。天聖六年，司曆者言，太一入蜀之坤宫，又建西宫于八角鎮，前後東西凡四殿，又建齋殿，塑像自内出，始鑄印給之。熙寧四年十月，司天言，甲寅，五福當入中都，又建中宫于集禧觀。政和間，改龍德宫爲北太一宫。今四立日，皆望祀太一于惠照設位，宜擇地建宫。』」詔兩浙漕臣營之。癸丑，詔製像于新宫。十一月甲戌，禮官謂：「太一冠服，不載于傳記。略記東西宫像，服通冠仙衣，侍臣二人服道衣，童子二人青衣，執紅絲拂。中太一宫道流朱忠焕亦謂：十神太一，皆服通天冠、絳服，執圭；從臣梁冠、絳服，執笏；童子執紅絲拂。請如其飾，及名諸殿。」十八年正月癸未，又請上書其榜：太一殿曰靈休，殿門曰崇真，挾殿曰瓊章寶室，三清殿曰金闕寥陽，火德殿曰明離，本命殿曰介福，齋殿曰齊明，三月宫成，凡百七十有四區。十太一位于殿上，南面，西上；從祀，東廡九十有八，西廡九十有七，皆北上。乙亥，設宫牓。丙子，奉安神像，用細仗二百人，鈞容樂、親從、威儀、道士皆百人，宰臣爲奉安使。上親謁太一宫。前期，有司張帟于齋殿，設褥位于靈休殿、介福殿上之東，西向；及香案之前，設群臣次宫之内外。質明，帝服履袍，自崇政殿乘輦出宫北門，至齋殿，降輦。群臣先入，班于靈休殿下，皆北面。帝自齋殿後步至宫之東廡，入便門，升殿東側階，至褥位，西面立，再拜，群臣皆再拜。凡帝拜，群臣皆拜，帝進五福太一前，三上香，再拜；次至君基、大遊、小遊、天一、地一、四神、臣基、民基、直符前，皆如五福之儀。還褥位，再拜，群臣自西廡班于介福殿下。帝降，由東廡升介福殿東側階，至褥位，西面立〔一〕，再拜，進建生星斗君前，三上香，再拜；次至本命元

〔一〕「面」，原作「向」，據光緒本、文獻通考卷八〇改。

辰真君前，亦如之。帝還褥位。若命宰臣炷香，則宰臣升自西階，以次上香，畢，降階，帥群臣再拜；帝再拜，還齋殿，群臣皆退，帝還宮。

太常寺簿林大鼐言：「十神太一、九宮太一〔一〕，皆天之貴神，國朝分而爲二，並爲大祀，比新太一宮。而九宮貴神尚寓屋而不壇，與小祀雜。」乃詔臨安府于國城之東，擇爽塏地，建九宮貴神壇壝，其儀如祀上帝。以太一、攝提、權星、招摇、天符、青龍、咸池、太陰、天一爲序，牲以少牢，籩豆十有二，玉以圭璧，太一幣以黑，攝提、招摇、天符以黄，權星以青，青龍以紫，咸池以白，太陰以紅，天一以赤。

王圻續通考：宋理宗淳祐十二年，詔建西太一宫于延祥觀左，以十月三日，親行款謁恭謝之禮。

時牟子才上奏曰：「自漢武帝始祠太一，其後或隨太一所在築室迎祠，大率皆因方士雜引道經星曆之學而爲之。比者國家以五福太一臨蜀分，乃建西太一于西河之濱，以爲禬禳之地。雖厥有故事，然是役也，土木鉅麗一時，囊封匭奏，已交言

〔一〕「九宮太一」四字，原脱，據光緒本、文獻通考卷八〇補。

其非。而或者又竊議，陛下他日必因款謁而爲湖山遊幸之舉。今宗祀禮成，親行恭謝，陛下蓋將敬休神天，禔福庶民，夫豈以觀遊爲意？然道途之言，皆謂有司飭橋梁，除道路，辦供給，過爲勞擾。又傳是日，欲張水嬉，陳樂伎，萬一果出于此，豈不實或者遊幸之説，而有失陛下敬天愛民之初意乎？伏惟陛下察臣愚衷，深入宸慮，自以其意，特召大臣，詳議其事，明詔有司，亟止此行，庶幾舉動合宜，青史書之，可爲萬世法。而疑慮消，宗廟社稷幸甚。」又曰：「臣比者西太一指揮初下之時，嘗密告陛下，乞自以聖意明詔有司，亟止此行。蓋區區忠愛之志，欲救正于未然，力量淺薄，未能感動。繼聞諸臣陸續亦有奏疏，是公議不謀而同，非臣一人之私言也。二十四日，伏睹内批，陛下非不儆悟此意，而款謁之行終未即止，是猶以臣等之言爲未然也。臣又案，漢史武帝元鼎五年，立泰畤于甘泉，親祠太一。武帝即位幾三十年，而有此舉措。蓋其學不足以明理，情不足以制欲，無足怪者。陛下講學于今三十年餘，此乃聖德成就之日，所當同符堯、舜，而乃欲效武帝親祀太一之舉，臣實惜之。始武帝既祠太一，遂下詔稱揚，以爲望見太一，若景光十有二，迺心傒然。其後益封泰山，祠后土，幸建章，巡海上，作甘泉通天、蜚廉，殆無虛歲，蓋其侈心一萌，不能自止，可不懼哉！且祠太一，所以致福，而臣以漢史考之，其初祠太一之年，日有食之，自是旱蝗、河決、蛇鬬，無歲無有。而南越之叛，匈奴之寇，亦在是年。至于東方盜起，巫蠱禍作，干戈相尋，所謂禍者乃如此。武帝晚年始悟，下詔，以爲平生所爲狂悖。嗚呼，亦已晚矣！武帝自謂其所爲狂悖，試觀其所爲，豈不真狂悖可笑？而奈何欲效之乎？望陛下痛察臣衷，改降指揮，特寢前命，以弭人言。」

元史世祖本紀：至元十八年十一月乙亥，召法師劉道真，問祠太一法。

成宗本紀：大德元年春正月辛卯，建五福太一神壇。

王圻續通考：五福太一壇，時以道流主之。

元史文宗本紀：至順元年九月乙未，以立冬祀五福十神、太一真君。

至順二年正月甲辰，敕每歲四祭五福太一星。二月庚午，建五福太一宮于京城乾隅。

王圻續通考：乾隅，西北方也。張美和曰：「五福太一之貴神，以二百二十五年行五宮，自乾而艮，艮而巽，巽而坤，坤而中宮，又至乾，每宮住四十五年，所至之宮澤福。是年在乾宮。」

二十年三月，祀太一。　二十一年，復祀太一。

元史泰定帝紀：二年二月戊申，命道士祭五福太一神。

蕙田案：太一之名，始見于楚辭，不過習俗師巫附會天神之一，而非以爲極尊無上之號也。至史記封禪書，漢武帝用方士言，專祠太一而以五帝配祀，則直以昊天上帝當之。逮匡衡奏，罷泰畤，然後太一之説始息。是當其未罷以前，泰畤固若即漢之圜丘也。東漢至隋，皆未有言太一者。唐明皇既信術士，祀九宮，而九宮之神，一曰太一，是太一特九宮之一耳。至肅宗，又于九宮之外，别置太一壇，煩瀆不經，日甚一日。宋太宗、真宗復行之，仁宗立西太一，神宗立中太一，加五福之名，增十神之位。徽宗又有北太一，踵事繁文，荒誕已極。元代猶沿其謬，至明而始廓清焉。夫以太一爲獨尊，亦僅尊于彼八宫之神耳。至增之爲十太一，則是九宫皆可稱太一，而又餘其一，以此擬諸漢武之太一，其爲大小尊卑，蓋截然其不侔矣。今取唐、宋、元祭太一事，另爲一類，附諸九宫貴神之後，以爲後世鑒。

右太一

太歲月將

圖書集成：宋王安石景靈宫修蓋神御殿上梁祭告太歲已下諸神祝文：「伏以欽奉僊游，肇營寶構，舉修梁而揆日，具蠲餚以寧神，祓此後艱，仰緊天祐。」案太歲之祀，漢、唐、宋以來不載祀典，而安石有祭太歲諸神文，豈宋時已有其祀耶？

元史成宗本紀：至元三十一年夏四月，即皇帝位。五月壬子，祭太陽、太歲、火、土等星于司天臺。

王圻續通考：元每有大興作，祭太歲、月將、日值于太史院。

餘冬序録：國初，肇祀太歲，禮臣上言：「太歲之神，自唐、宋以來，祀典不載。惟元有大興作，祭于太史院，亦無常祭。國朝始有定祀，是以壇之制，于古無稽。案説文：『太歲，木星也。』一歲行一次，應十二辰而一周天。其爲天神明矣。亦宜設壇露祭。但壇制無考，應照社稷壇築造，高廣尺寸，差爲減殺，庶于禮適宜。」詔可。

蕙田案：此以木星爲太歲。

明史禮志：古無太歲、月將壇宇之制，明始重其祭。太祖既以太歲諸神從祀圜丘，又合祭群祀壇。已而命禮官議專祀壇壝。禮臣言：「太歲者，十二辰之神。案説文，歲字從步從戌。木星一歲行一次，歷十二辰而周天，若步然也。陰陽家說，又有十二月將，十日十二時所值之神，若天一、天罡、太一、功曹、太衝之類。雖不經見，歷代因之。元每有大興作，祭太歲、月將、日直、時直于太史院。宜以太歲、風雲雷雨諸天神合爲一壇，諸地祇爲一壇，春秋專祀。」乃定驚蟄、秋分日祀太歲諸神于城南。三年，復以諸神陰陽一氣，流行無間，乃合二壇爲一，而增四季、月將。又改祭期，與地祇俱用驚蟄、秋分後三日。

蕙田案：此以十二辰之神爲太歲，仍主木星。

王圻續通考：國初，令祀太歲及四季、月將、風雲雷雨、岳鎮、海瀆、山川、城隍、旗纛諸神。嘗建山川壇于天地壇之西，正殿七壇，曰太歲、曰風雲雷雨、曰五岳、曰四鎮、曰四海、曰四瀆、曰鍾山，兩廡從祀六壇，左京畿山川，夏冬季月將，右都城隍，春秋季月將，西南有先農壇，東有旗纛廟，南有藉田，至是，始議爲一壇，春秋專祭。先是，上親祀之，至是，始遣官祭，乃春用驚蟄後三日〔一〕，秋用秋分後三日。是日上皮

〔一〕「三日」，原脱，據光緒本、續文獻通考卷一〇八補。

弁，御奉天殿，降香，中嚴，陞御殿，獻官復命，解嚴，還宫。

餘冬序録：國初，肇祀太歲，禮官雜議，因及陰陽家説十二時所直之神，太祖乃定祭太歲于山川壇之正殿，而以春夏秋冬四月將分祀兩廡，或謂月將非經見者。案禮祭法「埋少牢于泰昭，祭時也。相近于坎壇，祭寒暑也」。太歲實統四時，而月將四時之候，寒暑行焉。今祭太歲、月將，則四時與寒暑之神也。載諸祀典，孰謂非經見耶？

蕙田案：此以太歲、月將即四時、寒暑之神。

春明夢餘録：洪武七年，令春秋上旬擇日，祭太歲。未幾，以諸神從祀南郊，遂省春祭。

明會典：嘉靖八年，令以每歲孟春及歲暮，特祀太歲、月將之神，與享太廟同日。又太歲、月將，嘉靖八年定，前期十日，太常寺請命大臣一員行事。一，前三日，太常寺奏「祭祀如常儀」。一，陳設。太歲神位：犢一、羊一、豕一、登一、鉶一，簠、簋各二，籩、豆各十，爵三、酒盞三十、尊三、帛一、篚一。兩廡月將，共四壇，每壇犢一、羊一、豕一、登一、鉶一，簠、簋各二，籩、豆各十，爵三、酒盞三十、尊三、帛三、篚一。一，正祭。典儀唱「樂舞生就位，執事官各司其事」。贊引贊「就位」。典儀唱「迎神」，奏樂，樂止。贊「兩拜」。典儀唱「奠帛，行初獻禮」，奏樂。執事官捧帛、爵詣各神位前，奠訖，樂暫止。贊引贊「跪」，典儀唱「讀祝」，讀訖，樂復作；贊「俛伏，興，平身」，樂止。典儀唱「行亞獻禮」，奏樂。儀同初獻，惟不獻帛，讀祝，樂止。典儀唱「終獻禮」，奏樂，儀同亞獻，樂止。掌祭官西向立，唱「賜福胙」，執事官捧福酒，跪進于遣官右，贊「跪，搢笏」，贊「飲福酒」，訖，執事官捧福胙，跪進于遣官右，贊「受胙」，訖，贊「出笏」，贊「俯伏，興，平身」，贊「兩拜」，典儀唱「徹饌」，奏樂，樂止。典儀唱「送神」，奏樂，贊「兩拜」，樂止。典儀唱「讀祝官捧祝，掌祭官捧帛饌，各詣燎位」，奏樂，捧祝帛饌官過遣官前，訖，贊「禮畢」。

明史樂志：嘉靖八年祀太歲、月將樂章：

迎神　吉日良辰，祀典式陳。輔國佑民，太歲尊神。四時月將，功曹司辰。濯濯厥靈，昭鑒我心。以候以迎，來格來歆。

奠帛以後，俱同神祇。

禮志：嘉靖十年，命禮部考太歲壇制。禮官言：「太歲之神，唐、宋祀典不載，元雖有祭，亦無常典。壇宇之制，于古無稽。太歲天神，宜設壇露祭，準社稷壇制而差小。」從之。遂建太歲壇于正陽門外之西，與天壇對。中，太歲殿。東廡，春、秋月將二壇。西廡，夏、冬月將二壇。帝親祭于拜殿中。每歲孟春享廟，歲暮祫祭之日，遣官致祭。

春明夢餘録：嘉靖十年，即山川壇爲天神、地祇二壇，以仲秋中旬致祭。別建太歲壇，專祀太歲。東廡，爲春、秋月將，西廡，爲冬、夏月將，各二壇。前爲拜殿、宰牲亭，南爲川井，即山川壇舊井，有龍蟄其中。壇西南有先農壇，東旗纛廟，壇南耤田在焉。又太歲壇在山川壇内，中爲太歲壇，東西兩廡，南爲拜殿，殿之東南砌燎爐，殿之西爲神庫、神厨、宰牲亭，亭南爲川井，外四天門。東門外爲齋宫、鑾駕庫，外爲東天門〔一〕。

明會典：隆慶元年，議罷神祇壇。惟太歲、月將特祭于山川壇如故。禮部會議，太歲仍于歲暮、孟春遣官專祭。正月，遣太常寺官祭太歲、月將之神。

〔一〕「東天門」，原作「東文門」，據光緒本、春明夢餘録卷一五改。

蕙田案：太歲之祭，始自元、明，于禮固無可考。然就其所謂歲神，或以爲木星，或以爲十二辰，蓋既云木星歲行一次，十二歲一周天，乃五緯之一，而非别有一神。若以所行之次每歲一易者當之，是即十二辰也。天無星處，皆謂之辰，而此十二次之辰，則皆取附近之星以識别之，是已在二十八宿之中，而又非别有一神也。惟以爲與月將，即四時、寒暑之神，庶幾近之。歲星所次，凡十有二，以子丑寅卯等十二辰紀之，而斗柄所指謂之月建者，亦十有二，于是有月將之説。逐日之神，亦十有二，于是又有日值之説。蓋皆出于釋、道、陰陽、卜筮、擇日、堪輿、星命之流，大抵皆自星辰之類而遞推衍以及之者，今撮其祀事，以附星辰之末云。

右太歲月將

風師雨師附雲神雷神

蕙田案：風雨雲雷之屬，皆陰陽闔闢嘘吸之氣也。謂各有神司之者，蓋有一物，必有一物之精氣，物愈大而其氣之發揚變化者則謂之神。鄭司農注周禮云：

「風師，箕也。雨師，畢也。」皆以星宿目之。顏師古注漢書則云：「風伯，飛廉也。雨師，屏翳也。」志既言二十八宿，又有風伯、雨師，則知非箕、畢，二説皆非也。洪範所謂「好風、好雨」者，特以星稟陰陽五行之氣，而風氣燥、雨氣潤，其氣同者，自足相感召，故月行至箕、畢，恒有風雨之應，如民之有嗜好，然乃取以相況，非謂二星即風雨之神也。據易巽爲風，坎爲雨，則風雨固屬陰陽之氣，所爲氣感而神即憑之，此所以有風師、雨師之名。周禮以實柴祀星辰，又以槱燎祀風師、雨師，使二神即箕、畢，則星辰足以該之，何故别言于下，而其祀之之法，又有實柴、槱燎之異也？此可知鄭説之未的矣。顏氏據漢志而知風師、雨師非箕、畢，良是。但從楚詞而爲之名字，非由經典，儒者所不敢道也。

周禮大宗伯：以槱燎祀風師、雨師。疏：春秋緯云：「月離乎箕，風必揚沙。」是風師，箕也。詩云：「月離于畢，俾滂沱矣。」是雨師，畢也。

崔氏曰：祭風師、雨師之法，皆謂隨其類祭之。兆風師于西方，不從箕星者，箕星，天位耳。兆雨師于北郊者，水位在北也。

丘氏濬曰：注疏謂風師、雨師皆星，蓋以洪範「星有好風，星有好雨」。好風，箕宿也。好雨，畢宿也。臣竊以謂人間有此物，則夫蒼蒼之表，必有所以司之者。大而天，天則有帝。次而五行，有此質則有此氣，有此氣則有此神，陰陽不測之謂神。祀之以神，必指爲箕、畢，則執泥矣。風而爲箕，雨而爲畢，可矣，則夫後世所祀之雲、雷，又指何星以主之乎？本朝郊祀，既已設星辰二壇于上，又有風雲雷雨之壇，則亦不以風雨爲星也。

爾雅祭名：祭風曰磔。注：今俗，當大道中磔狗，云以止風，此其象。疏：「祭風曰磔」者，謂披磔牲體，象風之散物，因名云。

左傳哀公六年：是歲也，有雲如衆赤烏，夾日以飛，三日。楚子使問諸周太史，周太史曰：「其當王身乎？若禜之，可移于令尹、司馬。」王曰：「除腹心之疾，而寘諸股肱，何益？不穀不有大過，天其夭諸？有罪受罰，又焉移之？」遂弗禜。

楚辭九歌：雲中君。朱注：謂雲神也，亦見漢書郊祀志。

蕙田案：周禮但言風師、雨師，無有言祭雲雷神者。然觀左傳、楚辭，則雲神之祭，三代已有之。唯雷神，未見明文耳。

風俗通：楚辭說「後飛廉使奔屬」，飛廉，風伯也。案周禮：「以槱燎祀風師。」

風師者，箕星也。箕主簸揚，能致風氣。易，巽爲長女也，長者伯，故曰風伯。鼓之以雷霆，潤之以風雨，養成萬物，有功于人，王者祀以報功也。戌之神爲風伯，故以丙戌日祀于西北。火勝金，爲木相也。春秋左氏傳説：「共工之子，爲玄冥師。」鄭大夫子產禳于玄冥。」雨師也。案周禮：「以槱燎祀雨師。」雨師者，畢星也。詩云：「月離于畢，俾滂沱矣。」易師卦也，土中之衆者，莫若水。衆者，師也。雷震百里，風亦如之。至于泰山，不崇朝而徧雨天下，異于雷風，其德散大，故雨獨稱師也。丑之神爲雨師，故以己丑日祀雨師于東北，土勝水，爲火相也。

蔡邕獨斷：風伯神，箕星也，其象在天，能興風。雨師神，畢星也，其象在天，能興雨。祠此神，以報其功也。

史記封禪書：及秦并天下，而雍有風伯、雨師廟，各以歲時奉祀。

漢書郊祀志：高祖六年，天下已定，長安置祠祀官、女巫。其晉巫祠雲中君，以歲時祀宫中。師古曰：雲中君，謂雲神也。

平帝元始五年，王莽奏：「分雷公、風伯廟于東郊兆，雨師廟于北郊兆。」奏可。

後漢書祭祀志：縣邑常以丙戌日祠風伯于戌地，以己丑日祠雨師于丑地，用羊豕。

隋書禮儀志：晉元帝建武元年，每以仲春、仲秋，并令郡國縣兼祀風伯、雨師。

晉束晳風伯雨師不得避諱議：「元康七年詔書稱，咸寧元年詔下尊諱，風伯、雨師，皆爲詁訓。又公官文書吏人上事，稱引經書者，復多迴避，使大義不明。諸經傳咸言天神星宿，帝王稱號，皆不得變易本文，但省事言語，臨時訓避而已。」又議：「太常博士華簡言，周禮大宗伯職云：『槱燎祭司中、司命、風師、雨師。』此禮文正稱，應如丙辰詔書，不改其名事」。下五府博議。「案風伯之名，所由來遠，其在漢、魏，固已有之，非晉氏避諱始造此號也。若以異于周禮，宜當變改，則今國家行事，神物稱號，多因近代，不皆率古，蓋亦簡易而從仍舊，隨時之制，不能悉變。唯雨師之名，實繇避諱，宜如舊稱。」

魏書禮志：泰常三年，爲五精帝兆于四郊。又風伯、雨師之壇，皆有別兆。祭有常日，牲用少牢。

隋書禮儀志：舊禮，祀司中、司命、風師、雨師之法，皆隨其類而祭之。兆風師于西方者，就秋風之勁，而不從箕星之位；兆雨師于北郊者，就水位，在北也。隋制，國城東北七里通化門外爲風師壇，祀以立春後丑；國城西南八里金光門外爲雨師壇，祀以立夏後申。壇皆三尺，牲以一少牢。

高祖受命，欲新制度，乃命國子祭酒辛彦之議定祀典，風師、雨師爲小祀，養牲在滌一旬。

唐書禮樂志：有司歲所常祀者，立春後丑日祀風伯，立夏後申日祀雨師，皆一獻，祝稱：「天子謹遣。」

舊唐書禮儀志：武德、貞觀之制，立春後丑，祀風師于國城東北；立夏後申，祀雨師于國城西南。各用羊一，籩、豆各二，簠、簋各一。

唐書禮樂志：小祀風伯、雨師，其高皆三尺，廣皆丈者，小祀之壇也。小祀皆二象尊，實醍齊，上尊亦實明水，四時祭風師、雨師，籩八、豆八、簠一、簋一、俎一、羊一。

開元禮祀風師雨師靈星司中司命司人司禄儀：立春後丑日，祀風師。前祀三日，諸應祀之官，散齋二日，致齋一日，並如別儀。前祀一日，晡後一刻，諸衛令其屬各以其方器服守衛壝門，俱清齋一宿。衛尉設祀官，次于東壝之外道南，北向，以西爲上。陳饌幔于内壝東門之外道南，北向。郊社令積柴于燎壇，其壇在神壇之左，内壝之外。方五尺，高五尺，開上，南出户。祀日未明三刻，奉禮郎設祀官位于内壝東門之内道北，執事位于道南，每等異位，俱重行，西向，皆以北爲上。設望燎位當柴壇之北，南向。設御史位于壇上西南隅，東向，令史陪其後。于壇下設奉禮位于祀官西南，贊者二人在南，差退，俱西向。又設奉禮贊者位于燎壇東北，西向，北上。設祀官門外位于東壝之外道南，每等異位，重行，北向，以西爲上。郊社令帥齋郎設酒罇于壇上東南隅，象罇二，寘于坫，北向，西上。設幣篚于罇坫之所，設洗于壇南陛東南，北向，罍水在洗東，篚在洗西，南肆。篚實以巾、爵。執罇罍篚冪者，各位于罇罍篚冪之後。太官令帥宰人以鑾刀割牲，烹于厨〔一〕。祀日未明二刻，太史令、郊社令升，設風師神座于壇上，近北南向，席以莞，設神位于座首。未明一刻，諸祀官各服其服，郊社令、良醖令各帥其屬入實罇、罍及幣。實以醍齊，其玄酒實以上罇。太官令帥進饌者實諸籩、豆、簠、簋，入設于内壝東門之外饌幔内。奉禮帥贊者先入就位，贊引引御史、太祝及令史與執罇罍篚冪者入，當壇南，重行，北面，以西爲上。立定，奉禮曰：「再拜。」贊者承傳，凡奉禮

〔一〕「割牲烹于厨」，諸本作「烹牲于厨」，據通典卷一一一、開元禮卷二八改。

有司，贊者皆承傳。御史以下皆再拜。執罇者陞自東陛，立于罇所，執罍洗篚冪者各就位。贊引引御史、太祝詣壇東陛，升，行掃除于上，令史行掃除于下，訖，各引就位。

質明，謁者引祀官，贊引引執事者，俱就門外位。謁者、贊引各引祀官以次入就位。立定，奉禮曰：「衆官再拜。」在位者皆再拜。謁者進獻官之左白：「有司謹具，請行事。」退，復位。太官令出，帥進饌陳于門外。初，太官令出，太祝跪取幣于篚，興，立于罇所。謁者引獻官升自南陛，進當神座前，北向立。太祝以幣東向進，獻官受幣，進，北向跪，奠于神座，俛伏，興，少退，北面再拜，訖，謁者引獻官降，復位。太官令引饌入，詣南陛，升壇，太祝迎引于壇上，設于神座前；籩、豆，蓋冪先徹，乃升。簠、簋既奠，却其蓋于下。設訖，太官令以下降，復位，太祝還罇所。謁者引獻官詣罍洗，盥手，洗爵；訖，謁者引獻官自南陛升壇，詣罇所，執罇者舉冪，獻官酌醍齊；訖，謁者引獻官進神座前，北向跪，奠爵，俛伏，興，少退，北向立。太祝持版進于神座之右，東面跪，讀祝文曰：「維某年歲次月朔日，子嗣天子謹遣具位臣姓名，敢昭告于風師：含生開動，必佇振發，功施造物，實彰祀典。謹以制幣、犧齊，粢盛庶品，明薦于神，尚享。」訖，興，獻官再拜。太祝進，跪，奠版于神座，興，還罇所。獻官拜，訖，謁者引獻官立于南方，北向。太祝以爵酌福酒，進獻官之右，西向立；獻官再拜，受爵，跪，祭酒，遂飲，卒爵。太祝進爵，復于坫，獻官俛伏，興。太祝帥齋郎進俎，太祝跪，減神座前胙肉〔一〕，加於俎〔二〕，興，以俎西向進，獻官受以授齋郎，謁者引獻官降，復位。太祝進，跪徹豆、籩，還鐏所。徹者，籩、豆各一，少移于故處。奉禮曰：「賜胙。」贊者唱「衆官再拜」，在位者皆拜。已飲福受胙者不拜。謁者進獻官之左白「請就望燎位」，遂引獻官就望燎位，南向立。太祝執篚，跪取幣、祝版，齋郎以俎載牲體、黍稷飯、爵酒，興，自南陛降壇南，行當柴壇南，東行，自南陛登柴壇，以幣、祝版、饌物寘柴上户内，訖，奉禮曰「可燎」，東西面各二人以炬燎。火半柴，謁者進獻官之左白「禮畢」，遂引獻官出，贊引引執事者以次出。贊引引御史以下，俱復執事位，立定，奉禮曰「再拜」，御史以下皆再拜，贊引引出。

立夏後申日祀雨師。有司行事，祝文曰：「百昌萬寶，式仰膏澤。率遵典故，用備

〔一〕「座」，諸本脱，據通典卷一一一、開元禮卷二八補。
〔二〕「於」，諸本脱，據通典卷一一一、開元禮卷二八補。

常祀。」其首尾與風伯文同。

文獻通考：天寶四載，敕：「風伯、雨師，濟時育物，謂之小祀，頗紊彝倫。前載衆星，已爲中祀，永言此義，固合同升。自今以後，并宜入中祀，仍令諸郡各置一壇，因春秋祭社之日，同升享祠。」九月十六日敕：「諸郡風伯壇，置在社壇之東，雨師壇在社壇之西，各稍北數十步，其壇卑小于社壇。其祀風伯，用立春後丑；祀雨師，用立夏後申。各用羊一，籩、豆各十，簠、簋、俎一，酒三斗，應緣祭須一物已上，並以當郡公廨社利充；如無，即以當處官物充。其祭官准祭社例，取太守以下充。」

蕙田案：風師、雨師，皆天神也。而天寶、祥符皆命設壇于社壇東西，天神之祭，接之北郊，不知于義何取。

天寶五載，詔曰：「發生振蟄，雷爲其始。畫卦陳象，威物效靈。氣實本乎陰陽，功先施于動植。今雨師、風伯久列于常祀，惟此震雷未登于群望，其已後，每祀雨師，宜以雷師同壇，祭共牲，別置祭器。」

丘氏濬曰：此後世祀雷之始。周禮有風師、雨師。漢以丙戌日祀風師于戌地，以己丑日祀雨師于丑地。宋人兆風師于西郊，祠以立春後丑日；兆雨師于北郊，祀以立夏後申日；兆司中、司命、司禄于南郊，祠以立秋後亥日；以雷師從雨師之位，以司民從司中、司命、司禄之位，皆各壇爲祭，未嘗合而爲一。本朝于風、雨、雷之外，又加以雲，合以爲一壇，以從獻于郊天大祀。又爲壇于郊壇之西，每歲仲秋，天子又躬祀焉。其與並祀者，太歲及五嶽、五鎮、四海、四瀆之神，而以京畿山川、四季月將、京都城隍從享，所謂太歲、月將、城隍與夫風雨、雷師之外而加以雲，皆前代所未嘗祀者也。其視前代所祀九宫貴神之屬，蓋有間矣。夫雲興而雨霈，既祀夫雨，而獨遺乎雲，可乎？峙形于兩間者，既已享祀而流行于四時，以司民興作、耕作之候者而無其祭，可乎？名山大川，遼絶于千萬里之外者，既皆入于望祀，而宸居所莅之地，六宫百司三軍百姓之所居止者反遺之，可乎？聖祖之見，所以卓越千古，非獨人蒙其至治之澤，而凡冥漠之中，有焄蒿之感者，莫不咸受其職焉！嗚呼，至哉！

圖書集成肅宗實録：乾元二年四月，以久旱祭風伯、雨師。

舊唐書禮儀志：代宗永泰二年，禮儀使右常侍于休烈請依舊祠風伯、雨師于國門舊壇〔一〕，復爲中祠，從之。

册府元龜：德宗貞元二年四月壬午，太常寺奏：「祭風伯、雨師，祝版准開元禮，凡有司攝事，祝版應御署者，進署訖，皆北面再拜。」其風伯、雨師本是小祀，並有司行

〔一〕「侍」，原作「寺」，據光緒本、舊唐書禮儀志四改。

事。天寶三載，始升諸星爲中祀，亦無皇帝親祀風伯、雨師之文。命有司，自是常典，不同攝祭，其祝版准中祀，例合進署，其再拜，案禮無文。詔曰：「風師、雨師升爲中祀，有烈祖成命，況在風雨，事切蒼生，令雖無文，朕當屈己再拜，以申子育萬民之意。」

貞元三年閏五月，徙風師壇于滻水東。

文獻通考：憲宗元和十五年，太常禮院奏：「來年正月三日，皇帝有事于南郊，同日，立春後丑，祀風師。案周禮大宗伯『以槱燎祀風師』。鄭玄云：『風，箕星也。』故今禮立春後丑，于城東北就箕星之位，爲壇祭之。禮，祀昊天上帝于圜丘，百神咸秩，箕星從祀之位，在壇之第三等。伏以皇帝有事南郊，偏祭之儀，百神咸在，其五方帝并日月、神州已下，緣對昊天上帝、皇地祇，尊不得申，並爲從祀，悉無上公行事并御署祝版之儀。風師既是星神，厭降之儀，便當陪祭，如非遇郊祀，其特祭如常儀。」

宋史禮志：凡祀典，皆領于太常。歲之中祀九，立春後丑日，祀風師；立夏後申日，祀雨師。其諸州祀風、雨，並如小祀。

太宗太平興國五年十一月，車駕北征。前一日，遣官祭告天地于圜丘，禡風于風伯壇，祀雨師于本壇，並用少牢，仍遣内侍一人監祭。

真宗咸平二年旱，詔有司祠雷師、雨師。

禮志：風伯、雨師，諸州亦致祭。大中祥符初，詔惟邊地要劇者，令通判致祭，餘皆長吏親享。未幾，澤州請立風伯、雨師廟，乃令禮官考儀式頒之。有司言：「唐制，諸郡置風伯壇社壇之東，雨師壇于西，各稍北數十步，卑下于社壇。祀用羊一，籩、豆各八，簠、簋各二。」

舊制，風師壇高四尺，東西四步三尺，南北減一尺。皇祐定高三尺，周三十三步，雨師壇、雷師壇高三尺，方一丈九尺，皇祐定周六步。

元豐詳定局言：「周禮小宗伯之職：『兆五帝于四郊，四類亦如之。』鄭氏曰：『兆爲壇之營域。四類，日、月、星、辰，運行無常，以氣類爲之位，兆日于東郊，兆月與風師于西郊，兆司中、司命于南郊，兆雨師于北郊。』各以氣類祭之，謂之四類。漢儀，縣邑常以丙戌日祀風伯于戌地，以己丑日祀雨師于丑地，亦從其類故也。熙寧祀儀：兆日東郊，兆月西郊。是以氣類爲之位。至于兆風師于國城東北，兆雨師于國城西北，則是各從其星位，而不以氣類也。請稽舊禮，兆風師于西郊，祀以立春後丑日；兆雨師于北郊，祀以立夏後申日。其壇兆則從其氣類，其祭辰則從其星位，仍依熙寧儀，以雷師從雨師之位。」

樂志：熙寧祭風師五首：

迎神，欣安　飄飆而來，淅瀝而下。爰張其旂，爰整其駕。有豆有登，有兆有壇。弭旌梶軜，降止且安。

升降，欽安　盥帨于下，有盤有匜。饋酌于上，有登有彝。服容柔止，進退優止。即事寅恭，神其休止。

奠幣，容安　育我嘉生，神惠是仰。載致斯幣，庶幾用享。鼓之舞之，式緊爾神。錫福無疆，佑此下民。

亞、終獻，雍安　栗栗壇坫，載是豆觴。醇烈氤氳，普薦芬芳。酌之維宜，獻之惟時。民有報侑[一]，靈用安之。

送神，欣安　奠獻紛紛，靈心欣欣。超然而返，衆御如雲。其施伊何？多黍多稌。其祥伊何？不愆厥叙。

[一]「報」，原作「服」，據光緒本、舊唐書樂志十二改。

文獻通考哲宗元符祀風師雨師雷師儀注：

陳設　前祀二日，有司預修除壇之内外，設祀官次于壇東壇壝之外道南，北向，以西爲上。祀日，掌事者設神位版于壇上，席以莞。執尊、罍者設祭器，掌饌者實之，每位籩八〔一〕，在神位前左，重三行，豆八，在神位前右，重三行，俎二，在籩、豆外，分左右，簠、簋各一，在二俎間。設尊于壇上東南隅，北向，尊實坫，加勺冪。設洗于壇南陛之東南，北向，罍在洗東，加勺冪；篚在洗西，南肆，實巾爵。設三獻位于壇卯陛之東，西向，北上〔二〕。設祝位二于壇南，北向，西上。雨師于兩壇間，又設位于壇上，西向，北上；雨師、雷壇飲福位準此。設初獻飲福位于壇上神座之東，北向；設望燎位于壇南，南向；燎壇積柴于上，開上，南出户，置香爐合并燭于神座之前。幣置篚，陳于左；祝版置坫，陳于右。

行禮　祀日，質明，諸祀官各服其服，贊禮者引三獻官以下入就位立。贊禮者少

〔一〕「八」，原作「豆」，據光緒本、文獻通考卷八〇改。
〔二〕「向北」，原誤倒，據光緒本、文獻通考卷八〇乙正。

前初獻之左，贊請行事。執事者升煙，燔牲首，贊唱者曰「拜」，獻官以下皆再拜；訖，祝升自東陛，就西向立，祝跪取幣于篚，興，立于神座左。贊禮者引初獻詣罍洗南，北向，執罍者酌水。初獻，搢笏，盥手，執篚者取巾于篚，授初獻，帨手，訖，即授巾，奠于篚，執笏。初獻升自午陛，詣神座前，北向，搢笏，跪，三上香，祝以幣西向跪授初獻，訖，興，復位。初獻受幣，奠于神座前，執笏，俛伏，興，再拜，内雨師行禮訖，降壇，次詣雷師壇位前，行禮如上儀。降陛，復位。少頃，引初獻再詣罍洗南立，北向，執罍者酌水，初獻搢笏，盥手，帨手；訖，又取爵以授初獻，執罍者酌水，初獻洗爵，又授巾，初獻拭爵；訖，巾奠于篚，執笏。初獻升自午陛，執事者引初獻詣酒尊所，舉冪，酌酒于爵。初獻詣神座前，北向，搢笏，跪，執爵，三祭酒，奠爵，執笏，俛伏，興，少退，北向立。祝持版于神座之右，東向跪，讀祝，畢，初獻再拜。祝奠版于神座右坫，興，讀祝訖，先詣雷師神位。初獻，三祭酒，奠爵，興，祝持版于神座右，跪，讀祝，畢，奠版于神座右坫，興，復位。初獻降，復位。次引亞獻詣罍洗，北向，搢笏，盥手，帨手，洗爵，拭爵[一]；執笏升自東陛，詣神座

〔一〕「拭」，原作「執」，據光緒本、文獻通考卷八〇改。

前，搢笏，跪，執爵，三祭酒，奠爵，執笏，俛伏，興，再拜，訖，降，復位。詣雷師壇，並如上儀。次引終獻詣罍洗，升獻如亞獻之儀，訖，降，復位。詣雷師壇，並如上儀。次引初獻升自午陛，詣飲福位，北向立。執事者各以爵酌酒，合實一爵，持爵詣初獻之左，東向立。初獻再拜，搢笏，跪，受爵，祭酒，啐酒，奠爵。執饌者以俎減神座前胙肉，合實一俎上，又以豆取稷黍飯，合實一豆。先以飯授初獻，受訖，又以俎授初獻，受訖，皆以授執饌者。初獻取爵飲，卒爵，執事受虛爵，復于坫。初獻執笏，俛伏，興，再拜，降，復位。初獻以下就望燎位，南向立。執事者以篚詣神位前，跪取版幣，降自東陛，實于燎柴。贊唱者曰：「可燎。」以炬燎，柴半，贊者少前，北面，贊「禮畢」，引初獻以下退。

大觀祭風師六首：

降神，欣安　羽旗雲車，飄飆自天。猗歟南箕，欣嘉升煙！牲餼粢盛，俎簋鉶籩。維神戾止，從空泠然。

初獻升降，欽安　明昭惟馨，威儀孔時。鏘鏘鳴佩，欽薦牲犧。惟恭惟祇，無愆無違。周旋中禮，肅恭委蛇。

奠幣，容安　吹噓于喁，披拂氤氳。衆竅咸作，潛運化鈞。恩大功豐，酬神維恭。嘉贈盈箱，于物有容。

酌獻，雍安　犧尊斯陳，清酤盈中。芬芬苾苾，馨香交通。明靈來思，歆我精衷。維千萬祀，品物芃芃。

亞、終獻，雍安　清酤洋洋，虔恭注兹。條暢敷宣，神用歆之。尊罍靜嘉，金奏諧熙。於皇肆祀，休我群黎。

送神，欣安　窈冥無窮，肸蠁斯融。來終嘉薦，歸返遥空。惟神之歸，欣安導和。惟神之澤，于彼滂沱。

雨師五首：

迎神，欣安　神之無象，亦可思索。維雲陰陰，惟風莫莫。降止壇宇，來顧芳馨。侑以鼓歌，薦此明誠。

升降，欽安　珮玉璆如，黼黻襜如。承神不懈，訖獲嘉虞。聖皇命祀，臣敢弗恭。凡爾在位，翼翼雍雍。

奠幣，容安　崇崇壇壝，靈既降止。有嚴執奠，承祀兹始。明靈在天，式顧庶察。澤潤以時，永拂荒札。

酌獻，亞、終獻，雍安　寅恭我神，惟上之使。俾我康年，民徯休祉。折俎既登，斞酒既盈。匪薦是專，配以明誠。

送神，欣安　牲俎告徹，嘉樂休成。卒事有嚴，燕虞高靈。蕃我民人，育我稷黍。萬有千祀，承神之祜。

禮志：政和中，定五禮新儀，以雷神爲中祀，州縣祀風伯、雨師、雷神爲小祀。政和之制，風壇廣二十三步，雨、雷壇廣十五步，皆高三尺，四陛，並一壝，二十五步。其雨師、雷師二壇同壝。又言：「周禮大宗伯『以槱燎祀司中、司命、風師、雨師』。所謂周人尚臭，升煙以報陽也〔一〕。今天神之祀皆燔牲首，風師、雨師請用柏柴升煙，以爲歆神之始。」又言：「周禮樂師之職曰：『凡國之小事用樂者，令奏鐘鼓。』説者曰：『小祀也。』小師職注『小祭祀，謂風師』是也。既已有鐘鼓，則是有樂明矣。請有司祀風師、雨師用樂，仍製樂章，以爲降神之節。請諸小祀祭以少牢，仍用體解。」又言：「社

〔一〕「煙」，諸本作「陽」，據宋史禮志六校勘記改。

稷五祀，先薦燭，次薦熟，至於群小祀，薦熟而已。請風師、雨師止薦熟。」從之。

文獻通考：徽宗政和三年，議禮局上五禮新儀。風師、雨師、雷師壇高三尺，四出陛，並一壝，二十五步。風師壇廣二十三步，雨師、雷師壇廣十五步。又言：「本朝都城壇壝之制，風師在城之西，雨師在城之北，雷師從雨師之位，爲二壇，同壝。州縣風師在社之東，雨師在雷師之西，非所謂各依其方類求神者，請倣都城方位之制，仍以雷師從雨師之位，爲二壇同壝。」從之。

宋史高宗本紀：紹興七年五月壬申，命禮官舉風、雷、雨師之祀。

文獻通考：紹興七年，太常博士黄積言：「立春後丑日，祀風師；立夏後申日，祀雨師、雷師。望下有司舉行。」從之。

宋史樂志：紹興祭風師六首：

迎神，欣安　夫物絪緼，神氣撓之。誰歟其司？維南之箕。俶哉明庶，我祀維時！我心孔勞，神其下來。

初獻升降、盥洗，欽安　神哉沛矣，厥靈載揚！揚靈如何？熌熌皇皇。我其承之，繩繩齊莊。往從鬱人，爰挾斯芳。

奠幣，容安　物之流形，甚畏瘥癘。八風平矣，嘉生以遂。絲縷之積，有量斯幣。惟本之報，匪物之貴。

酌獻，雍安　我求于神，無臭無聲。神之燕享，惟時專精。大磬在列，檦燎在庭。侑我桂酒，娭其以聽。

亞、終獻　禮有三祀，儀物視帝。神臨消搖，疇敢跛倚！重觴載申，百味孔旨。神兮樂康，答我以祉。

送神曲同迎神。　荃其止乎？禗禗其容。奄横四海，蹇莫之窮。時不驟得，禮焉有終。荃其行乎？余心𢥞𢥞。

雨師、雷神七首：

迎神，欣安　衆萬之託，動之潤之。昭格孔時，維神之依。洽然後先，肆我肯顧。是耶非耶，紛其來下。

初獻盥洗、升降，欽安　言言祠宫，爰考我禮。維西有罍，維東有洗。爰潔爰滌，載薦其醴。神在何斯？匪遠具邇。

奠幣，容安　霈兮隱兮，蹶其陰威。相我有終，胡寧不知！我幣有陳，我邸斯珪。豈惟有陳，于以奠之。

雨師位酌獻，雍安　山川出雲，裔裔而縷。載霆載濛，其德乃溥。自古有年，胡然莫祖！無簡我觴，無怠我俎。

雷神位酌獻曲同雨師。　瞻彼南山，有虺其出。維蟄之奮，維癘之息。眷焉顧饗，在夏之日。觴豆匪報，皇忍忘德。

亞、終獻曲同初獻。　作解之德，形聲一兮。爰展獻侑，酌則三兮。我興有假，云胡有私！下土是冒，庶其遠而。

送神曲同迎神。　陰旆載旋，鼓車其鞭。問神安歸？冥然而天。皇有正命，祀事孔蠲。其臨其歸，億萬斯年。

遼史聖宗本紀：統和二年四月辛卯，祭風伯。　七年五月辛巳，祭風伯于儒州白馬村。

開泰元年夏四月己酉，祭風伯。　八年二月丙辰，祭風伯。

禮志：清寧元年，皇帝射柳訖，詣風師壇，再拜。

金史章宗本紀：明昌二年五月戊辰，詔諸郡邑風、雨師神壇墮廢者，復之。

明昌五年三月庚辰，初定日月風雨雷師常祀。

禮志：明昌五年，禮官言：「國之大事，莫重于祭。王者奉神靈，祈福祐，皆爲民也。我國家自祖廟禘祫五享外，惟社稷、嶽鎮海瀆定爲常祀，而天地、日月、風雨、雷師其禮尚闕，宜詔有司講定儀注以聞。」尚書省奏：「天地、日月，或親祀，或令有司攝事。若風雨、雷師，乃中祀，合令有司攝之。且又州縣之所通祀者也，合先舉行。」制可。乃爲壇于景豐門外東南闕之巽地，歲以立春後丑日以祀風師。牲、幣、進熟如中祀儀。又爲壇于端禮門外西南闕之坤地，以立夏後申日以祀雨師，其儀如中祀，羊豕各一。是日，祭雷師于位下，禮同小祀，一獻，羊一，無豕。其祝稱「天子謹遣臣某」云。

宣宗本紀：興定五年三月丙午，以旱築壇，祀雷雨師。

元史世祖本紀：至元七年十二月，敕歲祀風師、雨師、雷師。

祭祀志：至元七年十二月，大司農請于立春後丑日祭風師于東北郊，立夏後申日祭雷雨師于西南郊。　風、雨、雷師之祀，仁宗延祐五年，乃即二郊定立壇壝之制，其儀注闕。

圖書編：明太祖洪武元年，詔立春後丑日，祭風師于東北郊；立夏後申日祭雨師、雷師于西南郊。祭風師、雨師，給米三石。

春明夢餘録：洪武二年，以風雲雷雨諸神止令祀于城南諸神享祀之所，未有壇壝等祀，非隆敬神祇之道，命禮官考古制以聞。禮官奏：「風雨師之祀，見于周官，秦、漢、隋、唐亦皆有祭。天寶中，增雷師于雨師之次，因升風雲雷雨爲中祀，宋、元因之。今國家開創之初，常以風雲雷雨與太歲、嶽瀆、城隍皆祀于城南享祀之所，既非專祀，又室而不壇，非理所宜。考之唐制，以立春後申日祭雨雷于城東南。以今觀之，天地之生物，動之以風，潤之以雨，發之以雷，陰陽之機，本一氣使然，而各以時别祭，甚失享祀本意。今宜以風雲雷雨與太歲、嶽瀆、城隍合爲一壇，春秋祀之。」詔可。

明會典：洪武中，令有司各立壇廟，祭風雲雷雨。

明集禮專祀風雲雷雨師儀注：

風師、雨師之祀，見于周官，秦、漢、隋、唐亦皆有祭。天寶中，又增雷師于雨師之次，因升風雨雷師爲中祀，宋、元因之。國朝既于圜丘以太歲、風、雨、雷師從祀，且增雲師于風師之次，復以春秋驚蟄、秋分後之三日，專祀風師、雲師、雷師、雨師于國南群祀壇。天子降香，遣官行事。其郡縣風、雲、雷、雨師之祭，一如前代之儀云。

壇制時日附。　風雲雷雨之祀，月令以立春後丑日祭風師于國城東北，立夏後申日祀雨師于國城西南。兆之于東北、西南者，從箕、畢星位也。以春、秋分祭風雲雷雨于國南，其制屋而不壇，若各府州縣之祀風雲雷雨師，則仍築壇于城西南，祭用驚蟄、秋分日。

牲幣　太歲、風雲雷雨師，各用一太牢，其幣則以白。

祭器　太歲、風雲雷雨，各用尊三，籩八，豆八，簠二，簋二。

酒齊　太歲、風雲雷雨酌尊，皆同宋制。宋設尊，其八實五齊三酒，其八實明水、玄酒，酌尊、犧尊實泛齊，象尊實醴齊。

粢盛　皆簠實黍稷，簋實稻粱。

籩豆之實　皆籩實以石鹽、乾魚、棗、栗、榛、菱、芡、鹿脯、白黑餅，豆實以韭菹、醓醢、菁菹、鹿醢、芹菹、兔醢、筍菹、魚醢、脾析菹、豚拍。

樂　用雅樂。

風雲雷雨樂章：

迎神，中和之曲　吉日良辰，祀典式陳。太歲尊神，雷雨風雲。濯濯厥靈，昭鑒我心。以候以迎，來格來歆。餘並同朝日。

降香遣官祀風雲雷雨師儀注：

時日　春以驚蟄後三日，秋用雷收聲時秋分後三日行事。

齋戒　前期三日，皇帝齋戒，獻官及各執事官俱散齋二日，致齋一日。

降香　前祀一日清晨，有司立仗，百官具公服侍班，皇帝服皮弁服，陞奉天殿，捧香授獻官。獻官捧由中陛降，中道出至午門外，置龍亭內。儀仗鼓吹，導引至祭所。

陳設　前祀一日，有司陳設如圖儀。

省牲　前祀一日，獻官公服詣壇東省牲，贊禮引至省牲位，執事者牽牲，省訖，詣神厨，視鼎鑊，視滌濯，畢，遂烹牲。執事者以豆取毛血，寘于饌所。

正祭　祭日清晨，執事者入實尊、罍、簠、簋、籩、豆、牲俎，并陳毛血豆于神位前，列篚、幣于酒尊所。贊引引獻官及應祀官，各入就位。

迎神　贊禮唱「迎神」，協律郎舉麾，奏中和之曲。樂成止。贊禮唱「有司已具，請行禮」，唱「鞠躬，拜，興，拜，興，平身」，獻官及在位者皆鞠躬，拜，興，拜，興，平身。

樂止。

奠幣　贊禮唱「奠幣」，贊引引獻官詣盥洗位，搢笏，盥手，帨手，出笏，詣太歲神位前，協律郎奏保和之曲。贊禮唱「跪」，獻官北向跪，搢笏，三上香。執事者奉幣，東向跪，授獻官，獻官受幣。贊禮唱「奠幣」，獻官興，奠幣于神位前。贊禮唱「鞠躬，拜，興，拜，興，平身」。次詣風師、雲師、雷師、雨師，上香、奠幣，皆如太歲神位前之儀。奠訖，樂止。復位。

進俎　贊禮唱「進俎」，執事者舉俎，升階，協律郎跪，俛伏，舉麾，奏缺之曲，贊禮引獻官至太歲神位前，搢笏，以俎奠于神位，訖，出笏。以下四位，進俎皆同。

初獻　贊禮唱「行初獻禮」，贊引引獻官詣爵洗位。搢笏，滌爵，拭爵，以爵授執事者，以下四位爵，其滌、拭、授皆同。詣酒尊所。司尊者舉冪，執爵者以爵進酌醴齊，以爵授執事者，以下四位進爵、酌醴、授執事皆同。出笏。贊禮唱「詣太歲神位前」，協律郎舉麾，奏安和之曲、缺之舞。贊禮引至神位前，跪，搢笏，三上香，三祭酒，奠爵，出笏，俛伏，興，平身。少退，鞠躬，拜，興，拜，興，平身。次詣風師以下四位，上香、祭酒、退拜，皆如上儀。拜畢，樂舞止。贊禮唱「讀祝」，獻官跪，讀祝官取祝版于神右，跪讀畢，樂舞作。

贊禮唱「俛伏，興，平身」；稍後，鞠躬，拜，興，拜，興，平身」。樂舞止。

亞獻、終獻，並如初獻儀。唯不讀祝。

飲福受胙　贊禮唱「飲福，受胙」，贊引引獻官詣飲福位，鞠躬，拜，興，拜，興，平身。稍前，跪，搢笏，進爵，祭酒，飲福酒，以爵復于坫。奉俎者進俎，獻官受俎，以俎授執事者，出笏，俛伏，興，平身，鞠躬，拜，興，拜，興，平身，復位。

徹豆　贊禮唱「徹豆」，掌祭官徹豆。贊禮唱「賜胙」。贊禮唱「已飲福」〔一〕，受胙者不拜，在位官皆再拜，鞠躬，拜，興，拜，興，平身。

送神　贊禮唱「送神」，協律郎舉麾，奏豫和之曲。贊禮唱「鞠躬，拜，興，拜，興，平身」。獻官以下皆再拜，祝人取祝，幣人取幣，詣望燎位。

望燎　贊禮唱「望燎」，贊引引獻官詣望燎位，執事者以祝版、幣、饌實于燎壇。贊禮唱「可燎」，執事者舉炬火燔之，柴半燎，贊禮唱「禮畢」，獻官以下各以次出。

王國祭風雲雷雨：

〔一〕「禮」，原脱，據光緒本補。

齊戒　前期，王散齊二日于別殿，王相府官于正寢。王致齊一日于正殿，王相府官于公廨。

省牲　先祭二日，執事設王次于廟壇南門外道之東，南向。先祭一日，典儀、典祠導王至次，執事者各執事。典儀、典祠導王至省牲位，執事者自東牽牲，西行過王前，省訖，執事牽牲詣神厨，典儀、典祠導王詣神厨，視鼎鑊，視滌濯，訖，典儀、典祠導王還次。

陳設　先祭一日，典祠依圖陳設。

正祭　祭日清晨，典祠率執事者各實尊、罍、籩、豆、登、鉶，寘幣篚于案，祝版于神位之右。大樂入就位，諸執事及陪祭官入就位，典祠啓王服遠遊冠、絳紗袍，典祠、典儀導王至位，北向立。典祠、典儀分左右，立于王之前。

迎神　司禮唱「迎神」，大樂作。司禮唱「請行禮」。典祠啓「有司謹具，請行事」，啓「鞠躬，拜，興，拜，興，平身」。司禮唱「在位官再拜」，司贊唱「鞠躬，拜，興，拜，興，平身」，王與在位官皆鞠躬，拜，興，拜，興，平身。樂止。

奠幣，初獻　司禮唱「奠幣，行初獻禮」。典祠啓「詣盥洗位」，大樂作。典儀、典祠導王至盥洗位。樂止。典祠啓「搢圭」，王搢圭。典祠啓「盥手」，司盥洗者酌水，王盥手；訖，司巾者以巾進，典祠啓「帨手」，王帨手；訖，典祠啓「出圭」，王出圭，典祠啓「詣爵洗位」，典祠、典儀導王至爵洗位。典祠啓「搢圭」，王搢圭，執爵官以爵進。典祠啓「受爵」，王受爵。典祠啓「滌爵」，司爵洗者酌水，王滌爵；訖，典祠啓「拭爵」，司巾者以巾進，王拭爵。典祠啓「以爵授執事者」，王以爵授執爵官。典祠啓「出圭」，王出圭，啓「詣風雲雷雨神位前」，大樂作。典祠、典儀導王至神位前，樂止。奉爵、奉幣者前行，典祠啓「跪」，王跪。掌祭詣案，取香，跪進于王之左。典祠啓「搢圭」，王搢圭，啓「上香，上香，三上香」，王三上香；訖，奉幣者奉幣，跪進于王之右。王受幣，奠于神位前；奉爵者奉爵，跪進于王之右，王受爵。典祠啓「祭酒，祭酒，三祭酒，奠爵」，王三祭酒，奠爵；訖，典祠啓「出圭」，王出圭，讀祝官取祝，跪讀于神位之右，讀畢，復以祝寘于案。典祠啓「俛伏，興，拜，興，拜，興，平身」，王俛伏，興，大樂作。拜，興，拜，興，平身。樂止。典祠啓「復位」，典祠、典儀導王復位。

亞獻　司禮唱「行亞獻禮」，典祠啓「行亞獻禮」。掌祭官至神位前爵内斟酒，典祠啓「鞠躬，拜，興，拜，興，平身」，王鞠躬，大樂作。拜，興，拜，興，平身。樂止。

終獻如亞獻之儀。

飲福受胙　司禮唱「飲福，受胙」，執事舉香案寘于王拜位前，執事酌福酒，舉胙肉。典祠啓「飲福，受胙」，大樂作。典祠、典儀導王至香案前位，典祠啓「鞠躬，拜，興，拜，興，拜，興，拜，興，平身」，王鞠躬，拜，興，拜，興，拜，興，拜，興，平身。典祠啓「跪，搢圭」，王跪，搢圭。執事捧爵，東向跪，進于王，王受爵，訖，啓「飲福酒」，王祭酒少許，飲福酒，以爵寘于坫。執事官東向跪，進胙于王，王受胙，以胙授左右，左右西向跪受，興。典祠啓「出圭」，啓「俛伏，興，拜，興，拜，興，拜，興，拜，興，平身」，王俛伏，興，大樂作。拜，興，拜，興，拜，興，拜，興，平身。樂止。典祠啓「復位」，典祀、典儀導王復位。

徹豆　司禮唱「徹豆」，掌祭官徹豆。司禮唱「賜胙」，典祠啓「王飲福，受胙者免拜」，司禮唱「陪祭官皆再拜」，司贊唱「鞠躬，拜，興，拜，興，平身」，陪祭官皆鞠躬，大樂作。拜，興，拜，興，平身。樂止。

送神　司禮唱「送神」，典祠啓「鞠躬，拜，興，拜，興，平身」。司禮唱「在位官皆再拜」，司贊唱「鞠躬，拜，興，拜，興，平身」，王與陪祭官皆鞠躬，大樂作。拜，興，拜，興，平身。樂止。

望燎　司禮唱「望燎」，讀祝官取祝，捧幣者取幣，掌祭官取饌，詣燎所。典祠啓「詣望燎位」，大樂作。典祠、典儀導王至望燎位。樂止。司禮唱「可燎」，候燎半，典祠啓「禮畢」，導引王還次，司禮引陪祭官出。

各府州縣祭風雲雷雨師儀：

時日　春以驚蟄日，秋用秋分日行事。

齋戒　前三日，三獻官散齋二日于别寢，致齋一日于祭所。執事人員齋各一日于祭所。

陳設　前祭二日，有司掃除壇上下，設三獻官次于壇門外。前一日，執事者設省牲位于南門外，設神位于壇上近北，南向。每位設籩四于神位之左，豆四于神位之右，簠、簋各一于籩豆之間，毛血豆于簠、簋前，俎二又于其前，香燭案于俎前，爵坫、沙池于香案之前，祝版位于神位之右。設酒尊所于壇上東南隅，犧尊一、山罍一。設幣篚位附于酒尊所，設盥洗位于壇下之東，爵洗位于盥洗位之北。初獻位于壇下正中之南，亞獻位于初獻位之左，終獻位于初獻位之右，稍後。從祭官位于獻官之後，引贊位于獻官之左右，贊禮二人位于壇下之東，讀祝位于神位之右，掌祭二人位于神位之左右，司尊、司爵、司洗捧幣位各于其所，設望燎位于壇之西南。

省牲　前祭一日，執事者引三獻官至省牲位，執事者自東門牽牲，東行過獻官前，執事者告腯，訖，牽詣神厨。獻官詣厨視鼎鑊、滌溉，訖，遂烹牲，以豆取毛血置于饌所。

正祭奠幣　丑前五刻行事，執事者入實尊、罍、籩、豆、簠、簋、登、鉶，陳毛血豆、祝版。三獻官服公服，簽祝版于次。執事者各冠垂脚唐帽、圓領白襴衫、烏角帶，各入就位。引贊引獻官入就壇下拜位，贊禮唱「有司已具，請行事」。贊禮唱「鞠躬，拜，興，拜，興，平身」。贊者唱「奠幣」。引贊引初獻官詣盥洗位，搢笏，盥手，帨手，出笏，引詣風雲雷雨師神位前。贊禮唱「跪，搢笏」，執事者以幣跪進于初獻之右，初獻受幣，奠于神位前，訖，稍後，引贊唱「俛伏，興，拜，興，拜，興，平身，復位」。

初獻　贊禮唱「行初獻禮」。引贊引獻官詣爵洗位，搢笏，受爵，滌爵，拭爵，以爵授執事者，出笏。次引初獻自南陛升壇，詣酒尊所，搢笏，受爵。司尊者舉冪，酌犧尊之緹齊，以爵授執事者，出笏，引詣神位前，北向立。引贊唱「跪，搢笏」，掌祭官捧香，跪進于獻官之左。引贊唱「上香，上香，三上香」，初獻三上香，訖，執爵者捧爵，跪進于初獻官之右，受爵。引贊唱「祭酒，祭酒，三祭酒」，初獻三祭酒，奠爵，出笏，讀祝官取祝版，跪于神位之右，讀訖，引贊唱「俛伏，興，拜，興，拜，興，平身」。

亞獻、終獻，其行事並與初獻同。唯不讀祝。

飲福　贊禮唱「飲福」，贊引引初獻官詣飲福位，西向立。掌祭者以爵酌福酒，持詣獻官之左。引贊唱「鞠躬，拜，興，拜，興，平身」，初獻官再拜；訖，引贊唱「跪，搢笏」，初獻官跪，搢笏。掌祭者舉福酒爵進于初獻之左，初獻官受爵，祭酒少許，飲福酒，奠爵。掌祭官減神位前胙肉，跪進于初獻之左，初獻受胙，以胙授執事者。引贊唱「出笏，俛伏，興，拜，興，拜，興，平身」，初獻再拜，訖，引復位。贊禮唱「賜胙」，初獻官飲福，受胙，免拜，在位者皆再拜。唱「鞠躬，拜，興，拜，興，平身」，亞獻官以下皆鞠躬，拜，興，拜，興，平身。

望燎　贊禮唱「詣望燎位」，引贊引初獻官以下詣望燎位。祝人取祝，幣人取幣，掌祭取饌，實于燎所。贊禮唱「可燎」，東西面各一人舉炬火燔之，柴半燎，贊引唱「禮畢」，引初獻官以下及諸從祭官以次出。

明會典：洪武二十六年，風雲雷雨之神，凡各布政司、府、州、縣春秋仲月上旬，擇日同壇設祭，帛四，俱白色。附郭府、州、縣官，止隨班行禮，不必別祭。其祭物、祭器、獻官及齋戒、省牲、陳設、正祭、迎神，並與社稷禮同。但臨祭時，執事者先以毛血瘞于坎，通贊不唱「瘞毛血、奠帛」。初獻先詣神位前，次詣讀祝所。亞獻、終獻同初獻。不唱「奠帛讀祝」。飲福，受胙，其胙于風雲雷雨神位前取羊一脚。徹饌，送神。望燎，亦同社稷儀。但改「瘞」字爲「燎」字。

永樂六年，駕幸北京。東宮監國，凡風雲雷雨之神，豫期敕皇太子攝祭。

明史樂志：嘉靖九年，復分祀天地神祇樂章：

迎天神，保和之曲　吉日良辰，祀典式陳。景雲甘雨，風雷之神。赫赫其靈，功著生民。參贊玄化，宣布蒼仁。爰兹報祀，鑒兹藻蘋。

奠帛以後，俱如舊。

圖書編：嘉靖十一年，釐正祀典，改敘雲雨風雷祭期，歲仲春秋上旬，擇日行事。獻官、齋戒、省牲，並同社稷儀注。正祭日，將行禮，起鼓，初嚴，遍燃庭燎香燭；鼓再嚴，執事者各敘立于兩階；鼓三嚴，贊引引各獻官立候行禮。通贊唱「執事者各司其事，陪祭官各就位，獻官就位迎神。鞠躬，拜，興；拜，興；拜，興；拜，興，平身。奠帛，行初獻禮」。贊引唱「詣盥洗所，搢笏，出笏，詣酒罇所」。司尊者舉冪，酌酒，詣雲雨風雷神位前，跪，搢笏，奠帛，獻爵，出笏，俯伏，興，平身。詣讀祝位，跪，通贊唱「衆官皆跪」，贊引唱「讀祝」，通引同唱「俯伏，興，平身」，贊引唱「復位」，通贊唱「行亞獻禮」，贊引唱「詣酒罇所」。司罇者舉冪，酌酒，詣雲雨風雷神位前，跪，搢笏，獻爵，出笏，俯伏，興，平身，復位。通贊唱「行終獻禮」，贊引唱「詣酒罇所」，司罇者舉冪，酌酒，詣雲雨風雷神位前，跪，搢笏，獻爵，出笏，俯伏，興，平身，復位。通贊唱「飲福受胙」，贊引唱「詣飲福位，搢笏，跪，飲福酒，受胙，出笏，俯伏，興，平身，復位」，通贊唱「鞠躬，拜，興，拜，興，平身」，徹饌送神，鞠躬，拜，興，拜，興，拜，興，拜，興，平身。讀祝者捧祝，進帛者捧帛，各詣燎所望燎，贊引唱「詣望燎位」，通贊唱「焚帛者一段至七段」，皆唱「禮畢」。

岱史：風伯、雨師在州治東，先是廟廢，止遺石碣。成化丙午旱，或油然雨狀，輒爲風散，知府蔡晟詣其所，祭之，風頓息，大雨如注。因復立廟，廟圮，知州鄭豸易以壇。

右風師雨師

五禮通考卷三十七

吉禮三十七

方丘祭地

蕙田案：周禮大司樂「以冬日至祀天於圜丘，夏日至祭地於方澤」，此王者父事天、母事地之正禮。稽之經傳，凡壇壝、圭璧、瘞埋、樂舞、祝詞，皆與祀天迥別。漢初，郊祀之禮廢，五畤、太乙、天帝已無正祭，而渭陽、汾陰后土之祭漫焉不倫。建始初，始建南北郊，旋復旋廢。至王莽，創合祭之議，後世樂便安、憚勞費，往往仍而不改。其間惟魏太和、周建德、隋開皇、唐開元、宋元豐、明嘉靖，隔數百載，一舉行分祭之典，而朝議斷斷，紛若聚訟。然主分祭者，理正而有據，主合祭者，雖一時迎合附會，曲意文飾，亦終不敢斷然以分祭爲非，則定論固自有屬矣。我朝制作明備，南北郊之典，天子歲必親行，法古垂後，準禮經而超百代矣。至經生家妄爲祭社即祭地之説，尤屬不經，人主亦未有行之者。兹輯「祭地」門，先經後史，詳載諸儒辨論，稍稍正其紕繆。而祭祀儀節及後世祭地郊壇，已附見「祀天」門者，不重出焉。

方丘正祭

禮記曲禮：天子祭天地。疏：天地有覆載大功，天子主有四海，故得總祭天地，以報其功。

吕氏大臨曰：天子繼天而王，君天下而有之，冬日至祀天，夏日至祭地。

劉氏炫曰：天子以下，俱荷地德，皆當祭地，但名位有高下，祭之有等級。天子祭地，祭大地之神也；諸侯不得祭地，使之祭社也；家又不得祭社，使之祭中霤也。霤亦地神，所祭小，故變其名。

劉氏彝曰：唯爲天子者，乃得以主天地之祀。地之爲祇一也，其濟生於物，隨人大小，不可以一祀而報之也，故天子必父天而母地。夏至之日，祭於澤中之方丘，則曰皇地祇也。祭之於庫門内之西，則曰大社，爲群姓祈豐年也；祭之於藉田之壇，則曰王社，爲宗廟祈粢盛也。諸侯爲民而祭者曰國社，爲藉而祭者曰侯社，大夫成群而祭者曰置社，司徒令其鄉黨而祭者曰里社，是皆地示也。而方丘之祭主之者，獨天子焉。

方氏慤曰：祭天地則天下之事，故於天子言之。

蕙田案：祭地，乃天子之事，故下文云諸侯祭社稷，則祭地與祭社，其爲尊卑廣狹，大有別矣。注疏及兩劉氏、方氏説得之，詳見後條。

禮器：因地事地。注：地事，因下者以事也。

周禮大宗伯之職：掌建邦地示之禮。疏：經先云人鬼，後云地示，鄭則先云地示，後云人鬼者，經先云人鬼，欲見天在上，地在下，人藏其間；鄭後云人鬼者，據下經陳吉禮十二，先地示，後人鬼，據尊卑爲次故也。

王氏傳曰：地之靈曰示。

大司樂：以祭地示，若樂八變，則地示皆出，可得而禮矣。凡以神仕者，以夏日至致地示。

詩周頌昊天有成命序曰：郊祀天地也。疏：郊祀天地之樂歌也。祭之于南郊，祭之于北郊，雖南北有異，祭俱在郊，故總言郊祀也。

書召誥：丁巳用牲于郊，牛二。

蔡傳：郊天地也，故用二牛。

欽定書傳説「用牲于郊」注：案祭天地分合，從古聚訟。此經云「用牲于郊，牛二」，注疏謂以后稷配，故牛二。蔡傳則云「祭天地也」。蔡但言祭天地，不言合者，天地各攻其位，位成而祭之也。疑此時南北郊之名已立，言郊者，統天地言之歟？周禮大宗伯有「蒼璧禮天，黄琮禮地」之説，大司樂有「圜丘、方澤」之説，又祭法言「燔柴于太壇，祭天也；瘞埋于太折，祭地也。用騂犢」。此皆天地並言，祭天地異所。王者尊天而親地，未有祭天而不及地者，亦未有言其合者也。然則兆于南郊，就陽位也，禮固明言之。而北郊未有明文，此經之偶闕耳。注疏之家，鄭康成、賈公彦、孔穎達輩皆已補言之。周禮典瑞云：「兩圭有邸以祀地。」注疏皆謂祀于北郊。又牧人言陽祀、陰祀，注疏亦謂陰祀，祭地北郊。又如禮記「太壇」、「太折」之文，疏云「此經論祭帝于南郊，地示于北郊也」。此皆北郊之説，鑿鑿可據者。以此言之，祭地之位，不待推而可知也。雖有冬夏至之分，而此於位之初成，非常祀之時可比，故同日而舉也。

蕙田案：天地分祭，本於周禮。朱子曰：「古時天地，定不是合祭。」又曰：「天地合祭于南郊，千五六百年，無人整理，蓋信之深而望之切也。」祭地北郊，自當以周禮、朱子之説爲定。先儒葉秀發、陳用之、楊信齋皆主之，詳見「圜丘」門。我朝既定南北郊之祭，復欽定書經傳説，折衷群言，證明北郊之可據，發前人所未發，聖人復起，不能易矣。

又案：「北郊」字，經文雖未明言祭地，而周禮天官内宰「中春，詔后帥外内命婦始蠶于北郊，以爲祭服」。禮記祭統「王后蠶于北郊，以共純服」。夫祭天于南郊，故天子親耕于南郊，以純陽爲尊而就陽位也；祭地于北郊，故王后親蠶于北郊，以純陰爲尊而就陰位也。經文每多互見，親蠶在北郊，則祭地北郊可知，即不得謂北郊之不見於經文也。漢匡衡引禮記之文曰：「祭地于大折，在北郊。」則其所本者遠，蓋不止注疏之言爲可據矣。

附諸儒辨注疏崑崙神州兩地示：

曲禮：天子祭天地。孔疏：案地統書括地象云：「地中央曰崑崙。」又云：「其東南萬五千里曰神州。」以此言之，崑崙在西北，別統四方九州。其神州者，是崑崙東南一州耳。於神州中更分爲九州，則禹貢之九州是也。　周禮大宗伯：以黄琮禮地。鄭注：禮地以夏至，謂神在崑崙者也。　大司樂：以祭地示。鄭注：謂神州之神。　典瑞：兩圭有邸以祀地。鄭注：謂所祀于北郊神州之神。賈疏：案河圖括地象「崑崙東南萬五千里神州」是也。　地示皆出。鄭注：地示則主崑崙。　禮器：爲下必因川澤。鄭注：謂夏至祭地，在方澤之中。孔疏：祭崑崙之神。

陳氏禮書：周禮或言大示，或言地示，或言土示。蓋大示，則地之大者；地示，則凡地之示與焉；土示，則五土之示而已。禮記言兆于南郊，就陽位也。南郊祀天，則北郊祭地矣。祀天就陽位，則祭地就陰位矣。大宗伯以黄琮禮地，牲幣各放其器之色。而牧人陰祀用黝牲，則牲有不同也。典瑞兩圭有邸以祀地，則玉有不同也。大司樂奏太蔟，歌應鍾，以祀地示；凡樂，函鍾爲宫，若樂八變，地示皆出，則樂有不同也。蓋先王之於神示，求之然後禮，禮之然後祀，函鍾爲宫，求之之樂也，太蔟應鍾，祀之之樂也。若夫玉之黄琮、兩圭，牲幣之黄黑，蓋祭有不一，而牲幣器亦從而異也。鄭氏之徒，謂夏至于方丘之上祭崑崙之示，七月于太折之壇祭神州之示。此惑于讖緯之説，不可考也。

楊氏復曰：大司樂奏太蔟，歌應鍾，舞咸池，以祀地示。鄭注云：地示，所祭于北郊及社稷。牧人陰祀用黝牲，毛之。鄭注云：陰祀，祭地北郊及社稷。夫祭地，唯有夏至北郊方澤之禮，此外則有社祭，亦祭地也。鄭氏亦既知之矣，及注曲禮天子祭天地，大宗伯黃琮禮地，典瑞兩圭祀地，又云地神有二，歲有二祭，夏至祭崑崙之神于方澤，夏正祭神州之神于北郊，何也？蓋祭地唯北郊及社稷，此三代之正禮，而釋經之正説，鄭氏所不能違也。有崑崙，又有神州，有方澤，又有北郊，析一事以爲二事，此則惑于緯書，而牽合聖經以文之也。知有正禮，而又汩之以緯書，甚矣，其惑也！

馬氏端臨曰：如通典，則依鄭氏注以方丘爲祭崑崙之神，丘在國之北，禮神之玉以黃琮，牲用黃犢，幣用黃繒，所謂各如其器之色。王及尸同服大裘，配以后稷，服與配，經文不載，注家以爲同祭天之禮，故服大裘，配后稷。其樂則大司樂之函鍾爲宮云云。至八變，則地示皆出，可得而禮是也。神州地示，則爲壇于北郊，名太折，玉用兩圭，五寸，有邸，牲用黝犢，陰祀用黝牲。幣用黑繒，幣，經無文，據牲用黑，知當從其色。配亦以后稷，其樂則奏太蔟，歌應鍾，舞咸池，以祭地示是也。案鄭氏解經，于天地之祀，皆分而爲二，是有二天二地矣。然古人祀天之祀，郊與明堂本二處，所配之祖又不同，則因「宗祀文王于明堂，以配上帝」一語，而指其帝爲五精之神、感生之帝猶可云也。至於祭地，則經文所載，唯方澤而已，乃以爲此所祀者崑崙，而又有神州，則祭之于北郊，又因祭法有太折之語，而以爲太折即北郊，又非方澤也。其支離不通彌甚矣！

劉氏迎曰：「祭地示，即樂之八變而出者，鄭既謂地示則主崑崙，又謂祭神州之神及社稷，不知神州、崑崙何所據。」

蕙田案：天子祭方丘、祭社，皆祭地示，而廣狹不同。方丘所祭，統乎職載之地言，無有疆域界限，此地與天對，乾父坤母之義也。社之祭主乎所有之地言，其不入版章者不與，此社與稷對，土爰稼穡之義也。鄭氏分崑崙、神州兩地示，意亦如此。但崑崙神州之號，頗爲不經，況神州不係之社而係之太折，誤分方丘、太折爲二，於祭地既屬重疊，以太折之名侵祭社之實，則祭社又成贅旒，義兩無取。諸儒辨二説之誤已詳，但未指明神州一祭，已該祭社之内，恐尚無以盡其情而服其心耳。

附辨鄭氏説地示不同：

地官鼓人：以靈鼓鼓社祭。鄭注：社祭，祭地示也。大宗伯：血祭、貍沈、疈辜。鄭注：此皆地示。

蕙田案：鄭氏于大司樂既分神州、崑崙兩地示，于鼓人又以社祭爲祭地示，于大宗伯又以社稷、五祀、山林、川澤、四方百物皆爲地示。解地示，凡四説。其實方澤所祭，止一地示，以其爲大地之示，故亦曰大示。社稷、五祀、山林、川澤之類，皆地示之屬，不足以當地示之號，猶日月星辰皆天神之屬，而不足以當天神之號也。

周禮春官大司樂：于澤中之方丘奏之。疏：地言澤中方丘者，因高以事天，故于地上；因下以事地，故于澤中。取方丘者，水鍾曰澤，不可以水中設祭，故亦取自然之丘。方，象地方故也。

薛氏圖曰：陰以方爲體，性静，地陰而静，故爲方丘，在國北之澤以祀之，亦各從其類。

禮記祭法：瘞埋于太折，祭地也。注：折，昭晢也。必爲昭明之名，尊神也。

廣雅：方澤大折，祭地也。

通典：方丘在國之北。

明集禮：大折，封土祭地之處。折，曲也。言方丘之形，四方曲折象地。

附諸儒社與方澤是一辨：

張子曰：郊者，郊天之位。社者，祭地之位。郊外無天神之祀，社外無地示之祀。澤中方丘，亦社也。故凡言社者，即地示之祭。胡氏宏曰：古者祭地于社，猶祀天于郊也。故泰誓曰：「郊社不修。」而周公祀于新邑，亦先用二牛于郊，後用太牢于社也。記曰：「天子將出，類于上帝，宜于社。」又曰：「郊，所以明天道；社，所以神地道。」周禮以禋祀祀昊天上帝，以血祭祭社稷，而別無地示之位。四圭有邸，舞雲門，以祀天神，兩圭有邸，舞咸池，以祀地示，而別無祭社之說。則以社對郊可知矣。後世既立社，又立北郊，失之矣。

楊氏復曰：愚案禮經天子祭天地，諸侯祭社稷，莫重于天地，而社稷其次也。胡氏乃合祭地、祭社二者而一之，何也？曰社者，五土之神，是亦祭地也，而有廣狹之不同。曰里社，則所祭者一里之地而已；曰州社，則所祭者一州之地而已；諸侯有一國，其社曰侯社，則所祭者一國之地，一國之外不及也；天子有天下，其社曰王社，則所祭者天下之地，極其地之所至，無界限也，故以祭社爲祭地，惟天子可以言之。凡胡氏所引，皆天子社也。且云「後世既立社，又立北郊，失之矣」。此則未然。有正祭，有告祭，冬至祭天于南郊，順陽時，因陽位，夏至祭地于北郊，順陰時，因陰位，以類求類。故求諸天而天神降，求諸地而地示出，所謂正祭也。匠人營國，左祖右社，以社與祖對。尊而親之，若因事而告地，則祭社亦可知矣。記曰「天子將出，類于上帝，宜乎社」之類是也。説者曰：「類者，依郊祀正禮而爲之也；宜者，有事乎社，求福佑也。」此所謂告祭也。知祭各有義，不可以一説拘，則知聖人制禮精微之意矣。

觀承案：天子祭天地，證之周官、戴記，必截然分爲二祭者，洵不刊之論已。然天地匹也，天於冬至外，尚有孟春、孟夏、季秋之三祭，地則夏至而外，寂爾無聞，何也？社爲土神，説者謂非大地之神，不得爲祭地。社既不得爲祭地，則更以何者爲祭地乎？夫合祭天地之所以不得不辨者，以南郊合祭而遂廢北郊之禮，故朱子謂社祭之外，自應别有方丘一祭，此誠是也。今欲正祭地之專在方丘，因斥凡社之皆無與於祭地，至使方丘外，天子竟歲無祭地之時，以此而報兩大生成，無乃疏數不均之甚乎？竊意，社亦不同。大社、王社者，天子之社也；國社、侯社者，諸侯之社也。諸侯之社，固方隅之地，而非大地；天子之社，則合萬國九州之地而一之矣。王者無外，其可限以方隅而不爲大地乎？楊氏謂天子之社，即是祭地者，良是。觀經傳之文，多以郊社對言，其意皆以社爲祭地而對天也。惟社稷連文，則但爲土穀之神而非地五土之示，則如天之有五帝而非昊天上帝爾。且冬至、啓蟄、龍見之祭，皆在圜丘，而季秋享帝則於明堂，是祭天固亦不拘一所也。則謂祭地之方丘雖在北郊，而大社、王社之亦爲祭地者，即在庫門内，其亦説之可通者歟！或謂社與方丘之祭，其儀文器數有大相徑庭者，固未可統稱祭地，是亦不然。夫社與方丘之儀文器數雖不同，其爲祭地則同也，猶之冬至與明堂之禮，亦固有不能盡同者，而其爲祭天則同也。蓋惟冬夏二至，爲大報本之祭，其餘則固可遞爲等殺耳。禮經殘闕，所執各殊，要惟會而通之，以得其當，則禮雖先王未之有，可以義起，況六經本無社非祭地之文乎？附識于此，以俟考禮者正之。

山堂考索：社，乃地示之屬而非地，猶五帝爲天之尊神而非天。

欽定書傳説彙纂：社于新邑，謂此所以祀地也，非也。若以此社爲祭地，則王制所云「祭天地社稷」，地與社，豈重累而舉之乎？

周氏世樟曰：朱文公不信北郊之説，而取胡五峰之言，以爲經文無北郊，只社便是祭地。然考之諸書，地與社鑿然不同。山堂考索云：「地者，后土之總稱。社者，地示之屬，而非即地。猶五帝爲天之尊神，而非即天也。」所以，地爲大祀，社爲中祀。祭地則用騂犢，祭社則用太牢；祭地則用七獻，祭社則用三獻；祭地則服衮衣，祭社則服希衣；祭地則以后稷配，祭社則以句龍配。王制言「天子祭天地，諸侯祭社稷」。地與社之不同明矣。吴澄云：「祭地之禮，北郊方澤爲至重，唯天子得行之；其次則祭地於社，天子而下皆得行之。」斯言最爲明確。經傳中有天與地並稱者，此南北郊之禮也，其禮地與天敵；有郊與社並稱者，此郊社之禮也，其禮社不與郊敵。今人弗深考，遂謂社即是方澤，誤矣。

宗元案：圜丘、方澤，各自爲祭。朱子言之，不一而足。語類此條，因經文無北郊，而反取胡五峰之言，若非記録之訛，即是朱子未定之説耳。周氏乃單摘此條，議之而不加别白，尚欠分曉，顧所論社與地示之判，則頗明辨。然亦但謂社不是方澤耳，非社之必不可祭地也。蓋社連稷言，地示自不在内；若社對郊言，即以爲地示在内，亦何不可？古人之文，每多互見，大宗伯於天神言昊天上帝，而不及五帝，舉大以見小也；於地示言社稷而不及方澤，舉小以見大也。小宗伯則言社稷、五帝而並無天地，大司樂又但言天地而並無社稷、五帝，亦皆互見以相備云爾。即如中庸郊社之禮，禘嘗之義，亦是舉郊以該明堂，舉社以該后土，舉禘以該大祫，舉嘗以該時祭也。讀經貴細剖以研其異，又貴統會以觀其同，方不觸處成礙耳。

黄氏澤曰：殷革夏，周革殷，皆屋其社，是辱之也。旱乾水溢，則變置社稷，是責之也。王者父事天，母事地，豈有可責可辱之理？則社非祭地明矣。

李氏光地曰：祀天神，祭地示，其時其地，詳見大司樂。而大宗伯以蒼璧禮天，黄琮禮地，典瑞職四圭有邸以祀天，兩圭有邸以祀地，王制天子祭天地，諸侯祭社稷，則地示之祭，自不得以社當之。然大宗伯職序祭有社無示；司徒鼓人職以雷鼓鼓神祀，以靈鼓鼓社稷，亦言社而不及示；典瑞職以圭璧禮諸神，祀地之外，不著社稷；大司樂分樂以祭，亦不別著社稷，於祭地之後，二者又言示而不及社，似乎彼此互見，而示祭、社祭禮無殊也。黄勉齋曰：「社祭土，稷祭穀，土、穀之祭，達於上下，故方丘與社皆祭地也。」而宗伯序祭有社無示，舉社則其禮達於下，舉示則天子獨用之；鼓人職不曰祭示而曰社祭，亦以其禮達於上下也；大司樂靈鼓靈鼗以祭地示，則示祭、社祭，其用同矣。此説較之賈疏所謂以小該大者，尤爲長於理而合於經也。

蕙田案：周氏所引騂犢、太牢、七獻、三獻、衮衣、希衣，以見祭示、祭社之不同，而祭社不可謂之祭地也。李氏所據鼓人職，言社而不及示，大司樂言示而不及社，彼此互見，祭禮無殊。又以見祭示、祭社之所同，祭示之外，必仍祭社，而祭社之不得爲祭地也。二説似異而實相發，蓋其所不同者，大小之品秩，其所同者，社與示無二道也，所謂「因地事地」也。

方氏苞曰：胡仁仲謂王者父天而母地，掃地而祭者，唯昊天上帝。地示則唯有社祭，並無所謂方澤。蓋據大宗伯禋祀祀昊天上帝，及鼓人以靈鼓鼓社祭，皆不言大示，而諸傳記亦多以郊社對舉，故妄爲此説。戴記曰：「器用陶匏，以象天地之性也。」又曰：「天地之牛角繭栗。」則祀天、祀地儀物皆同可知矣。又曰：「因天事天，因地事地。」又曰：「燔柴于太壇，祭天也；瘞埋于太折，祭地也。」又曰：「以祀天地、山川、社稷、先古。」七十子之徒各記所聞，而大體不易，不得謂社祭之外，別無方澤之祭，昭昭然矣。

蕙田案：祭地不同於祭社，經有明文。曲禮「天子祭天地，諸侯祭社稷」。今考其禮之不同者十有三。周禮大司樂「夏日至于澤中之方丘奏之」。又「凡以神仕者，以夏日至致地示」。此祭非諸侯所得與，其不同一也。詩周頌載芟序「春藉田而祈社稷」，良耜序「秋報社稷」，豐年序「秋冬報」，月令「孟冬之月，大割祠于公社」，或以春，或以秋、冬，從未有以夏至者，是祭之時不同，二也。月令「仲春之月，擇元日，命民社」，郊特牲「日用甲，用日之始也」，夏日至，陰生，日之甲，陽始，是祭之日不同，三也。方丘在澤中，社稷在庫門内，是祭之地不同，四也。儀禮祭地瘞，周禮以血祭祭社稷，是祭之名不同，五也。禮器「瘞埋于泰折，用騂犢」，郊特牲「社稷太牢」，是牲不同，六也。郊特牲「器用陶匏，象天地之性」，犧尊，疏布冪，周禮鬯人「社壝用大罍」，是祭器不同，七也。祭地用衮衣，祭社稷希冕，是祭服不同，八也。祭地七獻，祭社三獻，是獻不同，九也。祭地以后稷配，祭社以句龍配，是配不同，十也。地爲大祀，社爲次祀，是秩不同，十一也。周禮或言大示，或言地示，或言土示，大示則地之大者，地示則凡地之示與焉，土示則五土之示而已，是祭之稱示不同，十二也。周禮大司樂「五變而致土示，八變而致地示」，是樂之致示不同，十三也。經傳所載祭地、祭社之不同如此，乃胡五峰謂祭地即祭社，楊氏、章氏非之，極是。夫天子一歲祭天有四，而地則唯夏至一祭者，詩載芟、良耜、豐年，月令割祠公社，凡軍旅、會同、田獵、災眚，皆有事焉。祭社稷，皆所以祭地，而夏至方丘之正祭，不嫌於一舉矣。正祭不嫌於一舉，而社又無乎不祭，此社之祭所由與郊並稱，書之「郊社不修」，中庸「郊社之禮」，禮記「郊社之義」，皆對舉以言，而地之正祭，反有時不及。胡氏之誤所由自來。若明乎天子所祭者地，唯方澤一祭，則社之祭土不得混於祭地矣。胡氏之云，豈足以紊先王之大典哉？

附辨蔡氏方澤澤宮是一：

蔡德晉禮圖說：大社稷壇，一名太折，一名方丘，一名方澤，其制于雉門之右，度方百二十步之地爲澤宮，周之以垣，垣北正中爲門，垣内爲方澤，澤北正中爲橋，澤内近北空地爲習射處。郊特牲云：「王立于澤，親聽誓命。」射義：「天子將祭，必先習射于澤。」司弓矢云：「澤，供射椹質之弓矢。」是澤中社稷壇前有空地，爲誓戒、習射處也。又曰：「社壇在國中王宫之右，謂之方丘，亦曰太折，又名冢土，四面有水，以象四海，故又謂之澤宮。」

郊特牲鄭注：「既卜，必到澤宫，擇可與祭祀者，因誓敕之以禮也。」孔疏：「以射擇士，因呼爲澤宮，至澤宮射，以擇助祭之人。」

陸氏佃曰：毛詩傳曰：「雍，澤也。」然則澤，蓋學宮辟雍是矣。

郝氏敬曰：澤宮，即璧雝、泮宮之別名。

蕙田案：方澤與社稷非一，諸儒論之詳矣。此禮圖説不特合方澤、社稷而一之，并合澤宮、方澤而一之，不知澤宮即學宮，非祭地之方澤。爾雅疏：「宫，穹也。言屋見於垣上，穹崇然也。」記曰：「亡國之社屋之，天子之社壇而不屋，亦不可稱宮。」又古者，僇人於社，未聞擇士於社，則澤宮與社壇，尤無涉矣。

又案：地道配天，故易首乾坤。自合祭行而地無正祭。以社爲地，而地并無祭矣。以土爲地，猶漢以五時爲天。周禮大宗伯所謂「掌建地示之禮者」，何謂耶？兩説盡破，而地之正祭，始明矣。

右方丘正祭

后土告祭

書商書湯誥：敢昭告于上天、神后。蔡傳：「神后，后土也。」

周書武成：告于皇天后土。

召誥：丁巳用牲于郊，牛二。

王氏充耘曰：郊社，大事也。周、召以人臣行之，可乎？蓋因事告祭，奉天册命以行事，非常祭之比也。

周禮大宗伯：王大封，則先告后土。注：后土，土神，黎所食者。

大祝：建邦國，先告后土，用牲幣。注：后土，社神。

黄氏曰：注疏説后土，非也。古人常以后土對皇天，春秋傳曰：「君履后土而戴皇天。」后土，地也，五行之神。后土，黎所食者，稱號同耳。周禮大封告后土，不曰社而曰后土，社生物，后土主土。

附辨注疏説后土不同：

春秋僖十五年左傳：君履后土而戴皇天。孔疏：以地神后土言之，后土者，地之大名也。履后土，指謂地爲后土也。　此以后土爲地之大名。

大宗伯：王大封則先告后土。鄭注：后土，土神也，黎所食者。賈疏：言后土有二，若五行之官，東方木官句芒，中央土官后土，此等后土，土官也。黎爲祝融兼后土，故云黎所食者。若左氏傳云「君戴皇天而履后土」，彼爲后土神，與此后土同也。若句龍生爲后土官，死配社，即以社爲后土，其實社是五土總神，非后土，但以后土配社食，世人因名社爲后土耳。　此以后土爲中央土神。

商書湯誥：敢昭告于上天、神后。蔡傳：神后，后土也。　此以后土爲神后。

月令：仲春之月，命民社。鄭注：社，后土也。　檀弓：君舉而哭于后土。鄭注：后土，社也。

周書武成：告于皇天后土。孔傳：后土，社也。　小雅甫田：以社以方。毛傳：社，后土也。　此俱以后土爲社。

周書武成：蔡傳：句龍爲后土。　此以后土爲人神。

月令：中央土，其神后土。鄭注：后土，顓頊之子曰黎，兼爲土官。孔疏：案昭二十九年左傳云：「顓頊氏有子曰黎，爲祝融。共工氏有子曰句龍，爲后土。后土爲土官。」知此經后土非句龍而爲黎者，以句龍初爲后土，後轉爲社，后土官缺，黎則兼之，故鄭注大宗伯云：「黎食于火土。」以宗伯别云社稷，又云五祀，句龍爲社神，則不得又爲五祀，故云「黎兼」也。　祭法：共工氏之霸九州也，其子曰后土，能平九州，故祀以爲社。孔疏：共工後世之子孫爲后土之官，能治九州五土之神，故祀以爲配社之神。　昭二十九年左傳：共工氏有子曰句龍，爲后土，后土爲社。孔疏：句龍既爲后土，又亦配社，故言后土爲社也。　鄭志答趙商云：「后土爲社，謂輔作社神。」趙商問：「郊特牲『社祭土而主陰氣』，大宗伯職曰『王大封則先告后土』，注云：『后土，土神也。』若此之義，后土則社，社則后土，二者未知云何。敢問后土祭誰？社祭誰乎？」答曰：「句龍本后土後，遷之爲社，大封先告后土，玄注云：『后土，土神。』不云『后土，社也』。」田瓊問：「周禮『大封先告后土』，注云：『后土，社也。』前答趙商曰：『當言后土，土神。言社，非也。』檀弓曰：『國亡大縣邑，或曰君舉而哭于后土。』注云：『后土，社也。』月令：『仲春，命民社。』注云：『社，土神。』中庸云：『郊社之禮，所以事上帝也。』注云：『社祭地神，不言后土，省文。』此三者，皆當定之否？」答曰：「后土，土官之名也。死以爲社神而祭之，故曰句龍爲后土，後轉爲社，故世人謂社爲后土，無可怪也。欲定者定之，亦可不須。」此俱以后土爲土官。

陳氏禮書：古者正祭有常數，非正祭無常時。故歲祭天者四，詩序曰：「春夏祈穀于上帝。」又曰：「豐年，秋冬報。」則春祈穀，左氏所謂「啓蟄而郊」是也；夏祈穀，所謂「龍見而雩」是也；秋報，月令所謂「季秋大饗」是也；冬報，周禮所謂「冬日至于地上之圜丘」是也。凡此正祭也。祭地之禮，周禮所謂「夏日至于澤中之方丘」，正祭也。禱祠之屬，非正祭也。然先王親地，有社存焉。禮曰：「饗帝于郊，祀社于國。」又曰：「郊，所以明天道；社，所以神地道。」又曰：「郊社，所以祀上帝。」又曰：「明乎郊社之義。」或以社對帝，或以社對郊，則祭社，乃所以親地也。大宗伯：「以血祭祭社稷。」又曰：「大封先告后土。」大祝：「大師、大會同，宜于社。」又曰：「建邦國，先告后土。」則后土非社矣。鄭氏釋大宗伯謂：「后土，土神，黎所食者。」釋月令「其神，后土」謂：「后土，黎也。」釋大祝謂「后土，社神也」。既曰土神，又曰社神，是兩之也。書曰：「敢昭告于皇天、后土。」左氏曰：「君戴皇天而履后土。」漢武帝祀后土于汾陰，宣帝祠后土于河東，而宋、梁之時，祠地皆謂之后土，則古者亦命地示爲后土矣。然周禮有大示，有地示，有土示，有后土，則所謂后土者，非地示也。

蕙田案：陳氏分正祭、告祭，極是。但以冬至圜丘正祭爲冬報，以祈穀、雩、大享爲正祭，尚未的，説見「祀天」門。以方澤爲地示正祭，以祀社爲親地，則千古不刊之論也。至周禮有大示，有地示，有土示，有后土，又有社稷，陳氏辨注「既曰土神，又曰社神，是兩之也」，可謂抵鄭之隙矣。但謂后土非地示，畢竟后土何所指，則不得其説矣。竊謂大示即地示，地示即后土。對天神而言，則曰地示；以其配天神，而非五土之示，則曰大示；以其尊於土示而君之，則曰后土，后土亦即地示也。若土示，則五土之示，社稷則建國之土神而已。鄭氏注后土爲土神，又注爲社神，自岐其指，疏矣。

右后土告祭

祭地稱社

中庸：郊社之禮，所以事上帝也。注：社祭地，不言后土者，省文。

仲尼燕居：郊社之義，所以仁鬼神也。注：郊社，所以祭天地。

周書泰誓：郊社不修。

召誥孔疏：社亦名后土，地名后土，名同而義異也。

蕙田案：王者尊天而親地，郊天與明堂五帝，皆爲祀天，而莫尊於郊；方澤與社，皆爲祭地，而尤親於社。故天子一歲祭天凡四，地雖止夏日方澤一祭，他如載芟「春祈」、良耜「秋報」、豐年「秋冬報」、月令「孟冬大割祠」，與夫軍旅、會同、田獵、災眚，皆有事於社，蓋祭社，亦是祭地，故曰「祀社于國，所以列地利」。凡書中郊社並稱者，於天舉所尊，於地舉所親，皆言其理，而非言其制也。乃世儒不察，見郊社對舉，遂以祭社當方丘之祭地，誤矣。

右祭地稱社

祭日

周禮春官大司樂：夏日至，于澤中之方丘奏之。疏：禮地示必于夏至之日者，以地是陰，夏至一陰生，是以還于陰生之日祭之也。

劉氏彝曰：陰生而祭地，以助乎坤元資生之德。

凡以神仕者，以夏日至致地示。注：地，陰也。陰氣升而祭地示，所以順其物也。疏：五月，一陰生之日，當陰氣升而祭之也。

蕙田案：天子一歲祭天，冬至、祈穀、大雩、明堂凡四，而唯冬日至爲正祭。方丘，地之正祭也。見於經者，唯夏日至一祭而已。孔疏謂地神有二，歲有二祭，夫一地，安得有二神？而夏正之月，亦未嘗有北郊之祭，其繆甚矣。

又案：月令「仲春之月，擇元日，命民社」。郊特牲「日用甲，用日之始也」。疏：「社是國中之貴神，甲是旬日之初始。」周謂曰：「甲者，陽中之陽。社用甲而不用乙，欲其以陽召陰，是祭社之日，經有明文。澤中夏至，取其陰時陰位；仲春甲日，取其陽時陽日。是地與社之祭日，非惟不相似，而且相反矣。」

附辨孔、賈祭神州月不同：

曲禮：天子祭天地。孔疏：夏正之月，祭神州地祇于北郊。或云建申之月祭之，與郊天相對。春官典瑞：兩圭有邸以祀地。賈疏：三王之郊，一用夏正，未知神州何月祭之。或解郊用三陽之月，神州既與郊相對，宜用三陰之月，當七月祭也。杜氏通典：東晉咸和中，議北郊，用正月。隋以孟冬祭神州于北郊。唐因隋制，依舊十月致祭。開元禮以立冬祭神州于北郊。

陳氏汲曰：祭地止夏至方澤，豈得崑崙、神州之異哉？其曰「三王之郊，一用夏正」，是月令「孟春，天子以元日祈穀于上帝者」，非郊天也。

蕙田案：注疏于夏至祭方澤之外，添出神州一祭，宜求其祭月不可得，而徒爲是紛紛也。

附辨諸家地有二祭、四祭：

曲禮：天子祭天地。孔疏：地神有二，歲有二祭。夏至之日，祭崑崙之神于方澤，一也；夏正之月，祭神州地祇于北郊，二也。蔡氏禮圖說：天子一歲祭地有四，大司樂夏日至于澤中之方丘奏之。凡以神仕者，以夏日至致地祇物鬽。此夏至祭地于方澤，一也。詩小雅甫田：以社以方。頌有良耜，此秋報，二也。月令：孟冬大割祠于公社。此冬祠，三也。大司馬：仲春，獻禽以祭社。月令：仲春擇元日，命民社。頌有載芟，此春祈，四也。又曰：天子一歲四祭，以夏至爲大秋報，冬祠、春祈皆于方澤。

蕙田案：地示無二，方澤非社，前辨已詳。此歲有二祭，緣分崑崙、神州爲二也。歲有四祭，緣合方澤、社稷爲一也。一分一合，二者胥失之。陳及之、楊信齋固云：「祭地，止夏至方澤一祭耳。」

右祭日

配神

通典：配以后稷。本注：案鉤命訣釋孝經云：「郊祀后稷以配天地，祭天南郊，就陽位；祭地北郊，就陰位。后稷爲天地主，文王爲五帝宗。」

明集禮：配地之神，周禮無文。鄭玄以孝經緯云：「后稷爲天地主。」則后稷配天南郊，亦當配地北郊矣，其説無據。至漢平帝，用王莽之説，以吕太后配。光武時改薄太后爲高皇后以配。後魏道武以神元靈后配，則愈不經矣。

蕙田案：祭地之配，經無明文。通典本注疏，引緯書，以后稷配。明集禮謂爲無據，是也。然王者父天母地，中庸謂「博厚配地，高明配天」，雖以德言，固三才之道也。如配祭，則周當以后稷，而後世配天之祖，亦當以配地，此禮之以義起者也。至地示無二，配帝亦無二，乃注疏裂崑崙、神州爲二示，以嚳、稷分配。太平御覽載禮記外傳以后土、后稷分配，説愈支，理愈窒。至漢以吕太后配，後魏以神元竇后配，北齊以武德皇后配，無稽益甚矣。

右配神

親耕粢盛醴酪

禮記祭義：天子爲藉千畝，躬秉耒耜，以事天地、山川、社稷、先古，以爲醴酪齍盛。

蕙田案：親耕、粢盛、秬鬯以事上帝，本兼祭地在内，詳見「祀天」門。兹祭義一條，明以天地、社稷分別言之，亦祭社非祭地之一證也。

右親耕粢盛醴酪

玉幣

周禮春官大宗伯：以黄琮禮地。注：禮，謂始告神時，薦于神坐。禮地以夏至，謂神在崑崙者也。禮神者，必象其類，琮八方，象地。疏云：「琮八方以象地」者，天圓以對地方，地有四方，是八方也。易曰：「天玄而地黄。」今地用黄琮，隨地色。

王氏與之曰：鄭氏以大宗伯有蒼璧、黄琮之文，典瑞無之，而云「四圭有邸以祀天，兩圭有邸以祀地」，遂以蒼璧所禮者，冬至圜丘之祭；四圭所禮者，夏正郊天之祭；黄琮所禮者，崑崙之神；兩圭所禮者，神州之神。其説甚誕。

蕙田案：黄琮，謂上爲兩圭而以黄琮爲邸也。琮方，象地，黄則象其色。土具五色，以黄爲主。

典瑞：兩圭有邸以祀地。注：兩圭者，以象地數二也。僢而同邸。疏：「僢而同邸」者，案王制注：「臥則僢。」彼僢，謂兩足相向。此兩圭亦兩足同邸，是足相向之義，故以僢言之。則上四圭同邸者〔一〕，亦是各自兩足相向，但就此兩足相向而言之也。

陳氏汲曰：宗伯所謂蒼璧、黄琮，典瑞所謂四圭、兩圭也。蒼璧、黄琮，言其色；四圭、兩圭，言其形。以此推之，若祀天則用四圭之蒼璧，祭地則用兩圭之黄琮。祭天地之處，止於圜丘、方澤，安有天地之别，崑崙、神州之異哉？

考工記玉人：兩圭五寸以祀地。

〔一〕「上」，諸本作「主」，據周禮注疏卷二〇改。

趙氏溥曰：兩圭，亦是用玉琢成方琮，却於琮兩邊琢出兩圭相對，其圭各長五寸。邸者，取其托宿之意。天則以璧爲邸，地以琮爲邸，必以五寸，則以地數不過五，如書「五曰土」也。此亦植在神坐前，欲地示降而依憑，存宿于中，非所執之玉也。此則典瑞「兩圭有邸以祀地、旅四望」。玉人制此器，故特言其寸數。

易氏祓曰：兩圭祀地，對四圭祀天而言也。天以健爲體，其德無不周，故其用爲四圭，其數爲尺二寸；地以順爲體，其德有所止，故半之而爲兩圭，殺之而其數爲五寸。知四圭尺有二寸而邸于璧，則知兩圭五寸而托于琮。

蕙田案：兩圭，前後各一圭，以黄琮爲趺，兩圭象地之有剛柔，其本著于一琮，象其得一以寧也。五寸，亦象地之有五方也。鄭氏分作兩玉以祀兩地，陳氏、趙氏論之明矣。

春官大宗伯：皆有牲幣，各放其器之色。

明集禮：周制，禮地示之幣以黄。

蕙田案：黄琮、蒼璧，是色不同；兩圭、四圭，是制不同；五寸、尺有二寸，是數不同。祀天、祭地之玉，其别如此。

右玉幣

犧牲

尚書湯誥：敢用玄牡，敢昭告于上天、神后。

召誥：用牲于郊，牛二。

林氏之奇曰：用牛二者，先儒以爲后稷配，不如王博士曰：「昊天有成命，郊祀天地也。」蓋祭地亦可以郊言之，唯郊於天地，故用二牛也。」

周氏謂曰：言郊，則天神與地示也。詩序曰：「昊天有成命，郊祀天地也。」書曰：「用牲于郊，牛二。」蓋一則用于南郊，以祀天神；一則用于北郊，以祭地示。

陳氏禮書：大禮必簡，小禮必繁，簡則內心而貴誠，繁則外心而貴味，此所以郊特牲而社稷太牢，諸侯膳天子用犢，而天子禮諸侯以太牢也。蓋南郊所以祀天神，北郊所以祭地示，其謂之郊則同，而其所以用特牲亦同。故周頌曰：「郊祀天地。」是天地之祀，皆謂之郊也。書曰：「用牲于郊，牛二。」是天地之牲，皆用犢也。

周禮地官牧人：陰祀用黝牲，毛之。注：陰祀，北郊及社稷也。鄭司農云：「黝讀爲幽。幽〔一〕，黑也。」疏：天神與宗廟爲陽，地與社稷爲陰。案大宗伯云：「蒼璧禮天，黄琮禮地。」謂圜丘方

〔一〕「幽」，諸本脱，據周禮注疏卷一三補。

澤。下云「牲幣各放其器之色」，則昊天與崑崙，牲用蒼用黃，四時迎五方天帝，又各依其方色，牲則非此騂牲、黝牲。惟有郊天及宗廟、社稷一等，不見牲色，在此陽祀、陰祀之中可知。案郊特牲云：「郊之祭也，大報天而主日，兆于南郊，就陽位也。」牲用騂，是南郊用騂也。檀弓云：「殷尚白，周尚赤。」是祭宗廟時赤也。據此而言，則祭天于南郊及宗廟用騂也。郊特牲云：「社祭土而主陰氣也。」是社稱陰。孝經緯鉤命訣云：「祭地于北郊，就陰位。」彼對郊天就陽位，則是神州之神在北郊而稱陰，以是知陰祀中有祭地于北郊及社稷也。不從先鄭「陽祀春夏」者，周祭宗廟，四時同用騂，夏至祭地方澤，牲用黃。春夏迎氣各隨方之色，明不得同用騂，故不從也。云「黝讀爲幽。幽，黑也」者，以其幽是北方，故從幽爲黑也。

易氏祓曰：黝者，黑色之微。

陳氏禮書：大宗伯「牲幣各放其器之色」，則天以蒼不以騂，地以黃不以黝。牧人所言，亦大率而已。詩云：「來方禋祀，以其騂黑。」則四方有用騂黑者。孔子曰：「犁牛之子騂且角，山川其舍諸？」則山川亦有用騂者。

禮記祭法：瘞埋于太折，祭地也。用騂犢。注：地，陰祀，用黝牲，與天俱用犢，連言耳。

疏：云「陰祀用黝牲，毛之」，鄭康成注云：「陰祀，祭地北郊及社稷也。」又郊特牲云：「郊之用犢，貴誠也。」彼文雖主南郊，其北郊與天相對，故知俱用犢也。

王制：祭天地之牛，角繭栗。

蕙田案：祭天用犢而地亦用犢者，尊地以配天也。故郊之祭同陽祀，用騂，陰祀用黝。祀天燔而祭地瘞者，兩儀判而高卑分也。故郊之南北不同，此聖人尊天親地之微意也。至郊用特牲而社稷太牢，方性夫曰：「于牲言特，以見太牢之非一；于牢言太，以見特牲之用犢也。」孕牲，祭地弗用，則社稷容或用焉。是祭地之牲，又不同于社稷也。

右犧牲

器用

郊特牲：器用陶匏，以象天地之性也。

蕙田案：郊祭兼圜丘、方澤，其體多相同，故經言郊，則統天地言之。凡酒醴、粢盛、籩豆、器用，據周禮所載，非惟祭地無明文，即祭天，亦統于祭大神之内。故郊特牲所載，每多渾言，惟此條明點出「地」字，推之可見也。

又案：郊祭用犧尊，社壝用大罍，器用之不同，于祭社亦一證。

右器用

服冕

禮記月令：季夏之月，令婦官染采，黼黻文章，必以法故，以給郊廟祭祀之服。

蕙田案：祭地之服，經無明文，統于祭天也。統于祭天者，統于衮冕也。大裘特爲冬至設耳，故春官司服但言冕不言衮，衮之章從乎冕，未有冕而不衮者也。祀天大裘，蓋謂異乎諸祭之服，但衮冕耳。郊特牲「祭之日，王被衮以象天」。家語「天子大裘以黼之」。則固衮而備黼黻文章矣。祭地去大裘而衮冕，則郊祭之服同也。乃注疏謂祭天地同服大裘，是誤以祭天爲但服大裘而不被衮，并誤以祭地爲同服大裘，但知天地之祭同服，而不知同者衮冕，而非大裘也。觀月令此條，不惟祭地之不服大裘可見，而祭天之服裘被衮，亦可證矣。何乃泥于「大裘而冕」一語，致穿鑿無理如是耶？

附辨賈、孔祭地服大裘：

天官司裘「掌爲大裘」。賈疏：以其祭天地之服，故以大言之。王制「一命卷」，孔疏：祭地之服無文，案詩昊天有成命郊祀天地也。天地相對，則祭地亦用大裘。故孝經援神契云：「祭地之禮與祭天同。」亦據衣服同故也。杜氏通典：王及尸同服大裘。注：「祭地之服無文。崔靈恩、賈公彦、孔穎達皆云與祭天同服，今案郊特牲云：『器用陶匏，以象天地之性。』是同器也。王制云：『天地之牛，角繭栗。』是同牲也。又鈎命訣云：『地配以后稷。』又配祭同也。此類頗多，凡覆載功齊，煦嫗德一，尚質之義，安有二哉？」

程子曰：元祐時，朝廷議行北郊，只因五月間，天子不可服大裘，皆以爲難行，不知郊天、郊地，禮制自不同。天是資始，故凡物皆尚純，藉用藁秸，器用陶匏，服用大裘是也。地則資生，安可亦用大裘？當時諸公，知大裘不可服，不知別用一服。是時，蘇子瞻便據昊天有成命之詩，謂郊祀同；文潞公便謂譬如祭父母，作一處何害？曰此詩冬至、夏至皆歌，豈不可耶？郊天地又與共祭父母不同也，此是報本之祭，須各以其類祭，豈得同時耶？

蕙田案：程子謂天資始而尚純，是大裘無衮冕也。推之地資生，則宜尚華尚備，服用衮冕而不用大裘可矣。于「器用陶匏，以象天地之性」二句，義便不合，是程子此條論祭地不服裘，則是論祭天服裘爲純色，義尚未確。

楊氏復曰：自漢以來，分冬至、夏至二祀爲南北郊。南郊，則周人之圜丘也；北郊，則周人之方澤也。然後之人主欲行親郊之禮者，未聞以南郊爲難，而常以北郊爲難。夫五月雖盛暑之月，他事之當舉，他禮之當行者，未嘗廢也。而獨難于北郊，何也？諸儒謬誤之説惑之也。案司服「王祀昊天上帝，則服大裘而冕，祀五帝亦如之」。惟祀地之服，經無明文，鄭注亦未嘗及之，賈公彦始爲之疏曰：「崑崙、神州亦服大裘。」可知夫賈公彦一時率爾之言，未嘗深考其故。豈有夏至陽極之月而可服大裘哉？而崔靈恩、孔穎達與杜佑通典亦爲是説，于是祀天地之服，不問寒暑，必服大裘，而北郊遂爲不可行之禮。至本朝元祐中，議北郊禮，論者猶以大裘不可服爲言，于是始有請於冬至南郊，而合祭天地者矣，若顧臨等所言是也。有援虞、周告祭之禮，以證祀地之正祭者矣，如蘇軾之言是也。因諸儒一時謬誤之言，而欲廢祀地之大典，可不惜哉？又曰：「王者事天明，事地察，祭祀冕服同乎，異乎？」曰：「冬至祀天，夏至祀地，蒼璧禮天，黄琮禮地，各因其類，以象天地之性者，不容以不異也。冕服者，王之所服以事昊天上帝、后土、地示，不容以不同也。但夏至不用大裘爾。」周官屨人曰：「凡四時祭祀，以宜服之。」夫屨猶辨四時之宜，則冕服可知矣。唐長孫無忌曰：「天子祀天地，服大裘冕。」案周郊祀被衮以象天，戴冕璪十二旒，與大裘同。月令孟冬天子始裘以禦寒，冬至報天，啓蟄祈穀，服裘可也。

孟夏迎氣，龍見而雩，如之何而可服？故歷代惟服衮章，斯言也，信而有證矣。

右服冕

瘞埋

儀禮覲禮：祭地瘞。

敖氏繼公曰：瘞，埋也。皆順其性而爲之。

禮記祭法：瘞埋于太折，祭地也。用騂犢。疏：謂瘞繒埋牲。

方氏慤曰：瘞埋則藏之幽，藏之幽者，地道也。謂瘞繒埋牲于土。

禮運：祭地瘞繒。注：埋牲曰瘞。幣帛曰繒，或作贈。疏：瘞繒者，瘞，埋也，謂祀地埋牲也。

祭法云：「瘞埋于太折，祭地也。」幣帛曰繒，繒之言贈也，謂埋告又贈神也。

方氏慤曰：繒帛藏之于幽，故言瘞。

馬氏彦醇曰：古者蒼璧禮天，黄琮禮地，未嘗有瘞埋之玉也。先儒謂燔柴、瘞埋俱有玉，以降天神，出地示。肆師曰：「大祀用玉帛牲牷。」雲漢云：「圭璧既卒。」皆謂禮神之玉。此經燔柴、瘞埋有帛而無玉也。蓋祭天不燔玉而燔帛，祭地不瘞玉而瘞繒。禮運云「祭祀瘞繒」是也。正如諸侯之禮，三帛二生一死贄，則受之，而五玉，卒乃復也。

爾雅釋天：祭地曰瘞埋。注：既祭，埋藏之。疏：祭法「瘞埋于太折，祭地」。然則祭神州地祇于北郊，瘞繒埋牲，因名祭地曰瘞埋。李巡曰：「祭地，以玉埋地中曰瘞埋。」孫炎曰：「瘞者，翳也，既祭翳藏地中。」

文獻通考：宋元豐元年九月，陳襄等言：「陰祀自血始，然則瘞血以致神明，不可不在先也。及致祇矣，方有事焉。至於禮畢，則以牲幣之屬瘞之，然後爲禮之終。故儀禮謂『祭地瘞』，而鄭氏謂祭禮終矣，備矣。先儒有謂于瘞之始，即用牲幣之屬，既不經見，而又未薦神，遽以瘞之，則是備于先而闕于後也。至後世知瘞牲幣于祭末，而不知致神于其始，則是備于後而闕于先也。請祀北郊，先行瘞血之禮，俟薦獻禮畢，即瘞牲幣之屬，則始終之禮備。」從之。

陳氏禮書：曾子問曰：「天子將出，必以幣帛皮圭告于祖禰，反必告，釋奠。卒，斂幣玉，藏之兩階之間。君薨而世子生，太祝執束帛升，奠帛于殯東几上，遂朝奠，小宰升舉幣。」則宗廟之瘞，在既事之後矣。祭天曰燔柴，祭地曰瘞埋，又周人尚臭而升煙，瘞埋乃臭氣也，則天地之燔瘞，在行事之前矣。賈公彦謂天神中非直有升煙，玉帛牲亦有禮神者也。地祇中非直有瘞埋牲，亦有禮神者也。以爲瘞埋在作樂降神之後，而禮神又燔瘞之後，則燔瘞之與禮神，固有二玉、二帛、二牲矣。以宗廟之祭考之，升首所以報陽，則天地燔瘞，固用首矣。漢用牲首，蓋禮意也。周官羊人「凡釁積，共其羊牲」。犬人「凡祭祀，共犬牲，伏、瘞亦如之」。鄭司農曰：「瘞，謂埋祭。祭地曰瘞埋。」則燔瘞用犬羊矣。此豈施于天地之大祀與夫次祀、小祀者乎？周魏之間，燔柴皆于祭末。郭璞云：「祭天，既祭，積柴燒之。祭地，既祭，瘞埋藏之。」恐先王之時，祭祀事畢，亦有燔瘞之禮，其詳不可考也。書金縢稱「周公曰：『爾之許我，我其以璧與圭瘞，俟爾命。』」則禮神之玉，其終固燔瘞矣。

蕙田案：燔瘞之禮，當以宋元豐陳襄議爲是。陳氏禮書謂燔瘞用牲首及燔瘞有玉，皆非是，詳見「祀天」門。祭地曰瘞，周禮以血祭祭社稷，是祭名不同也。

右瘞埋

樂

周禮春官大司樂：凡樂，函鍾爲宮，太蔟爲角，姑洗爲徵，南呂爲羽，靈鼓靈鼗，孫竹之管，空桑之琴瑟，咸池之舞。夏日至，于澤中之方丘奏之，若樂八變，則地示皆出，可得而禮矣。注：禘大祭也。地示則主崑崙。函鍾，林鍾也。林鍾生于未之氣，未，坤之位，或曰天社在東井輿鬼之外。天社，地神也。地宫林鍾，林鍾上生太簇，太簇下生南吕，南吕上生姑洗。鄭司農云：

「靈鼓、靈鼗，四面。」玄謂靈鼓、靈鼗，六面。孫竹，竹枝根之末生者。空桑，山名。　疏：言六變、八變、九變者，謂在天地及廟庭而立四表，舞人從南表向第二表爲一成，一成則一變。從第二至第三爲二成，從第三至北頭第四表爲三成。舞人各轉身南向于北表之北，還從第一至第二爲四成，從第二至第三爲五成，從第三至南頭第一表爲六成，則天神皆降。若八變者，更從南頭北向第二爲七成，又從第二至第三爲八成，地祇皆出。若九變者，又從第三至北頭第一爲九變，人鬼可得禮焉。此約周之大武，象武王伐紂，故樂記云：「且夫武，始而北出，再成而滅商，三成而南，四成而南國是疆，五成而分陝，周公左，召公右，六成復綴以崇。」其餘大濩已上，雖無滅商之事，但舞人須有限約，亦應立四表，以與舞人爲曲別也。云「函鍾，林鍾也」者，月令謂之林鍾是也。云「林鍾生于未之氣，未，坤之位」者，林鍾在未，八卦坤亦在未，故云坤之位〔一〕。云「或曰天社在東井輿鬼之外」者，案星經「天社六星，輿鬼之南」，是其輿鬼外也。天社坤位〔二〕，皆是地祇，故以林鍾爲地宮也。「地宮林鍾，林鍾上生太簇」，太簇爲角。「太簇下生南呂」，南呂爲羽，先生後用也。「南呂上生姑洗」，姑洗爲徵，後生先用。四聲足矣。云「孫竹，竹枝根之末生」者，案詩毛傳云：「枝，幹也。」幹即身也。以其言孫，若子孫然，知竹根末生焉。

薛氏士隆曰：林鍾，丑之衡，爲地統，與其他之律皆相生之次而用，地靜而不變，以生爲本，故以

〔一〕「云坤之位」四字，諸本脱，據周禮注疏卷二二補。
〔二〕「坤」，諸本作「神」，據周禮注疏卷二二改。

相生爲用，不與圜丘、宗廟同。

王氏詳説曰：林鍾上生太簇，太簇下生南吕，南吕上生姑洗。然先姑洗而後南吕，以姑洗數多而南吕數少耳。相生者，地之功，故于地言之。

鄭氏鍔曰：地功始于寅，故用太蔟爲角，角言功之始。地功成于辰，故用姑洗爲徵，徵言功之成。地功終于酉，故用南吕爲羽，羽言功之終。天神而地靈，故以靈名其鼓與鼗。樂用函鍾，言地爲萬物之君，終于南吕，象其作成萬物之效。鼓鼗言其德之靈，管象其生之衆，空桑言其道無所不容，咸池言其澤無所不徧，而丘之體又象地之方，祭之日，用夏至，一陰始生之日，以類求類，如此，安有神之不出乎？

蔡氏德晉曰：函鍾，即林鍾，屬未，其位爲坤，地勢坤，萬物皆致養焉，故祀地用以爲宫。不曰林而曰函，與易坤卦含宏同意。林鍾生太簇，太簇生南吕，南吕生姑洗者，律之相生者也。相生者，地之功，故祀地取之。函鍾爲宫，蕤賓爲之合，太簇爲角，應鍾爲之合，姑洗爲徵，南吕爲羽，而交相合焉。宫之旋而在地者，其合降而三也。鼓鼗以靈名，靈爲地之德也。孫竹，竹旁生而柔穉者，其音和平，于祭地示宜也。樂八變者，咸池之樂以八變而終也。天神在上，故曰降。地示在下，故曰出。言皆出者，亦謂后土來格，而諸地示隨之也。

方氏苞曰：天之體動，故其感較速。地之體靜，故其感較遲。上言五變而致土祇，此言八變而地示皆出，何也？上列序五地、土祇者，原隰之祇耳。記曰：「大旅具矣，不足以享帝。」則方澤之祭，較之原隰之祇，其感召必有難易可知也。

蕙田案：此致示之樂。

乃奏太簇，歌應鍾，舞咸池，以祭地示。注：太簇，陽聲第二，應鍾爲之合。咸池，大咸也。疏：地示卑于天神，故降用太簇，陽聲第二及咸池也。云「太簇，陽聲第二，應鍾爲之合」者，以黄鍾之初九，下生林鍾之初六，林鍾之初六，上生太簇之九二，是陽聲之第二也。太簇，寅之氣也，正月建焉，而辰在娵訾〔一〕。應鍾，亥之氣也，而辰在析木，是應鍾爲之合也。云「咸池，大咸也」者，此云咸池，上文云大咸，以爲一物，故云大咸也。

鄭氏鍔曰：太簇者，建寅之律，陽聲之第二。應鍾雖非陽聲之第二，然其位在亥，寅與亥相合之辰，故奏太簇，必歌應鍾之調，取其合也。

易氏祓曰：池，以象地之澤，唐堯氏之樂。唐堯氏德與地合，故咸池之樂，起于太簇之寅，應以應鍾之亥，是太簇爲六律之次，應鍾爲六同之次，咸池爲六舞之次，以祭地示類也。

〔一〕「辰」，原作「神」，據光緒本、周禮注疏卷二二改。

蔡氏德晉曰：太簇屬寅，陽聲第二，應鍾屬亥，陰聲第六，爲之合，寅與亥合也。

咸池，六樂第二。

蕙田案：此祭示之樂。

右樂

尸

周禮春官大祝：凡祭示，逆尸，相尸禮。

小祝：大祭祀，送逆尸，沃尸盥。

曲禮孔疏：天子祭天地、社稷、山川、四方百物，皆有尸。

右尸

祝

周禮春官大祝：掌六祝之詞，以事鬼神示。

辨六號，三曰示號。注：號，謂尊其名，更爲美稱焉。示號若云后土、地示。

祭示，則執明水火而號祝。注：明水火，司烜所共日月之氣，以給烝享。執之如以六號祝，明此圭潔也。

劉氏敞曰：祭示，祭地方澤，禮最大，故特言。

右祝

大戴禮公符篇：古祝詞：「溥溥之土，承天之神，興甘風雨，庶卉百穀，莫不茂者。既安且寧，維予一人，敬拜下土之靈。維某年某月上日。」

儀節

周禮天官冢宰：前期十日，帥執事而卜日，遂戒。祀大示，亦如之。

春官大宗伯：祭大示，帥執事而卜日。

凡祭大示，宿，眡滌濯，莅玉鬯，詔大號，治其大禮，詔相王之大禮。

天官大宰：及執事，視滌濯。祀大示，亦如之。

春官大宗伯：凡祭大示，莅玉鬯，省牲鑊，奉玉齍。注：玉，禮神之玉也。疏：即黄琮之等，兩圭之類，皆是禮神置于神坐也。

秋官蜡氏：凡國之大祭祀，令州里除不蠲，禁刑者、任人及凶服者，以及郊野。

疏：大祭祀，謂郊祭天地。

大祝：凡祭示，逆牲。

天官大宰：及納亨，贊王牲事。祀大示，亦如之。

春官大宗伯：祭大示，省牲鑊。

天官大宰：贊玉幣爵之事。祀大示，亦如之。

小宰：凡祭祀，贊玉幣爵之事。

蕙田案：祀天圜丘，祭地方澤，皆謂之郊。然其禮有與祀天異者，有與祀天同者。澤中方丘、夏日至、玉幣、犧牲、瘞埋、樂舞，皆與天異者，從其類也。至卜日、誓戒、陳設、省視、酒醴、粢盛、籩豆、器用、服冕、車旗及祭日儀節、始終之序，皆與天同者，均其尊也。今特舉其異，而明著大示者，編列如右。其同者，已詳「祀天」門，不復載。閱者參互考之，可具見禮之等殺焉。

右儀節

五禮通考卷三十八

吉禮三十八

方丘祭地

秦漢祭地

文獻通考：秦始皇帝即位三年，祠八神，二曰地主，祠泰山梁父。蓋天好陰，祠之必於高山之下，山之上，命曰畤；地貴陽，祭之必於澤中圜丘云。

漢書高祖本紀：二年六月，令祠官祀天地、四方、上帝、山川，以時祀之。六年，詔御史，令長安置祠祀官、女巫，其梁巫祠天地。

文獻通考：漢文帝初，祭地于渭陽，以高帝配。

漢書武帝本紀：元鼎四年冬十月，行幸雍。自夏陽，東幸汾陰。十一月甲子，立后土祠于汾陰脽上。禮畢，行幸滎陽。還至洛陽，詔曰：「祭地冀州，瞻望河、洛。巡省豫州，觀于周室，邈而無祀。詢問耆老，乃得孽子嘉。其封嘉爲周子南君，以奉周祀。」

郊祀志：天子郊雍，曰：「今上帝朕親郊，而后土無祀，則禮不答也。」有司與太史令談、祠官寬舒議：「天地牲角繭栗，今陛下親祠后土，后土宜于澤中圜丘爲五壇，壇一黄犢牢具，已祠盡瘞。而從祠衣上黄。」侍祠之人着黄衣。於是，天子東幸汾陰。汾陽男子公孫滂洋等見汾旁有光如絳，上遂立后土祠於汾陰脽上，如寬舒等議。上親望拜，如上帝禮。

漢舊儀：漢法，三歲一祭地于河東汾陰后土宮，以夏至日祭地，地神出，祭五帝于雍畤。又曰：「祭地河東汾陰后土宮，宮曲入河。古之祭地，澤中方丘也。禮儀如祭天，名泰一曰丘。」

武帝本紀：元鼎五年冬十一月，祭后土。

元封四年春三月，祠后土。詔曰：「朕躬祭后土地祇，見光集于靈壇，一夜三燭。其赦汾陰死罪以下。」六年春三月，行幸河東，祠后土。詔曰：「朕禮首山，昆田出珍物，化或爲黄金。祭后土，神光三燭。其赦汾陰殊死以下，賜天下貧民布帛，人一匹。」

太初元年十二月，禪高里，祠后土。二年春三月，行幸河東，祠后土。令天下大酺五日。夏四月，詔曰：「朕用事介山，祭后土，皆有光應。其赦汾陰、安邑殊死以下。」

天漢元年春三月，行幸河東，祠后土。

蕙田案：漢郊祀歌有祀后土樂章，見「圜丘」門。

宣帝本紀：神爵元年三月，行幸河東，祠后土。

五鳳三年春三月，幸河東，祠后土。詔赦天下。

元帝本紀：初元四年春三月，幸河東，祠后土。赦汾陰徒，賜民爵一級。

永光五年三月，幸河東，祠后土。

建昭二年春三月，行幸河東，祠后土。

成帝本紀：建始元年，作長安南北郊，罷汾陰后土祠。二年三月辛丑，上始祠后土于北郊。

永始三年冬十月，皇太后詔復汾陰后土祠。　四年三月，行幸河東，祠后土，賜吏民。

元延二年三月，行幸河東，祠后土。　四年三月，行幸河東，祠后土。

綏和二年三月〔一〕，行幸河東，祠后土。　二年，皇太后詔復長安南北郊。

哀帝即位，寢疾，復甘泉泰畤、汾陰后土祠。

文獻通考：平帝時，王莽奏罷甘泉泰畤，復長安南北郊。又奏：「以天地合祭，以孟春正月上辛若丁，天子親合祀天地於南郊，以高帝、高后配。夏日至，使有司奉祭北郊，以高后配。議稱墬祇曰后土，與中央黄靈同。」又，「兆北郊未有尊稱，宜令墬祇稱皇墬后祇，兆曰廣畤」。奏可。

後漢書祭祀志：建武元年，爲壇祭告天地，未以祖配，天地共犢。

文獻通考：建武二年正月，郊。別祀地祇，位南面，西上，高皇后配，西面，北上，

〔一〕「二年」，諸本作「元年」，據漢書成帝本紀改。

皆在壇上。地理群神從食，皆在壇下，如元始故事。岳、瀆位，見「山川」門。地祇、高皇后用犢各一頭，五岳共牛一頭，海、四瀆共牛一頭，群神共二頭。奏樂亦如南郊，既送神，瘞俎實于壇北。

黄圖載元始儀：后土壇方五丈六尺，茅營去壇十步外，土營方二百步限之。其五零壇土茅營，如上帝五神去營步數。神道四通，廣各十步。宫内道廣各二丈，有闕。爲周道后土宫外，徑九步。營岱宗西門之外，河北門之外，海東門之外，徑各六十步。壇方二丈，高二尺。爲周道前望之外，徑六步。列望亞前望道外，三十六步。壇廣一丈五尺，高一尺五寸。爲周道列望之外，徑六步。卿望亞列望道外，徑三十五步。壇廣一丈，高一尺。爲周道卿望之外，徑六步。大夫望亞卿望道之外，徑十九步。壇廣八尺，高八寸。爲周道大夫望之外，徑九步。士望亞大夫望道外，徑十二步。壇廣六尺，高六寸。爲周道士望之外，徑六步。凡地宗后土宫壇營，方二里，周八里。營再重，道四通。常以歲之孟春正月，親郊祭天南郊，以地配。天地位，皆南向，同席，地差在東，共牢而食；夏至，使有司奉祭地祇於北郊，高皇后配。

後漢書世祖本紀：建武十八年三月壬午，幸蒲坂，祀后土。

漢官儀：「祭地于河東汾陰后土宫，宫曲入河。古之祭地，澤中方丘也。以夏至日祭，其禮儀如祭天。」蒲坂縣屬河東郡。后土祠在今蒲州汾陰縣北。

中元元年十月甲申，使司空告祠高廟曰：「吕太后不宜配食。高廟同祧至尊，薄太后母德仁慈，其上薄太后尊號曰高皇后，配食地祇。遷吕太后廟主於園。」是歲，初起北郊。

祭祀志：中元元年初，營北郊，遷吕太后於園。上薄太后尊號曰高皇后，當配地，郊高廟。北郊在雒陽城北四里，爲方壇，四陛。

世祖本紀：中元二年春正月，初立北郊，祀后土。

祭祀志：三十三年正月辛未，郊。别祀地祇，位南面，西上，高皇后配，西面，北上，皆在壇上。地理群神從食，皆在壇下〔一〕，如元始中故事。

漢官儀：北郊壇在城西北角，去城一里。所謂方壇，四陛，但存壇祠舍而已。

〔一〕「皆在」，諸本脱，據後漢書祭祀志中補。

其鼓吹樂及舞人、御帳，皆從南郊之具。地祇，位南面，西上，高皇后配，西面，皆在壇上。地理群神從食壇下。南郊焚犢，北郊埋犢。

禮儀志：凡齋，天地七日。大喪，地以下皆百日後乃齋，如故事。

右秦漢祭地

蜀魏祭地

宋書禮志：蜀漢先帝章武二年，詔丞相諸葛亮營北郊于成都。

通典：魏明帝景初元年，詔祀方丘，所祭曰皇皇后地，以舜妃伊氏配；北郊所祭曰皇地之祇，以武宣后配。

時高堂隆上表云：「古來娥、英、姜、姒，盛德之妃，未聞配食于郊者也。漢文初祭地祇于渭陽，西漢武帝時，始立汾陰后土祠。孝文時，無祭地祇于渭陽事。以高帝配。孝武立后土，宜依古典，以武皇配天地。」

文獻通考：馬氏曰：案鄭康成分圜丘與南郊爲二，方澤與北郊爲二，而所祀天地亦各有二名。曹魏郊祀，遵用其説，然鄭説祀天，則有昊天、有五帝，而魏圜丘所祀曰皇皇帝天，南郊所祀曰皇天之神。鄭説祀地，則有崑崙、有神州，而魏方澤所祀曰皇皇后地，北郊所祀，曰皇地之祇。往往見靈威仰及崑崙等名不雅馴，故有以易之，然不知皇天之與天神，后土之與地祇，果可分而爲二乎？可笑也！

右蜀魏祭地

晉祭地

晉書禮志：晉武帝泰始二年，定郊祀，地郊先后配。是年，并圜、方二丘于南北郊，更修壇兆。其二至之祀合于二郊。時從有司議云：古者郊丘不異。十一月庚寅冬至，帝親祠于南郊，自後方澤不別立。

元帝泰興二年，北郊未立，地祇共在天郊。

明帝太寧三年，詔立北郊，未及建而帝崩。

太寧三年七月，始詔立北郊。及成帝咸和八年正月，追述前旨，于覆舟山南立之。地郊以五岳、四望、四海、四瀆、五湖、五帝之佐、沂山、嶽山、白石山、霍山、醫無閶山、蔣山、松江、會稽山、錢塘江、先農，凡四十四神也。江南諸小山，蓋江左所立，猶如漢西京小水皆有祭秩也。是月辛未，祀北郊，始以宣穆張皇后配，此魏氏故事〔一〕，非晉舊也。

建元元年正月，將北郊，太常顧和表：「泰始中，合二至之禮于二郊。北郊之月，古無明文，或以夏至，或同用陽。漢光武正月辛未，始建北郊，此則與南郊同月。及中興草創，百度從簡，合北郊於一丘，憲章未備，權用斯禮，蓋時宜也。至咸和中，議别立北郊，同用正月。魏承後漢，正月祭天以配地。時高堂隆等以爲禮祭天不以地配，而稱周禮三王之郊，一用夏正。」於是從和議。是月辛巳北郊，帝親奉。

蕙田案：高堂隆稱祭天不以地配，是矣。所稱「三王之郊，一用夏正」，仍用鄭氏緯書之説，非周禮也。

晉書樂志：地郊饗神歌　整泰折，竢皇祇。衆神感，群靈儀。陰祀設，吉禮施。夜將極，時未移。祇之體，無形象。潛泰幽，洞忽荒。祇之出，薆若有。靈無遠，天

〔一〕「此」，諸本作「地」，據晉書禮志上改。

下母。祇之來，遺光景。照若存，終冥冥。祇之至，舉欣欣。舞象德，歌成文。祇之坐，同歡豫。澤雨施，化雲布。樂八變，聲教敷。物咸亨，祇是娛。齊既潔，侍者肅。玉觴進，咸穆穆。饗嘉慶，歆德馨。祚有晉，暨群生。溢九壤，格天庭。保萬壽，延億齡。

右晉祭地

宋祭地

宋書禮志：宋武帝永初二年，親祀南北郊。

少帝本紀〔二〕：永初三年九月，司空羨之、尚書令亮等奏：「高祖武皇帝宜配天郊，至於地祇之配，雖禮無明文，先代舊章，每所因循，魏、晉故典，足爲前式。謂武敬皇后宜配北郊。明年孟春，有事於二郊，請宣攝内外，詳依舊典。」詔可。

通典：孝武帝大明三年，移北郊于鍾山北道西，與南郊相對，後還舊處。

〔二〕「少帝本紀」，下文引自宋書禮志三，非少帝本紀文，此誤載。

初，晉始置於覆舟山南，至於此移之，廢帝以舊地吉祥，復之。

宋書禮志：北郊齋、夕牲、進熟，及乘輿百官到壇三獻，悉如南郊之禮；惟事訖，太祝令牲玉饌物詣埳置牲上，訖，又以一牲覆其上。治禮舉手曰：「可霾。」二十人俱時下土。填埳欲半，博士仰白：「事畢。」帝出。

右宋祭地

齊祭地

南齊書禮志：齊高祖建元二年正月次辛，祀北郊，犧牲之色，因舊不改，而無配，詔可。用王儉議。

武帝永明二年，祠部郎中蔡履議：「漢東京禮儀志『南郊禮畢，次北郊、明堂』。」太學博士王祐議：「正月上辛，宜祭南郊，次辛，有事明堂，後辛，饗祀北郊。」兼博士劉蔓議：「若依漢書五供，便應先祭北郊，然後明堂。則是地先天食，所未可也。」兼太常丞蔡仲熊議：「魏高堂隆表『九日南郊，十日北郊，十一日明堂，十二日宗廟』。案隆此言，是審於時定制。」尚書陸澄議：「明堂用日，宜依古在北郊。後漢唯南郊備大駕，自北郊以下，車駕十省其二。」尚書王儉議：「春秋感精符云：『王者父天母地。』則北郊之祀，應在明堂之先。漢、魏北郊，亦有親奉。太常顧和秉議。今宜親祀北郊。明年正月上辛，祀昊天。次辛，瘞后土。後辛，祀明堂，御並親奉。」詔可。

武帝本紀：永明三年春二月辛丑，車駕祀北郊。

齊書樂志：北郊樂歌辭，案周頌昊天有成命，郊祀天地也。是則周、漢以來，祭天地皆同辭矣。宋顏延之享地神辭一篇，餘與南郊同。齊北郊，群臣入奏肅咸樂，牲入奏引牲，薦豆毛血奏嘉薦，皇帝入壇東門奏永至，飲福酒奏嘉胙，還便殿奏休成，辭並與南郊同。迎送神昭夏登歌異。

迎地神，奏昭夏之樂　詔禮崇營，敬享玄時。靈正丹帷，月肅紫墀。展薦登華，風縣凝鏘。神惟戾止，鬱葆遥莊。昭望歲芬，環游辰太。穆哉尚禮，横光秉藹。

皇帝升壇，登歌　佇靈敬享，禋肅彝文。縣動聲儀，薦絜牲芬。陰祇以眖，昭司式慶。九服熙度，六農祥正。

皇帝初獻，奏地德凱容之樂　繕方丘，端國陰。掩珪晷，仰靈心。詔原委，遍丘林。八句。禮獻物，樂薦音。此下除二十二句，餘皆顔辭。

次奏昭德凱容之樂　慶圖濬邈，蘊祥祕瑶。俔天炳月，嬪光紫霄。邦化靈懋，閫則風調。儷德方儀，徽載以昭。

送神，奏昭夏之樂　薦神升，享序楙。掩玉俎，停金奏。寳旆轉，旒駕旋。溢素景，鬱紫躔。靈心顧，留宸睠。洽外瀛，瑞中縣。

瘞埋，奏隸幽之樂　后皇嘉慶，定祇玄畤。承帝休圖，祇敷靈祉。篚冪周序，軒朱凝會。牲幣芬壇，精明佇蓋。調川瑞昌，警岳祥泰。

右齊祭地

梁祭地

隋書禮儀志：梁武帝制北郊，爲方壇於北郊。上方十丈，下方十二丈，高一丈。四面各有陛。其外爲壝，再重，與南郊間歲。正月上辛，以一特牛，祀后土之神於其上，以德后配。禮以黄琮、制幣。五官之神、先農、五岳、沂山、嶽山、白石山、霍山、無間山、蔣山、四海、四瀆、松江、會稽山、錢塘江、四望，皆從祀。太史設埋次於壬地焉。

通典：省除四望座。博士明山賓議：「北郊有岳鎮海瀆之座，而又有四望座，疑重，遂省四望座。」松江、浙江、五湖、鍾山、白石山，並留之如故。帝行一獻之禮。

梁書武帝本紀〔一〕：天監四年，何佟之云：「周禮『地曰祇』，今地不稱祇，地攢宜題曰后地座。又北郊用上和香，以地於人親，宜加雜馥。」並從之。

五年，明山賓稱：「周以五月祭地，殷以六月祭地，夏以七月祭地，自頃代以來，南北二郊，同用夏正，皆以始祖配饗。」詔依議。

隋書音樂志：梁北郊迎神，諴雅，一曲，三言：地德普，崑丘峻。揚羽翟，鼓應鶇。出尊祇，展誠信。招海瀆，羅岳鎮。惟福祉，咸昭晉。

送神，諴雅，一曲，四言：詞同南郊。

皇帝初獻，奏登歌，二曲，四言：方壇既坮，地祇已出。盛典弗𠙚，群望咸秩。乃升乃獻，敬成禮卒。靈降無兆，神饗載謐。允矣嘉祚，其升如日。

〔一〕「梁書武帝本紀」，本條及下一條均引自隋書禮儀志一，非梁書武帝本紀文，此誤載。

至哉坤元，實惟厚載。躬兹奠饗，誠交顯晦。或升或降，摇珠動佩。德表成物，慶流皇代。純嘏不僭，祺福是賚。

右梁祭地

陳祭地

通典：陳武帝受禪，亦以間歲，正月上辛，用特牛一祀地于北郊，以皇妣昭后配。

陳書高祖本紀：永定二年春正月乙巳，輿駕親祀北郊。

文帝本紀：天嘉元年春正月辛未，車駕親祀北郊。　三年春正月辛酉，輿駕親祀北郊。　五年春正月辛巳，輿駕親祀北郊。

隋書禮儀志：文帝天嘉中，北郊改以德皇帝配。

光大中，以昭后配北郊。

宣帝本紀：太建三年春正月辛未，親祀北郊。　七年春正月辛巳，親祀北郊。

九年春正月辛卯，輿駕親祀北郊。

通典：宣帝即位，以郊壇卑下，更增廣之。祠部郎中王元規議：「舊壇上徑廣九丈三尺，請加七尺，以則地義。下徑廣十五丈，取三分益一，高丈五寸，請加尺五寸，取二倍漢家之數。」

右陳祭地

北魏祭地

魏書太祖本紀：天興三年春正月癸亥，有事於北郊，分命諸官循行州郡，觀民風俗，察舉不法。賜群臣布帛各有差。

禮志：天興三年正月癸亥，瘞地于北郊，以神元竇皇后配。五岳名山在中壝内，四瀆大川於外壝内，后土、神元后，牲共用玄牲一，玉用兩珪，幣用束帛，五岳等用牛一。祭畢，瘞牲體右於壇之北亥地，從陰也。乙丑，赦京師畿内五歲刑以下。其後，夏至祭地于方澤，用牲帛之屬，與二郊同。

高祖本紀：太和十三年五月庚戌，車駕有事于方澤。十八年二月乙丑〔一〕，行幸河陰，規建方澤之所。二十年五月丙戌，初營方澤于河陰。丁亥，車駕有事于方澤。

〔一〕「乙丑」，諸本作「己丑」，據魏書高祖本紀改。

蕙田案：北魏方丘歌辭，見「圜丘」門。

右北魏祭地

北齊祭地

隋書禮儀志：北齊方澤，三年一祭，謂之禘祀。爲壇在國北郊，廣輪四十尺，高四尺，面各一陛，其外爲三壝，相去廣狹同圜丘。壝外大營，廣輪三百二十步。營壍廣一十二尺，深一丈，四面各通一門。又爲瘞坎於壇之壬地，中壝之外，廣深一丈二尺。以黄琮束帛，夏至之日，禘崑崙皇地祇於其上，以武明皇后配。其神州之神、社稷、岱岳、沂鎮、會稽鎮、云云山、亭亭山、蒙山、羽山、嶧山〔一〕、崧岳、霍岳、衡鎮、荆山、内方山、大别山、敷淺原山、桐柏山、陪尾山、華岳、泰岳鎮、積石山、龍門山、江山、岐山、荆山、嶓冢山、壺口山、雷首山、底柱山、析城山、王屋山、西傾朱圉山、鳥鼠同穴山、熊耳山、敦物山、蔡蒙山、梁山、嶓山、武功山、太白山、恒岳、醫無閭山鎮、陰山、白登山、碣石山、太行山、狼山、封

〔一〕「嶧山」，諸本作「澤山」，據隋書禮儀志一改。

龍山、漳山、宣務山、閼山、方山、苟山、狹龍山、淮水、東海、泗水、沂水、淄水、濰水、江水、南海、漢水、穀水、洛水、伊水、漾水、沔水、河水、西海、黑水、澇水、渭水、涇水、酆水、濟水、北海、松水、京水、桑乾水、漳水、呼沲水、衞水、洹水、延水，並從祀。其神州位在青陛之北甲寅地，社位赤陛之西未地，稷位白陛之南庚地；自餘並内壝之内，内向，各如其方。合用牲十二，儀同圜丘。其後諸儒定禮。北郊歲一祀，皆以正月上辛。

北齊書武成帝本紀：河清二年春正月丁丑，以武明皇后配祭北郊。

隋書禮儀志：後齊北郊爲壇如南郊壇，爲瘞坎如方澤坎，祀神州神於其上，以武明皇后配。禮用兩圭有邸，各用黄牲一，儀瘞如北郊。

右北齊祭地

北周祭地

周書孝閔帝本紀：元年春正月辛丑，即皇帝位。癸卯，祀方丘。

明帝本紀：元年九月甲子，即天王位。冬十月丙戌，祠方丘。

武帝本紀：保定元年春正月壬子，祀方丘。

天和二年三月丁亥〔一〕，初立郊丘壇壝制度。

隋書禮儀志：周方丘在國陰六里之郊，丘一成，八方，下崇一丈，方六丈八尺，上崇五尺，方四丈。方一階，尺一級。其壝八面，徑百二十步，内壝半之。神州之壇，崇一丈，方四丈，在北郊方丘之右。其壝如方丘。北郊方丘，以神農配后地之祇，神州則以獻后莫那配焉。用牲，祭皇地祇，以其方色。

通典：莫那，周明帝之遠祖，自陰山南徙，始居遼西。

周書武帝本紀：建德六年夏五月己丑，祀方丘。

宣帝本紀：宣政元年六月，皇太子即皇帝位。秋七月戊申，祀方丘。

右周祭地

隋祭地

隋書禮儀志：高祖受命，議定祀典。爲方丘於宫城之北十四里。丘再成，成高五

〔一〕「三月」，諸本作「春正月」，據周書武帝本紀改。

尺，下成方十丈，上成方五丈。夏至之日，祭皇地祇於其上，以太祖配。神州、迎州、冀州、戎州、拾州、柱州、營州、咸州、揚州〔一〕，其九州山、海、川、林、澤、丘陵、墳衍、原隰，並皆從祀。地祇及配帝在壇上，用黄犢二。神州九州神座於第二等八陛之間，神州東南方，迎州南方，冀州、戎州西南方，拾州西方，柱州西北方，營州北方，咸州東北方，揚州東方，各用方色犢一。九州山海以下，各依方面八陛之間。其冀州山林川澤、丘陵墳衍，於壇之南，少西，加羊豕各九。北郊孟冬祭神州之神，以太祖武元皇帝配，牲用犢二。

高祖本紀：開皇三年夏五月辛酉，有事於方澤。

禮儀志：煬帝大業元年孟冬，祀神州，改以高祖文帝配。

文獻通考：北齊、後周、隋北郊，迎送神等歌詞同南郊。

隋書音樂志：方丘歌辭四首：

迎神，奏昭夏辭　柔功暢，陰德昭。陳瘞典，盛玄郊。篚冪清，脅膋馥。皇情虔，具寮肅。笙頌合，鼓鼗會。出桂旗，屯孔蓋。敬如在，肅有承。神胥樂，慶福膺。

〔一〕「揚州」，隋書禮儀志一作「陽州」，下同。

奠玉帛，登歌　道惟生育，器乃包藏。報功稱範，殷薦有常。六瑚已饋，五齊流香。貴誠尚質，敬洽義彰。神祚惟永，帝業增昌。

皇地祇歌辭，奏諴夏辭　厚載垂德，崑丘主神。陰壇吉禮，北至良辰。鑒水呈絜，牲栗表純。樽壺夕視，幣玉朝陳。群望咸秩，精靈畢臻。祚流于國，祉被于人。

送神歌辭，奏昭夏辭　奠既徹，獻已周。竦靈駕，逝遠遊。洞四極，帀九縣。慶方流，祉恒遍〔一〕。埋玉氣，掩牲芬。晰神理，顯國文。

方澤歌辭：

降神，奏昭夏　報功陰澤，展禮玄郊。平宗鎮瑞，方鼎升庖。調歌絲竹，縮酒江茅。聲舒鐘鼓，器質陶匏。列耀秀華，凝芳都荔。川澤茂祉，丘陵容衛。雲飾山罍，蘭浮汎齊。日至之禮，歆兹大祭。

奠玉，奏昭夏　曰若厚載，欽明方澤。敢以敬恭，陳之玉帛。德包含養，功藏

〔一〕「祉」，諸本作「社」，據隋書音樂志下改。

靈迹。斯箱既千，子孫則百。

初獻，奏登歌辭舞辭同圜丘。　質明孝敬，求陰順陽。壇有四陛，琮爲八方。牲牷蕩滌，蕭合馨香。和鑾戾止，振鷺來翔。威儀簡簡，鐘鼓喤喤。聲和孤竹，韻入空桑。封中雲氣，坎上神光。下元之主，功深蓋藏。

望坎位，奏皇夏　司筵撤席，掌禮移次。迴顧封壇，恭臨坎位。瘞玉埋俎，藏芬斂氣。是曰就幽，成斯地意。

右隋祭地

唐祭地

舊唐書禮儀志：武德初，定令：每歲夏至，祭皇地祇于方丘，亦以景帝配。其壇在宫城之北十四里。壇制再成，下成方十丈，上成五丈。每祀則地祇及配帝設位于壇上，神州及五嶽、四鎮、四瀆、四海、五方、山林、川澤、丘陵、墳衍、原隰，並皆從祀。神州在壇之第二等。五嶽以下三十七座，在壇下外壝之内。丘陵等三十座，在壝外。

其牲，地祇及配帝用犢二〔一〕，神州用黝犢一，嶽鎮以下加羊豕各五。

孟冬，祭神州于北郊，景帝配，牲用黝犢二。

蕙田案：夏至祭方丘，至唐乃合於禮。然神州之祭，尚仍襲鄭注之謬也。

通典：太宗貞觀時，奉高祖配地郊。

中書令房玄齡與禮官議，以爲禮有益於人則祀之。神州者，國之所托，餘八州，則又不相及。近代通祭九州，今除餘州等八座，唯祭皇地祇及神州，以正祀典。

舊唐書音樂志：夏至祭皇地祇于方丘樂章八首：貞觀中褚亮等作。

迎神，用豫和　萬物資以化，交泰屬昇平。易從業惟簡，得一道斯寧。具儀光玉帛，送舞變咸英。黍稷良非貴，明德信惟馨。

皇帝行，用太和詞同冬至圜丘。

登歌、奠玉帛，用肅和　至矣坤德，皇哉地祇。開元統紐，合大承規。九宫肅列，六典相儀。永言配命，長保無虧。

〔一〕「二」，諸本作「三」，據舊唐書禮儀志一改。

迎俎，用雍和　柔而能方，直而能敬。厚德以載，大亨以正。有滌斯牲，有馨斯盛[一]。介兹景福，祚我休慶。

皇帝酌獻飲福，用壽和詞同冬至圜丘。

送文舞出，迎武舞入，用舒和　玉幣牲牷分薦享，羽旄干戚遞成容。一德惟寧兩儀泰，三才保合四時邕。

武舞，用凱安詞同冬至圜丘。

送神，用順和　陰祇叶贊，厚載方貞。牲幣具舉，簫管備成。其禮惟肅[二]，其德惟明。神之聽矣，式鑒虔誠。

祭神州樂章二首：太樂舊有此詞，不詳所起。

迎神　黄輿厚載，赤寰歸德。含育九區，保安萬國。誠敬不怠，禋祀有則。樂以迎神，其儀不忒。

[一]「有馨」，諸本作「布聲」，據舊唐書音樂志三改。
[二]「禮」，諸本作「豊」，據舊唐書音樂志三改。

送神　神州陰祀，洪恩廣濟。草樹霑和，飛沉沐惠。禮修鼎俎，奠歆瑶幣。送樂有章，靈軒其逝。

祭神州于北郊樂八章：貞觀中褚亮作。

迎神，用順和詞同夏至方丘。

皇帝行，用太和詞同冬至圜丘。

登歌、奠玉帛，用肅和　大矣坤儀，至哉神縣。包含日域，牢籠月窟。露潔三清，風調六變。皇祇届止，式歆恭薦。

迎俎，用雍和　泰折嚴享，陰郊展敬。禮以導神，樂以和性。黝牲在列，黄琮俯暎。九土既平，萬邦貽慶。

皇帝酌獻飲福，用壽和詞同冬至圜丘。

送文舞出，迎武舞入，用舒和　坤道降祥和庶品〔一〕，靈心載德厚群生。水土既調三極泰，文武畢備九區平。

〔一〕「坤」，原作「神」，據味經窩本、乾隆本、光緒本、舊唐書音樂志三改。

武舞，用凱安詞同冬至圜丘。

送神，用順和詞同冬至圜丘。

高宗永徽中，廢神州之祀。

禮部尚書許敬宗議：「方丘在祭地之外，别有神州，謂之北郊，分地爲二，既無典據，理又不通，請合於一祀，以符古義，仍並循附式令，永垂後則。」可之。

唐書蕭德言傳：方丘既祭地，又祭神州北郊，皆不載經，請止一祠。詔曰「可」。

蕙田案：鄭氏神州之謬，至是乃破。

文獻通考：乾封初，詔：「依舊祀神州皇地祇，壇依舊于渭水安置〔一〕。」

奉常博士陸遵楷等議〔二〕：「北郊之月，古無明文。漢光武正月辛未，始建北郊。東晉成帝咸和中，議北郊用正月，皆無指據。武德來，禮令即用十月，爲是陰用事，故于此時祭之，請依舊十月致祭。」從之。

〔一〕「渭水」下，文獻通考卷七六有「北」字。

〔二〕「陸遵楷」，諸本脱「楷」字，據舊唐書禮儀志一補。

蕙田案：是時圜丘、五方、明堂、感帝、神州，皆以高祖、太宗並配。則天垂拱元年，郊丘諸祠，以高祖、太宗、高宗並配。開元十一年，以高祖配，而罷三祖並配。至二十年，蕭嵩等定禮，而祖宗之配，始定不復改矣。

武后天册萬歲元年，親享南郊，合祭天地。

睿宗景雲三年，將祀南郊，有司請設皇地祇位。

蕙田案：賈曾表議，詳見「圜丘」條下。

唐書睿宗本紀：先天元年夏五月戊寅，有事于北郊。辛巳，大赦，改元曰延和。賜内外官陪禮者勳一轉，民酺五日。

舊唐書音樂志：睿宗太極元年，祭皇地祇于方丘樂章八首：不詳撰者。

迎神，用順和黄鍾宫三變，太簇角一變，姑洗徵一變，南吕羽一變。 坤厚載物，德柔垂祉。九域咸雍，四溟爲紀。敬因良節，虔修陰祀。廣樂式張，靈其降止。

金奏新加太簇宫。 坤元至德，品物資生。神凝博厚，道叶高明。列鎮五嶽，環流四瀛。于何不載，萬寶斯成。

皇帝行，用太和詞同貞觀冬至圜丘，黄鍾宫。

登歌、奠玉帛，用肅和詞同貞觀太廟肅和，應鍾均之夷則。

迎俎及酌獻，用雍和詞同貞觀太廟雍和。

送文舞出，迎武舞入，用舒和詞同皇帝朝群臣舒和。

武舞，用凱安詞同貞觀冬至圜丘。

送神，用順和林鍾宮。　樂備金石，禮光樽俎。大享爰終，洪休是舉。雨零感節，雲飛應序。應紱載辭，皇靈具舉。

唐書玄宗本紀：開元十一年二月壬子，如汾陰，祀后土。

文獻通考：開元十一年，上將還西京，便幸并州。兵部尚書張説進言曰：「陛下今因行幸，路由河東，有漢武后土之祀，此禮久闕，歷代莫能行之。願陛下紹斯墜典，以爲三農祈穀，此誠萬姓之福。」至十一年二月二十二日〔一〕，祠后土于汾陰脽上。太史奏：「榮光出河，休氣四塞。祥風繞壇，日揚其光。」初，有司奏：「修壇掘地，獲古銅鼎二，其大者容四升，小者容一升，色皆青。又獲古甎，長九寸，有篆書『千秋萬歲』字及『長樂未央』字。又有赤兔

〔一〕「十一年」，諸本作「十二年」，據文獻通考卷七六改。

見于壇側。」舊祠堂爲婦人素像，則天時，移河西梁山神素像就祠中配焉。至十一年，有司遷梁山神像於祠外之别室焉。兼以中書令張嘉貞爲壇場使，將作少監張景爲壇場副使，張説爲禮儀使。

舊唐書玄宗本紀：開元二十年九月乙巳，中書令蕭嵩等奏上開元新禮。十一月庚午〔二〕，祀后土于脽上，大赦天下。

唐書玄宗本紀：開元二十年十一月庚申，如汾陰，祠后土。

文獻通考：開元二十年，車駕欲幸太原，中書令蕭嵩上言云：「十一年，親祠后土，爲蒼生祈穀。自是神明昭祐，累年豐登。有祈必報，禮之大者。且漢武親祠脽上，前後數四。伏請准舊事，至后土行報賽之禮。」上從之。至十一月二十一日，祀后土于脽上。其文曰：「恭唯坤元，道昭品物，廣大茂育，暢於生成。庶憑休和，惠及黎獻。博厚之位，粤在汾陰。肅恭時巡，用昭舊典。敬以琮幣犧牲，粢盛庶品，備兹瘞禮，式展誠慤。睿宗皇帝配神作主。」禮畢，令所司刊石於祠所。上自爲文。

舊唐書音樂志：玄宗開元十一年，祭皇地祇于汾陰樂章十一首：

〔二〕「庚午」，原作「庚申」，據味經窩本、乾隆本、光緒本、舊唐書玄宗本紀改。

迎神，用順和，林鍾宮以下各再變。黄門侍郎韓思復作。太樂和暢，殷薦明神。一降通感，八變必臻。有求斯應，無德不親。降靈醉止〔一〕，休徵萬人。

太蔟角中書侍郎盧從愿作。坤元載物，陽樂發生。播殖資始，品彙咸亨。列俎棊布，方壇砥平。神歆禋祀，后德惟明。

姑洗徵司勳郎中劉晃作。大君出震，有事郊禋。齋戒既肅，馨香畢陳。樂和禮備，候暖風春。恭惟降福，實賴明神。

南吕羽禮部侍郎韓休作。於穆濬哲，維清緝熙。肅事昭配，永言孝思。滌濯静嘉，馨香在兹。神之聽之，用受福釐。

皇帝行，用太和，黄鍾宮吏部尚書王晙作。於穆聖皇，六葉重光。太原刻頌，后土疏場〔二〕。寶鼎呈符〔三〕，歊雲降祥。禮樂備矣，降福穰穰。

登歌、奠玉帛，用肅和，蕤賓均之夾鍾羽刑部侍郎崔玄暐作。聿修嚴配，展事禋

〔一〕「醉」，諸本作「載」，據舊唐書音樂志三改。
〔二〕「場」，原作「揚」，據味經窩本、乾隆本、光緒本、舊唐書音樂志三改。
〔三〕「呈」，諸本作「陳」，據舊唐書音樂志三改。

宗。祥符寶鼎，禮備黄琮。祝詞以信，明德惟聰。介兹景福，永永無窮。

迎俎，用雍和，黄鍾均之南吕羽徐州刺史賈曾作。蠲我餴饎，潔我膋薌。有豆孔碩，爲羞既臧。至誠無昧，精意惟芳。神其醉止，欣欣樂康。

酌獻，飲福用壽和，黄鍾宫禮部尚書蘇頲作。禮物斯備，樂章乃陳。誰其作主，皇考聖真。對越在天，聖明佐神。窅然汾上，厚澤如春。

送文舞出，迎武舞入，用舒和，太簇宫太常少卿何鸞作。樂奏云闋，禮章載虔。禋宗于地，昭假于天。惟馨薦矣，既醉歆焉。神之降福，永永萬年。

武舞，用凱安，黄鍾均之林鍾徵主爵郎中蔣挺作。維歲之吉，維辰之良。聖君紱冕，肅事壇場。大禮已備，大樂斯張。神其醉止，降福無疆。

送神，用順和尚書右丞源光裕作。方丘既膳，嘉享載謐。齊敬畢誠，陶匏貴質。秀篚豐薦，芳俎盈實。永永福流，其昇如日。

舊唐書禮儀志：開元二十年，蕭嵩爲中書令，改撰新禮，祀地一歲有二。

開元禮　祭地儀：夏至日，祭皇地祇于方丘。壇上以高祖神堯皇帝配座。每座籩、豆各十二，簠、簋、甑、俎各一，都七十二座〔一〕。祭神州地祇于壇第一等，籩、豆各四，餘如上也。祭五岳、四鎮、四海、四瀆、五山、五川、五林、五澤、五丘、五陵、五墳、五衍、五原、五隰于内壝之外，各依方所。每座籩、豆各一，簠、簋、俎各一，皆準舊禮爲定。立冬後，祭神州地祇于北郊，以太宗文武聖皇帝配座。每座籩、豆各十二，簠、簋、甑、俎各一也。

舊樂，用姑洗三成，准周禮云「函鍾之均八變，則地祇皆降，可得而禮」。鄭玄云：「祭地有二。一是大地崑崙爲皇地祇，則宗伯黄琮所祭者。二是帝王封域内之神州，則兩圭有邸所祭者。」國家後禮則不立神州之祀，今依前禮爲定，既曰地祇，其樂合用函鍾之均八變。

皇帝夏日至祭方丘儀：后土同。孟冬祭神州及攝事並附。

齋戒

前祭七日，戒誓，皇帝服衮冕。前祭二日，太尉告高祖神堯皇帝廟，如常告之儀。告以配神作主。孟冬，祭神州則告太宗文武聖皇帝廟，餘並如圜丘之儀。

〔一〕「都」，諸本作「百」，據文獻通考卷七六、通典卷一〇六改。

陳設

前祭三日，尚舍直長施大次于外壝東門之外道北，南向。攝事，衛尉設祭官公卿以下次于東壝外道南，北向，西上。尚舍奉御鋪御座。衛尉設文武侍臣次於大次之後，文官在左，武官在右，俱南向。設祭官次於東壝之外道南，北向，西上；三師於南壝之外道東，諸王於三師之南，俱西向，北上。文官九品以上於祭官之東，北向，西上；介公、酅公於南壝之外道西，東向。諸州使人：東方、南方於諸王東南，西向，西方、北方於介公、酅公西南，東向，皆北上。諸國之客：東方、南方於諸州使人之南，西向，西方、北方於諸州使人之南，東向，皆北上。武官三品以下、七品以上於西壝之外道南，北向，東上。其褒聖侯於文官三品之下。攝事，無御座以下至此儀。設陳饌幔於内壝東門、西門之外道，北面，南向。壇上及神州東方、南方之饌，陳於東門外，西向；西方、北方之饌陳於西門外，東向，神州無西門之饌。前祭二日，太樂令設宮縣之樂於壇南内壝之外，樹靈鼓於北縣之内道之左右，餘如圜丘儀。又爲瘞埳於壇之壬地内壝之外，方深取足容物，南出陛。前祭一日，奉禮設御位攝事無御位。於壇之東南，西向；設望瘞位於壇西南，當瘞埳，北向；設祭官公卿位於内壝東門之外道南，分獻官於公卿之南，執事者位於其後，每等異位，俱重行，西向，北上。設御史位於壇上，正位於東南隅，西向；副位西南隅，東向。設奉禮位於樂縣東北，贊者二人在南，差退，俱西向，北上。設奉禮贊者位於瘞埳西南，東向，南上。設協律郎位於壇上南陛之西，東向。設太樂令位於北縣之間，當壇，北向。設從祭之官，三師位於縣南道東，諸王位於三師之東，俱北向，西上。介公、酅公位於道西，北向，東上。文官從一品以下、九品以上位於執事之南，每等異位，重行，西向。武官三品以下、九品以上位於西方，當文官，每等異位，重行，東向，皆北上。諸州使人位：東方、南方於諸王東南，重行，北面，西上；西方、北方於介公、酅公西南，重行，北面，東上。設諸國客使位於内壝南門之外：東方、南方於諸州使人之東，每國異位，重行，北面，西上；西方、北方諸州使人之西，每國異位，重行，北面，東上。（攝事，無三師以下至此儀。）設門外位：祭官公卿以下皆於東壝之外道南，每等異位，重行，北面，西上；三師位於南壝之外道東，諸王於三師之南，俱西向；介公、酅公於道西，東向，皆北上；文官從一品以下、九品以上位於東壝之外祭官之南，每等異位，重行，北向，西上；武官三品以下、九品以上位於西壝之外道南，每等異位，重行，北面，東上。諸州使人位：東方、南方於諸王東南，重行，西面，西方、北方於介公、酅公西南，重行，東面，俱北上。設諸國客位：東方、南方於諸州使人之南，每國異位，重行，西面，西方、北方於諸州使人之南，每國異位，重行，東面，皆北上。攝事，無三師以下至此儀。牲牓於東壝之外，當門，西向。黄牲一居前，又黄牲一在北，少退，玄牲一在南，少退後。廪犧令位於牲西南，祝史陪其後，俱北向。設諸太祝位於牲東，各當牲後，祝史陪其後，俱西向。設太常卿省牲位於牲前近北，南向。設皇地祇酒尊於壇之上下：太尊二、著尊二、犧尊二、罍一在壇上東南隅，北向；象尊二、壺尊二、山罍二在壇下，皆於南陛之東，北向，俱西上。設配帝：著尊二、犧尊二、象尊二、罍一在壇上，皆於皇地祇酒尊之東，北向，西上；孟冬北郊，酒尊於神州酒尊之東，如夏至之儀。神州太尊二在第一等，每方嶽鎮海瀆俱山尊二，山川林澤俱蜃尊二，丘陵墳衍原隰俱概尊二，凡尊各設於神座之左而右向。神州以上之尊置於坫，以下之尊俱藉以席，皆加勺冪，設爵於尊下。孟冬儀，壇上之尊置於坫；壇下之尊藉以席。設御洗及設玉幣之篚等，並如圜丘儀。孟冬祭同。祭日未明五刻，太史令、郊社令各服其服，帥其屬升設皇地祇神座於壇上北方，南向，席以藁秸；設高祖神堯皇帝神座孟冬，神州則設太宗文武聖皇帝神座。於東方，西向，席以莞；設神州地祇神座於第一等東南方，席以藁秸。又設岳鎮海瀆以下之座於内壝之内，各於其方，皆有原隰丘陵墳衍之座；又設中岳以下之座於壇之西南，俱内向；自神州以下六十八位，席皆以莞，設神位各於座首。

省牲器如别儀。

鑾駕出宫，服以衮冕，餘如上辛圜丘儀。孟冬北郊，同圜丘。

奠玉帛

祭日，未明三刻，諸祭官服其服，郊社令、良醖令各帥其屬入實尊罍玉幣。凡六尊之次，太尊爲上，實以泛齊；著尊次之，實以醴齊；犧尊次之，實以盎齊；象尊次之，實以醍齊；壺尊次之，實以沈齊；山罍爲下，實以三酒。配帝，著尊爲上，實以沈齊；犧尊次之，實以醴齊；象尊次之，實以盎齊。以上孟冬同。神州太尊，實以沈齊；五方岳鎮海瀆之山尊，實以醍齊；山川林澤之蜃尊，實以沈齊；丘陵以下之散尊，實以清酒。玄酒，各實於諸齊之上尊。禮神之玉，皇地祇以黄琮，其幣以黄；配帝之幣，亦如之。神州之玉以兩圭有邸，其幣以玄，孟冬同。岳瀆以下之幣，各從方色。太官令帥進饌者入實饌及禮官就位，御史、太祝行掃除等，並如圜丘儀。孟冬同。駕將至，謁者、贊引各引祭官、從祭官、客使等俱就門外位。駕至大次門外，迴輅南向，將軍降立於輅右〔一〕，侍中進當鑾駕前，跪奏稱「侍中臣某言，請降輅」。跪，俯伏，興，還侍位。五品以上從

〔一〕「右」，諸本作「左」，據通典卷一一二、開元禮卷二九改。

祭之官皆就壝外位。攝事，無駕至大次下儀。大樂令帥工人、二舞次入就位，文舞入陳於縣内，武舞立於縣南道西。謁者引司空入行掃除，訖，出，復位。皇帝停大次半刻頃，謁者、贊引各引祀官[一]，通事舍人分引從祀群官、介公、酅公、諸方客使皆先入就位。太常博士引太常卿立於大次門外，當門，北向。侍中版奏「外辦」，皇帝服衮冕。孟冬神州，大裘而冕。出次，華蓋、侍衛如常儀。侍中負寶，陪從如式。博士引太常卿，太常卿引皇帝，至中壝門外。殿中監進大圭，尚衣奉御，又以鎮圭授殿中監，皇帝搢大圭，執鎮圭。華蓋仗衛停於門外，侍者從入，謁者引禮部尚書、太常少卿，陪從如常儀。皇帝至版位，太常卿請再拜，及請行事，並如圜丘儀。攝事，如圜丘攝事儀。協律郎舉麾，工鼓柷，奏順和之樂，乃以林鍾爲宮，太蔟爲角，姑洗爲徵，南呂爲羽，作文舞之舞[二]。樂舞八成，林鍾、太蔟、姑洗、南呂皆再成。偃麾，戛敔，樂止。太常卿前奏稱「請再拜」。退，復位，皇帝再拜。奉禮曰「衆官再拜」，在位者皆再拜。皇帝奠玉幣及奏樂之節，並如圜

[一]「祀」，諸本作「祝」，據通典卷一一二、開元禮卷二九改。
[二]「文舞」，諸本作「文武」，據通典卷一一二、開元禮卷二九改。

丘。攝事，則太尉奠玉帛，下倣此。登歌，作肅和之樂，以應鍾之均。太常卿引皇帝進，北向跪，奠於皇地祇孟冬神州。神座，俯伏，興。及奠配座，並如圜丘儀。攝事，同圜丘攝事儀。

進熟

皇帝既升，奠玉幣，太官令陳饌之儀如圜丘。俎初入門，奏雍和之樂，以太蔟之均，自後，接神之樂用太蔟。饌至陛，樂止。祝史俱進，跪，徹毛血之豆；降，自東陛以出。皇地祇之饌，升自南陛；配帝之饌，升自東陛；神州之饌，升自北陛；孟冬神州，升自南陛。諸太祝迎引於壇上，各設於神座前。設訖，謁者引司徒，太官令帥進饌者，降自東陛以出。司徒復位，諸太祝還尊所，又進設岳鎮以下之饌，相次而畢。太常卿引皇帝詣罍洗，樂作，其盥洗、酌獻、跪奠、奏樂之儀，並如圜丘。攝事，如圜丘攝事儀。太祝持版，進於神座之右，東向跪，讀祝文曰：「維某年歲次月朔日，子嗣天子臣某，攝則云「謹遣太尉臣名」，下倣此。敢昭告於皇地祇：乾道運行，日躔北至。景風應序，離氣效時。嘉承至和，肅若舊典。敬以玉帛犧齊，粢盛庶品，備茲祇瘞，式表誠慤。高祖神堯皇帝配神作主，尚享。」太祝俯伏，興，孟冬神州，云：「包含區夏，載植群生。溥被域中，賴茲厚德。式遵彝典，揀此元辰。敬以玉帛犧齊，粢盛庶品，明獻厥誠，備茲祇瘞。皇祖太宗文武聖皇帝，配神作主。」皇帝再拜，攝則太尉再拜。初讀祝文，訖，樂作。太祝進，跪，奠版於神座，興，還尊所。皇帝拜，訖，樂止。太常卿引皇帝詣配帝酒尊所，執尊者舉冪，侍中取爵於坫，進，皇帝受爵，侍中贊酌沈齊，訖，樂作。太常卿引皇帝進高祖神堯皇帝神座前，東向跪，奠爵，俛伏，興。太常卿引皇帝少退，東向立，樂止。太祝持版進於神座之左，北向跪，讀祝文曰：「維某年歲次月朔日，子孝孫開元神武皇帝臣某，敢昭告於高祖神堯皇帝，時唯夏至，肅敬訓典，用祇祭於皇地祇，唯高祖德叶二儀，道兼三統，禮膺光配，敢率舊章。孟冬，云：「皇曾祖太宗文武聖皇帝，德被乾坤，格于上下。昭配之儀，欽率舊章。」謹以制帛犧齊，粢盛庶品，肅雍明薦，作主侑神，尚享。」太祝俛伏，興，皇帝再拜，初讀祝文，訖，樂作。太祝進，奠版於神座，興，還尊所，樂止〔一〕。皇帝飲福受胙及亞獻、終獻、盥洗、酌獻、飲福，並如圜丘儀。唯皇地祇，太尉亞獻。酌醍齊時，武舞作，合六律六呂爲異耳。初，太尉將升獻，謁者一人引獻官詣罍洗，盥洗匏爵〔二〕，訖，升自巳陛，詣酒尊所。執尊者舉冪，酌

〔一〕「樂止」，諸本脱，據通典卷一一二、開元禮卷二九補。
〔二〕「洗」，諸本脱，據通典卷一一二補。

泛齊〔一〕，進奠於神州座前，引降，還本位。謁者五人次引獻官各詣罍洗，盥洗，訖，各詣酒尊所，俱酌醍齊。訖，引獻官各進奠爵於諸方岳鎮海瀆首座，餘座皆祝史助奠〔二〕，相次而畢，引還本位。又贊引五人各引獻官詣罍洗，盥洗，詣酒尊所，酌沈齊，獻山川林澤，如岳鎮之儀。訖，又引獻官詣罍洗，盥洗，訖，詣酒尊所，俱酌清酒，獻丘陵以下及齋郎助奠，如上儀。訖，各引還本位。武舞六成，樂止。舞獻俱畢，諸祝徹豆及賜胙、皇帝再拜、奏樂，並如圜丘儀。太常卿前奏：「請就望瘞位。」太常卿引皇帝，樂作。皇帝就望瘞位，北向立，樂止。於群官將拜，上下諸祝各執篚，進神座前取玉帛，齋郎以俎載神州以上牲體、稷黍飯、爵酒，各由其陛降壇，北行，當瘞埳，西行。諸太祝以玉幣饌物置於埳，諸祝又以岳鎮以下之禮幣及牲體皆從瘞。奉禮曰：「可瘞。」埳東西廂各六人寘土，半埳，太常卿前奏：「禮畢。」引皇帝還大次，樂作。從祀群官、諸方客使、御史以下出，並如圜丘儀。其祝版燔於齋所。

〔一〕「泛」，諸本作「沈」，據通典卷一一二、開元禮卷二九改。
〔二〕「座」，原脱，據味經窩本、乾隆本、光緒本、通典卷一一二補。

鑾駕還宮，如圜丘儀。

開元二十一年，詔：「夏至日，祀皇地祇于方丘，以高祖配。立冬，祭神州于北郊，以太宗配。」

天寶五年，詔：「皇王之典，聿修於百代；郊祭之義，允屬於三靈。聖人既因時以制宜，王者亦緣情以革禮。且尊莫大於天地，禮莫崇於祖宗，嚴配昭升，豈宜異數。今烝嘗之獻，既著於常式；南北之郊，未展於時享。自今已後，每載四時孟月，先擇吉日，祭昊天上帝，其皇地祇合祭，以次日祭九宫壇，皆令宰臣行禮，奠祭務崇蠲潔，稱朕意焉。」

蕙田案：唐玄宗定開元禮，後天寶元年，改合祭天地於南郊，終唐之世，莫之或改。故地祇之祭闕焉。詳見「圜丘」門。

册府元龜：代宗大曆十二年秋八月，增修北郊壇齋宫二十五間。

唐文宗太和三年六月，太常寺奏：「北郊祀皇地祇壇，先闕齋宫，請准祠列置一所。」可之。

右唐祭地

五禮通考卷三十九

吉禮三十九

方丘祭地

宋祭地

宋史禮志：北郊。宋初，方丘在宫城之北十四里，以夏至祭皇地祇。别爲壇於北郊，以孟冬祭神州地祇。建隆以來，迭奉四祖，崇配二壇。

文獻通考：宋制，夏至祭皇地祇，孟冬祭神州地祇，遂爲大祀。南郊親祠昊天上帝，則併設皇地祇之位。南郊四祭，冬至圜丘。正月上辛祈穀。孟夏雩祀。季秋大享。

及感生帝、皇地祇、神州地祇凡七祭，並以四祖迭配。太祖親郊者四〔一〕，並以宣祖配。太宗即位，其七祭但以宣祖、太祖更配。方丘在宮城北十四里，常以夏至祭皇地祇。別爲壇於北郊，以孟冬祭神州地祇。

真宗景德三年四月，太常寺言：「神州壇壝中有坑塹及車馬之迹，又兩壝步數迫隘，不合禮文。望令改擇壇位，及依令式封標諸壇外壝，禁人耕墾、樵牧。」奏可。即徙壇於方丘之西焉。

四年正月以朝陵，遣工部尚書王化基詣汾陰后土祠致祭，用太祠禮。

汾陰后土，漢武帝元鼎中所立脽上祠，宣帝、元帝、成帝、後漢光武、唐玄宗皆親祭，是後曠其禮。開寶九年，徙廟稍南。是年，始遣使致祭。其後，又詔：「自今凡告天地，仍詣祠告祭。命禮官考定衣冠制度，令有司調製，遣使奉上〔二〕。」

宋史樂志：景德祀皇地祇三首：

〔一〕「四」，諸本脱，據文獻通考卷七六校勘記補。
〔二〕「使」，諸本脱，據文獻通考卷七六補。

降神，靜安　至載厚德，陟配天長。沉潛剛克，廣大無疆。資生萬物，神化含章。同和八變，神靈效祥。

奠玉幣、酌獻，嘉安　於昭祀典，致享坤儀〔一〕。備物咸秩，柔祇格思。功宣敏樹，日益鴻禧。持載品彙，率土攸宜。

送神，靜安　妙用無方，倏來忽逝。蠲潔寅恭，式終禋瘞。

宋史真宗本紀：大中祥符三年六月庚戌，河中府父老千餘人請祀后土，不許。七月辛丑，文武官、將校等三上表，請祀汾陰后土。八月丁未朔，詔明年春有事於汾陰，州府長吏勿以修貢助祭煩民。戊申，陳堯叟爲祀汾陰經度制置使。己酉，王旦爲祀汾陰大禮使，王欽若爲禮儀使。庚戌，詔汾陰路禁弋獵，不得侵占民田，如東封之制。

文獻通考：有司定制：「玉册、金玉匱，度廟庭擇地爲埳，中置石匱。匱方五尺，厚二尺，中容玉匱。刻金繩道三，闊一寸，深五分，繫繩處刻深四寸，方三寸五分，容『天下同文』寶。俟祀畢，太尉奉玉匱置其中，將作監領徒舉石覆之。石厚一

〔一〕「致」，諸本作「政」，據宋史樂志八改。

尺，繫繩、填泥、印寶，悉如社首封䃀之制。皇帝省視訖，加蓋其上。封固，爲小壇，廣厚五尺。」從之。九月，經度制置使詣脽上築壇，如方丘之制。廟北古雙柏旁有堆阜，即就其地焉。十月，禮儀使王欽若言：「準儀注，祀畢，太尉封玉册於廟庭石匱，百官班於庭中。皇帝謁廟禮畢，至石匱南，北向，省視。」

大中祥符四年春正月辛巳，詔執事汾陰懈怠者，罪勿原。乙酉，習祀后土儀。丁亥，將祀汾陰，謁啓聖院太宗神御殿、普安院元德皇后聖容。二月辛酉，祀后土地祇。是夜，月重輪，還奉祇宫，紫氣四塞。

文獻通考：四年正月丁酉，備鑾駕，出京師。二月丙辰，至奉祇宫。戊午，致齋。召近臣登延慶亭，南望仙掌，北瞰龍門，自宫至脽丘，列植嘉樹，六師環宿行闕，旌旗帟幕，照耀郊次，眺覽久之。己未，遣入内都知鄧永遷詣祠，上衣服、供具。庚申，群臣宿祠所。辛酉，具法駕詣脽壇，夾路設燎火，其光如晝，盤道紆曲，周以黄麾仗。至壇次，服衮冕登壇，祀后土地祇，備三獻，奉天書於神座之左，以太祖、太宗並配，悉如封禪之禮。先是，脽上多風，及行禮，頓止。黄氣繞壇，月重輪，衆星不見，唯太角光明。少頃，改服通天冠、絳紗袍，乘輦詣廟，設登歌，奠獻，省封石匱，遣官分奠諸神。登郯丘亭，望河、汾。還行宫，鼓吹振作，紫氣四塞，觀者溢路，民有扶老攜幼，不遠千里而至者。壬戌，御朝覲壇，肆赦。是行，塗中屢有甘澍之應，皆夕降晨霽，從官衛兵無霑服之患。又農事方興，耕民懽忻相屬。三月，駐驆西京。四年，詔脽上后土廟宜上額爲「太寧正殿」。

文獻通考：慶曆時，夏至祭皇地祇，用犢、羊、豕各一，白。其後禮官馮浩言：「皇地祇壇角再成，面廣四丈九尺，東西四丈六尺，上等高四尺五寸，下等高五尺，方五丈三尺，陛廣三尺五寸，大抵卑陋不應禮典。」禮院請如唐郊祀録增廣，因詳制度之未合禮者。五年，諸壇皆改。嘉祐配位七十一，加羊、豕各五。諫官司馬光奏：「告大行謚號於圜丘，而皇地祇止於望告，下同䘵食，失尊卑之序。」下禮院，定非次祭告皇地祇，請差官就壇行事。

景祐二年，詔：「有司孟冬祭神州地祇，遣内臣降香，春秋朝陵、諸祠祈解亦然。」

宋史樂志：景祐夏至祀皇地祇二首：

太祖奠幣，恭安　赫矣淳燿，俶載帝基！一戎以定，萬國來儀。寅恭潔祀，博厚皇祇。威靈攸在，福禄如茨。

酌獻，英安　丕命惟皇，萬物咸覩。卜年邁周，崇功冠禹。有煜炎精，大昌聖祚。酌鬯祈年，永錫繁祜。

文獻通考：慶曆用羊、豕各五，正配山罍、簠、簋二。皇祐，定壇高三尺，廣四十八步，四出陛。

宋史樂志：熙寧祀皇地祇十二首：

迎神，導安　昭靈積厚，混混坤輿。配天作極，陰慘陽舒。齊明薦享，百福其儲。庶其來止，風馬雲車。

升降，靖安　有來穆穆，臨此方丘。其行風動，其止霆收。躬事匪懈，豐盛潔羞。百昌咸殖，允矣神休！

奠幣，鼇安　純誠昭融，芳美嘉薦。肅將二精，以享以奠。休光四充，靈祇來燕。其祥伊何？永世錫羡。

太祖，肇安　於皇烈祖，維帝所興。光輝宗祀，如日之升。告靈作配，孝享烝烝。錫兹祉福，百世其承。

司徒奉俎，承安　我修祀事，于何致誠？罔敢怠佚，視兹碩牲。納烹薦俎，侑以和聲。格哉休應，世濟皇明。

酌獻，和安　猗嗟富媪，博厚含弘。發榮敷秀，動植茲豐。爰酌茲酒，肸蠁交通。衆祥萃止，垂祜無窮。

太祖，侑安　光大含弘，坤元之力。海宇咸寧，列祖之德。作配方壇，不僭不忒。子孫其承，毋替厥則。

飲福，禔安　載登壇阼，載酌尊彝。牲酒嘉旨，福禄純熙。其福惟何？萬物咸宜。其禄惟何？永承神禧。

送文舞〔一〕，迎武舞，威安　雍雍肅肅，建我采旄。舞以玉戚，不吴不敖。其將其肆，膞臄嘉肴。何以侑樂？鐘鼓管簫。

亞、終獻，儀安　折俎在籩，戴羹在豆。何以酌之？酒醴是侑。何以錫之？貽爾眉壽。何以格之？永爾康阜。

徹豆，豐安　曳我黼黻，履舄接武。鏘我珩璜，降升圍圉。其將徹兮，既曰不

〔一〕「送」，味經窩本、乾隆本、光緒本、宋史樂志八作「退」。

侮。其終徹兮，恭飲惟主。

送神，阜安　神兮來下，享此苾芬。酌獻雍雍，執事孔勤。神之還矣，忽乘飛雲。遺我祺祥，物象忻忻。

常祀皇地祇五首：

迎神，寧安八變。　坤元之德，光大無疆。一氣交感，百物阜昌。吉蠲致享，精明是將。介兹景福，鼎祚靈長。

升降，正安　禮經之重，祭典爲宗。上公攝事，登降彌恭。庶品豐潔，令儀肅雍。百祥萃止，惟吉之從。

奉俎，豐安　禮崇禋祀，神鑒孔明。牲牷博腯，以炰以烹。馨香蠲潔，品物惟精。錫之純嘏，享兹至誠。

退文舞，迎武舞，威安　進旅退旅，載揚干揚。不愆于儀，容服有章。式綏式侑，神保是聽。鼓之舞之，神永安寧。

送神，迎安　物備百嘉，樂周八變。克誠是享，明德斯薦。神鑒孔昭，蕃禧錫羨。回馭飄然，邈不可見。

宋史禮志：神宗元豐元年二月，郊廟奉祀禮文所言：「古者祀天於地上之圜丘，在國之南，祭地於澤中之方丘，在國之北，其牲幣禮樂亦皆不同，所以順陰陽、因高下而事之以其類也。由漢以來，乃有夫婦共牢，合祭天地之説，殆非所謂求神以類之意。本朝親祀上帝，即設皇地祇位，稽之典禮，有所未合。」遂詔詳定更改以聞〔一〕。於是陳襄、王存、李清臣、張璪、黄履、陸佃、何洵直、楊完等議，或以當郊之歲，冬夏至日分祭南北郊，各一日而祀徧；或以圜丘之旁，别營方丘而望祭；或以夏至盛暑，天子不可親祭，改用十月；或欲親郊圜丘之歲，夏至日遣上公攝事於方丘。議久未決。

三年，翰林學士張璪言：「先王順陰陽之義，以冬至祀天，夏至祀地，此萬世不可易之理。議者乃欲改用他月，無所據依。必不得已，宜即郊祀之歲，於夏至之日，盛禮容，具樂舞，遣冢宰攝事。雖未能皆當於禮，庶先王之遺意猶存焉。」於是禮官請如璪議，設宫架樂、文武二舞，改製樂章，用竹册匏爵，增配帝犢及捧俎分獻官，廣壇壝齊宫，修定儀注上之。既而曾肇言：「今冬至若罷合祭，而夏至又以有司攝事，則不復

〔一〕「詳」，諸本脱，據宋史禮志三補。

有親祭地示之時，於父天母地之義，若有隆殺，請遇親祀南郊之歲，以夏至日備禮躬款北郊，以存事地之義。」

曾鞏傳：弟肇，字子開，同知太常禮院。太常自秦以來，禮文殘闕，先儒各有臆説，無所稽據。肇在職，多所釐正。親祀皇地祇於北郊，蓋自肇發之，異端莫能奪其議。

四年四月，乃詔：「親祀北郊，並以南郊之儀，有故不行，即以上公攝事。」

六年，禮部、太常寺上親祀儀，並如南郊；其攝事唯改舞名及不備官，其籩豆、樂架、玉幣之數，盡如親祠。是歲十一月甲辰冬至，祀昊天上帝，以太祖配，始罷合祭，不設皇地示位。

黄履傳：改崇政殿説書兼知諫院。神宗嘗詢天地合祭是非，對曰：「國朝之制，冬至祭天圜丘，夏至祭地方澤，每歲行之，皆合於古。猶以有司攝事，未足以盡，於是三歲一郊而親行之，所謂因時制宜者也，雖施之方今，爲不可易。惟合祭之非，在所當正。然今日禮文之失，非獨此也，願敕有司正群祠，爲一代損益之制。」詔置局詳定，命履董之，北郊之議遂定。

哲宗初立，未遑親祠，有司攝事如元豐儀。

元祐五年夏至，祭皇地祇，命尚書右丞許將攝事。將言：「王者父天母地，三歲冬至，天子親祠，徧享宗廟，祀天圜丘，而夏至方澤之祭，乃止遣上公，則皇地祇遂永不在親祀之典，此大缺禮也。望博詔儒臣，講求典故，明正祀典，爲萬世法。」禮部尚書趙彦若請依元豐所定，郊祀之歲，親祀方丘及攝事，已合禮之正，更不須聚議。禮部郎中崔公度請用陳薦議，仍合祭天地，從祀百神。復詔尚書、侍郎、兩省及侍從、臺諫、禮官集議。於是翰林學士顧臨等八人，請合祭如故事，竢將來親祠北郊，則合祭可罷。宋興，一祖六宗，皆合祭天地，其不合祭者，唯元豐六年一郊耳。去所易而就所難，虚地祇之大祭，失今不定，後必悔之。吏部侍郎范純禮等二十二人，皆主北郊之議。中書舍人孔武仲又請以孟冬純陰之月，詣北郊親祠，如神州地祇之祭。彭汝礪、曾肇復上疏論合祭之非，文多不載。

九月，三省上顧臨等議。太皇太后曰：「宜依仁宗皇帝故事。」吕大防言：「諸儒獻議，欲南郊不設皇地祇位，於祖宗之制，未覩其可。」范百禄以「圜丘無祭地之禮，記曰：『有其廢之，莫可舉也。』先帝所廢，稽古據經，未可輕改」。大防又言：「先帝因禮文所建議，遂令諸儒定北郊祀地之禮，然未經親行。今皇帝臨御之始，當親見天地，而獨不設地祇位，恐亦未安。況祖宗以恩霈四方，慶賚將士，非三歲一行，則國力有限。今日宜爲勉行權制，俟北郊議定及太廟享禮，行之未晚。」太皇太后以大防之言爲是。而蘇頌、鄭雍皆以「古者人君嗣位之初，必郊見天地。今皇帝初郊而不祀地，恐未合古」。乃下詔曰：「國家郊廟特祀，祖宗以來，命官攝事，唯三歲一親郊，則先享清廟，冬至合祭天地於圜丘。元豐間，有司援周制，以合祭不應古義，先帝乃詔定親祀北郊之儀，未之及行。是歲，郊祀不設皇地祇位，而宗廟之享率如權制。朕方修郊見天地之始，其冬至日南郊，宜依熙寧十年故事，設皇地祇位，以嚴並況之儀。厥後躬行方澤之祀，則修元豐六年五月之制。俟郊禮畢，集官詳議典禮以聞。」十一月冬至，親祠南郊，遂合祭天地，而詔罷飲福宴。

七年，帝初郊，合祭地祇于圜丘。

八年，禮部尚書蘇軾復陳合祭六議，令禮官集議以聞。已而下詔依元祐七年故事，合祭天地于南郊，仍罷集議。

文獻通考：紹聖元年，以右正言張商英言：「先帝制詳定禮文所，謂合祭非古，據經而正之。元祐之臣，乃復行合祭，請再下禮官議。」御史中丞黄履謂：「南郊合祭，因王莽諂事元后，遂躋地位，同席共牢。逮先帝親郊，大臣以宣、仁同政，復用莽意合祀，瀆亂典禮。」帝以詢輔臣，章惇曰：「北郊止可謂之社〔二〕。」黄履曰：「郊者，交於神明之義，所以天地皆稱郊。社者，土之神耳。豈有祭大祇亦可謂之社乎？」乃以履奏送禮部、太常寺。權禮部侍郎盛陶、太常丞王誼等言：「宜用先帝北郊儀注，以時躬行，罷合祭禮。」三省言：「合祭，既非禮典，但盛夏祭地，必難親行。」詔令兩省、臺諫、禮官同議，可以親祀北郊，然後可罷合祭之禮。曾布言：「天地宗廟，四時皆有祭，未聞盛夏可以廢祭祀也。若謂議可以親祀北郊，然後可議罷合祭，則先帝罷合祭爲不當矣。」四月，翰林學士錢勰、刑部侍郎范純禮議：「先帝親祀之詔，所宜遵守，但當斟酌時宜，省去繁文末節，以行親祠之禮。若謂盛夏難於出郊，則姑從權變禮，以循祖宗故事。」吏部侍郎韓宗師、兵部侍郎王古、殿中侍御史井亮采、監察御史常安民，又以南郊合祭，當循祖宗舊制。權户部侍郎李琮以乘輿出郊，暑雨不常，合祭權宜，亦難輕罷。太常博士傅楫以事天地不可以暑暍廢大禮。給事中虞策、權給事中劉定、

〔二〕「止可」，諸本作「歲」，據宋史禮志三改。

中書舍人盛陶、太常少卿黄裳，請用十月親祭皇地祇於北郊。吏部侍郎豐稷請於夏至前三日，皇帝致齋於文德殿，遣官奏告太廟。至日五鼓，詣北郊齋殿，質明行事，禮畢，還宫，不甚炎溽。若遇陰雨，大慶殿可陳望祭之禮。起居舍人葉祖洽謂：「北郊之禮主於事地，而太廟、景靈宫自可差官攝事。皇帝致齋於文德殿。前事一日，夙興，至郊外齋宫。次日五鼓行事，質明，禮畢，還内。則是乘輿宿外，不過一日，無憚暑之虞，於理爲可。」户部尚書蔡京，禮部尚書林希，翰林學士蔡卞，御史中丞黄履，工部侍郎吴安持，秘書少監晁端彦，侍御史翟思，殿中侍御史郭知章，正言劉拯，監察御史黄慶基、董敦逸等，請罷合祭天地。自後間因大禮歲，以夏至之日親祀北郊，其親祠北郊之歲，更不親祀南郊。明年，乃詔：「罷合祭。自今間因大禮之歲，以夏至之日躬祭地祇於北郊。應緣祀事儀物及壇壝、道路、帷宫等，宜令有司參酌詳具以聞。」蓋用蔡京等議，然北郊親祀，終帝世未克舉云。

權禮部侍郎黄裳等言：「南郊用大駕鹵簿儀仗二萬六十一人，明堂袷享用法駕計一萬八千八十八人。今親祠北郊，備物則當用大駕。如以盛暑之月，稍減煩文，即依明堂禮，用法駕鹵簿。」詔依南郊用大駕鹵簿。

又言：「南郊朝祭服皆以羅綾爲之。今北郊盛暑之月，難用袷服，謹案月令孟夏初衣暑服，孟冬始裘。欲依衮冕制度，改用單衣。」從之。

宋史哲宗本紀：紹聖三年春正月戊午，詔罷合祭。間因大禮之歲，夏至日躬祭地祇於北郊。六月乙酉，立北郊齋宫於瑞聖園。

元符元年春正月甲戌，幸瑞聖園，觀北郊齋宫。

文獻通考：元符元年，帝幸瑞聖園觀新城北郊齋宫。故事，郊宫悉設以幕帟，其費不貲。上命繕營，不日而成。曰三歲一郊，次舍之費，縑帛三十餘萬，工又倍之。易以屋室，一勞永逸，所省多矣。

徽宗崇寧元年，禮部尚書黄裳言：「南郊壇十二龕，壝中布列從享星位，具載其名，凡三百三十有八。至於北郊，第以岳鎮、海瀆、山林、川澤、丘陵、墳衍、原隰之目，别以四方，寘於成壝而不列其名，雖從享於大祇，莫非山澤，而何者來格？今兹講行北郊大禮，尚未論著，是爲闕典。欲乞令太常寺丞陳暘考其名位〔一〕，取其可以從祀

〔一〕「欲」，諸本脱，據文獻通考卷七六補。

者，詳具以聞，列於成壝。」從之。

二年，禮部員外郎陳暘奏：「臣聞天一與地六合而生水於北，其神玄冥；地二與天七合而生火於南，其神祝融；天三與地八合而生木於東，其神勾芒；地四與天九合而生金於西，其神蓐收；天五與地十合而生土於中，其神后土。蓋地乘陰氣，播五行於四時。當有帝以爲之主，必有神以爲之佐也。五行之帝既從享於南郊第一成，則五行之神亦當列於北郊第一成矣。上辛大雩帝及五時迎氣，並以五人神配，而不設五行之神，是取小而遺大也。神宗皇帝嘗詔地祇之祭以五行之神從享，以五人神配，然尚立岳鎮海瀆之間。臣今欲陞之第一成。」又云：「地示之祭，先儒之説有二，或繫於崑崙〔一〕，或繫於神州，皆有所經見，唯爾雅曰：『西北之美者，有崑崙之球琳琅玕焉。』河圖括地象曰〔二〕：『崑崙東南萬五千里曰神州。』是崑崙不過域於西北，神州不過域於東南也。神宗皇帝嘗詔禮官討論北郊祀典，位崑崙於方丘第一成之西北，位

〔一〕「或繫於崑崙」，諸本脱，據文獻通考卷七六補。
〔二〕「河圖括地象」，諸本脱「地」字，據文獻通考卷七六補。

神州於第一成之東南，而其上設地祇位焉。崑崙、神州之説，雖出不經，然古人『有其舉之，莫敢廢也』，特降於從享之列耳。欲望明推神考詔旨，列崑崙、神州於從享之位。」又言：「三代而上，山川之神有望秩之祭，故五岳之秩視三公，四瀆之秩視諸侯，五岳不視侯而視公，猶未極乎推崇之禮。聖朝始帝五岳而王四瀆。切唯天莫尊於上帝，而五方帝次之；地莫尊於大示，而五岳帝次之。神宗皇帝親祠上帝於南郊，而五方帝列於第一成，然則五岳帝其可尚與四鎮、海、瀆而並列乎？今欲陞之於第一成。」並從之。

蕙田案：五行之帝，即五行之神。陳暘二之，非是。崑崙、神州，既知其不經，而又曰「有其舉之，莫敢廢也」，亦依違之見。帝五岳而王四瀆，尤非是。

宋史禮志〔一〕：政和三年，詔禮制局議方壇制度。是歲，新壇成。初，元豐三年七月，詔改北郊圓壇爲方丘。六年，命禮部、太常定北郊壇制。哲宗紹聖三年，權尚書侍郎黄裳等言：「南郊青城至壇所五百一十八步，自瑞聖園至皇地祇壇之東壇五百五

〔一〕「宋史」，原作「宋書」，據光緒本、宋史禮志三改。

十六步，相去不遠。其壇係國初所建，神靈顧享已久。元豐間，有司請地祇、神州並爲方壇，壇之外爲坎，詔止改圓壇爲方。請下有司，比類南郊增飾制度，除治四面，稍令低下，以應澤中之制。」詔禮部再爲詳定，指畫興築。至是，禮制局言：「方壇舊制三成，第一成高三尺，第二成、第三成皆高二尺五寸，上廣八丈，下廣十有六丈。夫圓壇既則象於乾，則方壇當效法於坤。今議方壇定爲再成，一成廣三十六丈，再成廣二十四丈，每成崇十有八尺，積三十六尺，其廣與崇皆得六六之數，以坤用六故也。爲四陛，陛爲級一百四十有四，所謂坤之策百四十有四者也。爲再壝，壝二十有四步，取坤之策二十有四也。成與壝俱再，則兩地之義也。」齋宫大内門曰廣禋，東偏門曰東秩，西偏門曰西平，正東門曰含光，正西門曰咸亨，正北門曰至順，南内大殿門曰厚德，東曰左景華，西曰右景華，正殿曰厚德，便殿曰受福、曰坤珍、曰道光，亭曰承休，後又增四角樓爲定式。其神位，崇寧初，禮部員外郎陳暘言：「五行於四時，有帝以爲之主，必有神以爲之佐。今五行之帝既從享於南郊第一成，則五行之神亦當列於北郊第一成。天莫尊於上帝，而五帝次之；地莫尊於大祇，而岳帝次之，今尚與四鎮、海、瀆並列，請升之於第一成。」至是，議禮局上新儀：皇地祇位於壇上北方，南向，席以稾秸；太祖皇帝位於壇上東方，西向，席以蒲越。木神勾芒、東岳於壇第一龕，東鎮、海、瀆於第二龕，東山、林、川、澤於壇下，東丘、陵、墳、衍、原、隰於内壝之内，皆在卯階之北，以南爲上。神州地祇、火神祝融、南岳於壇第一龕，南鎮、海、瀆於第二龕，南山、林、川、澤於壇下，南丘、陵、墳、衍、原、隰於内壝之内，皆在午階之東，以西爲上。土神后土、中岳於壇第一龕，中鎮於第二龕，中山、林、川、澤於壇下，中丘、陵、墳、衍、原、隰於内壝之内，皆在午階之西，以西爲上。金神蓐收、西岳於壇第一龕，西鎮、海、瀆於第二龕，崑崙，西山、林、川、澤於壇下，西丘、陵、墳、衍、原、隰於内壝之内，皆在酉階之南，以北爲上。水神玄冥、北岳於壇第一龕，北鎮、海、瀆於第二龕，北山、林、川、澤於壇下，北丘、陵、墳、衍、原、隰於内壝之内，皆在子階之西，以東爲上。神州地祇席以稾秸，餘以莞席，皆内向。其餘並如元豐儀壇壝之制。其位版之制：皇地祇位板長二尺，取兩地之數；厚六寸，取坤元用六之數；廣一尺，取地之成數；書徽號以黄色，取黄琮之義。皆以金飾。配位板各如天地之制。又言：「大禮格，皇地祇玉用黄琮，神州地祇、五岳以兩圭有邸。今請二者並施於皇地祇，求神以黄琮，薦獻以兩圭有邸。神州惟用圭邸，餘不用。玉琮之制，當用坤數，宜廣六寸，爲八方而不剡；兩圭之長宜共五寸，並宿一邸，色與琮同。牲幣如之。」又言：「常祭，地祇、配位各用冰鑑一；今親祀，盛暑，請增正配及從祀位冰鑑四十一。」並從之。

文獻通考：政和三年詔：「自今每遇冬大禮後一歲夏至，祭地於方澤，其儀物、儀衛、應奉行事，悉從簡省。從祭臣僚與隨駕衛士，量行支賜，簡而易行，無偏而不舉之失，以稱朕意。可令禮制局裁定以聞。」

宋史徽宗本紀：政和四年夏五月丙戌，始祭地于方澤，以太祖配。降德音於天下。

禮志：政和四年五月夏至，親祭地於方澤，以皇弟燕王俁爲亞獻，越王偲爲終獻。皇帝散齋七日於別殿，致齋七日於内殿，一日於齋宫。前一日告配太祖室，其有司陳設及皇帝行事，並於郊祀之儀。是後七年，至宣和二年、五年，親祀者凡四。

陸佃傳：徽宗欲親祀北郊，大臣以爲盛暑不可，徽宗意甚確。朝退，皆曰：「上不以爲勞，當遂行之。」李清臣不以爲然，佃曰：「元豐非合祭而是北郊，公之議也。今反以爲不可，何耶〔一〕？」清臣乃止。

〔一〕「何」，諸本脱，據宋史陸佃傳補。

文獻通考：四年五月丙戌夏至日，帝始親祭地於方澤，以太祖皇帝配。禮成，帝親製二表，遣觀文殿學士鄧洵武告於永泰陵，詔以其日爲景貺節。故事：大禮，御札皆前期六月乃降。六年，冬祀夏祭，始同一札，五使亦同日命之，遂爲定制。前期，皇帝散齋七日於别殿，致齋七日於内殿，一日於齋宫。舊儀，侍從官設次青城内，餘就草場。今聽於青城附近官舍設次，日給食錢，更不具食。祭前一日，奏告太祖皇帝室，殿中監設大次於外壝西門之内道北，南向；小次於第二成子階之西，東向；設皇帝褥位於小次前，東向；設文武侍臣次於大次前，陪祀、行事官、宗室及有司次於外壝南門之外；設饌幔於内壝東西門之外，開瘞坎於壇子階之北壬地。光禄牽牲詣祀所。大晟陳登歌之樂於壇上稍北，南向；設宫架於壇北内壝之外，立舞表於酇綴之間。祭前一日，大史設皇地祇位於壇上南方，北向，席以藁秸；太祖皇帝位於壇上西方，東向，席以蒲越；神州地祇位於第二成午階，席以藁秸；五官神、岳、鎮、海、瀆各以其方，設位於第二成；山、林、川、澤、丘、陵、墳、衍、原、隰各以其方，設位於壇下内壝之内，皆席以莞，内向。奉禮郎、禮直官設皇帝位版於第二成子階之西，東向；飲福位於壇上皇地祇神位東北，南向；望瘞位於瘞坎之南，北向；設爟火於望瘞位之西，北向。司尊彝帥其屬，設玉幣、篚於酌尊所。又設籩、豆、簠、簋之位：正配位皆左十有一籩，右十有一豆，俱爲三行；俎一在籩前，二在豆右，爲二重；登一在籩豆間；血槃一在登之前；簠一、簋一在籩豆外，簠在左，簋在右。又設尊罍之位：每位太尊三、著尊二，犧尊、象尊、壺尊、山尊各一，尊皆有罍，以東爲上，尊南罍北。又設篚一於第二成子階之側〔一〕，實以槃匜巾爵。坫二於正配尊罍之次。又設内侍供奉皇帝盥帨位於皇帝版位之前，又設象尊二、壺尊二在壇下子階之西，俱南向，東上，皆加杓冪，並實水。又設第二成從祀，每位皆左十籩，右十豆，俱爲三行；俎二在籩豆前，登一、槃一神州地祇、五官神同〔二〕。在籩豆間，簠一、簋一在籩豆外，簠在左，簋在右，爵一置於俎上。内壝神位，每位皆左二籩，右二豆，俎一在神位前，爵一次之，簠一、簋一在爵之前，簠在左，簋在右；登一在籩豆之間。又設尊罍之位：二成每方各犧尊二、山尊二，壇下每方設蜃尊二、散尊二，在神位之左，蜃尊、散尊外，餘皆有罍副之，凡尊罍皆加杓冪。又設正配位：籩、豆、

〔一〕「側」，原作「北」，據味經窩本、乾隆本、光緒本、文獻通考卷七六改。
〔二〕「同」，諸本作「用」，據文獻通考卷七六改。

簠、簋、俎、斗、鼎各一於饌幔之內。太府卿、少府監帥其屬陳玉幣於篚，皇地祇玉以黃琮，幣以黃，配帝幣亦如之；神州地祇玉以兩圭有邸，幣以黑；五行、五官、五方、岳鎮、海瀆諸神幣各從其方色。禮神之玉，各置於神位前，瘞玉加於幣。先是，郊祀尊、彝、籩、豆、簠、簋之類，習用前代，無所考正。上遠稽三代，作郊廟、社稷之器，至是，舉而用之，粲然大備。手詔具「親祀圜壇」門。前期一日，尚輦奉御進輿於垂拱殿，皇帝服通天冠、絳紗袍，乘輿以出，稱警蹕，如常儀。乘黃令進玉輅於宣德門外，左輔奏「請降輿，升輅」，至齋宮明禋殿前，迴輅南向。左輔奏「請降輅，乘輿入齋殿」，侍衛如常儀。祭日，皇帝服通天冠、絳紗袍，乘輿至大次。禮儀使等分立大次前，有司奏「請行事」，皇帝服衮冕以出，禮儀使等前導至中壝門外，殿中監跪，進大圭，皇帝執以入，宮架儀安之樂作，至午階，樂止。登歌樂作，至第二成版位，東向立，樂止。禮儀使奏「請有司謹具，請行事」，宮架作寧安之樂，廣生儲祐之舞八成，止，皇帝再拜。禮儀使奏請搢大圭，盥手，登歌樂作，帨手，訖，執大圭，至壇，樂止。登歌嘉安之樂作，殿中監進鎮圭，皇帝搢大圭，執鎮圭，詣皇地祇神位前，南向跪，奠鎮圭於繅藉，執大圭，俯伏，興，搢圭。禮儀使奏「請受玉幣」，奠訖，俯伏，興，再拜，樂止。恭安樂作，詣太祖皇帝神位前，西向，奠圭幣，如前儀。禮儀使前導皇帝還版位，登歌樂作，至位，東向立，樂止。禮部、户部尚書以下奉饌俎，宫架豐安之樂作，奉奠訖，樂止。皇帝再詣罍洗，搢大圭，盥手，登歌樂作，帨手，洗爵，拭爵，訖，執大圭至壇上，樂止。登歌光安之樂作，詣皇地祇神位前，搢大圭，跪，執爵，祭酒三，奠爵，訖，執圭，俯伏，興，樂止。太祝讀册，皇帝再拜，訖，登歌英安之樂作，詣太祖皇帝神位前，如前儀。皇帝還版位，登歌樂作，至位，樂止。皇帝還小次，登歌樂作，殿中監跪受大圭，簾降，樂止。文舞退，武舞進，宫架文安之樂作，舞者立定，樂止。亞獻，盥、帨訖，作降安之樂，厚載凝福之舞，禮畢，樂止。終獻行禮如前儀。皇帝詣飲福位，登歌樂作，至位，樂止。禧安之樂作，皇帝再拜，搢圭，跪，受爵，祭酒三，啐酒，奠爵；受俎，尊俎，受摶黍豆，既奠，再受爵，飲福，訖，奠爵；執圭，俯伏，興；再拜，樂止。皇帝還版位，如前儀。禮部、户部尚書徹俎豆，登歌成安之樂作，卒徹，樂止。禮部尚書等降復位，禮直官曰：「賜胙。」行事陪祀官再拜，宫架寧安之樂作，一成，止。皇帝詣望瘞位，登歌樂作，降自子階，樂止。宫架樂作，至位，北向立，樂止。禮直官曰：「可瘞。」舉爟火，瘞半坎，禮儀使跪奏「禮畢」，宫架樂作，皇帝出中壝門，殿中監受大圭，皇帝至大次，樂止。有司奏「解嚴」，皇帝常服，乘大輦，還齋宫，鼓吹振作。皇帝升御座，百官稱賀，皇帝降座，鳴鞭，殿上侍立官以次退，所司放仗還内，如常儀。

宣和二年五月丁巳，祭地於方澤。五年五月癸酉，祭地於方澤。

宋史徽宗本紀：政和七年五月己丑，如玉清和陽宫，上承天效法厚德光大后土皇地祇徽號寶册。辛丑，祭地於方澤，降德音於諸路。

文獻通考：馬氏曰：北郊之議，始於元豐初，至元豐六年，始罷合祭。元祐七年，復合祭。紹聖以後，復罷之。政和四年，始親祀地祇於方澤。蓋自元豐六年至宣和之末，共四十二年，凡十一郊。唯元祐七年一次合祭，及政和四年以後，四次親祠方澤而已，其餘六郊，則遂廢地祇之祀矣。夫本以合祭爲非禮，分祭爲禮，至分合之議不決，則廢親祠，而權以上公攝事者且二十年，蓋病其非禮，而反至於廢禮。以爲不當並祀於圜丘，而終不能親祀於方澤，則固不若一遵祖宗之法，三歲並祀南郊之爲愈也。要之，周禮冬至圜丘，夏至方澤，其禮甚正，亦無難行者。諸儒議論，所以不能以時決者，其拘牽有二，禮文煩縟則憚勞，賞賚優渥則憚費。如陳古靈之説，每遇親郊之歲，一日宿太廟以告，一日宿北郊以祭地，一日宿南郊以祭天，是欲以二祀併在一時〔一〕，則不至倍費矣，而執禮之勞加甚。如曾曲阜之說，親郊之歲，依古禮以夏至親祠方澤，一如郊禮，至冬至，則舉圜丘之祀，是以二祀分在二時，則不至甚勞矣，而賞賚之費倍增。然禮文乃百王相承之大典，不可損略；而賞賚則五季姑息之弊政，何難更張？則如政和三年之詔，以郊天後一歲祭地方澤，應奉支賜，務從簡省，毋使有偏而不舉之失，乃爲至論。但恐當時方倡豐豫之說，繁費未必能省，所以中興之後，國勢倥偬，則不復能遵而行之也。

蕙田案：馬氏之論，極中時弊。至以爲不如並祀南郊之爲愈，乃有激之詞，非篤論也。

文獻通考：高宗紹興元年，禮部、太常寺討論：夏日至祭皇地祇，以太祖皇帝配，正配二位，每位尊爵籩豆各一，實以酒脯鹿臡，以獻官一員行禮；立冬，祭神州地祇，以太宗皇帝配，於天慶觀望祭。

宋史禮志：紹興二年，太常少卿程瑀言：「皇地祇，當一依祀天儀式。」詔從之。

〔一〕「在」，原作「祭」，據味經窩本、乾隆本、光緒本、文獻通考卷七六改。

又言：「國朝祀皇地祇，設位於壇之北方，南向。政和四年，禮局議設於南方，北向，令北面望祭，北向爲難。且於經無據，請仍南向。」從之。

文獻通考：太常寺每歲常祀，夏日至祭皇地祇，係於行在錢湖門外惠照院望祭齋宮設位、行禮，以太祖皇帝配，三獻官依儀：初獻係差宰職；亞獻禮部尚書、侍郎，有故或闕，次輪別曹長貳，次給舍諫議；終獻太常卿及禮部郎官，有故或闕，差北司官，次輪別曹郎官。合用禮料：牲牢，羊一口、豕一口。籩二十有六，菱二、芡二、栗二、鹿脯二、乾棗、濕棗、乾桃、濕桃、乾䕩、榛栗實、麷蕡、白、黑、形鹽、膴、鮑魚、鱐、糗、餌、粉、餈。簠八，稻粱各四。登一，大羹。槃一，毛血。簋八，黍稷各四。豆二十有六，酏食、糝食、芹、兔醢、深蒲、醓醢二、菭菹、雁醢、笋、魚醢二、葵、蠃醢、脾析、蠯醢、大蛤、蚳醢、豚拍、韭、昌本、菁、鹿臡、茆、麋臡二。俎八，羊腥七體[一]，豕腥七體，羊熟十一，豕熟十一，羊腥腸、胃、肺，羊熟腸、胃、肺，豕腥膚、豕熟膚。尊罍共二十有四。著尊二，一實玄酒加明水[二]，一實盎齊。太尊二，一實泛齊，一實醴齊。山尊二，一實盎齊，一實醍齊。犧尊二，一實沈齊，一實事酒。象尊二，一實昔酒，一實清酒。以上各加

〔一〕「體」，原作「獻」，據光緒本、文獻通考卷七六改。

〔二〕「加」，諸本脱，據文獻通考卷七六補。

罍二隻，係實明水。

紹興祀皇地祇十五首：

迎神，寧安，函鍾爲宫　至哉厚德，物生是資。直方維則，翕闢攸宜。於昭祀典，致享坤儀。禮罔不答，神之格思。

太蔟爲角　蕆事方丘，舊典時式。至誠感神，馨非黍稷。肸蠁來臨，鑒兹明德。永錫坤珍，時萬時億。

姑洗爲徵　至哉坤元，乃順承天！厚德載物，含洪八埏。日北多暑，祀儀吉蠲。式昭母事，敢告恭虔。

南吕爲羽　蕆事方丘，情文孔時。名山大澤，侑祭無遺。牲陳黝犢，樂備咸池。柔祇皆出，介我繁禧。

盥洗，正安　於穆盛禮，肅肅在宫。歲事有初〔一〕，直于東榮。滌濯是謹，惟寅惟清。祇薦柔嘉，享義克誠。

〔一〕「歲」，宋史樂志八作「蕆」。

升殿，正安　景風應時，聿嚴毖祀。用事方丘，鏘鏘濟濟。登降有節，三獻成禮。神其格思，錫我繁祉！

正位奠玉幣，嘉安　坤元博厚，對越天明。辰事方澤〔一〕，神惟顧馨。嘉玉量幣，祇薦純精。錫我繁祉，燕及函生。

太祖位奠幣，定安　毖祀泰折，柔祇是承。於赫藝祖，道格三靈。式嚴配侑，厚德惟寧。爰昭薦幣，享于克誠。

捧豆，豐安　丕答靈貺，蔵事方丘。豆登在列，鼎俎斯儔〔二〕。牲牷告具，寅畏彌周。柔祇昭格，飈至雲流。

正位酌獻，光安　祇事坤元，飭躬敢憚。爰潔粢盛，載嚴圭瓚。清明内融，嘉旨外粲。介我繁釐，時億時萬。

太祖位酌獻，英安　皇矣藝祖，九圍是式。至哉柔祇，萬彙允殖。保兹嘉邦，

〔一〕「辰」，宋史樂志八作「展」。
〔二〕「鼎」，諸本作「登」，據宋史樂志八改。

介我黍稷。酌鬯告虔，作配無極。

文舞退，武舞進，正安　於穆媼神，媲德彼天。我修毖祀，以莫不虔。肆陳時夏，干羽相宣。靈其來游，降福綿綿。

亞、終獻，文安　禮有祈報，國惟典常。籩豆豐潔，降升齊莊。備物致志，式薦累觴。昭格來享，自天降康。

徹豆，娱安　承天效法，其道貴誠。牲羞黄犢，薦德之馨。芳俎告畢，禮備樂盈。既静既安，庶物霑生。

送神，寧安　至厚至深，其動也剛。精神默通，或出其藏。神之言歸，化斯有光。相我炎圖，萬世無疆。

宋初祀神州地祇三首〔一〕：

降神，静安　膴膴郊原，茫茫寓縣。畫野分疆，禹功疏奠。靈祇是臻，豆籩祇薦。幽贊皇圖，視之不見。

〔一〕「宋初祀神州地祇三首」九字，諸本脱，據宋史樂志八補。

奠玉幣，酌獻，嘉安　肸蠁儲靈，肅恭用幣。鏘洋導和，洪休允契。嘉氣雲蒸，浹于華裔。式薦坤珍，聿符明世。

送神，靜安　獻奠云畢，純嘏祁祁。威靈藏用，邈矣何之？

蕙田案：天地分合之議，莫甚於宋。詳載「圜丘」門。

右宋祭地

金祭地

金史禮志：金海陵天德以後，始有南北郊之制。北郊方丘，在通玄門外，當闕之亥地。方壇三成，成爲子午卯酉四正陛。方壝三周，四面三門。夏至日，祭皇地祇於方丘。

方丘儀注　齋戒。祭前三日，質明，有司設三獻以下行事官位於尚書省。初獻南面，監祭御史位於西，東向，監禮博士位於東，西向，俱北上。司徒亞、終獻位於南，北向；次光禄卿、太常卿，次第一等分獻官、司天監，次第二等分獻官、光禄丞、郊社令、太樂令、良醖令、廩犧令、司尊彝，次内壝内外分獻官、太祝官、奉禮郎、協律郎、諸執事官，就位，立定。次禮直官引初獻就位，初獻讀誓曰：「今年五月某日夏至，祭皇地祇於方丘，所有攝官，各揚其職。其或不敬，國有常刑。」讀畢，禮直官贊「七品以下官先退」，餘官對拜，訖，退。散齋二日，宿於正寢，治事如故。齋禁並如郊祀。守壝門兵衛與大樂工人，俱清齋一宿。行禮官前期習儀於祠所。

陳設。祭前三日，所司設三獻官以下行事、執事官次於外壝東門之外道南，北向，西上，隨地之宜。又設饌幕於内壝東門之外道北，南向。祭前二日，所司設兵衛，各服其服，守衛壝門，每門二人。太樂令帥其屬，設登歌之樂於壇上，如郊祀。郊社令帥其屬，掃除壇之上下，爲瘞坎在内壝外之壬地。祭前一日，司天監、郊社令各服其服，帥其屬升設皇地祇神座於壇上北方，南向，席以藁秸；又設配位神座於東方，西向，席以蒲越；又設神州地祇神座於壇之第一等東南方，席以藁秸；又設五神、五官、岳鎮、海瀆二十九座於第二等階之間，各依方位；又設崑崙、山林、川澤二十一座於内壝之内，又設丘陵、墳衍、原隰三十座於内壝之外，席皆以莞。又設神位版，各於座首。子階之西，水神玄冥、北岳、北鎮、北海、北瀆於壇之第二等〔一〕，北山、北林、北川、

〔一〕「北海」，諸本脱，據金史禮志二補。

北澤於内壝内，北丘、北陵、北墳、北衍、北原、北隰於内壝外〔一〕，皆各爲一列，以東爲上。卯陛之北，木神勾芒、東岳、長白山、東鎮、東海、東瀆於壇之第二等，東山、東林、東川、東澤於内壝内，東丘、東陵、東墳、東衍、東原、東隰於内壝外，皆各爲一列，以南爲上。午陛之東，神州地祇於壇之第一等，火神祝融、南岳、南鎮、南海、南瀆於壇之第二等，南山、南林、南川、南澤於内壝内，南丘、南陵、南墳、南衍、南原、南隰於内壝外，皆各爲一列，以西爲上。午陛之西，土神后土、中岳、中鎮於壇之第二等，中山、中林、中川、中澤於内壝内，中丘、中陵、中墳、中衍、中原、中隰於内壝外，皆各爲一列，以南爲上。酉陛之南，金神蓐收、西岳、西鎮、西海、西瀆於壇之第二等，崑崙、西山、西林、西川、西澤於内壝内，西丘、西陵、西墳、西衍、西原、西隰於内壝外，皆各爲一列，以北爲上。其皇地祇及配位、神州地祇之座，並禮神之玉，設訖，俟告潔畢，權徹，祭日早重設。其第二等以下神座〔二〕，設定不收。奉禮郎、禮直官又設三獻官位於卯

〔一〕「北原北隰」，原倒作「北隰北原」，據光緒本、金史禮志二乙正。
〔二〕「神座」，諸本脱，據金史禮志二補。

陛之東稍北，西向；司徒位於卯陛之東道南，西向；太常卿、光禄卿次之。第一等分獻官、司天監位於其東，光禄丞、郊社令、大官令、廩犧令位又在其東〔一〕，每等異位，重行，俱西向，北上。又設太祝、奉禮郎及諸執事位於内壝東門外道南，每等異位，重行，俱西向，北上。設監祭御史二位，一於壇下午陛之西南，一於子陛之西北，俱東向。設監禮博士二位，一於壇下午陛之東南，一於子陛之東北，俱西向。奉禮郎位於壇之東南，西向。協律郎位於樂簴西北，東向；大樂令位於樂簴之間，西向；司尊彝位於酌尊所，俱北向。設望瘞位於坎之南，北向。又設牲牓位於内壝東門之外，西向；太祝、祝史各位於牲後，俱西向。設省饌位於牲西，太常卿、光禄卿、太官令位於牲北，南向，西上。監祭、監禮位在太常卿之西稍却，西上。廩犧令位於牲西南，北向。又陳禮饌於内壝東門之外道北，南向。設省饌位於禮饌之南，太常卿、光禄卿、太官令位在東，西向，監祭、監禮位在西，東向，俱北上。設祝版於神位之右。司尊及奉禮郎帥其屬，設玉幣篚於酌尊所，次及籩豆之位。正、配位各左有十一籩，右有十

〔一〕「廩犧」，原誤倒，據光緒本、金史禮志二乙正。

一豆，俱爲三行。登三，在籩豆間。鉶三，在登前。簠一、簋一，各在鉶前。又設尊罍之位，皇地祇太尊二、著尊二、山罍二，在壇上東南隅，配位著尊二、犧尊二、象尊二、山罍二，在正位酒尊之東，俱北向，西上，皆有坫，加勺冪，爲酌尊所。又設皇地祇位象尊二、壺尊二、山罍四，在壇下午陛之西，北向，西上〔一〕，配位犧尊二、壺尊二、山罍四，在西陛之北，東向，北上，皆有坫，加冪，設而不酌。神州地祇位左八籩、右八豆，登一在籩豆間，簠一、簋一在登前，爵坫一，在神座前。又設第一等諸神位，每位籩二、豆二、簠一、簋一、俎一、爵坫一。内壝之内外諸神，每位籩一、豆一、簠一、簋一、俎一〔二〕、爵坫一，陳列皆與上同。又設神州地祇太尊二、著尊二，皆有坫。第一等諸神每方山尊二，内壝内每方蜃尊二，内壝外每方概尊二，皆加勺冪。又設正、配位籩一、豆一、簠一、簋一、俎三及毛血豆一，并神州地祇位俎一，各於饌冪内。又設二洗於壇下卯陛之東，北向，盥洗在東，爵洗在西，並有罍，加勺。篚在洗西，南肆，實以巾。爵洗之

〔一〕「北向西上」，諸本脱，據金史禮志二校勘記補。

〔二〕「簠一簋一俎一」，諸本作「簠簋俎一」，據金史禮志二補。

篚實以匏爵，加坫。又設第一等分獻官盥洗、爵洗位，第二等以下分獻官盥洗位，各於其方道之左，罍在洗左，篚在洗右，俱内向。執爵篚者各於其後。祭日丑前五刻，司天監、郊社令帥其屬升，設皇地祇及配位神座於壇上，設神州地祇座於第一等。又設玉幣，皇地祇玉以黄琮，神州地祇玉以兩圭有邸，皆置於匣。正、配位幣並以黄色，神州地祇幣以玄色，五神、五官、岳鎮、海瀆之幣，各從其方色，皆陳於篚。太祝取瘞玉加於幣上，禮神之玉各置於神座前。光禄卿帥其屬入實正、配位籩豆，籩三行，以右爲上，豆三行，以左爲上，其實並如郊祀。登實以太羹，鉶實以和羹。又設從祭第一等神州地祇之饌，籩三行，以右爲上，豆三行，以左爲上，其實並如郊祀。登實以太羹，簠實以稷，簋實以黍。第二等每位左二籩，栗在前，鹿脯次之；右二豆，菁菹在前，鹿臡次之。簠稷，簋黍〔一〕，俎以羊。内壝内外每位左籩一，鹿脯；右豆一，鹿臡。簠實以稷，簋實以黍。俎，一羊、一豕。良醞令帥其屬入實酒尊。皇地祇太尊爲上，實以泛齊；著尊次之，實以醴齊；犧尊次之，實以盎齊；象尊次之，實以醍齊；壺尊次之，實以沈齊；山罍爲下，實以三酒。

〔一〕「簠稷簋黍」，原倒作「簠黍簋稷」，據光緒本、金史禮志二乙正。

配位，著尊爲上，實以泛齊；犧尊次之，實以醴齊；象尊次之，實以盎齊；壺尊次之，實以醍齊；山罍爲下，實以三酒。皆左實明水，右實玄酒，皆尚醞代。次實從祭第一等神州地祇酒尊，太尊爲上，實以泛齊；著尊次之，實以醴齊。第二等，山尊實以醍齊。内壝内，蜃尊實以泛齊。内壝外，概尊實以三酒。以上尊皆左以明水，右以玄酒，皆尚醞代之。太常卿設燭於神座前。

省牲器。祭前一日午後八刻，去壇二百步禁止行者。未後二刻，郊祀令率其屬掃除壇之上下。司尊與奉禮郎帥執事者以祭器入設於位。郊社令陳玉幣於篚。未後三刻，廩犧令與諸太祝、祝史以牲就省位。禮直官、贊者分引太常卿、光禄卿、太常丞〔一〕、監禮、監祭、太官令等詣内壝東門外省牲位，其視濯滌、告潔、省牲饌，並同郊祀。俱畢，廩犧令、諸太祝、祝史以次牽牲詣厨，授太官令。次引光禄卿以下詣厨，省鼎鑊，視滌溉，乃還齋所〔二〕。晡後一刻，太官令帥宰人以鸞刀割牲，祝史各取毛血，實

〔一〕「太常丞」，諸本脱「太常」二字，據金史禮志二校勘記補。
〔二〕「授太官令次引光禄卿以下詣厨省鼎鑊視滌溉乃還齋」二十二字，諸本脱，據金史禮志二補。

以豆，置於饌幔。遂烹牲，又祝史取瘞血貯於盤。

奠玉幣。祭日丑前五刻，獻官以下行事官各服其服。有司設神位版，陳玉幣，實籩、豆、簠、簋、尊、罍，俟監祭、監禮案視壇之上下，乃撤去蓋羃。大樂令帥工人及奉禮郎、贊者先入，禮直官、贊者分引分獻以下監祭、監禮、諸太祝、祝史、齋郎與執事官入自南壝東門，當壇南，重行，北向，西上，立定。奉禮郎贊「拜」，獻官以下皆再拜，訖，以次分引各就壇陛上下位。次引監祭、監禮案視壇之上下，訖，退，復位。禮直官分引三獻官以下行事官俱入就位。行禮官皆自南壝東門入，禮直官進立初獻之左，白曰：「有司謹具，請行事。」退，復位。協律郎高舉笏，執麾者舉麾，俯伏，興。工鼓柷，樂作坤寧之曲，八成，偃麾，戛敔，樂止。俟太常卿瘞血訖，奉禮郎贊「拜」，在位者皆再拜。又贊「諸執事者各就位」，禮直官引諸執事各就其位俟，太祝跪取玉幣於篚，立於尊所，諸位太祝亦各取玉幣，立於尊所。禮直官引初獻詣盥洗位，樂作肅成之曲，至位，北向立，樂止。搢笏，盥手，帨手，執笏，詣壇，樂作肅寧之曲。凡初獻升降，皆作肅寧之曲。升自卯陛，至壇，樂止。詣皇地祇神座前，北向立，樂作靜寧之曲。搢笏，跪。太祝加玉於幣，西向跪以授初獻。初獻受玉幣，奠訖，執笏，俯伏，興，再拜，興，樂止。次詣配位神座前，東向立，樂作億寧之曲，奠幣如上儀，樂止。降自卯陛，樂作，復位，樂止。初獻將奠配位之幣，贊者引第一等分獻官詣盥洗位，搢笏，盥手，帨手，執笏，由卯陛詣神州地祇神座前，搢笏，跪。太祝以玉幣授分獻官，分獻官受玉幣，奠訖，執笏，俯伏，興，再拜，訖，退。初，第一分獻官將升，贊者引第二分獻官詣盥洗位，盥手，帨手，執笏，各由其陛升，唯不由午陛，詣於首位神座，奠幣如上儀。餘以次祝史、齋郎助奠訖，各引還位。初獻奠幣將畢，祝史奉毛血豆，各由午陛升，諸太祝迎於壇上，進奠於正、配位神座前，太祝與祝史俱退，立於尊所。

進熟。初獻既升奠玉幣，有司先陳牛鼎二、羊鼎二於神厨，各在鑊右。大官令帥進饌者詣厨，以匕升牛、羊、豕，自鑊實於各鼎。牛、羊、豕各肩、臂、臑、肫、胳、正脊一、横脊一、長脇一、短脇一、代脇一，共皆二骨以並〔二〕，羃之。祝史以扃各對舉鼎，有司執匕以從，陳於饌幔内。從祀之俎實以羊，更陳於饌幔内。光禄卿實以籩、豆、簠、

〔二〕「皆二骨以並」，諸本作「五體並列」，據金史禮志二改。

簠，籩實以粉餈，豆實以糁食，簠實以稷，簋實以黍。實訖，去鼎之扃冪，匕加於鼎。大官令以匕升牛、羊、豕，載於俎，肩、臂、臑在上端，肫、胳在下端，脊脇在中。俟初獻還位，樂止。禮直官引司徒出詣饌所，同薦籩、豆、簠、簋、俎。齋郎各奉皇地祇配位之饌，升自卯陛，諸太祝各迎於壇上。司徒詣皇地祇神座前，搢笏，奉籩、豆、簠、簋，次奉俎，北向跪，奠，訖，執笏，俯伏，興，設籩於糗餌之前，豆於醓醢之前，簠簋在登前，俎在籩前。次於卯陛奉配位之饌，東向跪，奠於神座前，並如上儀。各降自卯陛，還位。大官令又同齋郎奉神州地祇之饌，升自卯陛，太祝迎於壇陛之道間，奠於神座前，在籩前〔一〕，訖，樂止。大官令進饌者降自卯陛，還位。禮直官引初獻官詣盥洗位，樂作。至位，北向立，搢笏，盥手，帨手，執笏，詣爵洗位。至位，北向立，搢笏，洗爵，拭爵，以授執事者。執笏，詣壇，樂作。升自卯陛，至壇上，樂止。詣皇地祇酌尊所，西向立。執事者以爵授初獻，初獻搢笏，執爵。司尊舉冪，良醞令跪酌太尊之泛齊，酌訖，初獻以爵授執事者，執笏，詣皇地祇神座前，北向立，搢笏，跪。執事者以爵授

〔一〕「在」，諸本作「左」，據金史禮志二校勘記改。

初獻，初獻執爵，三祭酒於茅苴。奠爵，三獻奠爵，皆執事者受之以興。執笏，俯伏，興，少退，跪，樂止。舉祝官跪，對舉祝版，讀祝，太祝東向跪，讀祝訖，俯伏，興。舉祝奠版於案，再拜，興。次詣配位酌尊所，執事者以爵授初獻，搢笏，執爵。司尊舉冪，良醞令跪酌著尊之泛齊，樂作太蔟宮保寧之曲。初獻以爵授執事者，執笏，詣配位神座前，東向立，搢笏，跪。執事者以爵授初獻，初獻執爵，三奠酒於茅苴。奠爵，執笏，俯伏，興，少退，跪，樂止。讀祝，訖，樂作，就拜位〔一〕，興，拜，興。降自卯陛，讀祝、舉祝俱從，樂作，復位，樂止。次引亞獻詣盥洗位，北向立，搢笏，盥手，帨手。執笏，詣爵洗位，北向立，搢笏，洗爵，拭爵，授執事者。執笏，升自卯陛，詣皇地祇酌尊所，西向立。執事者以爵授亞獻，亞獻搢笏，執爵。司尊舉冪，良醞令酌著尊之醴齊，酌訖，以爵授執事者，執笏，詣皇地祇神座前，北向立，搢笏，跪。執事以爵授亞獻，亞獻執爵，三祭酒於茅苴。奠爵，執笏，俯伏，興，少退，再拜。次詣配位，酌獻如上儀，唯酌犧尊爲異。樂止，降，復位。次引終獻詣盥洗位，盥手，帨手，洗爵，拭爵，以爵授執事

〔一〕「位」，原脱，據光緒本補。

者〔一〕，升壇。正位，酌犧尊之盎齊，配位，酌象尊之醴齊，奠獻並如亞獻之儀。禮畢，降，復位。初，終獻將升，贊者引第一等分獻官詣盥洗位，搢笏，盥手，帨手，洗爵，拭爵，以爵授執事者。執笏，詣神州地祇酌尊所，搢笏。執事者以爵授獻官，獻官執爵，執事者酌太尊之泛齊，酌訖，以爵授執事者，進詣神座前，搢笏，跪。執事者以爵授獻官，獻官執爵，三祭酒於茅苴。奠爵，俯伏，興，少退，跪，再拜，訖，還位。初，第一等分獻官將升，贊者分引第二等分獻官詣盥洗位，搢笏，盥手，帨手，執笏詣酌尊所，執事以爵授分獻官，酌以授執事者，進詣首位神座前，奠獻並如上儀。祝史、齋郎以次助奠，訖，各引還位。諸獻既畢，諸太祝進徹籩豆，籩豆各一〔二〕，少移故處。樂作豐寧之曲，卒徹，樂止。奉禮官贊曰「賜胙」，衆官再拜，樂作，一成，止。初，送神樂止，引初獻官詣望燎位，樂作太蔟宫肅寧之曲。至位，南向立，樂止。初，在位官將拜，諸太祝，祝史各奉篚進詣神座前。玉幣，從祭神州地祇以下，並以俎載牲體，并取黍稷飯

〔一〕「授」，原作「受」，據光緒本、金史禮志二改。
〔二〕「籩豆」，諸本脱，據金史禮志二補。

爵酒，各由其陛降壇，北詣瘞坎〔一〕，實於坎中，又以從祭之位禮幣皆從瘞。禮直官曰「可瘞」，東西六行，寘土半坎，禮直官贊「禮畢」，引初獻出，禮官贊者各引祭官及監祭、監禮、太祝以下俱復壇南，北向。立定，奉禮郎贊曰「再拜」，監祭以下皆再拜，訖，奉禮以下及工人以次出。光禄卿以胙奉進，監祭、監禮展視。其祝版燔於齋方。

樂志：方丘樂歌：

迎神，鎮寧之曲，林鍾宫再奏，太蔟角再奏，姑洗徵再奏，南吕羽再奏，辭同。至哉坤儀，萬彙資生。稱物平施，流謙變盈。禮修泰折，祭極精誠。皇皇靈睠，永奠寰瀛。

初獻盥洗，太蔟宫肅寧之曲　禮有五經，無先祭禮。即時申虔，惟時盥洗。品物吉蠲，威儀濟濟。錫之純嘏，來歆愷悌。

初獻升壇，應鍾宫肅寧之曲　無疆之德，至哉坤元。沉潛剛克，資生實蕃。方

〔一〕「詣瘞坎」，諸本作「諸瘞物」，據金史禮志二改。

丘之儀，惟敬無文。神其來思，時歆薦殷。

初獻奠玉幣，太蔟宫億寧之曲　禮行方澤，文物備舉。惟皇地祇，昭格來下。奠瘞玉幣，純誠内著。神保是享，陟降斯祜。

司徒捧俎，太蔟宫豐寧之曲　四階秩儀，壇于方澤。昭事皇祇，即陰以塲。潔祀于祊，孔嘉且碩。神其福之，如幾如式。

正位酌獻，太蔟宫溥寧之曲　蕩蕩坤德，物無不載。柔順利貞，含洪光大。籩豆既陳，金石斯在。四海永寧，福禄攸介。

配位酌獻，配太宗也。太蔟宫保寧之曲，詞闕。

亞、終獻升壇，太蔟宫咸寧之曲　卓彼嘉壇，奠玉方澤。百辟祇肅，八音純繹。祀事孔明，柔祇感格。

徹豆，應鍾宫豐寧之曲　修理方丘，吉蠲是宜。籩豆静嘉，登于有司。苾芬馨香，來享來儀。郊儀將終，聲歌徹之。

送神，林鍾宫鎮寧之曲　因地方丘，濟濟多儀。樂成八變，靈祇格思。薦餘徹豆，神貺昭垂。億萬斯年，永祐丕基。

詣望燎位，太蔟宮肅寧之曲，詞同升壇。

右金祭地

元祭地

續文獻通考：元世祖時，每歲遣使代祀后土。

至元五年，建后土祠於太寧宮。　十三年，又立后土祠於平陽之監湯。

元史祭祀志：成宗大德九年，禮官博士奏：「冬至圜丘，唯祀昊天上帝，其方丘祭地之禮，續議以聞。」制曰可。

武宗本紀：至大二年十一月乙酉，尚書省臣及太常禮儀院言：「今南郊之禮已行而未備，北郊之禮尚未舉行。明年夏至祭地北郊，請以世祖皇帝配。」制可。

至大三年冬十月丙午，三寶努及司徒田忠良等言：「曩奉旨舉行南郊配位從祀，北郊方丘、朝日夕月典禮。臣等議，欲祀北郊，必先南郊。今歲冬至祀圜丘，尊太祖皇帝配享，來歲夏至祀方丘，尊世祖皇帝配享，實合祀典。」有旨：「所用儀物，其令有司速備之。」

祭祀志：三年正月，中書禮部移太常禮儀院，下博士擬定北郊從祀、朝日夕月禮儀。博士李之紹、蔣汝礪疏曰：「案方丘之禮，夏以五月，商以六月，周以夏至〔一〕，其丘在國之北，禮神之玉以黄琮，牲用黄犢，幣用黄繒，配以后稷。其方丘之制，漢去都城四里，爲壇四陛。唐去宮城北十四里〔二〕，爲方壇八角三成，每成高四尺，上闊十六步，設陛。上等陛廣八尺，中等陛廣一丈，下等陛廣一丈二尺。宋至徽宗始定爲再成。歷代制雖不同，然無出於三成之式。今擬取坤數用六之義，去都城北六里，於壬方選擇善地，於中爲方壇，三成四陛，外爲三壝。仍依古制，自外壝之外，治四面稍令低下，以應澤中之制。宮室、墻圍、器皿，色並用黄。其再成八角八陛，非古制，難用。其神州地祇以下從祀，自漢以來，歷代制度不一，至唐始因隋制，以岳鎮、海瀆、山林、川澤、丘陵、墳衍、原隰，各從其方從祀。今盍參酌舉行。」

仁宗延祐元年四月丁亥，太常寺臣請立北郊。帝謙遜未遑，北郊之議遂輟。

〔一〕「夏至」，諸本作「夏五月」，據元史祭祀志一改。
〔二〕「十四里」，諸本脱「十」字，據元史祭祀志一補。

泰定帝泰定四年，特加皇地祇黄犢一，將祀之夕，敕送新獵鹿二。唯至大三年冬至，正配位蒼犢皆一，五方帝犢各一，皆如其方之色，大明青犢、夜明白犢皆一，馬一，羊、鹿、野豕各十有八，兔十有二。　四年四月如之。其犧牲、品物、香酒，皆參用國禮，而豐約不同。

文宗至順二年，遣秘書少監王珪代祀后土。

右元祭地

五禮通考卷四十

吉禮四十

方丘祭地

明祭地

明史太祖本紀：吴元年八月癸丑〔一〕，方丘成。

春明夢餘録：太祖未即大位之先，建方丘於太平門外鍾山之陰，分祀地。洪武元年，李善長等進方丘説曰：「三代祭地之禮，見於經傳者，夏以五月，商以六月，周

〔一〕「元年」，諸本作「三年」，據明史太祖本紀改。

人以夏日至，禮之於澤中方丘。蓋王者事天明，事地察，故冬至報天，夏至報地，所以順陰陽之義也。祭天於南郊之圜丘，祭地於北郊之方澤，所以順陰陽之位也。然先王親地，有社存焉，禮曰：『享帝於郊，祀社於國。』又曰：『郊，所以明天道；社，所以神地道。』又曰：『郊社，所以事上帝。』又曰：『明乎郊社之禮，或以社對帝，或以社對郊，則祭社乃所以親地也。』書曰：『敢昭告于皇天后土。』左氏曰：『戴皇天，履后土。』則古者亦命地祇爲后土矣。曰地祇，曰后土，曰社，皆祭地也。此三代之正禮，而釋經之正說。自鄭玄惑於緯書，而謂夏至於方丘之上祭崑崙之祇，七月於泰折之壇祭神州之祇，析一事爲二事，後世宗之，一歲二祭。自漢武用祀官寬舒議，立后土祠於汾陰脽上，禮如祀天，而後世又宗之，於北郊之外，仍祠后土。元始間，王莽奏罷甘泉太畤，復長安南北郊，以正月上辛若丁，天子親合祀天地於南郊，而後世又因之，多合祭焉。皆非禮經之正義矣。由漢歷唐，千餘年間，親祀北郊者，唯魏文帝之太和、周武帝之建德、隋高祖之開皇、唐玄宗之開元四祭而已。宋元豐中，議專祭北郊，故政和中專祭者凡四。南渡以後，則唯行攝祀而已。元皇慶間，議夏至專祭地，未及施行。今當以經爲正，夏日至親祀皇地祇於方丘，以五嶽、五鎮、四海、四瀆從祀。」上是之。

明史禮志：壇壝之制。明初，建方丘於太平門外鍾山之陰，方丘壇二成，上成廣六丈，四出陛，南一丈，東西北八尺，皆八級；下成四面各廣二丈四尺，高六尺，四出陛，南丈二尺，東西北一丈，皆八級。壝去壇十五丈，高六尺。外垣四面各六十四丈，餘制同南郊。有浴室，瘞坎在内壝外壬地。

太祖本紀：洪武二年五月癸卯，始祀地於方丘。

明會典：二年，始奉仁祖淳皇帝配享。

明史禮志：二年夏至，祀皇地祇於方丘，其儀並同圜丘。唯迎神後瘞毛血，祭畢，奉牲帛祝饌而埋之，與郊天異。神位，方丘。洪武二年夏至，正壇第一成，皇地亓，南向。祭器，北郊同南郊。玉帛牲牢，皇地亓，黄琮。郊祀制帛，地亓，黄；配位，白。方丘，黄犢；配位，各純犢。配位，天下山川，牛一，羊、豕各三。祝册、祝版，長一尺一分，廣八寸〔一〕，厚二分，用楸梓木。籩、豆之實以下，同圜丘。

〔一〕「八寸」，諸本作「八尺」，據明史禮志一改。

明集禮 神位版：正位題曰「皇地祇」，配帝題曰「仁祖淳皇帝」，位版並黄質金字。從祀題曰「五岳之神」、「四海之神」、「四瀆之神」、「五鎮之神」，神位版並赤質金字。配位：洪武三年五月二十日，親祀北郊，奉皇考仁祖淳皇帝配。從祀以五岳、五鎮、四海、四瀆四位，從祀方丘。神席：用龍椅、龍案、錦座褥，配位同。從祀位並設於案，不設席。祝册：洪武元年五月十四日夏至，親祀方丘。祝文曰：「維洪武三年五月二十四日，親祀方丘。」正位祝文曰：「時當夏至，萬物咸亨。用遵彝典，謹率臣僚，以玉帛、犧齊，粢盛庶品，奉兹瘞祀。皇考仁祖淳皇帝配神作主，尚享。」配位祝文曰：「時當夏至，萬物咸亨。謹率臣僚，恭祀皇地祇，奉以玉帛、犧齊，粢盛庶品，用修典禮，伏惟敬慎瞻仰，永爲配位，尚享。」祭器：設皇地祇太尊二、著尊一、犧尊一、山罍一於壇上，皆有勺、有冪、有坫；設太尊一、山罍一於壇下，有坫、有冪。配帝同。其從祀則設五岳、四瀆著尊二、犧尊二於左，設五鎮、四瀆著尊二、犧尊二於右，上帝及配帝籩、豆各十二，有簠、簋各二，登、盤、籩各一，牲案各一，爵坫各三，沙池、香案各一。其從祀，則籩、豆各十，簠、簋各二，牲案各一，爵坫、沙池、香案各一。禮神之玉：方丘正位用黄琮。帛：方丘正位幣仍以黄。從祀幣各從方色。

配位帛用白。牲：用黄犢二。從祀岳鎮海瀆各用純色犢一。樂舞：方丘迎神，奏中和之曲。奠玉幣，奏肅和之曲。奉俎，奏凝和之曲。初獻，奏壽和之曲。亞獻，奏豫和之曲。終獻，奏禧和之曲。徹豆，奏雍和之曲。送神，奏安和之曲。望瘞，奏時和之曲。其盥洗、升降、飲福、受胙，俱不奏樂。祭服：夏至祭地，皇帝服衮冕，其侍祠服，亦如祀天禮。酒齊：正、配位，太尊實泛齊、醴齊，著尊實盎齊，犧尊實醍齊，山罍實昔酒，在壇上。太尊實沈齊，山罍實事酒、清酒，在壇下。從祀，著尊實醴齊、盎齊，犧尊實事酒。粢盛：正、配位，從祀並簠實以黍稷，簋實以稻粱。籩豆之實：方丘正、配位，籩各實以鹽、藁魚、棗、栗、榛、菱、芡、鹿脯、黑餅、白餅、糗餌、粉餈，豆各實以韭菹、醓醢、菁菹、鹿醢、芹菹、兔醢、筍菹、魚醢、脾析菹、豚拍、飽食、糝食。從祀籩減糗餌、粉餈，豆減飽食、糁食。褥位：用緋，同郊天禮。車旂：同祀天禮。執事人員：設皇帝大次、皇太子幙次官二人，掃除壇上下官一人，御史監掃除二人，灑掃、齋舍、神厨官二人，設饌幔官二人。設皇地祇、仁祖淳皇帝龍椅龍案從祀神席官一人，設御位、皇太子位官二人，設燔柴官二人，設分獻及文武官、諸執事官、版位官二人，設儀仗官二人，設庭燎壝燭官二人，設牲榜、省牲位及割牲官二人，宰牲十五人，掌鼎鑊、視滌濯官二人，協律郎一人，舞士一人，樂生一人，舞生一人，撰祝書、祝官各一人，讀祝兼捧祝官一人，導駕官、奏禮官六人，導引皇太子官四人，分獻官、執事八人，引陪祭官、執事四人，糾儀御史四人，奉爵官六人，捧幣官六人，司香官六人，掌祭官十二人，舉飲福案官二人，進福酒官二人，進俎官二人，授胙執事官一人，司御洗捧匜一人，進巾一人，司分獻罍洗各酌水二人，進巾二人，司御盥洗酌水一人，進巾一人，司分獻盥洗位酌水一人，進巾一人，司御酒尊所官一人，司分獻酒尊所各二人，進正、配位饌官六人，舉案齋郎十二人，舉從祀饌案四十八人。陳設：設皇帝大次於外壝之東，其禮亦准祀天之儀。於祀前一日，有司掃除壇上下，開瘞坎。設皇太子幕次於大次之右。祭前一日，設省牲位於内壝之東門外，設樂縣於壇下之南，設正位於壇第一層之北正中，配位於壇上之東。設五岳、五鎮、四海、四瀆位於壇第二層，五岳、四海在東，五鎮、四瀆在西。設正、配位著尊於壇上，設尊於壇下，玉幣篚位次之。又設五岳、四海酒尊於神座之次，幣篚位次之。設五鎮、四瀆酒尊於神座之右，幣篚位次之。設正、配位籩十二於神位之左，豆十二於神位之右，簠簋各二，登一在籩豆之間，俎一在簠簋之前，香燭案在俎之前，爵坫、沙池在香案之前。設五岳、五鎮、四海、四瀆籩十在左，豆十在右，簠簋各二，登一在籩豆之間，俎一在簠簋之前，香燭案在俎之前，爵坫、沙池在香燭案之前。又設御盥洗位於壇之東，分獻官盥洗位於樂懸之東西，設御褥位於壇之南，設皇太子褥位於御位之右，設分獻官於御位之南，文武陪祭官於分獻官之南，讀祝官於神之右，司尊、司洗、捧幣、捧爵各於其所。設望瘞位於壇東南。告天下神祇：祀前十日，設天下神祇位於方丘之壇東，西向，以酒脯祭之。祝文曰：「某年某月某日，皇帝將有事於方丘。咨爾百神，克相祀事。」北郊祀畢，復以籩、豆、簠、簋、羊、豕各六，即壇以祭。祝文曰：「皇帝敬遣某官某致祭於天下神祇。」齋戒：散齋七日，致齋三日。致齋第一日，百官朝服，親受誓戒於御前，如祀天禮。省牲器：並同祀天禮。飲福：方丘三獻禮畢，飲福受胙，儀及贊詞，並同祀天禮。

齋宮：洪武二年十二月，詔太常禮部議，築齋宮於方丘之側。

告廟：同祀天篇。

樂：協律郎一人，幞頭、紅羅袍、荔枝帶、皂靴，手執麾旛。樂生六十二人服緋袍、展脚、幞頭、革帶、皂靴。

樂器：編鐘十六，編磬十六，琴十，瑟四，搏拊四，敔一，柷四，壎四，篪四，簫四，横笛、笙八，應鼓一。

舞：舞士一人，幞頭、紅羅袍、荔枝帶、皂靴，手執節。舞生百二十八人，文舞六十四人，引舞二人，各執羽籥，服紅袍、展脚、幞頭、革帶、皂靴；舞生六十二人，服紅袍、展脚、幞頭、革帶、皂靴，手執羽籥。武舞六十四人，引舞二人，各執干戚，服緋袍、展脚、幞頭、革帶、皂靴；舞生六十二人，服緋袍、展脚、幞頭、革帶、皂靴，手執干戚。

方丘樂章：

迎神，中和之曲　坤德博厚，物資以生。承天時行，光大且寧。穆穆皇祇，功化順成。來御方丘，嚴恭奉迎。

奠玉幣，肅和之曲　地有四維，大琮以方。土有正色，制幣以黄。敬存於中，是薦是將。奠之几筵，臨鑒洋洋〔一〕。

奉俎，凝和之曲　奉時純牡，其牡童犢。烹鼎既嚴，登俎維肅。升壇昭薦，神

〔一〕「鑒」，諸本作「監」，據明史樂志二改。

光下燭。眷佑邦家，報效唯篤。

初獻，壽和之曲　午爲盛陽，陰德和萌。天地相遇，品物光榮。吉日令辰，明祀攸行。進以醇醴，展其潔清。

亞獻，豫和之曲　至廣無邊，道全持載。山岳所憑，海瀆咸賴。民資水土，既安且泰。酌酒揭虔，功德惟大。

終獻，熙和之曲　庸眇之資，有此疆宇。匪臣攸能，仰承佑助。恩崇父母，臣歡鼓舞。八音宣揚，疊侑明酳。

徹豆，雍和之曲　牲牷在俎，籩豆有實。臨之肸蠁，匪惟飲食。登歌乃徹，薦獻爰畢。執事奉承，一其嚴慄。

送神，安和之曲　神化無方，妙用難量。其功顯融，其祀悠長。飆輪云旋，龍控鸞翔。拜送稽首，瞻禮餘光。

望瘞，時和之曲　牲體制幣，餕饌唯馨。瘞之于坎，以達神靈。奉神于陰，典禮是程。企而望之，厚壤寬平。

夏至親祀方丘儀注：

○齋戒：前期，皇帝散齋四日，致齋三日〔一〕，陪祀官、執事官並齋七日。

○告天下神祇：散齋第五日，於方丘壝外之東設壇，置天下神祇位，西向，具酒脯，祭告。

○省牲：先祭二日，設皇帝大次於壝外東門內道北，南向；省牲位於內壝東門外。先祭一日，導駕官導引車駕詣大次，太常卿奏「中嚴」，皇帝服皮弁服，太常卿奏「外辦」，導駕官同太常卿導引皇帝詣省牲位。執事者各執事，廩犧令帥其屬牽牲自東西行過御前，省訖，牽牲詣神廚。執事者取毛血，實于豆。太常卿奏「請詣神廚」，導駕官同太常卿導引至神廚，太常卿奏「請視鼎鑊，請視滌濯」，遂烹牲。導駕官同太常卿導引皇帝還大次。

○陳設：先祭一日，陳設如圜丘儀。

○鑾駕出宮：前一日，太常寺告示，文武官具朝服，乘馬導從，兵馬司灑掃御道，侍衛僱整班行，和聲備樂。金吾衛備兵仗，拱衛司備儀仗車輅，典牧所備仗馬。至

〔一〕「三日」，諸本作「二日」，據明集禮卷三改。

日，擊鼓初嚴，内使監陳御輿於謹身殿前，南向；拱衛司設繖扇，擎執於御輿之左右，設黄麾仗于丹墀中道之東西，設玉輅于奉天門外正中，南向；和聲郎設樂于午門外，金吾衛陳仗于午門外近南，東西相向；陳金鼓隊于雲集街橋南，東西相向。舍人催文武官各具朝服。擊鼓二嚴，侍儀版奏「中嚴」，舍人引文武官分立于雲集街橋北，文東武西。擊鼓三嚴，侍儀奏「外辦」，皇帝御謹身殿。御用監令跪奏「服冕服」，興。皇帝服冕服，訖，侍衛奏「請升輿」，皇帝升輿。侍儀同導駕官導引御輿至丹墀儀仗前，導至奉天門外。侍儀跪奏「降輿」，皇帝降輿。侍儀奏「升輅」，皇帝升輅。侍儀跪取旨，敕文武官上馬。舍人傳旨，敕文武官上馬，訖，侍儀跪奏「進發」，玉輅進發。前金鼓隊分左右行，次旗仗分左右行，次百官前導分左右行。次護衛，次仗馬，次儀仗，次侍儀導駕官，次將軍，次内使擎執，各分左右行。次内使監、拱衛司、光禄寺、御用監官扈從於玉輅之後。次鼓吹，次旗幟，次兵仗，各後扈從。駕將至，兵仗周衛於大次，文武官下馬，侍立於御道之左右，金鼓、仗馬、大樂、儀仗分列於大次之南，東西相向。駕至大次前，回輅，侍儀跪奏「降輅」，皇帝降輅。侍儀與導駕官導引皇帝入大次，侍儀跪取旨，敕文武官各還齊次。

〇正祭：祭日清晨，太常少卿率執事者各實尊、罍、籩、豆、登、俎、簠、簋，又實幣於篚，加玉，置於酒尊所，祝版置於皇地祇、配帝位之右。樂生、舞生入就位，諸執事入就位。太常卿奏「請中嚴」，皇帝服衮冕。太常卿奏「外辦」，導駕官同太常卿導引皇帝自左南門入，至位，北向立。

〇迎神：贊禮唱「迎神」，協律郎跪，俯伏，舉麾，奏中和之曲。贊禮唱「瘞毛血」，郊社令瘞毛血。樂六成，止。贊禮唱「請行禮」，太常卿奏「有司謹具，請行事」，奏「鞠躬，拜，興，拜，興，平身」。贊禮唱「皇太子以下在位官皆再拜」，傳贊唱「鞠躬，拜，興，拜，興，平身」，皇太子以下皆鞠躬，拜，興，拜，興，平身。

〇奠玉帛：贊禮唱「奠玉幣」，太常卿奏「請詣盥洗位」，導駕官同太常卿導引皇帝詣盥洗位。太常卿贊盥，曰：「前期齋戒，今晨奉祭，加其清潔，以對神明。」太常卿奏「搢圭」，皇帝搢圭。司執洗者奉盥，進巾，太常卿奏「盥手，帨手，出圭」，皇帝盥手，帨手，出圭。太常卿奏「請升壇」，贊曰：「神明在上，整肅威儀。」升自午陛，太常卿奏「請詣皇地祇神位前」。司玉幣者奉玉幣以俟，協律郎跪，俯伏，舉麾，奏肅和之曲。導駕官同太常卿導引皇帝至神位前，北向立。太常卿奏「跪，搢圭」，皇帝跪，搢圭。司香官舉香，跪進於皇帝之左，太常卿奏「上香，上香，三上香」，皇帝上香，上香，三上香。司玉幣者奉玉幣，跪進於皇帝之右，皇帝受玉幣，奠於皇地祇神位前。太常卿奏「出圭，鞠躬，拜，興，拜，興，平身」，皇帝出圭，鞠躬，拜，興，拜，興，平身。樂止。太常卿奏「請詣仁祖淳皇帝神位前」，導駕官同太常卿導引皇帝至神位前，太常卿奏「跪，搢圭」，皇帝跪，搢圭。司香官奉香，跪進於皇帝之左，太常卿奏「上香，上香，三上香」，皇帝上香，上香，三上香。司幣者奉幣，跪進於皇帝之右，皇帝受幣，奠於仁祖淳皇帝神位前。太常卿奏「出圭，鞠躬，拜，興，拜，興，平身」，皇帝出圭，鞠躬，拜，興，拜，興，平身。太常卿奏「復位」，導駕官同太常卿導引皇帝復位。

○進熟：贊禮唱「進俎」，齊郎舉俎至壇前，進俎官舉俎，升自午陛。協律郎跪，俯伏，舉麾，奏凝和之曲。導駕官同太常卿導引皇帝至皇地祇神位前，太常卿奏「搢圭」，皇帝搢圭。進俎官以俎進於皇帝之右，皇帝以俎奠于皇地祇神位前，太常卿奏「出圭」，皇帝出圭。導駕官同太常卿導引皇帝至仁祖淳皇帝神位前，太常卿奏「搢圭」，皇帝搢圭。進俎官以俎進於皇帝之右，皇帝以俎奠於仁祖淳皇帝神位前，太常卿奏「出圭」，皇帝出圭。太常卿奏「復位」，導駕官同太常卿導引皇帝復位。

○初獻：贊禮唱「行初獻禮」，太常卿奏「行初獻禮，請詣爵洗位」，導駕官同太常卿導引皇帝至爵洗位。太常卿奏「搢圭」，皇帝搢圭。執爵官以爵進，皇帝受爵，滌爵，拭爵，以爵授執爵官；執爵官又以爵進，皇帝受爵，滌爵，拭爵，以爵授執爵官。太常卿奏「出圭」，皇帝出圭。太常卿奏「請詣酒尊所」，導駕官同太常卿導引皇帝升壇至酒尊所。太常卿奏「搢圭」，皇帝搢圭。執爵官以爵進，皇帝受爵，司尊者舉冪，酌泛齊，皇帝以爵授執爵官。太常卿奏「出圭」，皇帝出圭。太常卿奏「請詣皇地祇神位前」，協律郎跪，俯伏，舉麾，奏壽和之曲、武功之舞，導駕官同太常卿導引皇帝至皇地祇神位前。太常卿奏「跪，搢圭」，皇帝跪，搢圭。司香官奉香，跪進於皇帝之左，太常卿奏「上香，上香，三上香」，皇帝上香，上香，三上香。執爵官奉爵，跪進於皇帝之右，皇帝受爵。太常卿奏「祭酒，祭酒，三祭酒，奠爵」，皇帝祭酒，祭酒，三祭酒，奠爵。樂舞止。太常卿奏「出圭」，皇帝出圭。讀祝官取祝版於神右，跪讀，訖，樂舞作。太常卿奏「俯伏，興，平身；稍後，鞠躬，拜，興，拜，興，拜，興，拜，興，平身」。皇帝俯伏，興，平身；稍後，鞠躬，拜，興，拜，興，拜，興，拜，興，平身。樂舞止。太常卿奏「請詣酒尊所」，導駕官同太常卿導引皇帝至酒尊所。執爵官以爵進，皇帝受爵，司尊者舉冪，酌泛齊，以爵授執爵官。太常卿奏「請詣仁祖淳皇帝神位前」，導駕官同太常卿導引皇帝至神位前。太常卿奏「跪，搢圭」，皇帝跪，搢圭。司香官奉香，跪進於皇帝之左，太常卿奏「上香，上香，三上香」，皇帝上香，上香，三上香。執爵官奉爵，跪進於皇帝之右，皇帝受爵。太常卿奏「祭酒，祭酒，三祭酒，奠爵」，皇帝祭酒，祭酒，三祭酒，奠爵。太常卿奏「出圭」，皇帝出圭。讀祝官取祝版於神位之右，跪讀，訖，太常卿奏「俯伏，興，平身」；稍後，鞠躬，拜，興，拜，興，平身」。皇帝俯伏，興，平身；稍後，鞠躬，拜，興，拜，興，平身。太常卿奏「請復位」，導駕官同太常卿導引皇帝復位。

○亞獻：贊禮唱「行亞獻禮」，太常卿奏「行亞獻禮，請詣爵洗位」，導駕官同太常卿導引皇帝至爵洗位。太常卿奏「搢圭」，皇帝搢圭。執爵官以爵進，皇帝受爵，滌爵，拭爵，以爵授執爵官；執爵官又以爵進，皇帝受爵，滌爵，拭爵，以爵授執爵官。太常卿奏「出圭」，皇帝出圭。太常卿奏「請詣酒尊所」，導駕官同太常卿導引皇帝升壇至酒尊所。太常卿奏「搢圭」，皇帝搢圭。執爵官以爵進，皇帝受爵，司尊官舉冪，酌醴齊，皇帝以爵授執爵官。太常卿奏「出圭」，皇帝出圭。太常卿奏「請詣皇地祇神位前」，協律郎跪，俯伏，舉麾，奏豫和之曲、文德之舞，導駕官同太常卿導引皇帝至神位前。太常卿奏「跪，搢圭」，皇帝跪，搢圭。執爵官奉爵，跪進於皇帝之右，皇帝受爵。太常卿奏「祭酒，祭酒，三祭酒，奠爵」，皇帝祭酒，祭酒，三祭酒，奠爵。太常卿奏「出圭，俯伏，興，平身；稍後，鞠躬，拜，興，拜，興，平身」。皇帝出圭，俯伏，興，平身；稍後，鞠躬，拜，興，拜，興，拜，興，平身。樂舞止。太常卿奏「請詣酒尊所」，導駕官同太常卿導引皇帝至酒尊所。執爵官以爵進，皇帝受爵，司尊者舉冪，酌醴齊，皇帝以爵授執爵官。太常卿奏「請詣仁祖淳皇帝神位前」，導駕官同太常卿導引皇帝至神位前。太常卿奏「跪，搢圭」，執爵官奉爵，跪進於皇帝之右，皇帝受爵。太常卿奏「祭酒，祭酒，三祭酒，奠爵」，皇帝祭酒，祭酒，三祭酒，奠爵。太常卿奏「出圭，俯伏，興，平身；稍後，鞠躬，拜，興，拜，興，平身」。皇帝出圭，俯伏，興，平身；稍後，鞠躬，拜，興，拜，興，平身。樂舞止。太常卿奏「復位」，導駕官同太常卿導引皇帝復位。

〇終獻：贊禮唱「行終獻禮」，太常卿奏「行終獻禮，請詣爵洗位」，導駕官同太常卿導引皇帝至爵洗位。太常卿奏「搢圭」，皇帝搢圭。執爵官以爵進，皇帝受爵，滌爵，拭爵，以爵授執爵官；執爵官又以爵進，皇帝受爵，滌爵，拭爵，以爵授執爵官。太常卿奏「出圭」，皇帝出圭。太常卿奏「請詣酒尊所」，導駕官同太常卿導引皇帝升壇至酒尊所。太常卿奏「搢圭」，皇帝搢圭。執爵官以爵進，皇帝受爵，司尊官舉冪，酌盎齊，皇帝以爵授執爵官。太常卿奏「出圭」，皇帝出圭。太常卿奏「請詣皇地祇神位前」，協律郎跪，俯伏舉麾，奏熙和之曲、文德之舞，導駕官同太常卿導引皇帝至神位前。太常卿奏「跪，搢圭」，皇帝跪，搢圭。執爵官奉爵，跪進於皇帝之右，皇帝受爵。太常卿奏「祭酒，祭酒，三祭酒，奠爵」，皇帝祭酒，祭酒，三祭酒，奠爵。太常卿奏「出圭，俯伏，興，平身；稍後，鞠躬，拜，興，拜，興，平身」。皇帝出圭，俯伏，興，平身；稍後，鞠躬，拜，興，拜，興，平身。太常卿奏「請詣酒尊所」，導駕官同太常卿導引皇帝至酒尊所。執爵官以爵進，皇帝受爵，司尊者舉冪，酌盎齊，皇帝以爵授執爵官。太常卿奏「請詣仁祖淳皇帝神位前」，導駕官同太常卿導引皇帝至神位前。太常卿奏「跪，搢圭」，皇帝跪，搢圭。執爵官奉爵，跪進於皇帝之右，皇帝受爵。太常卿奏「祭酒，祭酒，三祭酒，奠爵」，皇帝祭酒，祭酒，三祭酒，奠爵。太常卿奏「出圭，俯伏，興，平身；稍後，鞠躬，拜，興，拜，興，平身」。皇帝出圭，俯伏，興，平身；稍後，鞠躬，拜，興，拜，興，平身。太常卿奏「復位」，導駕官同太常卿導引皇帝復位。

○分獻：贊禮俟行終獻時，唱「分獻官行禮」。贊引各引分獻詣盥洗位，贊「搢笏」，贊「盥手」。司盥者酌水，分獻官盥手。贊「帨手」，司巾者以巾進，分獻官帨手。贊「出笏」，分獻官出笏。贊「請詣爵洗位」，贊引引分獻官至爵洗位。贊「搢笏」，分獻官搢笏。執爵官以爵進，分獻官受爵，滌爵，拭爵，以爵授執爵官。贊引贊「出笏」，分獻官出笏。贊「請詣各從祀神位前」，贊引引分獻官至神位前。贊「跪，搢笏」，分獻官跪，搢笏。司香者以香跪進於分獻官之左，贊引贊「上香，上香，三上香」，分獻官上香，上香，三上香。執爵官以爵跪進於分獻官之右，分獻官受爵。贊引贊「祭酒，祭酒，三祭酒，奠爵」，分獻官祭酒，祭酒，三祭酒，奠爵。贊引贊「出笏，俯伏，興，平身；稍後，鞠躬，拜，興，拜，興，平身」。分獻官出笏，俯伏，興，平身；稍後，鞠躬，拜，興，拜，興，平身。贊引唱「復位」，分獻官復位。

〇飲福受胙：贊禮唱「飲福受胙」，太常卿奏「請詣飲福位」，導駕官同太常卿導引皇帝升壇至飲福位，北向立。太常卿奏「鞠躬，拜，興，拜，興，平身」，皇帝鞠躬，拜，興，拜，興，平身。太常卿奏「跪，搢圭」，皇帝跪，搢圭。奉爵官酌福酒，跪進於皇帝之左，贊曰：「唯此酒肴，神之所與。賜以福慶，億兆同沾。」皇帝受福酒，祭酒，飲福酒，以爵置於坫。奉胙官奉胙，跪進於皇帝之右。皇帝受胙，以胙授執事者，執事者跪於皇帝之右，受胙。太常卿奏「出圭」，皇帝出圭。太常卿奏「俯伏，興，平身；稍後，鞠躬，拜，興，拜，興，平身」。皇帝俯伏，興，平身；稍後，鞠躬，拜，興，拜，興，平身。太常卿奏「請復位」，導駕官同太常卿導引皇帝復位。

〇徹豆：贊禮唱「徹豆」，協律郎跪，俯伏，舉麾，奏雍和之曲，掌祭官徹豆。贊禮唱「賜胙」，太常卿奏「皇帝飲福受胙，免拜」。贊禮唱「皇太子以下在位官皆再拜」，傳贊唱「鞠躬，拜，興，拜，興，平身」，皇太子以下皆鞠躬，拜，興，拜，興，平身。樂止。

〇送神：贊禮唱「送神」，協律郎跪，俯伏，舉麾，奏安和之曲。太常卿奏「鞠躬，拜，興，拜，興，平身」，皇帝鞠躬，拜，興，拜，興，平身。贊禮唱「皇太子以下在位官皆再拜」，傳贊唱「鞠躬，拜，興，拜，興，平身」，皇太子以下皆鞠躬，拜，興，拜，興，平身。贊禮唱「祝人取祝，幣官取幣，詣望瘞位」，讀祝官取祝，奉幣人取幣，掌祭官取饌及爵酒，詣瘞坎，置戶上。樂止。

〇望瘞：贊禮官唱「望瘞」，導駕官同太常卿導引皇帝至望瘞位。贊禮唱「可瘞」，東西面各二人，以毛血瘞，俟半瘞，太常卿奏「禮畢」，導駕官同太常卿導引皇帝還大次。解嚴。

○鑾駕還宮：鹵簿、導從如來儀。大樂鼓吹振作。

王圻續通考：洪武二年，方丘在北郊。歲夏至，皇帝大祭地于方澤。皇地祇北向，以五嶽、五鎮、四海、四瀆諸神配，服衮冕。方丘壇南建殿九間，風雨於此望祭。三年，增祀天下山川之神于方丘。五月戊申，祀地于方丘，以仁祖配。

明史禮志：洪武四年，改築方丘，上成廣三丈九尺四寸〔一〕，高三尺九寸；下成每面廣丈五尺五寸，高三尺八寸，通徑七丈四寸。壇至内壝墻，四面皆八丈九尺五寸；内壝墻至外壝墻，四面各八丈二尺。

王圻續通考：洪武七年，增設天下神祇壇于南北郊。

明史樂志：洪武八年御製方丘樂章：

迎神　仰皇祇兮駕來，川岳從迎兮威靈備開，香煙繚繞兮神臨御街。漸升壇兮穆穆，靄瑞氣兮應結樓臺。以微衷兮率職，幸望聖悦兮心諧。但允臣兮固請，願嘉烝民兮永懷。

〔一〕「三丈」，諸本作「二丈」，據明史禮志一校勘記改。

奠玉幣　臣奉兮以筐，玉帛是進兮歲奠以常，百辟陪祀兮珮聲琅琅。惟南薰兮解慍，映燎炎兮煌煌。

迎俎　庖人兮淨湯，大烹牲兮氣靄而芳。以微衷兮獻上，曰享兮曰康。

初獻　初獻行兮捧觴，聖靈穆穆兮洋洋。爲烝民兮永康，鑒豐年兮耿光。

亞獻　雜殽羞兮已張，法前王兮典章。臣固展兮情悃，用酌醴兮載觴。

終獻　爵三獻兮禮將終，臣心眷戀兮無窮。恐殽羞兮未具，將何報兮神功。

徹饌　俎豆徹兮神熙，鸞輿駕兮旋歸。百神翼翼兮雲衣，敬奉行兮弗敢違。

送神　祥風興兮悠悠，雲衢開兮民福留。歲樂烝民兮大有，想洋洋兮舉觴載酒。

望瘞　殽羞玉帛兮瘞坎中，遥瞻隱隱兮龍旂從。祀事成兮盡微衷，感厚德兮民福雍雍。

王圻續通考：洪武九年，定郊社之禮，雖有三年之喪，不廢。十年，太祖感齋居陰雨，命作大祀殿於南郊，遂定每歲合祀於孟春，爲永制。十一年十月甲子，大祀殿成。

明史太祖本紀：洪武十二年正月己卯，始合祀天地於南郊。

蕙田案：明太祖勤於郊祀，奕世仍之，自改大祀殿合祀後，太祖親祀者二十，恭閔親祀者三，成祖親祀者十一，詳見「圜丘」門。

禮志：永樂十八年，京都大祀殿成，規制如南京。

蕙田案：自此年北京肇建大祀殿合祭天地，至世宗嘉靖九年建南北郊壇，皇帝親祀者，凡一百有一。見「圜丘」門。

明會典：嘉靖九年，遵初制，建方澤於安定門外。每歲夏至祭地，以五岳、五鎮、四海、四瀆、陵寢、諸山從祀，俱止奉太祖一位配享，而罷太宗之配。建皇地祇室於方澤南，以藏皇地祇及從位主。是年，既分建四郊，遂號祖陵山曰基運，皇陵山曰翊聖，孝陵鍾山曰神烈，顯陵山曰純德，并天壽山俱從祀方澤，居岳鎮之次，仍俱祀於地祇壇。

春明夢餘録：嘉靖九年，從給事中夏言之請，建改地壇，在安定門外之北，繚以垣墻，壇爲制二成。夏至祭皇地祇，北向，太祖西向，俱一成上。東一壇，中岳、東岳、南岳、西岳、北岳、基運山、翊聖山、神烈山西向；西一壇，中鎮、東鎮、南鎮、西鎮、北鎮、天壽山、純德山東向；東二壇，東海、南海、西海、北海西向；西二壇，大江、大淮、大河、大漢東向。俱二成上。壇制一成，面方六丈，高六尺。二成面方十丈六尺，高六尺。各成面甎用六八陰數，皆黄色琉璃，青白石包砌，四出陛，各八級，周圍水渠一道，長四十九丈四尺四寸，深八尺六寸，闊六尺。内壝方墻二十七丈，高六尺，厚二尺。内欞星門四，北門外西爲瘞位，瘞祝帛、配位帛則燎之，東爲燈臺；南門外爲皇地祇室，藏神版，而太祖版則以祭之前一日請諸廟。外欞星門四，西門外迤西爲神庫、神厨、宰牲亭、祭器庫，北門外西北爲齋宫。又建四天門，西門外爲鑾駕庫、遣官房，南爲陪祀官房。又外爲壇門，又外爲泰折街、牌坊，護壇地一千四百七十六畝。

王圻續通考：嘉靖祀方澤儀注。一，前期十日，太常寺題請視牲，次請命看牲，分獻大臣各四員。一，前期五日，上詣犧牲所視牲。其前一日，上告廟及還、參拜，俱如大祀之儀。告辭曰：「明日出視方澤大祭。」牲犧回還，餘並同大祀。參畢，回宫。次日，命大臣輪視，如常儀。一，前期四日，太常寺奏祭祀，進銅人，如常儀。諭百官致齋三日。上親填告請太祖祝版於文華殿。一，前期三日，上詣太廟，請太祖配神，以脯醢、酒果，行再拜一獻禮。祝文曰：「維嘉靖某年歲次某月某朔某日，孝元孫嗣皇帝御名，敢昭告於太祖高皇帝曰：兹以今月日夏至，恭祭皇地祇於方澤，謹請高祖作主侑神，伏惟鑒知，謹告。」一，前期二日，太常卿同光禄卿奏省牲，如常儀。一，前期一日，太常卿詣太廟寢，請太祖御位，至皇祇室奉安。上親填祝版於文華殿，黄楮版，黑字。遂告於廟。告辭曰：「孝元孫嗣皇帝御名，明日恭詣北郊行祭地禮。謹詣祖宗列聖帝后神位前，恭預告知。」一，祭之日，五鼓，太常卿俟上御奉天門，跪請聖駕詣地壇。錦衣衛備隨朝駕，上常服乘輿由長安左門出，入壇之西門。太常官導上至具服殿易祭服。出，導引官導上由方澤右門入。典儀唱「樂舞生就位」，執事官各司其事」。內贊奏「就位」，上就位。典儀唱「瘞毛血」，唱「迎神」，樂作，樂止。內贊奏「四拜」，傳贊百官同。典儀唱「奠玉帛」，樂作。內贊升壇，導上至皇祇香案前，奏「跪」，奏「搢圭」。司香官捧香，跪進於上右，內贊奏「上香，上香〔一〕，三上香」。訖，捧玉帛官以玉帛跪進於上右，上受玉帛。內贊奏「獻玉帛」，上奠訖，奏「出圭」，導至太祖香案前，儀同。奏「復位」，樂止。典儀唱「進俎」，樂作。齋郎舁俎，安訖，內贊奏「升壇」，導

〔一〕「香」，諸本脱，據文例補。

上至皇祇俎匣前。奏「搢圭」，奏「進俎」，奏「出圭」，導上至太祖俎匣前，儀同。奏「復位」，樂止。典儀唱「行初獻禮」，樂作。内贊奏「升壇」，導上至皇祇前。奏「搢圭」，捧爵官以爵跪進於上右，上受爵。内贊奏「獻爵」，上獻爵，訖，奏「出圭」，奏「詣讀祝位」，奏訖，傳贊衆官皆跪。樂暫止。内贊贊「讀祝」，讀祝官跪讀祝，畢，樂復作。内贊奏「俯伏，興，平身」。傳贊百官同。導上至太祖前，奏「搢圭」，捧爵官以爵跪進於上右，上受爵。内贊奏「獻爵」，上獻訖，奏「出圭」，奏「復位」，樂止。典儀唱「行亞獻禮」，樂作，儀同初獻，惟不讀祝，樂止。典儀唱「行終獻禮」，儀同亞獻，樂止。太常卿進立壇左，東向，唱「賜福胙」，内贊奏「詣飲福位」，内贊對引官導上詣飲福位，奏「跪」，奏「搢圭」，光禄卿捧福酒，跪進於上右，内贊奏「飲福酒」，上飲。訖，光禄卿捧福胙，跪進於上右，内贊奏「受胙」，上受。訖，奏「出圭」，奏「俯伏，興，平身」，奏「復位」，奏「四拜」。傳贊百官同。典儀唱「徹饌」，樂作。執事官徹饌，訖，樂止。典儀唱「送神」，樂作，内贊奏「四拜」，傳贊百官同，樂止。典儀唱「讀祝官捧祝，進帛官捧帛，掌祭官捧饌，各詣瘞位」。典儀唱「望瘞」，内贊奏「詣望瘞位」，内贊對引官導上至望瘞位，祝帛瘞。訖，配帝帛燎半，内贊奏「禮畢」，導引官導上至具服殿易服。太常卿捧太祖御位入安於太廟寢，駕還詣廟，參拜。致詞曰：「孝元孫嗣皇帝御名，恭詣北郊祭地，禮成，謹詣祖宗列聖帝后神位前，恭行參拜。」畢，還宮。　一，分獻官儀注：典儀唱「行初獻禮」，讀祝訖，俯伏，興，平身。贊引引獻官各詣神位前，贊「跪」，贊「搢笏」、「上香」、「獻帛」、「獻爵」，訖，贊「出笏」、「復位」。典儀唱「行亞獻禮、終獻禮」，贊引引獻官各詣神位前，贊「搢笏」、「獻爵」、「出笏」、「復位」。至唱「望瘗」，贊引引獻官至燎所，燎半，贊「禮畢」。　一，祝文：「維嘉靖某年歲次某月某朔某日，嗣天子臣御名，敢昭告於皇地祇曰：時當夏至，群物方亨。生長發育，有生咸賴。功德至厚，上配皇天。爰遵典禮，謹率臣僚，以玉帛、牲齊，粢盛庶品，奉茲禋祀，奉太祖高皇帝配神，尚享。」　一，陳設：正位，北向。犢一，黃；璧一，帛一，黃色。登一，簠、簋各二，籩十二，豆十二，黃玉爵三，尊三，篚一，祝案一。配位，西向。陳設同，無玉。帛一。白色。從四壇：五岳、基運山、翊聖山、神烈山共一壇，東設，西向。犢一、羊一、豕一、登一、帛八，黃一、青一、白四、紅一、玄一。鉶一、籩十，簠、簋各二，豆十，黃瓷爵三，篚一，酒盞三十，尊三。五鎮、天壽山、純德山共一壇，西設，東向。陳設同，帛七。黃一、青一、紅一、白三、玄一。四海一壇，東設，西向。陳設同，帛四。玄色。

明史樂志：嘉靖九年，復定方丘樂章：

迎神，中和之曲　俯瞻兮鳳輦來，靈風兮拂九垓。川岳從兮後先，百辟列兮襄陪。臣拜首兮迓迎，願臨享兮幸哉。

奠玉帛，廣和之曲　祀禮有嚴兮奉虔，玉帛在笥兮來前。皇靈垂享兮以納，烝民率土兮樂豐年。

進俎，咸和之曲　殽羞馨兮氣芳，庖人奉役兮和湯。奉進兮皇祇歆慰，臣稽首兮敬將。

初獻，壽和之曲　酒行初獻兮樂舞張，齊醴明潔兮馨香。願垂享兮以歆，生民安兮永康。

亞獻，安和之曲　載獻兮奉觴，神顏和懿兮以嘗。功隆厚載兮配天，民感德兮無量。

終獻，時和之曲　三進兮玉露清，百職奔繞兮佩環鳴。鼉鐘鷺鼓兮韻鏘鏘，願留福兮群生。

徹饌，貞和之曲　禮告終兮徹敢遲，深惟一念兮誠意微。神垂博容兮聽納，恐未備兮惟慈依。

送神，寧和之曲　禮成兮誠已伸，駕還兮法從陳。靈祇列兮以隨，百辟拜兮恭寅。望坤宫兮奉辭，願普福兮烝民。

望燎，曲同寧和。

春明夢餘録：潘潢議大祀之殿義不可墮：案尚書、孝經、春秋凡言郊、不卜郊、郊祀、用牲於郊，皆斷名之曰郊，不别云某郊。凡言郊，以明天道，郊則天神格。祭天於郊，皆直繫之天，更不並云天地，是知祭天之外無郊，郊祭之中無地，易明也。匡衡徒見天子有兆於南郊之語，妄意祭地當於北郊，其言本孝經緯，於經無據。且北既陰方，地象母位，則郊配亦當以其類矣。嚴母莫大於配地，古有之乎？是故北郊之謬，義不可襲。王者受命有天下，謂之有土，是故古者天子大社，丘方五丈，封土五色，祭后土焉。凡封建諸侯，則各割其方色之土，苴以白茅而錫之，使各立社，祭於其國，亦曰胙土。是天子大社五土，王社自祭畿内分土，諸侯獨得祭其方土而已，故曰王者有分土，祭天地，諸侯方祭祭土。而尚書、周官、禮記皆謂祭地曰社，或曰后土，曰冢土；亓曰大亓，亦曰地亓，又曰土亓；丘方曰方丘，折曰泰折。天下之社莫大焉，曰大社。社所以明地道，列地利，命降乎社之謂殽地，社之爲大亓昭昭矣。自鄭玄諸儒牽附讖緯，誤分泰折爲祭崑崙，方丘爲祭神州，於是大社自爲五土之神，而夏至祭地，别在北郊，夫五土之神非地而何？旅五帝獨非祭天耶？周禮宗伯甸師用牲於社，大祝、大師大會同，宜于社，小祝寇戎之事，保郊祀于社，大司馬蒐田、獻禽、祭爪、大合軍，以先愷樂，獻功於社，大司寇軍旅之事，莅戮于社，類皆言社而不及稷，臣謂此天子大社也。張載曰：「大社，王爲群姓所立，必在國外；王社，王所自立，必在城内。」夫大社既在國外，則小宗伯建國之神位，所謂右社稷、左宗廟者，固王自立之社，而大社無稷矣。漢儒乃謂大社有稷，王社無稷，是無怪其以社爲地別體而雜求諸泰折、方丘，卒起後來紛紛之議，非胡宏、王炎諸臣相維講正，流惑可勝慨乎！

蕙田案：潘潢以大社爲祭地，於社禮之外，又添一社，而地無祭矣，謬極。

編修歐陽鐸議：竊惟二儀定位，天高而地下，先王制禮，天尊而地親，故我太祖皇帝兆圜丘於鍾山之陽，兆方丘於鍾山之陰，用周禮也。行之十年，乃更爲大祀之殿，定合祀之儀。又行之二十餘年，而太宗皇帝承之。百十年來，論者類疑其非古。然以太祖非無爲而變，太宗非無據而承，況土木一興，財費不貲，事干國典，不敢易言耳。兹遇陛下博稽古典，臣工何容異議。雖然，古不可悖，亦不可泥。參之酌之，與時宜之，是在陛下聖明而已。況周禮固有不可知者，臣請先舉其略，而後效其愚。謹案：周禮冬至圜丘，夏至方澤，可以見天地之分祀矣。然未知其兆於南郊歟，抑南北二郊歟？不可考也。及考大宗伯掌建邦禮則禋祀祀天，血祭祭社，而無祭地之禮。小宗伯掌建神位，則右社稷，左宗廟，五帝四郊，而無地祇之位。司服則祀天大裘，祭社希冕，而無祭地之服。乃若大宗伯蒼璧禮天，黄琮禮地，圭璋琥璜禮四方，則無禮社之玉。典瑞四圭祀天，兩圭祀地，璋邸射祀山川，則無祀社之圭。何其缺略如此耶？或謂天子之社，非諸侯各祭一方者比，古無北郊，社以祭地也。故尊與郊等，親與廟並，故武王伐商，類於上帝，即宜於冢土。成王遷洛，用牲于郊，即社于新邑。周禮蓋言地即不言社，言社即不言地耳，信斯言也，則既謂右社稷，又曰澤中方丘，何其乖錯如此耶？意者國門之內，除地爲澤，而築丘祭社，如古者壇墠之制歟？或社稷在國都之右，因澤爲丘，不必於門內歟？是又未可考也。臣故曰：「古不可悖，亦不必泥。」得其意，不踐其迹，時之爲貴可也。

蕙田案：歐陽鐸之議周禮，誠不知而妄爲之説也。曰禋祀祀天，血祭祭社，無祭地之禮。彼黄琮禮地，兩圭祀地者，何禮耶？曰右社稷，左宗廟，五帝四郊，無地祇之位，彼澤中方丘，非地祇之位耶？曰祀天大裘，祭社希冕，無祭地之服。夫冬至寒，故大裘而衮冕，未有冕而不衮者，祭地夏至則衮冕爾，何謂無服？曰黄琮禮地而無禮社之玉，兩圭祀地而無祀社之圭。夫周禮序官，每多互見，靈鼓社祭，言社而不及祇，大司樂分樂，又言祇而不言社，蓋祭祇不可謂之祭社，而祭社則可謂之祭地。故其禮有異者，以秩其等；有同者，以著其德。周禮不及者，其禮同也，何得謂之缺略耶？至謂國門之內，除地爲澤，而築丘祭社，意欲併而爲一，而不知悖於因地事地之義矣。又謂社稷在國都之右，因澤爲丘，不必於門内，吾不知其何説矣。

又案：春明夢餘録又載姚淶一議，以周人建子，可以冬至郊天，夏至祭地，用夏正則先地後天，尤爲謬妄。吴鼎、顧我鈞痛辨之，載「圜丘」門，可參觀也。

王圻續通考：穆宗隆慶元年，會議典禮：郊祀之禮，分祀已久，似難紛更，宜照例於南北二郊，於冬、夏至日，聖駕親詣致祭，仍奉太祖高皇帝配。從之。命夏至方澤以卯時行禮。五月辛酉，上親祀地于方澤。

先是，冬至祀天，孟秋享太廟，春秋祭社稷、先師孔子，歷代帝王，俱用子時祭。朝日壇以卯時，夕月壇以酉時。孟春、孟夏、孟冬時享及祫享，太祖俱午時。惟夏至祀地未定，至是，太常寺以請，遂定卯時。

二年五月丙寅，上親祀地于方澤。

崇禎十五年五月二十六日甲午，夏至，先是，上傳親祭地于方澤，所司者皆如儀。是日四鼓後，鳴鐘，上乘輿從午門、端門、承天門、長安左門、安定門詣北郊。至行幄，具祭服。時曙色漸開，上繙閲章疏。久之，報卯時，上步出大次，從内壝靈星右門步入，行大祭禮，樂九奏。上升壇者五，而對越盡禮，仍至大次，易常服而還。正位，黑犢一，黄琮、黄帛、黄玉爵；配位同，惟無玉；四從位，黑犢四、北羊四、猪四，計用犢六隻，北羊及猪各四隻。北羊者，角灣下，價最高。山羊，角直上，價廉。大祀不用山羊。南郊配位，藏於泰神殿。北郊配位，在太廟。臨祭前一日，請出壇，祭畢，仍奉入。

右明祭地

五禮通考卷四十一

吉禮四十一

社稷

蕙田案：周禮小宗伯：「建國之神位，右社稷，左宗廟。」社祭土神，稷祭穀神，人非土無以立，非穀無以養，國以民爲本，故建國以社稷爲先。郊特牲：「社祭土而主陰氣也。」土亦是地而與祭地異者，隤然下凝，皆地也，其職主載，惟天子得祭之；於地之中別而爲土職，主稼穡，以養人，洪範「土爰稼穡」是也。故自天子，下及庶民，被其功德者，均得美報，此土穀之祭，所以達乎上下也。世儒以祭社爲祭地，誤矣。有天子社，有諸侯社，有大夫社，有庶民社，有亡國之社。有春祈，有秋報，有冬蜡，其配句龍、后稷，其牲黝牲，其祭血祭，其尊大罍，其服希冕，其樂應鍾，其鼓靈鼓，其舞帗舞，其儀三獻，凡軍旅、會同、田獵、災眚，皆有事焉。見於經文，班班可考。今悉採其文條列之，間附以諸儒異同之論，其歷代制度典禮詳焉。

建設社稷

周禮地官大司徒：以天下土地之圖，周知九州之地域、廣輪之數，設其社稷之壝。

注：社稷，后土及田正之神。　疏：謂於中門之外右邊，設大社、大稷，王社、王稷。又於廟門之屏，設勝國之社稷，其外皆壝埒于四面。

黄氏度曰：社祭土，稷祭穀，郊丘祭天地，天子之禮也。土穀之祭，達乎上下，故方丘與社，皆地祭也。而宗伯序祭，有社無示，舉社，則其禮達乎上下；舉示，則天子獨用之。鼓人職曰：「以雷鼓鼓神祀，以靈鼓鼓社祭。」不曰示祭，而曰社祭，亦見其禮之達乎上下也。大司樂「雷鼓、雷鼗以祭天神，靈鼓、靈鼗以祭地示」。是則示祭、社祭，其用同矣，非天子不祭天，而天子與庶人皆得祭社，尊父親母之義也。

小司徒：凡建邦國，立其社稷。　疏：諸侯亦有三社三稷，謂國社、侯社、勝社，皆有稷配之。

言立其社稷，謂以文書法度與之，不可國國身往。

鄭氏鍔曰：大司徒設其社稷之壝矣，小司徒又立之，蓋地官掌貳，權重位尊，諸侯受土以置社，或爲之設壝，或爲之立祀，則權在朝廷，而諸侯不敢以自擅矣。

封人：掌設王之社壝。注：壝，謂壇及堳埒也。不言稷者，稷，社之細也。　疏：云「掌設王之社壝」者，謂王之三社三稷之壇及壇外四邊之壝，皆設置之。直言壝不言壇，舉外以明內之有壇可知也。又曰「壝，謂壇及堳埒也」者，堳埒，即壝。經不言壇，故鄭兼見之也。案孝經緯：社是五土總神，稷是原隰之神。原隰即是五土之一耳，故云「稷，社之細」。舉社，則稷從之矣。故言社不言稷也。云「社謂后土」者，舉配食者而言耳。

蕙田案：鄭以稷爲社之細，猶以望爲郊之細云爾，然以此解社稷，則難通。

鄭氏鍔曰：考大司徒于邦國都鄙，言「制其畿疆而溝封之」，又言「制其地域而封溝之」，俱謂聚土爲封，則知康成聚土之說爲是。司徒制封溝之封，制其法也。封人爲聚土之封，爲其事也。惟其爲聚土之事，故于王社，則掌設其壝，又爲畿封而植木以爲表，于諸侯國之社稷，亦掌設其壝，爲之封土以表其界之所，非特王社之畿與諸侯國之封爲然，造都鄙、表封域亦然，蓋俱循大司徒所立之法，而爲壇壝堳埒與小封疆也。

凡封國，設其社稷之壝，造都邑亦如之。疏：禹貢：「徐州貢土五色。」注云：「王者封五色土爲社，建諸侯則各割其方色土與之，使立社。」是封諸侯立社稷之法。

右建設社稷

社稷神位

春官小宗伯：掌建國之神位，右社稷，左宗廟。注：庫門內、雉門外之左右。疏：言「右社稷，左宗廟」者，案匠人亦云「左祖右社」。彼掌其營作，此掌其成事位次耳。地道尊右，故社稷在右，是尚尊尊之義。此據外神在國中者，社稷爲尊。故鄭注郊特牲云：「國中神莫大于社。」祭義注「周尚左」者，據內神而言。若據衣服尊卑，先王衮冕，先公鷩冕，亦貴于社稷，故云「周尚左」。各有所對，故注不同也。又曰：鄭知「庫門內、雉門外」者，後鄭義以雉門爲中門，故知雉門外、庫門內之左右也。

易氏紱曰：古者建國，王宮居中，左者人道所親，故立祖廟于王宮之左；右者，地道所尊，故立國社于王宮之右。

鄭氏鍔曰：左所以本仁，右所以明義。

考工記：匠人營國，左祖右社。注：王宮所居也。祖，宗廟。疏：左右前後者，據王宮所居處中而言之。

白虎通：社稷在中門之外、外門之內何？尊而親之，與先祖同也。不置中門內何？敬之，示不褻瀆也。

右社稷神位

社稷壇

書禹貢：徐州，厥貢惟土五色。孔傳：王者封五色土爲社，建諸侯則各割其方色土與之，使立社。燾以黄土，苴以白茅，茅取其潔，黄取王者覆四方。疏：燾，覆也。四方各依其方色，皆以黄土覆之。其割土與之時，苴以白茅，用白茅裹土與之。必用白茅者，取其潔清也。易稱「藉用白茅」，茅色白而潔美。韓詩外傳云：「天子社廣五丈，東方青，南方赤，西方白，北方黑，上冒以黄土。將封諸侯，各取其方色土，苴以白茅，以爲社，明有土，謹敬潔清也。」

傳説彙纂：水經注：「姑幕縣有五色土，王者封建諸侯，隨方授之。」元和志：「徐州彭城郡，開元貢五色土各一斗。」

詩大雅緜：迺立冢土。毛傳：冢土，大社也。起大事，動大衆，必先有事乎社而後出，謂之宜。美大王之社，遂爲大社也。孔疏：大社者，天子社名，諸侯不得稱大社也。冢土，非諸侯之社。云「遂爲大社」，皆言大王所作，遂爲文王之法也。郊特牲曰：「社，所以神地之道也。」禮運云：「命降于社之謂殺地。」是社爲土之神也。冢既爲大，土爲社主，故知冢土，大社也。傳以大社者，天子社名，大王時實諸侯，而云「乃立冢土」，以天子之名言之者，美此大王之社，而遂爲大社。言大王立此社，文王後取其制，以爲天子之社，故以冢土言之。毛所以爲此説者，蓋以祭法云：「王爲群姓立社曰大社。」郊特牲云：「天子大社，必受霜露風雨之氣也。」以爲大社之名，惟施于天子，其諸侯不得名大社故也。

朱子曰：冢土，大社也，亦大王所立，後遂因以爲天子之制。

何氏楷曰：山頂之高腫起者曰冢，故以爲高大之義。社，説文云：「地主也。」郊特牲云：「家主中霤而國主社。」孔云：「冢土，訓爲大社，未即名爲大社。」祭法：「王爲群姓立社曰大社。」郊特牲云：「天子大社，必受霜露風雨之氣。」以爲大社之名，惟施于天子，諸侯雖不可名大社，可以言冢土矣。「乃立冢土」，正是諸侯之法。案泰誓言：「類于上帝，宜于冢土。」則猶仍大王舊稱，以未爲天子故也。

汲冢周書作雒篇：諸侯受命于周，乃建大社于國中。注：受，封也。其位東青土，南赤土，西白土，北驪土，中央亹以黄土。將建諸侯，鑿取其方一面之土，苞以黄土，苴以白茅，以爲土封，故曰受削土于周室。注：其方，謂建東方諸侯，以青土而覆，茅苴裹土，封之爲社也。

白虎通：其壇大如何？春秋傳曰：「天子有大社焉，東方青色，南方赤色，西方白色，北方黑色，上冒以黄土。故將封東方諸侯，青土，苴以白茅，謹敬潔清也。」

蔡邕獨斷：天子大社，以五色土爲壇。皇子封爲王者，受天子之社土，以所封之方色，東方受青，南方受赤，他如其方色，苴以白茅，受之各以其所封方之色。歸國以立社，故謂之受茅土。漢興，以皇子封爲王者得茅土。其他功臣，及鄉亭他姓公侯，各以其户數租入爲限，不受茅土，亦不立社也。天子社稷，土壇方廣五丈，諸侯半之。

通志：社稷二神同功，故同堂别壇，俱在未位。

社壇在東，稷壇在西，俱北面，壇築壇門，四面門。天子之社，則以五色土，各依方色爲壇，廣五丈。諸侯則但用當方之色爲壇。

周禮圖曰：社稷壇相並，社壇在東，稷壇在西，各三級，壝在四隅，如矩曲方。

右社稷壇

社稷名義

禮記郊特牲：社祭土而主陰氣也。疏：土，謂五土，山林、川澤、丘陵、墳衍、原隰也，以時祭之，故云社祭土。土是陰氣之主，故云主陰氣也。

馬氏晞孟曰：古人之言社必有稷，此言社而不言稷者，蓋社以總祭五土之神，而山林、川澤、丘陵、墳衍、原隰皆是也。稷則止于原隰而已，言社可以兼稷也。祭法言天子、諸侯立社，而不言稷，亦以此。

蕙田案：馬氏言社可以兼稷，是也。云「稷則止于原隰而已」，此依鄭義，非是。

社，所以神地之道也。地載萬物，天垂象，取財于地，取法于天，是以尊天而親地也，故教民美報焉。家主中霤而國主社，示本也。疏：言立社之祭，是神明于地之道。發此句，爲下張本也。「地載萬物」者，釋地所以得神之由也。「天垂象」者，欲明地，故引天爲對。地有其物，天皆垂其象，所謂在天成象，在地成形也。財並在地出，故爲人所取。人知四時早晚，皆放日月星辰，以爲耕作之候，是取法于天。故尊而祭之，天子祭天是也。所取財者，故親而祭之，一切親地而共祭社是也。地既爲民所親，故與庶民祭之，以教民美報故也。卿大夫之家主祭土神于中霤，天子諸侯之國主祭土神于社。以土神生財，以養官與民，故皆祭土神，示其生養之本也。社稷之義，先儒所解不同。鄭康成之説，以社爲五土總神，稷爲原隰之神，勾龍以有平水土之功，配社祀之，稷有播種之功，配稷祀之。鄭必以爲此説者，案郊特牲云「社祭土而主陰氣」，又云「社所以神地之道」。又禮運云：「命降于社之謂殽地。」又王制云：「祭天地社稷，爲越紼而行事。」據此諸文，故知社即地神，稷是社之細別，別名曰稷，稷乃原隰所生，故以稷爲原隰之神。若賈逵、馬融、王肅之徒，以社祭勾龍，稷祭后稷，皆人鬼也，非地神。故聖證論王肅難鄭云：「禮運云：『祀帝于郊，所以定天位；祀社于國，所以列地利。』社若是地，應云定地位，而言列地利，故知社非地也。」爲鄭學者馬昭之等通之云：「天體無形，故須云定位。地有形，不須云定位，故唯云列地利。」肅又難鄭云：「祭天牛角繭栗而用特牲，祭社牛角尺而用大牢。又祭天地大裘衮冕，祭社稷絺冕。又唯天子令庶民祭社，社若是地神，豈庶民得祭地乎？」爲鄭學者通之云：「以天神至尊而簡質事之，故牛角繭栗而用特牲，服著大裘。天地至尊，天子至貴，天子祭社〔二〕，是地之别體，有功于人，報其載養之功，故用大牢，貶降于天，故角尺也。祭用絺冕，取其陰類，庶人蒙其社功，故亦祭之，非是方澤、神州之地也。」肅又難鄭云：「召誥用牲于郊牛二，明后稷配天，故知二牲也。」又云：「社于新邑，牛一、羊一、豕一，明知唯祭勾龍，更無配祭之人。」爲鄭學者通之云：「是后稷與天，尊卑既别，不敢同天牲。勾龍是上公之神，社是地祇之别，尊卑不甚懸絶，故云配同牲也。」肅又難鄭云：「后稷配天，孝經有配天明文，后稷不稱天也。祭法及昭二十九年傳云：『勾龍能平水土，故祀以爲社。』不云祀以配社，明知社即勾龍也。」爲鄭學者通之云：「后稷非能與天同功，惟尊祖配之，故云不得稱天。勾龍與社同功，故得云祀以爲社，而得稱社也。」肅又難云：「春秋云伐鼓于社，責上公，不云責地祇，明社是上公也。又月令『命民社』鄭注云：『社，后土也。』孝經注云：『后稷，土也。勾龍爲后土。』鄭注云：『社，后土，則勾龍也。』是鄭自相違反。」爲鄭學者通之云：「伐鼓責上公者，以日食，臣侵君之象，故以責上公言之。勾龍爲后土之官，其地神亦名后土，故左傳云：『君戴皇天而履后土。』地稱后土，與勾龍稱后土，名同而實異也。鄭

〔二〕「祭社」，諸本作「社稷」，據禮記正義卷二五改。

注云『后土』者，謂土神也，非謂勾龍也。故中庸云：『郊社之禮。』注云：『社，祭地神。』又鼓人云：『以靈鼓鼓社祭。』注云：『社祭，祭地祇也。』是社爲地祇也。」異義：今孝經説曰：「社者，土地之主，土地廣博，不可徧敬，故封五土以爲社。」古左氏説：「共工爲后土，后土爲社。」許君謹案：亦曰「春秋稱公社，今人謂社神謂社公，故知社是上公，非地祇」。玄駁之云：「『社祭土而主陰氣』，又云『社者，神地之道』。謂社神皆言上公，失之矣。今人亦謂雷曰雷公，天曰天公，豈上公也！」異義：稷，今孝經説：「稷者，五穀之長，穀衆多不可徧敬，故立稷而祭之。」古左氏説：「烈山氏之子曰柱，死，祀以爲稷，稷是田正，周棄亦爲稷，自商以來祀之。」許君謹案：「禮緣生及死，故社稷人事之。既祭稷，穀不得，但以稷米祭稷，反自食。」同左氏義。鄭駁之云：「宗伯以血祭祭社稷、五祀、五嶽。社稷之神，若是勾龍、柱、棄〔一〕，不得先五嶽而食。」又引司徒五土名，又引大司樂五變而致介物及土示；土示，五土之總神，即謂社也。六樂于五地無原隰而有土祇，則土祇與原隰同用樂也。又引詩信彼南山云：「畇畇原隰。」下之「黍稷彧彧〔二〕」。原隰生百穀，黍爲之長。然則稷者，原隰之神，若達此義，不得以稷米祭稷爲難。

通典：説曰：「王者、諸侯所以立社稷者，爲萬人求福報功也。人非土不立，非穀不生，不可徧敬，故立社稷而祭焉。」自經籍灰燼，互執不同，鄭玄注：「社稷者，土

〔一〕「柱」，諸本作「社」，據禮記正義卷二五改。
〔二〕「彧彧」，諸本作「或云」，據禮記正義卷二五校勘記改。

穀之神，勾龍、后稷以配食也。」案所據郊特牲云：「社祭土而主陰氣，君南嚮於北墉下，答陰之義。」又云：「社者，神地之道。」又周禮：「以血祭祭社稷、五祀、五嶽。」樂用靈鼓，大喪，三年不祭，唯天地、社稷越紼而行事。王肅云：「勾龍、周棄，並爲五官，故祀爲社稷。」案所據左氏傳云：「勾龍爲后土，祀以爲社。」故曰「伐鼓於社，責上公也」。今俗猶言社公，上公之義耳。又，牲用太牢，與地不同。若稷是穀神，祭之用稷，反自食乎？崔靈恩云：「二家之説，雖各有通途，但昔來所習，謂鄭爲長。」故依鄭義試評曰：案崔靈恩以鄭爲長，當矣。何者？案公者，尊稱，以人尊社，故曰社公。王肅以俗言社公，及以社爲上公者，俗言天公、雷公，豈上公乎？又「日蝕伐鼓于社，責陰助陽之義也」。夫陽爲君，陰爲臣，日蝕者，陰蝕陽也。君弱臣强，是以伐鼓于社，云「責上公耳」。若句龍、周棄爲社，則不得先五嶽而埋血也，以人鬼雖用血而不埋。復云以無「配食」字是正神者，「周人禘嚳而郊稷，祖文王而宗武王」，亦無配食之説，豈得不謂郊天者乎？且人鬼之道，不用靈鼓，不得越紼而祭也。稷者，土有生長之功，立其神，因以稷名之。鄭據孝經説曰：「社者，土地之神。稷者，能生五穀之神。」孝經援神契云：「稷乃原隰之中能生五穀之祇。」今案，本無正神，人感其功，欲美報之，因以稷名。所以稷名神者，五穀之長故也。

楊氏復曰：王、鄭之學，互有得失。若鄭云「勾龍有平水土之功，配社祀之。后稷有播種之功，配稷祀之」。則鄭説爲長。

蕙田案：兩家互有得失。鄭得者，勾龍配社，后稷配稷，一也；地稱后土，勾龍稱后土，名同而實異，二也；駁社是上公，駁勾龍、棄先五嶽而食，三也。其失者，社即地示，一也；稷爲原隰之神，二也；稷是社之細別，三也。王得者，社非祭地，一也；定地位一難，牲牢裘冕二難，二也；駁鄭自相違反，三也。其失者，社祭勾龍，稷祭后稷，皆人鬼，一也；無配食明文，不得稱配，二也；稷米祭稷，反自食，三也。朱子注孟子云：「社，土神。稷，穀神。」最爲明白簡當。云土神，則隨土之大小皆得祭之；若云地示，則惟天子乃得祭，而非社之謂矣。

馬氏晞孟曰：天遠于人，則尊而不親；地近于人，則親而不尊。故在天則明之，欲民尊而親之也；在地則神之，欲民親而尊之也。萬物本乎天而亦本乎土，故家以中霤爲主，國以社爲主者，示其不敢忘本之意也。

周氏諝曰：周官以血祭祭社稷、五祀。中霤，五祀之一，而社稷之次，故有國者以社爲主，而有家者則中霤而已。

禮運：命降于社之謂殽地。注：降于社，謂教令由社下者也。社，土地之主也。周禮土會之法，有五地之物生。疏：命者，政令之命，降下于社，謂從社而來以降民也。社即地也，指其神謂之社，指其形謂之地。法社以下教令，故云「殽地」。周禮大司徒五地則山林、川澤、丘陵、墳衍、原隰，地有五土，生物不同，人君法地，亦養物不一也。

王氏安石曰：命者，命祀之謂也。出命而降于社，天子有社，諸侯亦可以有社。謂之殽地，諸侯可以祭社，而不可以祭天故也。殽者，雜而分也。天子大社兼土五色，使諸侯立社，各以其方色之土授之，殽地之謂也。

祀社于國，所以列地利也。疏：出財，故云列地利。

劉氏彝曰：祀社于國也。生物享其報，而民不敢慢于其神矣。

方氏慤曰：天則遠人而尊，故祭帝于郊；地則近人而親，故祀社于國。郊，謂郊之南，南者，陽之盛，故曰：「所以定天位。」國，謂國之右，右者，陰之盛，故曰：「所以列地利。」定天位，則天下達于尊卑之禮矣；列地利，則天下達于施報之禮矣。且位以祭之所言也，利以祭之物言也。位欲其一，故言定；物欲其陳，故言列。天神曰祀，地示曰祭，而此于天曰祭者，郊所以明天道故也；于地曰祀者，社所以神地道故也。

禮行于社而百貨可極焉。疏：祀社盡禮，則五穀豐稔，金玉露形，盡爲國家之用，故云「可極」。

禮器：社稷山川之事，鬼神之祭體也。

荀子：社祭社，稷祭稷。

白虎通：王者所以有社稷，何爲？天下求福報功。人非土不立，非穀不食，土地廣博，不可偏敬也，五穀衆多，不可一一而祭也。故封土立社，示有土尊；稷，五穀之長，故封稷而祭之也。尚書曰：「乃社于新邑。」孝經曰：「保其社稷，而和其民人，蓋諸侯之孝也。」稷者，得陰陽中和之氣，而用尤多，故爲長也。不謂之土，何封土爲社？故變名謂之社，利于衆土也。爲社立祀，始謂之稷，語不自變，有内外。或曰至稷不以稷爲社，故不變其名，事自可知也。

後漢蔡邕陳留索昏庫上里社碑：社祀之建，尚矣。在昔聖帝，有五行之官，而共工子勾龍爲后土，及其没也，遂爲社祀，故曰社者，土地之主也。周禮建爲社位，左宗廟，右社稷，戎醜攸行，于是受脤，土膏恒動，于是祈農。又頒之于兆民，春秋之中，命之供祠，故自有國至黎庶莫不祀焉。

附諸家論社神、稷神：

仲長統社祭土神答：自漢諸儒，論勾龍即是社主，或云是配，其議甚衆。後荀或問仲長統：「以社所祭者，何神也？」統答：「所祭者土神也。」侍中鄧義以爲不然而難之，或令統答焉。統答義曰：「前見逮及，敢不敬對？退熟惟省，郊社之祭，國之大事，誠非學淺思薄者所宜興論重復，亦以鄧君難，事有先漸，議則既行，可謂辭而不可得，因而不可得已者也。屯有經綸之義，睽有異同之辭，歸于建國立家，通志斷類也。意則欲廣其微以宗實，備其論以求真，先難而後易，出異而歸同乎？」

難曰：「社祭土，主陰氣，正所謂勾龍土行之官，爲社則主陰明矣，不與記說有違錯也？」答曰：「今記之言社，輒與郊連，體有本末，辭有上下，謂之不錯不可得。禮運曰：『政必本于天，殽以降命，命降于社之謂殽地，參于天地，並于鬼神。』又曰：『祭帝于郊，所以定天位也；祀社于國，所以列地利也。』郊特牲曰：『社，所以神地之道也。地載萬物，天垂象，取財于地，取法于天，是以尊天而親地。家主中霤，國主社，示本也。』相此之類，元尚不道配食者也。主以爲勾龍，無乃失歟？」難曰：「信如此，所言土尊，故以爲首，在于上宗伯之體，所當列上下之序。上句當言天神、地祇、人鬼，何反先人而後地？上文如此，至下何以獨不可？而云社非勾龍，當爲地哉？」答曰：「此形成著體，數自上來之次言之耳，豈足據使從人鬼之例邪？三科之祭，各指其體，今獨擿出社稷，以爲但勾龍有烈山氏之子，恐非其本意也。案記言社土，而云何得之爲勾龍，則傳雖言祀勾龍爲社，亦何嫌，反獨不可謂之配食乎？祭法曰：『周人禘嚳郊稷，祖文王宗武王。』皆以爲配食者，若復可須〔一〕，謂之不祭天乎？備讀傳者則真土，獨據記者則疑勾龍，未若交錯參伍，致其義以相成之爲善也。」難曰：「再特于郊牛者，后稷配故也。社于新邑，牛一、羊一、豕一，所以用二牲者，立社位祀勾龍，緣人事之也。如此，非祀地明矣。以宫室新成，故立社耳。」又曰：「軍行載社者，當行賞罰，明不自專，故告祖而行賞，造社而行戮。二主明皆人鬼，人鬼，故以告之。必若所云，當言載地主于齋車，又當言用命賞于天，不用命戮于地，非其謂也。所以有死社稷之義者，凡賜命受國，造建宫室，無不立社。是奉言所受立，不可棄捐苟免而去，當死之也。易勾龍爲其社，傳有見文；今欲易神之相，令記附食，宜明其徵。祀國大事，不可不重，據經依傳，庶無咎悔。」答曰：

〔一〕「可」，諸本作「何」，據全上古三代秦漢三國六朝文全後漢文卷八七改。

「郊特牲者，天至尊，無物以稱專誠。而社稷太牢者，土于天爲卑，緣人事以牢祭也。社禮今亡，并特之義，亦未可得明也。昭告之文，皆于天地，何獨人鬼？此言則未敢取者也。郊社之次，天地之序也。今使勾龍載冒其名，耦文于天，以度言之，不可謂安矣。土者，人所依以固而最近者也，故立以爲守祀，居則事之時，軍則告之以行戮，自順義也。何爲當戮于地，不言用命賞于天乎？帝王兩儀之參，宇中之莫尊者也。而盛一官之臣，以爲土之貴神，置之宗廟之上，接之郊禘之次，俾守之者有死無失，何聖人制法之參差，用禮之偏頗？其列在先王人臣之位，其于四官，爵侔班同，比之司徒，于數居二。縱復令王者不同，禮儀相變，或有尊之，則不過當。若五卿之與冢宰，此坐之上下，行之先後耳。不得同祖與社，言俱坐處尊位也。周禮爲禮之經，而禮記爲禮之傳，案經傳求索見文，在于此矣。鈞之兩者，未知孰是。去本神而不祭，與貶勾龍爲土配，比其輕重，何謂爲甚？經有條例，紀有明義，先儒未能正，不可稱是。鈞校典籍，論本考始，矯前易故，不從常説，不可謂非。孟軻曰：『予豈好辨哉，乃不得已也。』鄭司農之言，正此之謂也。」

丘光庭兼明書：社始。或問社之始。答曰：「始于上古穴居之時也。故禮記云『家主中霤而國主社』者，古人掘地而居，開中取明，雨水霤入，謂之中霤，言土神所在，皆得祭之。在家爲中霤，在國爲社也。由此而論，社之所始，其來尚矣。」稷始。或問稷之始。答曰：「始有粒食之時也。故祭法曰：『厲山氏之有天下也，其子曰農，能殖百穀。夏之衰也，周棄繼之，故祀以爲稷。』厲山氏，神農之號，則神農之時有稷矣。」社神。先儒以社祭五土之神，五土者，一曰山林，二曰川澤，三曰丘陵，四曰墳衍，五曰原隰。明曰社者，所在地土之名也。凡土之所在，人皆賴之，故祭之也。若惟祭斯五者，則都邑之土人，不賴之乎？且邑外之土，分爲五事之外，無餘地也，何必歷舉其名乎？以此推之，知社神所在，土地之名也。或問曰：「五土之名，出自周禮，非乎？」答曰：「案周禮地官，唯云辨五土之名物，不云五土爲社也。」又問曰：「社既土神，而夏至祭皇地祇于方丘，又何神也？」答曰：「方丘之祭，祭大地之神；社之所祭，邦國鄉原之土神也。」社名。或問曰：「社既土神，不言祇而云社者，何也？」答曰：「社以神地之道，蓋以土地，人所踐履，而無崇敬之心，合其字從示，其音爲社，皆所以神明之也。」稷神。先儒皆以稷祭百穀之神，鄭康成以稷原隰之神，明曰鄭義非也。且原隰，亦土也。社既祭土，何故更分原隰而别祭之乎？又稷之名義，不與原隰相侔，縱令鄭義有徵，亦是不分真僞。諸儒所識，可謂不一。　稷名。或問曰：「稷既百穀之神，不言穀而云稷者，何也？」答曰：「稷屬土，而爲諸穀之長，故月令謂之首種。首種者，種最在前也。諸穀不可偏舉，故舉其長而爲言之，以等之也。若直以穀言之，則爲人所褻慢也。」

朱子語類：堯卿問社稷神。曰：「説得不同，或云稷是山林原隰之神，或云穀神，看來穀神較是。社是土神。」又問：「社如何有神？」曰：「能生物，便是神也。」

丘氏濬曰：社以祀土神，稷以祀穀神，而配以人，尚矣。祭法謂祀后土以爲社，而春秋傳則謂勾龍爲后土。蓋后土，掌水土之官，勾龍嘗居是官，一以人名，一以官名也。鄭玄謂勾龍以有平水土之功，配社祀之。稷有播種之功，配稷祀之。非謂即祀之以爲社爲稷也。

蕙田案：社神、穀神，鄭、王兩家之辨詳矣。鄧義、仲長統之論難，不喻其指，比而觀之，自以仲説爲長。而最後一答，則尤爲鄭學者所未到。然以爲五土之神、原隰之神，則猶泥而不圓正，不如丘氏所云「社爲土地所在之名，稷爲百穀之神」，其義正大而的當也。蓋人非土不立，非穀不養，古之人享其功者，必祭之，報其功也。天子有天下而始尊天下，有百穀而民育，故天子之社，天下之社也，所以報其萬邦作乂、烝民粒食之功也。諸侯分土而始有國，有土有財有民，故諸侯之社，一國之社也，所以守其胙土，保其宗廟，而和其民人也。若一州之社，大夫以下之社，則由大而漸小，由廣而漸狹矣。大如天下，次如一國，猶可云五土也。若一鄉一里，何山林、川澤、原隰、丘陵、墳衍之有？則主人鬼者固非，而謂爲五土之示者，亦未是矣。至以稷爲原隰之神，則不惟與五土中原隰重複，而失五穀養人之義，自當以朱子生物之論爲穩。

右社稷名義

社稷配神

禮記祭法：厲山氏之有天下也，其子曰農，能殖百穀。夏之衰也，周棄繼之，故祀以爲稷。共工氏之伯九州也，其子曰后土，能平九州，故祀以爲社。注：厲山氏，炎帝也。起於厲山，或曰有烈山氏。棄，后稷名也。共工氏無録而王謂之伯，在太昊、炎帝之間。疏：「其子曰農，能殖百穀」者，農謂厲山氏後世子孫名柱，能殖百穀，故國語云「神農之名柱，作農官，因名農」是也。

「夏之衰也，周棄繼之」者，以夏末湯遭大旱七年，欲變置社稷，故廢農祀棄。「故祀以爲稷」者，謂農及棄，皆祀之以配稷之神〔一〕。「其子曰后土，能平九州，故祀以爲社」者，是共工後世之孫爲后土之官。后，君也，爲君而掌土，能治九州五土之神，故祀以爲配社之神。

葉氏夢得曰：自夏以上，蓋世以烈山氏主稷，勾龍氏主社，而易稷以代烈山氏者，自殷以來爲之也。故祀后稷爲稷，祀勾龍氏爲社，至于今守之。吾讀禮至此，然後知逸書作夏社之意。書序云：「湯勝夏，欲遷其社，不可，作夏社。」意者，湯既黜夏，殷人有歸罪于社稷之不能保其國而易之者，后稷之功在天下，而人所共知，故以代柱無嫌。而勾龍氏未有昭然如稷可代者，則不可以苟易，所以遷烈山氏而不遷勾龍氏歟？

春秋昭公二十九年左氏傳：蔡墨曰：「共工氏有子曰勾龍，爲后土。」注：共工在太昊後、神農前。以水名官者，其子勾龍，能平水土，故死而見祀。疏：言共工有子，謂後世子耳。不知勾龍之爲后土，在于何代。

后土爲社。疏：句龍既爲后土，又亦配社，故言后土爲社也。

稷，田正也。注：掌播殖也。　疏：國語云：「宣王不藉千畝，虢文公諫曰：『民之大事在農，是

〔一〕「故祀以爲稷者謂農及棄皆祀之」十三字，諸本脱，據禮記正義卷四六補。

故稷爲大官。』」然則百穀，稷其長，遂以稷名爲農官之長。正，長也。稷，是田官之長。

有烈山氏之子曰柱，爲稷。注：烈山氏，神農，世諸侯。疏：魯語及祭法皆云：「烈山氏之有天下也，其子能殖百穀，故祀以爲稷。」言有天下，則是天子矣。杜注不得爲諸侯也。賈逵、鄭玄皆云：「烈山，炎帝之號。」杜言「神農，世諸侯」者，案帝王世紀，神農本起烈山，然則初封烈山爲諸侯，後爲天子，猶帝堯初爲唐侯然也。此與魯語皆云「其子曰柱」，祭法云「其子曰農」者，劉炫云：「蓋柱是名，其官曰農，猶呼周棄爲稷。」

自夏以上祀之。注：祀柱也。

周棄亦爲稷。注：棄，周之始祖，能播百穀。湯既勝夏，廢柱而以棄代之。疏：棄爲周之始祖，能播殖百穀，經傳備有其事，以其後世有天下，號國曰周，故以周冠棄。棄時，未稱周也。

自商以來祀之。

左傳：土正曰后土。杜注：土爲群物主，故稱后也，其祀句龍焉。在家則祀中霤，在野則爲社。疏：后者，君也。群物皆土所載，故土爲群物之主，以君言之，故云「后土」也。賈逵云：「句芒祀于户，祝融祀于竈，蓐收祀于門，玄冥祀于井，后土祀于中霤。」今杜云「在家則祀中霤」，是同賈説也。家謂宮室之内，對野爲文，故稱家，非卿大夫之家也。言在野者，對家爲文，雖在庫門之内，尚無宮室，故稱野。且卿大夫以下，社在野田，故周禮大司徒云：「辨其邦國都鄙之數，制其畿疆而溝封之，設其社稷之壝而樹之田主，各以其野之所宜木，遂以名其社。」鄭玄云：「社稷，后土及田正之神。田主，田神后土，田正之所依也，詩人謂之田祖。所宜木，謂若松、柏、栗也。」是在野，則祭爲社也。此野田之社，民所共祭，即月令「仲春之月，擇元日，命民社」是也。劉炫云：「天子以下，俱荷地德，皆當祭地。但名位有高下，祭之有等級，天子祭地，祭大地之神也；諸侯不得祭地，使之祭社也；家又不得祭社，使祭中霤也，霤亦地神，所祭小，故變其名。」賈逵以勾芒祀于户云云，言雖天子之祭五神，亦如此耳。杜以別祭五行神，以五官配之，非祀此五神于門、户、井、竈、中霤也。門、户、井、竈，直祭門户等神，不祭勾芒等也。惟有祭后土者，亦是土神，故特辨之。云「在家則祀中霤，在野則爲社」，言彼與中霤，亦是土神，但祭有大小。郊特牲云：「社，所以神地之道也。地載萬物，取材于地，教民美報焉。家主中霤而國主社，示本也。」是在家則祀中霤也。大司徒以下，同此禮也。

家語五帝：孔子曰：「古之平治水土及播植百穀者衆矣，唯勾龍氏兼食于社，而棄爲稷神，易代奉之，無敢易者，明不可與等也。」

漢書郊祀志：自共工氏伯九州，其子曰句龍，能平水土，死爲社祠。有烈山氏王天下，其子曰柱，能植百穀，死爲稷祠。湯放桀，欲遷夏社，不可，作夏社。迺遷烈山子柱，而以周棄代爲稷祀。應劭曰：「遭大旱七年，明德以薦，而旱不止，故遷社，以棄代爲稷。欲遷勾龍，德莫能繼，故作夏社，説不可遷之義也。」

通鑑前編：成湯二十有四祀，祀棄爲稷。

尚書序：湯既勝夏，欲遷其社，不可。孔傳：湯承堯舜禪代之後，順天應人，逆取順守，而有慙德，故革命創制，改正易服，變置社稷，而後世無及句龍者，故不可而止。疏：湯于初時，社稷俱欲改之，周棄功多于柱，即令廢柱祀棄，而上世治水土之臣，其功無及句龍者，故不可遷而止。孟子曰：「犧牲既成，粢盛既潔，祭祀以時，然而旱乾水溢，則變置社稷。」鄭玄因此乃云：「湯伐桀之時大旱，既置其禮祀，明德以薦，而猶旱至七年，故更置社稷。」乃謂湯即位之後，七年大旱，方始變之。若實七年乃變，何書繫之勝夏？勝夏猶尚不可，況在湯誓前乎？且禮記云：「夏之衰也，周棄繼之。」商興七年乃變，安得以夏衰爲言也？若商革夏命，猶七年祀柱，左傳亦不得斷爲自夏以上祀柱，自商以來祀棄也。由此而言，孔稱改正朔而變置社稷，所言得其旨也。漢世儒者，説社稷有二。左傳説：社祭勾龍，稷祭柱，棄惟祭人神而已；孝經説：社爲土神，稷爲穀神，勾龍、柱、棄，是配食者也。孔無明説，而此經云「遷社」，孔傳云「無及勾龍」，即同賈逵、馬融等説，以社爲勾龍也。

丘光庭兼明書：社配：春秋昭二十九年左傳曰：「共工氏之子句龍，爲后土，爲社。」是勾龍生，而后土之官死，故以之配祭于社。今之祭配社以后土配坐，即句龍也。稷配：明曰有能播百穀者，謂之曰正。正，長也，謂爲農之長。死後以配

祭于稷，謂之后稷。后，君也，謂爲穀之君。傳曰：「有烈山氏之子曰柱，爲稷，自夏以上祀之。周棄亦爲稷，自商以來祀之。」祭稷配以后稷者，周棄也。

蕙田案：句龍配社，柱、棄配稷，當以左傳、祭法爲正。王肅即以人神爲社稷者，誤也。

右社稷配神

天子社稷

禮記祭法：王爲群姓立社曰大社，王自爲立社曰王社。注：群，衆也。　疏：群姓，謂百官以下及兆民。言群姓者，包百官也〔一〕。大社在庫門内之右，故小宗伯云：「右社稷。」「王自爲立社曰王社」者，其王社所在，書傳無文，或曰與大社同處，王社在大社之西。崔氏云：「王社在籍田，王自所祭，以共粢盛。」今從其説，故詩頌云「春藉田而祈社稷」是也。

張子曰：大社，王爲群姓所立，必在國外也，民各有社，不害爲大社。王自爲立社，必在城内。在

〔一〕「百官」，諸本作「百姓」，據禮記正義卷四六改。

漢猶有大社，在唐只見一社。　又曰：天子立大社爲群姓，必不但爲城中之民，爲天下也。　諸侯國社，則是一國也。　郊者，郊天之位。　社者，祭地之位。　郊外無天神之祀，社外無地示之祀，澤中方丘，亦社也。　故凡言社者，即地示之祭，如大社、王社。　又分而言之，大社祭天下之地示，王社祭京師之地示，五祀祭宫中之地示。

蕙田案：祀社于國，所以列地利。　張子謂大社爲群姓所立，必在國外，恐非。　蓋左祖右社，天子諸侯同之也。　王社，疏謂與大社同處，崔氏謂在藉田，張子謂必在城内，則猶注疏之説也。　至謂社即是祭地，社外無地祇之祭，則惑矣。　詳見「祭地」門。

陳氏禮書：先儒謂王社，或建於大社之西，或建於藉田，然國語「王藉則司空除壇，農正陳藉禮」，而歷代所祭先農而已，不聞祭社也。　故詩曰「春藉田而祈社稷」，非謂社稷建於藉田也。

又曰：西漢及魏有官社，無官稷。　晉之時有帝社，無帝稷。　類皆二社一稷，議者紛然。　或欲合二社以爲一，或欲異二社之所向，是雖違經悖禮，然亦二社同設於國中，未聞藉田有之也。

蕙田案：注疏引崔氏説，謂王社在藉田，禮書辨之甚力。夫大社爲民而立，尚在國中，王自爲立社，似不宜在國外。陳氏説恐是。疏謂與大社同處，理或有之，然不可考矣。

郊特牲：天子大社，必受霜露風雨，以達天地之氣也。注：大社，王爲群姓所立。疏：風雨至則萬物生，霜露降則萬物成，故不爲屋，以受霜露風雨，是天地氣達也。

蔡邕獨斷：天子之宗社曰大社，天子所爲群姓立社也。天子之社曰王社，一曰帝社，古者有命將行師，必于此社授以政。尚書曰：「用命賞于祖，不用命戮于社。」

右天子社稷

諸侯社稷

禮記王制：諸侯祭社稷。禮運同。

馬氏晞孟曰：社稷者，土穀之神也。諸侯者，爲天子守土也。故祭社稷，在上者可以兼下，故天子祭天地、社稷、五祀。在下者不可以兼上，故諸侯祭社稷。

祭法：諸侯爲百姓立社曰國社，諸侯自爲立社曰侯社。疏：諸侯國社，亦在公宮之右。侯社在藉田。

曲禮：問國君之年，長則曰「能從宗廟、社稷之事矣」，幼則曰「未能從宗廟、社稷之事也」。

國君去其國，止之曰：「奈何去社稷也？」注：臣民殷勤之言。國君死社稷。

吕氏大臨曰：以社稷爲言，指其所本也。先王之建國，必爲之置社稷，使其君守之，爲土地人民之主。此有國者，所以以社稷爲言也。

禮運：故國有患，君死社稷謂之義。

方氏慤曰：諸侯爲守土之臣，故死于社稷謂之義。義之爲言宜也。

孟子：諸侯不仁，不保社稷。

孝經：保其社稷而和其民人，蓋諸侯之孝也。

蔡邕獨斷：諸侯爲百姓立社曰國社，諸侯之社曰侯社。

白虎通：王者諸侯俱兩社何？俱有土之君。禮記三正曰：「王者二社，大社爲天下報功，王社爲京師報功。大社尊于王社，土地久，故而報之。」

陳氏禮書：諸侯有侯社、國社、亡國社，與天子同。其祭用少牢，與天子異。先儒謂天子社廣五丈，諸侯半之。天子社五色，冒以黄，而諸侯受土，各以其方之色，亦冒以黄。其言雖不經見，然五土數、黄土色，則天子社廣五丈，冒以黄，信矣。諸侯之禮，常半天子，天子六軍，諸侯三軍，天子六卿，諸侯三卿，天子六宫，諸侯三宫，天子辟雍，諸侯泮宫，天子之馬十二閑，諸侯之馬六閑，則社半五丈，信矣。禹貢「徐州貢土五色」。以爲社則大社五色，諸侯受土，各以其方之色，信矣。

附辨諸家社不置稷：

陳氏禮書：王社、侯社，國中之土示而已，無預農事，故不置稷。大社、國社，則農之祈報在焉，故皆有稷。　西漢及魏，有官社，無官稷，類皆二社一稷。　王與諸侯，皆三社二稷。

史氏浩曰：王社、侯社，皆不置稷者，王與諸侯以實土地爲任也。大社、國社，有稷侑之者，民以食爲天也。

鄭氏鍔曰：王自爲立社，是爲土示而稷無預與？封人所設之社壝謂地，兹所以不立稷也。

周禮小司徒賈疏：諸侯有三社三稷，謂國社、侯社、勝國之社，皆有稷配之。州長疏同。

馬氏晞孟曰：古人之言社，必有稷。祭法言天子諸侯立社，而不言稷，言社可以兼稷也。

書召誥孔疏：經有社無稷，稷是社類，知其同告之。告立社稷之位，其祭用太牢，故牛、羊、豕各一也。「句龍能平水土，祀之以爲社。后稷能殖百穀，祀以爲稷」，左傳、魯語、祭法皆有此文。漢世儒者，説社稷有二，左氏説社稷唯祭句龍，后稷人神而已，是孔之所用。孝經説社爲土神，稷爲穀神，句龍、后稷配食者，是鄭之所從。而武成篇云：「告於皇天后土。」孔以后土爲地。言「后土，社也」者，以泰誓云：「類於上帝，宜於冢土。」故以后土爲社也。小劉云：「后土與皇天相對。」以后土爲地。若然，左傳云：「句龍爲后土。」豈句龍爲地乎？社亦名后土，地名后土，名同而義異也。社稷共牢，經無明説。郊特牲云：「社稷太牢。」二神共言太牢，故傳言「社稷共牢」也。此經上句言「於郊」，此不言「於社」，此言「社於新邑」，上句不言「郊於新邑」，上句言「用牲」，此言「牛、羊、豕」，不言「用」，告天不言告地，告社不言告稷，皆互相足，從省文也。

通志：天子三社，諸侯三社，大夫以下一社。立名雖異，其神則同，皆以句龍配之，稷，周棄配之。

蕙田案：據注疏，王社、侯社在藉田。詩周頌載芟序曰：「春藉田而祈社稷也。」是王社、侯社，亦皆有稷也。

又案：王與諸侯，皆立兩社。先儒謂大社、國社爲公，王社、侯社爲私。夫社以祭土，天下之土，皆天子之土也，一國之土，皆諸侯之土也，又何公私之有？竊謂大社，天子爲群姓所立，即所稱五色之土，用以分封諸侯，與天下共之者乎？王自立社，則畿内之土神，王所自主而與畿内公卿大夫士共之者乎？諸侯國社，即分封茅土之社，與國同爲存亡，百姓之所繫屬者乎？自立之社，則國邑之土神，所謂旱乾水溢，可以變置者乎？春祈秋報，則兩社皆可並行，如此，雖略有分别，而皆屬于公，於義爲合。觀大夫以下，成群立社，無有一家自立一社者，亦可證也。

右諸侯社稷

勝國社稷

周禮春官喪祝：掌勝國邑之社稷之祝號，以祭祀禱祠焉。注：勝國邑，所誅討者。社稷者，若亳社是矣。存之者，重神也。蓋揜其上而棧其下，爲北牖。疏：「以祭祀禱祠」者，祭祀，謂春秋正祭。禱祠，謂國有故祈請。求福曰禱，得福報賽曰祠。云「勝國邑，所誅討」者，據武王伐紂，取其社稷而事之，故云「若亳社是也」。據其地則曰亳，據彼國喪亡即爲亡國之社稷。此主勝之，即爲勝國之社稷。是以郊特牲云「喪國之社」，春秋謂之「亳社」也。君自無道被誅，社稷無罪，故存之，是重神也。公羊曰「掩其上」，即「屋之」也。棧其下者，非直不受天陽，亦不通地陰。

劉氏彝曰：周勝于商，取其社以祭之，故曰勝焉。弇上以絶天之陽也，棧下以絶地之生也，北其牖而祭之，爲其國亡也，故喪祝掌其祀事。

陳氏傅良曰：鄭謂存之，重神也。存先代之後，忌子卯之日，陳垂和之器，古人如此，皆有深意。如詩云：「有客白馬，助祭于廟。」皆是此意。若曰商之賢聖六七作，豈謂其處此哉？皆儆戒修省之意。作夏社，與此意同。

秋官士師：若祭勝國之社稷，則爲之尸。注：以刑官爲尸，略之也。周謂亡殷之社爲亳社。疏：案鳧鷖詩，宗廟、社稷、七祀皆稱公尸，不使刑官。今祭勝國之社稷，士師爲尸，故鄭云「用刑官爲尸，略之也」。云「周謂亡殷之社爲亳社」者，據周勝殷謂之勝，據殷亡即云亡國，即郊特牲云「廢國之社屋之」是也。據地而言，即言亳社，春秋「亳社災」是也。

鄭氏鍔曰：勝國，國爲吾所勝也，則無主後矣，然實我用兵以勝之。如周之勝商，不廢亳社，以湯之故，不絶祀，是以祭之。

易氏祓曰：社祭土而主陰氣也。又曰：天子大社，必受霜露風雨，以達天地之氣。喪國之社屋之，不受天陽也。亳社北牖，使陰明也。言亳社，則勝國之社也。亳社以陰爲主，而刑乃陰之類。媒氏以男女之陰訟，而聽于勝國之社類也。此祭勝國之社，而刑官爲之尸，亦類也。

劉氏彝曰：鳧鷖之詩，宗廟、社稷、七祀皆有尸，未聞用刑官爲之。勝國之社稷，其祭五土之神與先稷與？夫與王之社稷無以異矣，必屋其壇，用士師爲之尸，祭其社稷，而威其亡國之妖邪耳。

蕙田案：古者凡祭外神，亦皆有尸，此其明文。

地官媒氏：凡男女之陰訟，聽之于勝國之社。注：陰訟，爭中冓之事以觸法者。勝國，亡國也。亡國之社，奄其上而棧其下，使無所通。就之以聽陰訟之情，明不當宣露其罪。疏云：「勝國，亡國也」者，此社有四名，若此往勝得彼國，將社來，謂之勝國，即此文是也。若據彼國喪亡，則謂之亡國之社，引公羊傳者是也。又名喪國之社，郊特牲云「喪國之社必屋之」是也。據其地則曰亳社，則左傳云「亳社災」是也。故云「勝國，亡國也」。故鄭引公羊傳云：「勝國，亡國也。」云「亡國之社」者，公羊傳文。云「奄其上」者，即郊特牲「屋之，不受天陽」者是也。云「棧其下」者，謂于下著柴以棧之，使不通陰故也，故云「使無所通」也。云「就之以聽陰訟之情，明不當宣露」者，以其勝國社上下不通，是不宣露；中冓之言，亦不宣露，故就而聽之也。若然，案詩召伯聽男女之訟于甘棠之下，不在勝國社者，彼謂周公未制禮前，此據制禮之後，故不同。

禮記郊特牲：喪國之社屋之，不受天陽也。薄社北牖，使陰明也。注：屋之北牖，絶其陽通其陰而已。薄社〔一〕，殷之社，殷始都薄。疏：喪國社者〔二〕，謂周立殷社以爲戒，天是生法，無生義，故屋隔之，塞其三面，惟開北牖，示絶陽而通陰，陰明則物死也。

尚書序：湯既勝夏，欲遷其社，不可，作夏社。孔傳：湯承堯、舜禪代之後，順天應人，逆取順守，而有慚德，故革命創制，改正易服，變置社稷。作夏社，言夏社不可遷之義。

春秋襄三十年左氏傳：鳥鳴于亳社，如曰嘻嘻。

定公六年左氏傳：陽虎盟國人于亳社。

哀公四年六月辛丑，亳社災。杜注：亳社，殷社。諸侯有之，所以戒亡國。范氏甯曰：殷都于亳，武王克紂，而班列其社于諸侯，以爲亡國之戒。劉向曰：災亳社，戒人君縱恣，不能儆戒之象。穀梁傳：亳社者，亳之社也。亳，亡國也。亡國之社以爲廟屏，戒也。其屋亡國之社，不得達上也。范注：亳即殷也，殷都于亳，故因謂之亳社。立亳之

〔一〕「薄社」，諸本作「薄亳」，據禮記正義卷二五改。
〔二〕「社」上，諸本衍「禮」字，據禮記正義卷二五删。

社于廟之外，以爲屏蔽，取其不得通天，人君瞻之而致戒心，必爲之作屋，不使上通天也。緣有屋，故言災。　楊疏：周禮建國之神位，左宗廟，右社稷。彼謂天子諸侯之正社稷霜露者。周禮又云：「決陰事于亳社。」明不與正同處。明一在西，一在東，故左氏曰「間于兩社，爲公室輔」是也。　公羊傳：**蒲社災。蒲社者何？亡國之社也。社者，封也。其言災何？亡國之社蓋掩之，掩其上而柴其下。蒲社災，何以書？記災也。**　何注：掩柴之者，絕不得使通天地四方，以爲有國之戒。戒社者，先王所以威示教戒諸侯，使事上也。是後，宋事强吴，齊、晉前驅，滕、薛俠轂，魯、衛驂乘，故天去戒社，若曰王教絕滅云爾。　疏：蒲社者，先世之亡國在魯竟者，公羊解以爲蒲者，古國之名，天子滅之，以封伯禽，取其社以戒諸侯，使事上。今災之者，若曰王教絕云爾。左氏、穀梁以爲亳社者，殷社也。武王滅殷，遂取其社，賜諸侯，以爲有國之戒。然則傳説不同，不可爲難。案今穀梁經、傳皆作「亳」字。范氏曰：殷都于亳，武王克紂，而班列其社于諸侯，以爲亡國之戒。而賈氏云公羊傳曰蒲社也者，蓋所見異。

哀公七年左氏傳：以邾子益來，獻于亳社。

白虎通：王者諸侯必有誡社者何？示有存亡也。明爲善者得之，爲惡者失之，故春秋公羊傳曰：「亡國王社，掩其上柴其下。」郊特牲曰：「喪國之社屋之。」自言與天地絕也。在門東，明自下之無事處也。或曰：「皆當置明誡，當近君，置宗廟之牆南。」禮曰：「亡國之社稷，必以爲宗廟之屏。」示賤之也。

漢書五行志：亳社災，董仲舒、劉向以爲亡國之社，所以爲誡也。

韓詩外傳：亡國之社，以戒諸侯。人之戒在于桃殳。

陳氏禮書：孔子謂哀公曰：「君出魯之四門，以望魯之四郊，亡國之墟，必有數焉。君以此思懼，則懼將焉不至。然則天子諸侯，必有勝國之社，其意亦若此也。」記言「天子大社」，繼之以「亡國之社，屋之」，天子之亳社也。春秋書「亳社災」，魯之亳社也。左傳曰：「鳥鳴于亳社[一]。」宋之亳社也。社必有稷，少司寇「祭勝國之社稷，則爲尸」是也。位必在左，春秋傳所謂「間于兩社」是也。掩上棧下，不受天陽，設于北牖，使陰明焉，以其不能生成萬物而趨于幽也。男女之訟於此聽者，以其當隱蔽而不敢褻也。祭之而刑官爲尸者，以其滅亡刑之類也。宗廟之制，天子外屏，諸侯内屏，不容以亡國之社爲之。穀梁以亡國之社爲廟屏，此不可考。孔穎達曰：「亡國之社，或在廟，或在庫門内之東。」是穎達亦疑穀

[一]「鳥」，原脱，據光緒本、春秋左傳正義卷四〇補。

梁之説。

蕙田案：穀梁立亳社於廟之外，以爲屏蔽，非如内屏、外屏之屏也。特因其蔽于外，而取屏蔽之意以爲喻耳。禮書似泥。

右勝國社稷

五禮通考卷四十二

吉禮四十二

社稷

州社

禮記祭法：大夫以下成群立社，曰置社。注：大夫以下，謂下至庶人也。大夫不得特立社，與民族居，百家以上則共立一社，今時里社是也。郊特牲曰：「惟爲社事，單出里。」疏：「大夫以下成群立社，曰置社」者，大夫以下，謂包士、庶。成群聚而居，其群衆滿百家以上得立社，爲衆特置，故曰「置社」。大夫至庶人等共在一處也。大夫，北面之臣，不得自專土地，故不得特立社。社以爲民，故與民居百家以上，則可以立社。知百家者，詩頌云：「百室盈止，殺時犉牡。」故曰百家。言「以上」者，不限多少。故鄭駁異義引州長職曰「以歲時祭祀州社」，是二千五百家爲社也。雖云「百家以上」，惟治民大夫乃得立社，故鄭駁異義云「有國及治民之大夫乃有社稷」是也。此大夫所主立社稷，則田主是也。故鄭駁異義引大司徒職云：「樹之田主，各以其野之所宜木，遂以名其社與其野。」注云：「田主，田神后土、田正之所依也。」后土則社神，田正則稷神，其義已具郊特牲疏。

馬氏晞孟曰：社者，土神，而有生物之功，故王、諸侯、大夫立社，皆所以教民美報而有反本復始之意也。王謂之王社；諸侯有君之道，謂之國社，謂之侯社；至于大夫以下，皆北面之臣，則謂之置社。

張子曰：社，土神也。大夫以下成群立社，曰置社。若謂大夫長于廛里之間，與百姓居者立社，則大夫與百姓同事于社稷，似非其類也。恐是士大夫以下，各以其輩類立社。天子、諸侯皆有自爲立社，士、大夫不敢自各爲社，則恐結輩類以爲社，共事之。然士、大夫方社之日，當從其君以禮社，則所事于置社者，或以子弟、家老行事也。今貴而至天子，賤而至農夫，皆知禮社，獨士、大夫之家，不預社事，是不知身之所從來，殊無戴天履地之報。古者，丘乘共粢盛，恐十里之中立一社也。

白虎通：大夫有民，其有社稷者，亦爲報功也。禮祭法曰：「大夫成群立社，曰置社。」月令曰：「擇元日，命民社。」論語曰：「季路使子羔爲費宰，曰：『有民人焉，有社稷焉。』」

蔡邕獨斷：大夫以下成群立社，曰置社。大夫不得特立社，與民族居，百姓以上則共一社，今之里社是也。

陳氏禮書：大夫以下，其社之大者，則二千五百家爲之，周禮所謂「州社」是也。其小則二十五家亦爲之，左傳所謂「書社」、「千社」是也。左傳昭二十五年：「齊侯致千社于魯。」哀十五年：「齊人與衛地，自濟以西，禚、媚、杏以南，書社五百。」杜氏注：「二十五家爲一社。」鄭氏謂「百家以上，共立一社，若今時里社」，此以漢制明古也。周禮六鄉之内族祭酺，黨祭禜，雖百家以上，亦不祭社，特州然。後祭之者，黨族非不祭也，姑以別社禜酺之等差耳。禮曰：「唯爲社事，單出里。唯爲社田，國人竭作。唯社，丘乘供粢盛。」則牢醴亦在所共。皇氏曰：「大夫以下無藉田，祭社，則丘乘之民共之。」其説是也。左傳有「清丘之社」，月令仲春命民社。先儒以爲，自秦以下，民始得立社，然禮言大夫以下，則民社不始于秦。

周禮地官州長：若以歲時祭祀州社，則屬其民而讀法。疏：此云歲時，謂歲之二時春秋耳。春祭社，以祈膏雨，望五穀豐熟。秋祭社者，以百穀豐稔，所以報功。故云「祭祀州社」也。凡讀法，皆因節會以聚民。今既祭，因聚民而讀法。

凡州之大祭祀，莅其事。注：大祭祀，謂州社稷也。莅，臨也。疏：言「大祭祀，謂州社稷」者，以上文云「歲時祭祀州社」，此經又因言「州之大祭祀」，故知還是上文州社也。知有稷者，以其天子諸侯三社皆稷對之。黨祭禜、族祭酺，故此特言州社也。

閭胥：凡春秋之祭祀，聚衆庶。注：祭祀，謂州社、黨禜、族酺也。疏：知「祭祀，謂州社、黨禜、族酺」者，以其鄉黨之内所有祭祀〔一〕，無過此三者而已。

鄭司農曰：二千五百家爲州，二十五家爲閭。

丘氏濬曰：此一州之祭也，後世命郡縣祭社本此。

右州社

市社

周禮天官内宰：凡建國，佐后立市，祭之以陰禮。注：市朝者，君所以建國也。建國者，

〔一〕「所有」，諸本作「所以」，據周禮注疏卷一二改。

必面朝後市，王立朝而后立市，陰陽相成之義。鄭司農云：「佐后立市者，始立市，后立之也。祭之以陰禮者，市中之社，先后所立社也。」陰禮，婦人之祭禮。疏：王者建國，非定一所，隨世而遷，謂若自契至湯八遷，太王遷岐，文王遷豐，武王遷鎬，成王營洛，皆是建國，故云「凡」以該之。云「建國者，必面朝後市」，乃冬官匠人文。云「王立朝」者，即三朝皆王立之也，「而后立市」者，即此文是也。「祭之以陰禮」者，市乃先后所立，故以陰禮爲市之社，亦先后所立社也。

右市社

里社

禮記郊特牲：唯爲社事，單出里。注：單出里，皆往祭社于都鄙，二十五家爲里。疏：社事，祭社是也。單，盡也。里，居也。社既爲國之本，故若祭社，則合里之家並出，故云「單出里」也。此唯每家出一人，不人人出也。

春秋昭二十五年左傳：請致千社。孔疏：禮有里社，故特牲稱「惟爲社事，單出里」。以二十五家爲里，故知二十五家爲社也。

右里社

軍社

周禮春官小宗伯：若大師，則帥有司而立軍社。注：王出軍〔一〕，必先有事于社及遷廟，而以其主行。社主曰軍社，遷主曰祖。春秋傳曰：「軍行，祓社釁鼓，祝奉以從。」曾子問曰：「天子巡守，以遷廟主行，載于齊車，言必有尊也。」書曰：「用命賞于祖，不用命戮于社。」疏：鄭知有司是大祝者，見大祝職云「大師設軍社」故也。鄭知「王出軍，必先有事于社及遷廟，而以其主行」者，見泰誓及王制，將出軍，皆云「類于上帝」，「宜于社」。又曾子問云「以遷廟主行，載于齊車」，故知也。云「社主曰軍社」者，以其載社在于軍中，故以軍社言之。

大祝：大師設軍社。注：鄭司農説設軍社，以春秋傳曰所謂「君以師行，祓社釁鼓，祝奉以從」者也。疏：「設軍社」者，此則據社在軍中，故云設軍社。司農引春秋傳者，定四年左氏傳，案彼祝鮀云「君以軍行」者，師則軍也。故尚書云「大巡六師」，詩云「六師及之」，皆以師名軍。引之者，證社在軍，謂之軍社之事。

鄭氏鍔曰：古者，大師則先有事于社與廟，然後載社主與遷廟之主以行，不用命戮于社，故載社主，將以行戮；用命賞于祖，故載廟之主，將以行賞。小宗伯掌社稷宗廟之禮，宜載以行。乃言立者，

〔一〕「王」，諸本脱，據周禮注疏卷一九補。

蓋社本不在軍，因用師始立之。立者，出于一時之故。廟主爲尊，載之以行，不敢忽也，故言奉，奉以言其肅欽之至。「帥有司」者，蓋帥太祝也。

郝氏敬曰：軍社，以齊車載社主與遷廟主于軍中，賞功告祖，戮罪告社。

夏官量人：營軍社之所里。注：軍社，社主在軍者。里，居也。疏：在軍，不用命戮于社，故將社之石主而行，所居有步數，故職在量人。

秋官大司寇：大軍旅，莅戮于社。

右軍社

社名

春秋定公六年左氏傳：陽虎又盟公及三桓于周社。

莊公二十有三年夏，公如齊觀社。注：齊國祭社，蒐軍實，故公往觀之。

國語魯語：莊公如齊觀社〔二〕，曹劌諫曰：「夫齊棄太公之法而觀民于社，君爲是

〔二〕「莊公」，諸本作「嚴公」，據國語魯語上改。

舉而往觀之，非故業也，何以訓民？土發而社，助時也。今齊社而往觀旅，非先王之訓也。天子祀上帝，諸侯會之受命焉。諸侯祀先王、先公，卿大夫佐之受事焉〔一〕。臣不聞諸侯之相會祀也，祀又不法。」韋注：舉，動也。土發，春分也。周語曰：「土乃脈發。」社者，助時祈福，爲農始也。旅，衆也。上帝，上天也。受命助祭，受政命也。事，職事也。不法，謂觀民。

春秋閔公二年左氏傳：間于兩社，爲公室輔。注：兩社，周社、亳社。兩社間，朝廷執政所在。疏：爲群姓立社，在庫門内之西。自爲立者，在藉田之中。其亡國之社，穀梁傳云：「以爲廟屏戒。」或在廟，或在庫門内之東，則亳社在東也。故左傳云：「間于兩社，爲公室輔。」魯之外朝，在庫門之内，東有亳社，西有國社，朝廷執政之處，故云「間于兩社」。

哀十五年左氏傳：與衛地，自濟以西，禚、媚、杏以南，書社五百。注：二十五家爲一社，籍書而致之。

昭二十五年左氏傳：齊侯曰：「自莒疆以西，請致千社。」注：二十五家爲社。千社，二萬五千家，欲以給公。

右社名

〔一〕「事」，諸本作「命」，據國語魯語上改。

社木社主

周禮地官大司徒：設其社稷之壝而樹之田主，各以其野之所宜木，遂以名其社與其野。注：田主，田神后土、田正之所依也，詩人謂之田祖。所宜木，謂若松、柏、栗也。若以松爲社者，則名松社之野，以别方面。

薛氏季宣曰：言社，則稷在其中。曰「各」云者，爲邦國都鄙設耳。

王氏安石曰：各以其野所宜木，則新甿欲有所植，不謀而知其土壤所宜，公上欲有所斂，不視而知其木所出。

鄭氏鍔曰：國之所以有立者，有社稷也。農之所以祈報者，有先農也。故壇壝不可以不設，田主不可以不樹。

訂義王氏曰：立之田主，使鬼神有所依附，民心有所歸向，此先王係人心處。

春官小宗伯：若大師，則帥有司而立軍社，奉主車。

丘氏濬曰：社之主，樹以木，出師，則不可載以行。意者當時壇壝之上，則樹以木，而又以石爲主，如喪之車然，遇有征行，則奉之以車而行乎？後世遂因之，不用木而用石也。不然，則是臨行旋爲之，故曰：「有司立軍社。」謂之立者，前故未有也。

春秋襄二十五年左氏傳：鄭子産伐陳，入之，陳侯免，擁社，以待于朝。注：免，喪服。擁社，抱社主示服。

論語：哀公問社于宰我。宰我對曰：「夏后氏以松，殷人以柏，周人以栗。」朱注：三代之社不同者，古者立社，各樹其土之所宜木以爲主也。

蔡氏清曰：既曰各樹其土之所宜木爲主，則夏后氏以松，未必舉天下之諸侯社皆以松也。殷人以柏，亦未必舉天下之諸侯社皆以柏也。周人以栗，亦未必舉天下之諸侯社皆以栗也。宰我此對甚疏，下句尤鑿。縱使告以各樹其土之所宜木，亦未得立社之本意。集注姑且就其言之謬而正之耳，未暇深論也。

陳氏祥道曰：後世宋有禖社，豐有枌榆社。先儒謂諸侯社，皆立樹以爲主，以象其神。大夫以下，但各以地之所宜木立之，于義或然。

白虎通：社稷所以有樹何？尊而識之，使民人望見師敬之，又所以表功也。故周官曰：「司社而樹之，各以土地所生。」尚書曰：「大社唯松，東社唯柏，南社唯梓，西社唯栗，北社唯槐。」

附論諸家社主用石、用木不同：

春官小宗伯：帥有司而立軍社。鄭注：社之主，蓋用石爲之。賈疏：案許慎云：「今山陽俗祠有石主。」彼雖施于神祠，要有石主，主類其社，其社既以土爲壇，石是土之類，故鄭注社主蓋以石爲之。無正文，故云「蓋」以疑之也。夏官量人賈疏：在軍，不用命戮于社，故將社之石主而行。

陳氏禮書：周禮小宗伯：「若大師，則帥有司而立軍社，奉主車。」春秋傳曰：「軍行，祓社釁鼓，祝奉以從。」鄭氏曰：「社之主，蓋用石爲之。」唐神龍中議立社主，韋叔夏等引吕氏春秋及鄭玄議，以爲社主用石。又後魏天平中，大社石主遷于社宮，是社主用石矣。又檢，舊社主長二尺五寸，方一尺七寸，在禮無文。案韓詩外傳云：「天子大社方五丈，諸侯半之。」蓋以五是土數，故壇方五丈，其社主準五數，長五尺，準陰之二數，方二尺，剡其上以象物生，方其下以體地體，埋其半，以根在土中而本末均也。蓋石，地類也。先儒謂社主石爲之，其長不過尺五寸，其短以寸計之。唐之時，舊主一尺六寸，方一尺七寸，蓋有所傳然也。而議者謂宜長五尺，方二尺，埋其半于土中，此臆論也。古者天子、諸侯有載社之禮，而陳侯嘗擁社以見鄭子展，果埋其半，則不可迎而載；果石長五尺，方二尺，則不可取而擁。

朱子語録：問：「古者各樹其所宜木以爲社，不知以木造主，還便以樹爲主？」

朱子曰：「看古人意思，只以樹爲社主，使神依焉，如今人説神樹之類。以木名社，如櫟社、枌榆之類。」問：「社主平時藏何處？」曰：「但以所宜木爲主，如今世俗之神木然，非是將木來作主也。」

答許順之曰〔一〕：「古人立木于社，使民知所存着，知社之神必有所司，則國君所以守社稷其嚴乎！」

丘光庭兼明書：社所以依神表域也，各隨其地所宜而樹之，宰我謂欲使人畏敬戰慄，失其義也。

程氏迥曰：古者以木爲主，今也以石爲主，非古也。

蕙田案：社主用石，本周禮鄭注之説，非有明證。夫軍行載社主，陳侯擁社主，皆非石主所宜。且已埋其半于土中，如何復載之擁之也。朱子雖云各樹其土之所宜木以爲主，然語録又云：「非是將木來作主。」則又非以木爲主也。是石主、木主兩皆無據，不如古之樹木以依神者爲當，而臨祭則用後世木主可耳。

〔一〕「許順之」，諸本作「許慎之」，據晦庵先生朱文公文集卷三九改。

論社有主稷無主：

朱子答社壇説曰：「舊法，社有主，而稷無主，不曉其意，恐不可以己意增添。其言壇上之南方，非壇之中也。蓋神位坐南向北，而祭器設于神位之北，故此石主當壇上南陛之上，若在壇中央，即無設祭處矣。」

蕙田案：石是土類，故古有社主用石之説，畢竟無所憑據，故疏及禮書皆疑之。況稷是穀神，推其氣類，不宜用石而用木明矣。然木主不可以露設，往往祭畢藏之。瞻其壇者，遂謂社有主，稷無主耳，非真稷無主也。明制祭日，設社稷兩木主于壇上，祭畢，貯之庫中，仍設社石主稷壇中，微露其末，又似社有二主矣。以義揆之，或如古制，平日壇内樹木依神，以爲社主，臨祭則設兩木主，祭畢，供之神庫，師行載之，以設軍社，或亦禮以義起者乎？

右社木社主

社田君親誓社

禮記郊特牲：唯爲社田，國人畢作。疏：「唯爲社田，國人畢作」者，田，獵也；畢，盡也；

作，行也。既人人得社福，故若祭社，先爲社獵，則國中之人皆盡行，無得住家也。

馬氏晞孟曰：古者唯田與追胥竭作，唯爲社事，單出里，此近于家出一人也。國人畢作，此所謂竭作而其餘無羨也。唯爲社田，國人畢作，人不愛其力也。

周氏諝曰：社田畢作，欲其皆曉于戰陣也。

季春出火，爲焚也。然後簡其車賦，而歷其卒伍，而君親誓社，以習軍旅，左之右之，坐之起之，以觀其習變也。而流示之禽，而鹽諸利，以觀其不犯命也。求服其志，不貪其得。故以戰則克，以祭則受福。注：凡出火，以火出建辰之月，火始出。焚，謂焚萊也。簡、歷，謂算具陳列之也。君親誓社，誓吏士以習軍旅。既而遂田，以祭社也。言祭社，則此是仲春之禮也。仲春以火田，田止弊火，然後獻禽，至季春火出，而民乃用火。今云季春出火，乃親誓社，記者誤也。社，或爲省。流，猶行也。行，行田也。鹽，讀爲艷。行田示之以禽，使歆艷之，觀其用命否也。謂禽爲利者，凡田，大獸公之，小禽私之。失伍而獲，猶爲犯命。是求服其志，不貪其得也。疏：此一節論仲春祭社之前，田獵取禽以祭社獲福之事。祭社既用仲春，焚當在仲春，記者以季春民始出火，遂誤以天子、諸侯用焚爲季春也。焚，謂焚燒除治宿草。出火，謂出陶冶之火。案春秋火出爲夏三月，故左氏昭六年，鄭人鑄刑書，火未出而用火，故晉士文伯譏之。若田獵之火，則昆蟲蟄後得火田以至仲春也。既焚之後，簡選車馬及兵賦器械之屬，歷其百人之卒，五人之伍。君親誓此士衆，以習軍旅，既而遂田，以所得之禽獸，因以祭，故云「親誓社」。或左或右，或坐或起，戒敕之以習軍旅，君親自觀于習武變動之事。教陣訖而行田禮，驅禽于陣前，以示士卒。示，流示之禽也。利，則禽也。驅禽示之，而歆艷之以小禽之利也。于此之時，觀其士卒犯命與不犯軍命者。求欲服其士卒之志，使進退依禮，不欲貪其犯命。苟得于禽，言失伍得禽，不免罰也。其所爲得禮，故戰則克勝，祭則受福。

方氏慤曰：田獵之禮，周官則行之于仲月，而與此異。邠詩、月令則行之于季月，而與此同。此之所言，亦泛記異代耳。

右社田君親誓社

社稷祈報正祭

詩周頌載芟序曰：春藉田而祈社稷也。箋：藉田，甸師氏所掌，王載耒耜所耕之田。天子千畝，諸侯百畝。藉之言借也，借民力治之，故謂之藉田。疏：「載芟詩」者，春藉田而祈社稷之樂歌也。謂周公、成王太平之時，王者于春時親耕藉田，以勸農業，又祈求社稷，使民獲其年豐歲稔，詩人述其豐熟之事，而爲此歌焉。經陳下民樂治田業，收穫弘多，釀爲酒醴，用以祭祀，是由王者耕藉田祈社稷，勸之使然，故序本其多穫所由，言其作頌之意。經則主説年豐，故其言不及藉社，所以經、序有異也。月令：「孟春，天子躬耕帝藉。仲春，擇元日，命民社。」大司馬：「仲春，教振旅，遂以蒐田、獻禽以祭社。」然則天子祈社，亦以仲春，與耕藉異月而連言之者，雖則異月，俱在春時，故以春總之。祭法曰：「王爲群姓立社，曰大社。王自爲立社，曰王社。」此二社，皆應以春社之。但此爲百姓祈祭，文當主于大社，其稷與社共祭，亦當爲大社、社稷焉。

良耜序曰：秋報社稷也。疏：「良耜詩」者，秋報社稷之樂歌也。謂周公、成王太平之時，年穀豐稔，以爲由社稷之所祐，故于秋物既成，王者乃祭社稷之神，以報生長之功，詩人述其事而作此歌焉。經之所陳，其末四句，是報祭社稷之事。「婦子寧止」以上，言其耕種多穫，以明報祭所由，亦是報之事也。經言「百室盈止，婦子寧止」，乃是場功畢入，當十月之後。而得言秋報者，作者先陳人事使畢，然後言其報祭，其實報祭在秋，寧止在冬也。

黄氏度曰：良耜言「殺時犉牡」者，則專主祭社稷而言也。

豐年序曰：秋冬報也。疏：天地社稷之神，雖則常祭，謂之祈報。朱子傳：此秋冬報賽田事之樂歌，蓋祀田祖、先農、方社之屬也。

禮記月令：孟冬之月，大割祠于公社。注：此蜡祭也。大割，殺群牲割之也。疏：謂大割牲以祠公社，以上公配祭，故云「公社」。皇氏云：社是報功，故云「大割」。

方氏慤曰：公社親而不尊，在致味以祭之，故曰大割。

明堂位：春社秋省而遂大蜡，天子之祭也。注：省，讀爲獮。獮，秋田名也。春田祭社，秋田祀祊。

方氏慤曰：社與省，春與秋皆有之，其所異者，春社以祈爲主，秋社以報爲主，春省以耕爲主，秋省以斂爲主耳。此于社言春以該秋，于省言秋以該春，其實一也。

山堂考索：「載芟載柞，其耕澤澤。」此春祈社稷之詩也。「其崇如墉，其比如櫛。」此秋報社稷之詩也。夫廬居族處，非土不生，枵腹張頤，非穀不食，知土穀之不容一日廢，則社稷之祭，如之何其廢之？是故人臣有平土之功，則取以配社，如共工氏之子龍、高陽氏之子黎是也。有播穀之功，取以配稷，如烈山氏之子柱、厲山氏之子農是也。古人崇重之意如何？如祭之以春官，卜之以肆師，擇之以元日，重蔵事也。行之于新邑，禱之于枌榆，正之于洛陽，示尊敬也。其不崇重之意，又爲何如？蓋自不立官稷，而社稷之禮始廢；不建州社，而祀社之禮始壞。一廢于漢之中世，再壞于唐之建州，況復有載芟、良耜之遺意乎？吁！此張文琮所以有何觀之嘆！然而社用羊豕，稷用黍稷，用黍稷，又奚爲不用犢祭？蓋用犢，乃祭地之禮。社稷雖地示之屬而非地，猶五帝爲天之尊神而非天也。社安得不用羊豕，稷安得不用黍稷乎？吾于此，又知社稷爲土穀之正神，實非人爲之也。

月令：仲春之月，擇元日，命民社。注：社，后土也，使民祀焉。神其農業也。祀社日用甲。

疏：「后土」者，五官之后土，即社神也。與左傳僖十五年云「君履后土」者別也。但句龍爲配社之神，又爲后土之官也。云「祀社日用甲」者，解經「元日」也。案郊特牲云：「祀社日用甲，用日之始也。」召誥

「戊午，乃社于新邑」。用戊者，周公告營洛邑位成，非常祭也。

方氏慤曰：祭法曰：「大夫以下成群立社，曰置社。」則民固有社矣。然非天子命之，無敢專祭焉，故擇元日而命之也。且社，土示也。方春土發生之時，擇元日而祭之，亦祈其土之利無不善而已。郊特牲言「社日用甲」，則此言元日，蓋甲日也。社日用甲，則得其善矣，故謂之元日焉。凡祭社，而稷必從之，此止言命民社者，特舉重以見輕耳。

丘光庭兼明書：社日。或問曰：月令云：「擇元日，命民社。」注云：「元日，近春分前後戊日。」郊特牲云：「日用甲，日之始也。」與今注月令不同，何也？答曰：召誥云：「越翼日，戊午，乃社于新邑。」則是今注月令，取召誥爲義也。不取郊特牲爲義者，以社祭土，土畏木，甲屬木，故不用甲也。用戊者，戊屬土也。召誥，周書，則周人不用甲也。郊特牲云：「甲者，當是異代之禮也。」稷日。或問曰：「祭稷不別，與社同日者，何也？」答曰：「以百穀生于土，戊屬土，故可與社同日而祭也。」

應氏鏞曰：元日祈于上帝，所以祀天也。元日命民社，所以祀地也。乾始坤生，事之如一，不容有異心也。故祈帝祀社，皆曰元日，而親耕則曰元辰而已。載芟之詩曰「春藉田而祈社稷」，則藉田固以祈社稷矣。而此復曰「命民社」者，蓋藉田之祈，王所自爲之王社也。命民社者，王爲群姓所立之大社也。同于爲社，而先後則有等差，因事以爲教也。

丘氏濬曰：此一里之祭也。後世命民主里社本此。然郊特牲祭社用甲日，而召誥用戊日。戊者，土之氣也，因土氣以祭社神，當用上戊爲是。況所謂元者，非但訓善也，亦有首始之義。謹考官曆春秋二社，皆在仲月。臣竊以爲官府祭社，宜用仲月上戊；而里民所祭者，當用官曆所定社日爲宜。又往往見有司祭社，偶遇春秋二仲月之上旬，戊在丁後，必先釋奠而後祭社。吁！豈所謂上戊哉？亦豈古人所以秩祭祀之意哉？蓋秩之爲言，次序之謂也。周禮肆師「以歲時序其祭祀」，正謂此爾。況社稷大祀，先師中祀，自當循其次序。

郊特牲：日用甲，用日之始也。注：國中之神，莫貴于社，故日用甲也。疏：社是國中之貴神，甲是旬日之初始，故用之也。社之祭，一歲有三：仲春命民社，一也；詩曰「以社以方」，謂秋祭，二也；孟冬云「大割祠于公社」，是三也。

方氏慤曰：社必用日之始，何也？蓋陽始于甲而物生，陰極于辛而物成，地雖以陰而成物，然始地事者存乎陽，故社用甲，以原其始焉。天雖以陽而生物，然終天功者存乎陰，故郊用辛，以要其終焉。夫獨陰不生，獨陽不成，天地相須之義也。故聖人制禮，以致其義焉。

馬氏晞孟曰：日用甲，用日之始。則郊用辛，用日之成也。以乾知大始，坤作成物，則郊宜用甲，社宜用辛。天雖主于生物，亦有以成之，則天之道所以明；地雖主于成物，亦有以生之，則地之道所以神。蓋郊，所以明天道，故用辛；社所以神地道，故用甲。曲禮曰：「外事用剛日，內事用柔日。」郊者，外事也，社者，內事也。而此言郊用辛日之柔，社用甲日之剛者，説者以爲郊社至尊之祭，不可同于內外，此説得之。又曰：「凡日始于甲，物成于辛。」日始于甲而社用之者，地以形成物而肇地事者，氣也，氣自甲而始，故用是以社。物成于辛而郊用之者，天以氣始物而終天事者，形也，形至辛而成，故用是以郊。天地相合，萬物資焉。故曰：「郊以明天道，社以神地道。」萬物資氣于天，故郊于孟春，資生于地，故社于仲春。

應氏鏞曰：郊用辛，乾位也，氣之藏也超乎物，無爲之尊，天之道也。社用甲，震方也，物之生也役于乾，有用而勞，土之象也。

周氏諝曰：甲者，陽中之陽也。社用甲而不用乙，欲其以陽召陰也。辛者，陰中之陰也，郊用辛而不用庚，欲其以陰召陽也。以甲爲用日之始，則誤矣。

祭統：崇事宗廟社稷，則子孫順孝。

周禮地官封人：令社稷之職。注：將祭之時，令諸侯有職事于社稷者也。郊特牲曰：「惟爲社事，單出里。惟爲社田，國人畢作。惟爲社，丘乘供粢盛。所以報本反始也。」疏：春秋祭社，皆有職事令之者，使各依職司而行，故須令之也。

鄭氏鍔曰：諸侯當守社稷之職，又慮其廢而不祀。封人則令之，使無敢廢職。如是，則其國之民，亦爲社事而單出里，爲社田而竭作，爲社祭而共粢盛，亦不敢失其職。

郝氏敬曰：社稷之職，謂典守壇壝之人，皆封人令之。

右社稷祈報正祭

牲

禮記王制：天子社稷皆太牢，諸侯社稷皆少牢。通考：案書曰：「乃社于新邑，牛一、羊一、豕一。」是天子用太牢也。

方氏慤曰：牢者，圈也。以能有所畜，故所畜之牲皆曰牢也。太牢具牛、羊、豕焉，以其大，故曰太。少牢則羊、豕而已，以其小，故曰少。天子之社稷，主天下之土穀，故用太牢以祭之。諸侯之社稷，主一國之土穀，故用少牢以祭之。此隆殺之別也。

郊特牲：社稷太牢。疏：社，五土總神。稷，是原隰之神。功及于人，人賴其功，故以太牢報祭，其牲則黝色也。

方氏慤曰：于牲言特，以見太牢之非一。于牢言太，以見特牲之用犢也。特則牢所畜之物，牢則牲所畜之地，互相備也。牲孕，祭帝弗用，則社稷容或用焉。

月令：季夏之月，命四監大合百縣之秩芻，以養犧牲，令民無不咸出其力。以祠社稷之靈，以爲民祈福。注：四監，主山、林、川、澤之官。百縣，鄉遂之屬，地有山、林、川、澤者也。秩，常也。百縣給國養犧牲之芻，多少有常，民皆當出力，艾芻養牲，以供祠神靈，爲民祈福也。

季冬之月，乃命太史次諸侯之列，賦之犧牲，以共社稷之饗。注：此所與諸侯共者也。列國有大小，賦之犧牲，大者出多，小者出少。饗，獻也。疏：列，次也。來歲祭祀，所須犧牲，出諸侯之國，國有大小，故命太史書列之，以共賦也。社稷，王之社稷也。諸侯自有社稷，而始封亦割王社土與之，故賦牲共王社稷也。

周禮地官牧人：陰祀，用黝牲，毛之。注：毛之，取純毛也。陰祀，祭地北郊及社稷也。鄭司農云：「黝，讀爲幽。幽，黑也。」疏：郊特牲云：「社祭土而主陰氣也。」是社稱陰。孝經緯鈎命決云：「祭地于北郊，就陰位。」彼對郊天就陽位，則是神州之神在北郊而稱陰，以是知陰祀中，有祭地于北郊及社稷也。

鄭氏鍔曰：用黝，豈徒色之黑哉？必欲其毛純乎黑。牧人毛之，然後五官奉之，是禮官之事，亦牧人之事。

春官大宗伯：以血祭祭社稷。注：陰祀自血起，貴氣臭也。疏：此地之次祀，先薦血以歆神。且社稷亦土神，故舉社以表地示。鼓人亦云：「靈鼓鼓社祭。」亦舉社以表地，此其類也。云「陰祀自血起」者，對天爲陽祀，自烟起，貴氣臭同也。

項氏安世曰：血毛，告幽全之物。又曰：血祭，盛氣也，則以地道有幽陰之義，而求之以血也。

鄭氏鍔曰：血之爲物，有象而非虚，有形而非實，物之幽，蓋亦求之于虚實之間。

肆師：立次祀，用牲幣。注：玄謂次祀，又有社稷。

易氏祓曰：牲色之純者謂之牷。上言牲牷，下特言牲，則其色之不必純也。幣、帛一也，自其質言之，謂之帛；制而用之，謂之幣。

周書召誥：乃社于新邑，牛一、羊一、豕一。孔傳：告立社稷之位，用太牢也。

白虎通：以三牲何？重功故也。尚書曰：「乃社于新邑，牛一、羊一、豕一。」王制曰：「天子社稷皆太牢，諸侯社稷皆少牢。」宗廟俱太牢，社稷少牢何？宗廟太牢，所以廣孝道也。社稷爲報功，諸侯一國，所報者少故也。

右牲

酒醴粢盛

周禮春官鬯人：掌共秬鬯而飾之。凡祭祀，社壝用大罍。注：秬鬯，不和鬱者。飾之，謂設巾。壝，謂委土爲墠壇，所以祭也。大罍，瓦罍。疏：「壝，謂委土爲墠壇，所以祭」者，謂四邊委土爲壝，于中除地爲墠，墠内作壇，謂若三壇同墠之類也。此經云「社壝」，謂若封人及大司徒皆云「社壝」，皆直據外壝而言也。知大壘是瓦壘者，瓬人爲瓦簋，據外神明，此壘亦用瓦，取質略之意也。

鄭氏鍔曰：社壝者，社之外委土爲壝埒，其中爲壇。社祭土，以瓦壘出于土，器雖出于土，然非用人工以陶冶，器無自而成。祭祀，社壝則用大壘以盛秬鬯，以見土者，人所用功，而社神有功于土。

王氏昭禹曰：社壝，則封人所設王之社壝。王社之示，比于天地之神，爲近人情，則宜交之以人道，故有秬鬯。言于人道則非鬼，故不加鬱而不祼。

蕙田案：社必有壝，故言社壝，亦舉社以該稷。

禮記祭義：天子爲藉千畝，躬秉耒。以事天地、山川、社稷、先古，以爲醴酪齍盛。

郊特牲：惟社，丘乘共粢盛，所以報本反始也。注：丘，十六井也。四丘，六十四井，曰甸，或謂之乘。乘者，以于車賦出長轂一乘，乘或爲鄰。疏：「惟社，丘乘共粢盛」者，嚮說「祭社用牲」，此言祭社用米也。「丘乘」者，都鄙井田也。九夫爲井，四井爲邑，四邑爲丘，四丘爲乘。惟祭社而使丘乘共其粢盛也。粢，稷也。稷曰明粢，在器曰盛。「所以報本反始」，結美報也。皇氏曰：「天子諸侯祭社，則用藉田之穀。大夫以下無藉田，若祭社，則丘乘共之，示民出力也。國人畢作，是『報本』。而丘乘共粢盛，是『反始』。言粢盛是社所生，故云『反始』也。」

方氏慤曰：丘，言其地也。乘，言其賦也。夫社者，陰之神，軍者，陰之事，使軍賦之家而共粢盛于社，各從其類也。故將出征則宜乎社，不用命則戮于社，軍行則祓于社，凱旋則獻于社，皆以是耳。

故此不曰「丘民」，而必曰「丘乘」也。以非祭社，則不必如是，故每言「惟」焉，則以本始有在乎此，而報反之禮不可不重故也。

張子曰：古者丘乘共粢盛，恐十里之中立一社也。

劉氏彝曰：天子諸侯郊社宗廟，粢盛取于神倉。大夫都鄙，粢盛取于丘乘也。衣食本乎土，故曰「報本」。知平水土，始于句龍，知播五穀，始于后稷，故以爲配，是曰「反始」焉。

詩小雅甫田：以我齊明，與我犧羊，以社以方。傳：器實曰粢，在器曰盛。社，后土也。方，迎四方氣于郊也。箋云：以潔齊豐盛，與我純色之羊，秋祭社與四方，爲五穀成熟，報其功也。疏：經傳多齊盛連文，故傳因齊解盛。春官肆師：「祭之日，表粢盛，告潔。」注云：「粢，六穀也。」則六穀總爲齊。天官甸師注云：「粢，稷也。」惟以稷爲粢者，以稷是穀之長，爲諸穀之總名。六穀皆爲器之實，故曰「器實」曰齊，指穀體也。在器曰盛，據已盛于器也。故桓六年左傳曰：「潔粢豐盛。」言爲穀則潔清，在器則豐滿。是指器實爲粢，在器爲盛也。

右酒醴粢盛

冕服

周禮春官司服：祭社稷則希冕。注：希，刺粉米，無畫也。其衣一章，裳二章，凡三也。

疏：云「希，刺粉米，無畫也」者，衣是陽，應畫。今希冕三章，在裳者自然刺繡。但粉米不可畫之物，今雖在衣，亦刺之不變，故得希名，故鄭特言粉米也。然則毳冕之粉米，亦刺之也。

鄭氏鍔曰：希冕，惟有粉米、黼、黻三章，其章爲罕，故其字用「希」。本又作「絺」字，粉、米兩物共爲一章。言粉其米以爲章。其在裳，則當繡，及爲三章之首，則當畫。以在衣，不可繡也。社稷、五祀、五岳同于血祭，此則用七章之服以祀四望、山川，又用五章之服以祭社稷、五祀，蓋此言山川，在社稷之上，殆非丘陵、墳衍之山川也，指四望之山川耳。何則？丘陵、墳衍之山川，當比群小祀，以玄冕祭之，不當處社稷之上。覲祀五帝，享先王，祭社稷，祭群小祀，而獨于四望、山川之祭，謂之祀四望、山川，則其尊可知。粉米者，養人之物。社稷者，土穀之養人者也。五祀之神，則能平五行之政，亦有功利，以生人者也。故祭則同服，或謂絺爲細葛布，上刺繡，布豈可繡哉？或謂其字音蕭，蕭者，縫也。凡冕服皆玄衣、纁裳、玄冕，惟有黻之一章，刺于裳而已。其衣無章，但見其玄色。

黄氏度曰：宗伯序社稷、五祀，先于五岳。司服序四望、山川，先于社稷。祭之秩，當如宗伯，司服自以服爲序。地祭以社稷見，不別出，則方丘不服大裘矣。諸儒紛紛，蓋未嘗考先王制祀之義。

右冕服

樂舞

周禮春官大司樂：乃奏太蔟，歌應鍾，舞咸池，以祭地示。注：地示，所祭于北郊及社稷。疏：知及社稷者，以六冕差之，社稷雖在小祀，若據薦祭言之，大宗伯云「以血祭祭社稷、五祀、五岳」，用血祭與郊同，又在五岳之上，故知用樂亦與神州同。

地官鼓人：以靈鼓鼓社祭。注：靈鼓，六面鼓也。社祭，祭地示也。疏：郊特牲云：「社祭土，神地之道。」故舉社以表地示。大宗伯亦云：「血祭祭社稷、五祀。」亦舉社以表地示，其實地之大小之祭，皆用靈鼓。

鄭氏鍔曰：地道有形可見而靈者，神之降而有驗，故名靈者。以鼓社祭，則宜言鼓神祀、鼓鬼享。不言地示，乃曰鼓社祭，何也？記曰：「社祭土而主地。」蓋社者，地神之尤貴，言社，則地示見矣。觀大宗伯掌天神、人鬼、地示之禮，亦只言以血祭祭社稷，意蓋類此。

舞師：教帗舞，帥而舞社稷之祭祀。

地官鼓人孔疏：案樂師注：「帗，五采繒。」今靈星，舞子持之。

史氏浩曰：帗舞，執五采繒，如帗。

王氏昭禹曰：社稷，土穀之神，所以生養人者，欲其無災害之厲民，而有帗除之功。帗，有祓除之義也。故教帗舞，帥而舞社稷之祭祀。

詩周頌載芟：載芟載柞，其耕澤澤。千耦其耘，徂隰徂畛。侯主侯伯，侯亞侯旅，侯彊侯以。有嗿其饁，思媚其婦，有依其士。有略其耜，俶載南畝。播厥百穀，實函斯活。驛驛其達，有厭其傑。厭厭其苗，緜緜其麃。載穫濟濟，有實其積，萬億及秭。爲酒爲醴，烝畀祖妣，以洽百禮。有飶其香，邦家之光。有椒其馨，胡考之寧。匪且有且，匪今斯今，振古如兹。疏：載芟詩者，春藉田而祈社稷之樂歌也。

詩緝李氏曰：噫嘻、豐年，其說爲略；載芟、良耜，其說爲詳。蓋祈上帝，所以尊之也，故其詞略。祭社稷，所以親之也，故其詞詳。

良耜：畟畟良耜，俶載南畝。播厥百穀，實函斯活。或來瞻女，載筐及筥。其饟伊黍，其笠伊糾。其鎛斯趙，以薅荼蓼。荼蓼朽止，黍稷茂止。穫之挃挃，積之栗栗。其崇如墉，其比如櫛，以開百室。百室盈止，婦子寧止。殺時犉牡，有捄其角。以似以續，續古之人。疏：良耜詩者，秋報社稷之樂歌也。傳：黄牛黑脣曰犉。牡，社稷之牛角尺。疏：釋畜直云「黑脣」，以言黑脣，明不當與身同色。牛之黄者衆，故知黄牛也。某氏亦云「黄牛黑脣曰犉」，取此傳爲說也。地官牧人云：「凡陰祀，用黝牲，毛之。」注云：「陰祀，祭地北郊及社稷也。」然則社稷用黝牲，角以黑；而用黄者，蓋正禮用黝，至于報功，以社是土神，故用黄色，仍用黑脣也。以經言角，辨角之長短，故云「社稷之牛角尺」也。王制云：「祭天地之牛角繭栗，宗廟之牛角握，賓客之牛角尺。」社稷之牛卑于宗廟，宜與賓客同尺也。禮緯稽命徵云：「宗廟、社稷角握。」此箋不易毛傳，蓋以禮緯難信，不據以爲正也。社稷太牢，獨云牛者，牛，三牲爲大，故特言之。

詩緝黄氏曰：載芟言「以洽百禮」者，仍其豐年之慶，而百神之祀皆無所缺也。良耜言「殺時犉牡」者，則專主祭社稷而言也。

白虎通：祭社有樂。樂記曰：「樂之施于金、石、絲、竹，越于聲音，用之于宗廟、社稷。」

右樂舞

君親祭三獻

禮記郊特牲：君南鄉于北墉下，答陰之義也。注：牆謂之墉。北墉，社内北牆也。

疏：社既主陰，陰宜在北，故祭社時，以社在南，設主壇上北面，而君來在北牆下，而南向祭之，是答陰之義也。

白虎通：王者自親祭社稷何？社者，土地之神也。土生萬物，天下之所主也，尊重之，故自祭也。

禮器：三獻文。注：謂祭社稷、五祀，其神稍尊，比群小祀禮儀爲文飾也。疏：希冕三章，祭社稷、五祀，故知三獻，祭社稷、五祀也。

三獻爓。注：三獻，祭社稷、五祀。爓，沈肉于湯也。

通典：三獻禮，取血先瘞于所祭之處，以爲祭始。次則禮神以玉，尸前薦爓肉及脯醢、籩豆，王則酌大罍中酒以獻尸，所謂朝踐之獻，是爲一獻也。至薦熟時，宗伯亦攝后酌以亞獻，所謂再獻。尸食訖，賓長酌，酳尸，謂之三獻。

右君親祭三獻

受脤

春秋閔二年左氏傳：受脤于社。注：脤，宜社之肉，盛以脤器。疏：釋天云：「起大事，動大衆，必先有事乎社而後出，謂之宜。」知出兵必祭社，祭社，名爲宜。周禮大宗伯「以脤膰之禮親兄弟之國」。定十四年：「天王使石尚來歸脤。」知脤是器物，可執之以賜人也。今言受脤于社，明是祭社之肉，盛以脤器，賜元帥也。地官掌蜃：「祭祀，共蜃器之蜃。」鄭玄云：「蜃，大蛤。蜃之器以蜃飾，因名焉。」

右受脤

卜稼

周禮春官肆師：社之日，莅卜來歲之稼。注：社祭土，爲取財焉。卜者，問後歲稼所宜。疏：此社亦是秋祭社之日也。言「莅卜來歲之稼」者，祭社有二時，謂春祈秋報。報者，報其成熟之功。今卜者，來歲亦如今年宜稼與不。但春稼秋穡，不言穡而言稼者，秋穡由于春稼，故據稼而言之。郊特牲云：「社祭土而主陰氣也。取財于地，取法于天。」故云社祭土而取財焉。

鄭氏鍔曰：詩人言「大田多稼，以社以方」，故知稼爲田苗之事。祭社有二，春祈秋報。知此社非春祈者，以嘗與獮，無非秋事，知此爲秋報祭之社也。

右卜稼

因事祭社稷

詩大雅綿：乃立冢土，戎醜攸行。

爾雅：起大事，動大衆，必先有事乎社而後出，謂之宜。郭注：冢土，大社。戎醜，大衆。有事，祭也。周官所謂「宜乎社」。邢疏：孫炎曰：「大事，兵也。有事，祭也。宜，求見使祐也。」此文本解「戎醜攸行」之意，言國家起發軍旅之大事，以興動其大衆，必先有祭事于此社而後出行，其祭之名，謂之爲宜。以師行必須宜祭以告社，故言「戎醜攸行」也。以兵凶戰危，慮有負敗，祭之以求其福宜，故謂之宜。

春官大祝：大師，宜于社。及軍歸，獻于社。 疏：言「大師」者，王出六軍，親行征伐，故曰大師。云「宜于社」者，軍將出，宜祭于社，即將社主行，不用命戮于社。「及軍歸，獻于社」者，謂征伐有功，得囚俘而歸，獻捷于社。

鄭氏鍔曰：大師必載社主與遷廟之主以行，故有宜社、造社之祭。祭社曰宜，蓋以事宜而祭之，非春秋之所報祭。

大會同，宜于社，反行，舍奠。 注：曾子問曰：「凡告必用牲幣，反亦如之。」

陳氏祥道曰：釋奠者，設牲饌酌奠而已，無迎尸以下事。古者釋奠，或施于山川，或施于廟社，或施于學。

小祝：有寇戎之事，則保郊，祀于社。 注：鄭司農云：「謂保守郊祭諸祀及社，無令寇侵犯之。」杜子春讀「禩」爲「祀」，書亦或爲「祀」。玄謂保、祀互文，郊、社皆守而祀之，彌災兵。

鄭氏鍔曰：有寇戎則事出不虞，兵自外作，則出而保郊。四郊兆域，皆神之所處，人心不安，神或失所依。小祝，事神者也，故就其所保而守之，以安神也。社在國内，但祀以弭災兵可也。鄭康成以「保郊祀于社」爲一句，其説不可用。

黄氏度曰：郊非有司所當祀也，直保之祀社而已。

王氏昭禹曰：保郊以防患，祀社以弭兵。

肆師：凡師甸用牲于社宗，則爲位。 注：社，軍社也。宗，遷主也。疏：云「社，軍社也」者，在軍，不用命戮于社。又君以軍行，祓社釁鼓，故名軍社也。鄭知「宗，遷主」者，曾子問云：「師行，必以遷廟主行，載于齊車。」故知遷主也。

易氏祓曰：師甸者，田而後用師者，必載社之石主、祖之木主，示有所受命。

夏官大司馬：若師有功，則左執律，右秉鉞，以先愷樂獻于社。 注：功，勝也。律所以聽軍聲〔一〕，鉞所以爲將威也。疏：趙商問：「大司樂『王師大獻，則令奏愷樂』。注云『獻于祖』，與此異。」鄭答曰：「司馬主軍事之功，故獻于社。大司樂，宗伯之屬，宗伯主宗廟，故獻于祖。若然，軍有功，二處俱獻，以出軍之時，告于祖，宜于社，故反必告也。」

王氏詳説曰：祖本仁，故獻愷在春官。社本義，故獻愷在秋官。

鄭氏鍔曰：司馬主九伐之法，故獻于社𥘵，法陰而行誅伐也。

若師不功，則厭而奉主車。

蔡氏德晉曰：奉主車，奉護廟社主之車而歸也。

〔一〕「所以」，原作「者以」，據味經窩本、周禮注疏卷一九改。

禮記王制：天子將出征，宜乎社。

大傳：牧之野，武王之大事也。既事而退，祈于社。

陳氏祥道曰：武王之出師，受命文考，類于上帝，宜于冢土，所以告其伐也。既事而退，柴于上帝，祈于社，設奠于牧室，所以告其成也。

周書泰誓：宜于冢土。孔傳：冢土，社也。祭社曰宜。疏：孫炎曰：「宜，求見福祐也。冢，訓大也。社是土神，故冢土，社也。」

林氏之奇曰：宜于冢土，與王制「宜于社」，其曰宜者，亦當是非祭祀之常禮，權其事宜以制其禮，則謂之宜也。

春秋定四年左氏傳：子魚曰：「祝，社稷之常隸也。社稷不動，祝不出竟，官之制也。若以軍行，祓社釁鼓，祝奉以從，于是乎出竟。」注：師出，先有事，祓禱于社，謂之宜社。于是殺牲，以血塗鼓鼙爲釁鼓，奉社主也。

蕙田案：以上九條，出師祭社。

周禮夏官大司馬：仲春，教振旅。遂以蒐田，有司表貉，誓民；鼓，遂圍禁；火弊，獻禽以祭社。注：春田爲蒐。有司，大司徒也，掌大田役治徒庶之政令。表貉，立表而貉祭也。誓民，誓以犯田法之罰也。誓曰：「無干車，無自後射，立旌遂圍禁，旌弊爭禽而不審者，罰以假馬。」禁者，虞衡守禽之厲禁也。既誓，令鼓而圍之，遂蒐田。火弊，火止也。春田主用火，因焚萊除陳草，皆殺而火止。獻，猶致也，屬也。田止，虞人植旌，衆皆獻其所獲禽焉。詩云：「言私其豵，獻豜于公。」春田主祭社者，土方施生也。鄭司農云：「貉，讀爲禡。禡，謂師祭也。書亦或爲禡。」疏：此因田獵而祭，非月令仲春祭社也。

鄭氏鍔曰：將田之初，有司行表貉之祭，司馬以軍法誓民。所謂有司者，肆師、甸祝也。肆師：大田獵，祭表貉則爲位。甸祝：掌四時之田、表貉之祝號。則有司，謂此二官明矣。鄭康成以爲大司徒無表貉事，其說非也。

蕙田案：此條，田獵祭社。

春官小宗伯：凡天地之大災，類社稷、宗廟，則爲位。注：禱祈禮輕。類者，依其正禮而爲之。疏：天災，謂日月食、星辰奔隕。地災，謂震裂。則類祭社稷及宗廟，則亦小宗伯爲位祭之。

王氏昭禹曰：大災，若日月食、山冢崩，皆非常之變，則合聚社稷、宗廟之神而禱祀焉，故曰類。

鄭氏鍔曰：天神曰類，而社稷、宗廟亦曰類者，蓋當變故之祭，依倣其正禮，聚一處以禱祀，故以類言之。

大祝：國有大故、天災，彌祀社稷，禱祠。注：大故，兵寇也。天災，疫厲、水旱也。彌，猶偏也。偏祀社稷及諸所，禱既則祠之以報焉。

鄭氏鍔曰：國有災故，祀社稷之神，以弭息之。始禱祈終報祠皆掌之。

春秋襄二十五年左氏傳：祝祓社。注：祓，除也。疏：周禮女巫：「掌歲時祓除、釁浴。」鄭玄云：「歲時祓除，如今三月上巳如水上之類。」彼言祓除，知此祓社，是祓除也。

周禮夏官小子：掌珥于社稷。注：鄭司農云：「珥社稷，以牲頭祭也。」玄謂珥讀爲衈。衈者，釁禮之事也。衈社稷、五祀，謂始成其宫兆時也。疏：先鄭云珥以牲頭祭，漢時祈禱，有牲頭祭。後鄭不從者，案禮記雜記釁廟之禮云：「門、夾室用雞，其衈皆于屋下。」衈既爲釁禮，此刉與衈連文，則刉亦是釁禮，非祭祀之法，何得爲牲頭祭乎？是以後鄭爲釁法解之。

王氏與之曰：珥，當爲弭。如小祝所謂「弭兵災」，非釁事也。

黄氏度曰：社稷，人所依以生者，故有禱祈之事。

詩大雅雲漢：方社不莫。箋：祭四方與社不晚。朱子傳曰：方，祭四方。社，祭土神也。

春秋莊公二十五年六月辛未朔，日有食之，鼓，用牲于社。注：鼓，伐鼓也。用牲以祭社。傳例曰：非常也。

秋，大水，鼓，用牲于社于門。注：門，國門也。傳例曰：亦非常也。

文公十五年六月辛丑，日有食之，鼓，用牲于社。左傳：「非禮也。日有食之，天子不舉，伐鼓于社，諸侯用幣于社，伐鼓于朝。」

蕙田案：以上八條，禱祈祭社。

禮記王制：天子將出，宜乎社。諸侯將出，宜乎社。疏：此論天子巡守之禮。將出，謂初出時也。知此是巡守者，以下别云「出征」也。「宜乎社」者，巡行方事誅殺封割，應載社主也。云「宜」者，令誅罰得宜。又社主乎地也。

馬氏晞孟曰：宜者，以事之宜而告于社，而其禮則略于祭地。

葉氏夢得曰：諸侯，臣也，臣則地道，故宜乎社。理有宜，而巡守所出，皆理所宜行，故于社皆言宜也。

蕙田案：此條，巡狩祭社。

曾子問：諸侯適天子，命祝史告社稷、宗廟、山川。

蕙田案：此條，君行告社。

周禮春官大祝：建邦國，先告后土，用牲幣。注：后土，社神也。

鄭氏鍔曰：先告后土，然後分封，示不敢專也。大宗伯掌其禮，大祝則掌告也。告之之時，其事用牲，其禮用幣，以爲割裂土宇，故用盛禮焉。

周書召誥：乃社于新邑，牛一、羊一、豕一。孔傳：告立社稷之位，用太牢也。

王氏充耘曰：郊社，大事也。周、召以人臣行之，可乎？蓋因事祭告，奉王册命以行事，非常祭之比也。

書傳説彙纂：社于新邑，謂此乃所以祀地者，非也。王爲群姓立社，曰大社。王自爲立社，曰王社。諸侯爲百姓立社，曰國社。諸侯自爲立社，曰侯社。又大夫以下成群立社，曰置社。鄭云：「此今時里社也。」又月令「命民社」，仲春之祭也。詩「以社以方」，秋祭也。孟冬，則云「大割祀于公社」。是一歲三社也。社之日，自天子以至于士庶人，皆得共之，其名至多，名同而義則各異。兹之社于新邑，乃社稷之社，位在庫門之右者。若以此社爲祭地，則王制所云「祭天地社稷」，地與社，豈重累而舉之乎？

蕙田案：以上二條，建國告祭。

右因事祭社稷

變置社稷

孟子：民爲貴，社稷次之。朱子注：社，土神。稷，穀神。建國，則立壇壝以祀之。

犧牲既成，粢盛既潔，祭祀以時，然而旱乾水溢，則變置社稷。趙注：犧牲已成肥腯，粱稻已成潔清，祭祀社稷常以春秋之時，然而其國有旱乾水溢之災，則毁社稷而更置之。孫疏：社稷無功以及民，亦在所更立有功于民者爲之也。社稷者，蓋先王立五土之神，祀以爲社，立五穀之神，祀以爲稷。以古推之，自顓帝以來，用句龍爲社，柱爲稷。及湯之旱，以棄易其柱，是知社稷之變置，又有見于湯之時然也。

朱子注：祭祀不失禮，而土穀之神不能爲民禦災捍患，則毁其壇壝而更置之，亦年不順成，八蜡不通之意。

右變置社稷

總論社稷

禮記郊特牲疏：其社稷制度。白虎通云：「天子之社，壇方五丈，諸侯半之。」説者又云：「天子之社，封五色土爲之，若諸侯受封，各割其方色土與之，則東方青，南方赤之等是也。」上皆以黄土也。其天子諸侯皆有二社者，祭法云：「王爲群姓立社，曰大社。王自爲立社，曰王社。諸侯爲百姓立社，曰國社。諸侯自爲立社，曰侯社。」是各有二社。又各有勝國之社，故此云喪國之社屋之，是天子有之也。案春秋「亳社災」。公羊云：「亡國之社，蓋掩之。掩其上而柴其下。」是魯有之也。襄三十年左傳云：「鳥鳴于亳社。」是宋有之也。此是天子諸侯二社之義。其所置之處，小宗伯云：「右社稷，左宗廟。」鄭云：「庫門内、雉門外之左右。」爲群姓立社者，在庫門内之西，自爲立社者，在藉田之中。其亡國之社〔一〕，穀梁傳云：「亡國之社，以爲廟屏戒。」或在廟，或在庫門内之東。則亳社在東也。故左傳云：「間于兩社，爲公室輔。」蓋魯之外朝，在庫門之内，東有亳社，西有國社，廟庭執政之處，故云間于兩社也。其卿大夫以下，案祭法云：「大夫以下成群立社，曰置社。」注云：「大夫不得特立社，與民族居，百家以上則共立一社，今時里社是也。」如鄭此言，則周之政法，百家以上得立社，其秦、漢以來，雖非大夫，民二十五家以上則得立社，故云今之里社。又鄭志云：「月令命民社，謂秦社也。」自秦以下，民始得立社也。其大夫以下所置社者，皆以土地所宜之木，則論語云：「夏后氏以松，殷人以柏，周人以栗。」故大司徒云「而樹之田主，各以其野之所宜木」是也。其天子大社之等，案尚

〔一〕「社」下，諸本衍「稷」字，據禮記正義卷二五删。

書無逸篇曰：「大社唯松，東社唯柏，南社唯梓，西社唯栗，北社唯槐。」其天子、諸侯、大夫等皆有稷也。故注司徒「田主，田神后土、田正之所依也」。田正，則稷神也。田主尚然，故知天子諸侯社皆有稷。其亡國之社，亦有稷。故士師云：「若祭勝國之社稷，則爲之尸。」是有稷也。但亡國之社稷，故略之，用刑官爲尸；其祭餘社爲尸，不用刑官也。其社之祭，一歲有三：仲春，命民社，一也；詩云「以社以方」，謂秋祭，二也；孟冬，云「大割祠于公社」，是三也。其社主用石。故鄭注宗伯云：「社之主蓋用石。」案條牒論：「稷壇在社壇西，俱北向，營並壇共門，或曰在社壇北。其用玉無文〔一〕，不可强言。今禮用兩圭有邸。」

蕙田案：疏稱王社在藉田，社主用石，于經無考。唯云「天子諸侯皆有稷」，極是。

陳氏禮書：社所以祭五土之示，稷所以祭五穀之神。而命之稷，以其首種先成而長百穀故也。稷非土無以生，土非稷無以見生生之效，故祭社必以稷，以其同

〔一〕「玉」，諸本作「主」，據禮記正義卷二五改。

功均利而養人故也。祭必有配，而社配以句龍，稷配以柱，商之時，又易柱以棄，以其功利足以侔社稷故也。王與諸侯之社皆三，其二社所以盡祈報之誠，其勝國之社所以示鑒戒之理。王之大社，則土五色而冒以黄。夏之時，徐州厥貢，惟土五色，孔安國「以社言之」是也。諸侯之國社，則受其方色之土于天子，而苴以茅。漢之時，有受青土、赤土，蔡邕「以茅社言之」是也。其位則中門之右，社主陰故也。其壝則北面，社向陰故也。其飾則不屋，記所謂「大社必受霜露風雨，以達天地之氣」是也。其表則木，傳所謂「夏以松，商以柏，周以栗」是也。其方廣則五丈，其主則石爲之，其列則社東而稷西，先儒之説，蓋有所受之也。先王之祭社稷，春有祈，秋有報，孟冬大割祠。春祈而歌載芟，秋報而歌良耜，此祭之常者也。凡天地大災之類祭，大故、天災之彌祀，君行有宜，宫成有衈，此祭之不常者也。祭之常者用甲，其他則唯吉而已。祭之牲以太牢，其遇天災則用幣而已。考之于禮，王之祭也南面，其服也希冕，其牲用黝，其祭血祭，其罇大罍，其樂應鍾，其舞帗舞，其鼓靈鼓，凡皆因其物以致其義，非深知禮樂之情者，孰與此哉？先儒有以王社有稷壝，原隰爲稷神，有以句龍爲社而非配社，柱爲稷而非配稷；後世又有以夏禹爲社配，有以戌亥爲社日，有以先農爲帝社，有以大稷爲稷社，皆臆論也。

又曰：有天下之社，有一國之社，有衆人之社，有一人之社，有失國之社。大社，天下之社也。國社，一國之社也。置社，衆人之社也。王社、侯社，一人之社也。喪國之社屋之，失國之社也。三社之制，大社爲大，此孟子所謂「民爲貴，社稷次之，君爲輕」也。喪國之社，天子所以爲戒，則又次于王社矣，以言安不可以忘危也。書曰「夏社」，禮與春秋曰「亳社」，皆以爲戒而已。然則諸侯有國社、侯社，與春秋之亳社，亦三社矣。天子之社在雉門之右，而緜詩曰「乃立應門」，繼之曰「乃立冢土」。冢土，社也。則諸侯之社，亦在門内也。天子之牲太牢，則諸侯當用少牢。若郊特牲曰：「社事，單出里，丘乘共粢盛。」此大夫以下之社也。社稷之重，于古也如此，而孟子「旱乾水溢，變置社稷」。夫水旱者，天事也。人事不勝，故天變見于時；而社稷，土示也，豈其罪哉？然則謂之變者，猶曰以變置諸侯耳。

蕙田案：禮書謂王社無稷壝，非是。

禮經會元：小宗伯「建國之神位，右社稷，左宗廟」，有國則有社稷矣。古者立君，則曰奉社稷；取女，則曰共社稷；死國，則曰死社稷；去國，則曰去社稷。社稷之重，亦明矣。是故大司徒辨制邦國都鄙之畿疆，而首設社稷之壝。小司徒凡建邦國，立其社稷，正其畿疆。封人掌設王之社壝而樹之。凡封國，則必設社稷之壝，造都邑亦如之。以此見王畿、都鄙、邦國皆有社稷矣。鄭康成曰：「社稷，土穀之神，有德者配食焉。共工氏之子曰句龍，有厲山氏之子曰柱，食于稷，湯遷之而祀棄。」此社稷之神然也。大宗伯則以血祭祭社稷，小宗伯「大災，類社稷則爲位」，舞師帥舞社稷之祭祀，大祝「國有大故、天災，則彌祀社稷，禱祀」，小子則掌珥于社稷，凡所用于社稷者，豈非以其與天時相爲休咎歟？喪祝則掌勝國之社稷祝號，以祭祀禱祠，士師則祭勝國之社稷而爲之尸，是亡國之社稷亦存矣。古人崇重社稷如此，豈非以其與國祚相爲存亡歟？故載芟之詩曰：「春祈社稷也。」良耜之詩曰：「秋報社稷也。」豈非以其與歲事相爲豐耗歟？然古者之奉社稷，犧牲必成，粢盛必潔，苟有旱乾、水溢之災，則變置社稷。説者謂湯伐桀時旱，明牲以薦，而猶旱至七年，故湯遷柱而以棄代之，欲遷句龍，以無可繼者，于是故止。果如是説，則社稷可以變置其神乎？曰：此即大宰祭祀馭神之意也。蓋聖人之制祭祀也，以勞定國則祀之，能禦大災則祀之，水旱爲沴，故社稷不享矣，故變置者，變易其祭祀之禮而已，豈以社稷之神而改易之歟？湯之遷柱祀棄也，以棄之功大于柱也，非以旱而遷也。且湯既放桀，欲遷夏社，猶以爲不可。勝國之社猶不可遷，則必無遷句龍之意，句龍不遷，則遷柱祀棄者，必不以旱遷之矣。漢人除秦社稷，立漢社稷，豈識周存勝國社稷之意乎？抑嘗以封人考之曰「掌設王之社壝」，而不言稷，鄭康成謂「稷，社之細也」。若是，則周人果重社而輕稷乎？后稷，周之先祖，殷人祀之以爲稷，周之子孫尤宜加敬。今考之周禮宗伯甸師，則用牲于社；大祝大師則宜于社，大會同則宜于社；小祝寇戎之事則保郊，祀于社；大司馬蒐田，獻以祭社；大司寇大軍旅，則莅戮于社。類皆言社而不言稷，蓋以稷司稼穡之事，非師旅、田役、殺伐之事可浼也。周人祖以后稷而郊祀之以配天，詩曰：「思文后稷，克配彼天。」又非社事配地之所得比也。觀封人言「設王社」，而不言稷，又以見周人尊祖重農之意歟？

蕙田案：葉氏論變置社稷一條，良是。

唐氏仲友曰：先王之祀，上下達禮，未有社稷者也。耕耨斂藏，人力所可勉，旱乾水溢，則繫于神祇，故凡先王神祇之事，皆爲民祈穀也。天尊地親，故事之不同，噫嘻事之以誠，載芟事之以力，載芟、良耜，人事盡矣。不敢謂人事之盡而忽于神也，故祈焉；不敢謂人事之盡而忘于神也，故報焉。祈非吾過求也，振古如兹矣；報非止于今也，欲其有繼焉。所謂「以似以續，續古之人」者，莅卜來歲之稼之意也。諸侯危社稷而變置者，古有之矣；旱乾水溢而變置社稷者，未聞焉。孟子謂「民爲貴，社稷次之」，故舉是禮，以言人君固不可舍己而求之神也。雲漢之詩曰：「祈年孔夙，方社不莫。」又曰：「自郊徂宫，后稷不克。」宫，社宫也。意吾常禮之未修，則祈社修矣，意吾變禮之未舉，則郊宫徂矣，而終不敢以責神也。自反而已，自勉而已，周先王其于豐凶之祭，所以敬事社稷者，蓋如此。故社稷，國之主也，兵農之事繫焉。古者，兵出于鄉、遂、丘、乘，其本在社，有社斯有民，有民斯有兵，「乃立冢土，戎醜攸行」，故奉之主車，戮則行焉，勝則獻焉，報本反始焉耳。言公社以别私，言民社以别官。王與諸侯爲群姓立者，公也；自爲立者，私也。里社，民社也。百室以上，官社也。命民社，則下通于二十五家之里社。大割祠于公社，則王之大社而已。祀地之禮有公，而又有私者，親地也。尊無二上，故事天明，獨行于天子而無二尊，事地察，故下達于庶人而且有公私焉，尊親之辨如此。

右總論社稷

五禮通考卷四十三

吉禮四十三

社稷

漢社稷

漢書高祖本紀：二年二月癸未，令民除秦社稷，立漢社稷。

郊祀志：高祖初起，禱豐枌榆社。鄭氏曰：枌榆，鄉名。晉灼曰：枌，白榆也。社在豐東北十五里。師古曰：以此樹爲社神，因立名。蓋高祖里社也。

蕙田案：禮有勝國之社，故商有夏社，周有殷社，示誡也。高祖除秦社稷，則勝國之社稷亡矣。

二年入關，因命縣爲公社。李奇曰：猶官社。

蕭何傳：漢二年，何守關中，立宗廟、社稷。

郊祀志：六年，天下已定，詔御史令豐治枌榆社，常以時，春以羊彘祠之。長安置祠祀官，梁巫祠天社，秦巫祠杜主〔一〕。師古曰：即五杜主也。

蕙田案：枌榆社，周禮所云「樹之田主，各以所宜木名其社」也。

十年春，有司請令縣常以春二月及臘祠稷以羊彘，民里社各自裁以祠。謂隨其祠具之豐儉也。

漢舊儀：官大社及大稷，一歲各再祠。太祝令常以二月、八月以一太牢〔二〕，使者監祠，南向立，不拜。天下祠社稷。社者，古司空主平水土，共工氏之子勾龍氏，能平水土，植百穀，祭於社，以報其功。稷者，司馬官長助后稷耕種，祭於稷，以

〔一〕「杜」，諸本作「社」，據漢書郊祀志上改，下注文及下文獻通考條同改。

〔二〕「八月」，諸本作「八日」，據文獻通考卷八二改。

報其功。祠社稷，各官長、諸侯、丞相、中二千石、二千石以下，令長侍祠。

文獻通考：成帝初，衡、譚奏罷雍舊祠，杜主有五祠，置其一。

漢書平帝本紀：元始三年夏，立官稷。

郊祀志：平帝時，大司馬王莽上書：「帝王建立社稷，百王不易。社者，土也。宗廟，王者所居。稷者，百穀之主，所以奉宗廟，共粢盛，人所食以生活也，王者莫不尊重親祭，自爲之主，禮如宗廟。詩曰『乃立冢土』。師古曰：大雅綿之詩也。冢，大也。土，土神，謂大社也。又曰『以御田祖，以祈甘雨』。師古曰：小雅甫田之詩也。田祖，稷神也。言設樂以御祭于神，爲農求甘雨也。禮記曰『唯祭宗廟社稷，爲越紼而行事』。李奇曰：引棺車謂之紼。當祭天地五祀，則越紼而行事，不以私喪廢公祀。師古曰：紼，引車索也。聖漢興，禮儀稍定，已有官社，未立官稷。」臣瓚曰：高帝除秦社稷，立漢社稷，禮所謂大社也。時又立官社，配以夏禹，所謂王社也。見漢祀令。而未立官稷，至此始立之。世祖中興，不立官稷，相承至今也。遂於官社後立官稷，以夏禹配食官社，后稷配食官稷，稷種穀樹。師古曰：穀樹，楮樹也。其子類穀，故于稷種。徐州牧歲貢五色土各一斗。

蕙田案：高祖立漢社稷，有大社、大稷，即周禮王爲群姓立之大社也。又有官社，而未立官稷，王莽立之，亦猶古王社矣。但古者，大社、王社皆以勾龍配，而莽又以夏禹配之，妄矣。

右漢社稷

後漢社稷

後漢書世祖本紀：建武元年八月壬子，祭社稷。二年正月壬子，建社稷于洛陽。

祭祀志：建武二年，立大社稷于洛陽，在宗廟之右，方壇，無屋，有門牆而已。二月、八月及臘，一歲三祠，皆太牢具，使有司祠。孝經援神契曰：「社者，土地之主也。稷者，五穀之長也。」禮記及國語皆謂共工氏之子曰勾龍，爲后土官，能平九土，故祀以爲社。烈山氏之子曰柱，能植百穀疏，自夏以上祀以爲稷，至殷以柱久遠，而堯時棄爲后稷，亦植百穀，故廢柱，祀棄爲稷。大司農鄭玄説，古者官有大功，則配食其神。故勾龍配食於社，棄配食于稷，郡縣置社稷，太守、令、長侍祠，牲用羊豕。惟州所治有社無稷，以其使官。古者師行平有載社主，不載稷也。案：「平」字當考。

蕙田案：後漢社稷壇位、配神祭祀之禮，俱合古，用康成説也。州社無稷，非是。

章帝本紀：章和元年八月，南巡守。戊子，幸梁。己丑，遣使祠豐枌榆社。

文獻通考：漢儀，朔前後各二日，皆牽羊酒至社下以祭日。日有變，割羊以祠社，用救日。何休注公羊傳曰：日有食之，鼓，用牲于社，求乎陰之道也。以朱絲縈社，或曰脅之，或曰爲闇，恐人犯之，故縈之也。何休曰：脅之與責求同義。社者，主地之主也。月者，土地之精也。上繫于天而犯日，故鳴鼓而攻之，脅其本也。朱絲縈之，助陽抑陰也。「或曰爲闇」者，社者，土地之主尊也，爲日光盡，天闇冥，恐人犯歷之，故縈之。然此説非也。先言鼓，後言用牲者，明先以尊者命責之，後以臣子禮接之，所以爲順也。白虎通曰：「日食必救之，陰侵陽也。鼓攻之，以陽責陰也。故春秋『日食，鼓，用牲于社』。所以必用牲者，社〔一〕，地別神也，尊之不敢虛責也。日食、大水，則鼓用牲，大旱，則雩祭求雨，非虛言也。助陽，責下求陰之道也。」

蕙田案：此即左傳「伐鼓用牲」之意，蓋漢猶行之也。

右後漢社稷

〔一〕「社」，諸本作「土」，據文獻通考卷八二改。

魏社稷

晉書禮志：漢至魏，但大社有稷，而官社無稷，故常二社一稷。

通典：明帝景初中，立帝社。博士孔晁議：「漢氏及魏初，皆立一社一稷。至景初之時，更立大社、大稷，又特立帝社。云：禮記祭法云『王爲群姓立社曰大社』，言爲群姓下及士庶，皆使立社，非自立也。今並立二社，一神二位，同時俱祭，於事爲重，于禮爲黷，宜省除一社，以從舊典。」劉喜難曰：「祭法爲群姓立社，若如晃議，當言『王使』，不得言『爲』。下云『王爲群姓立七祀，諸侯自立爲五祀』，若是使群姓私立，何得踰于諸侯而祭七祀乎？知爲群姓立七祀〔一〕，乃王之祀也。夫人取法于天，取財于地，普天率土，無不奉祀，而何言乎一神二位以爲煩瀆？」

蕙田案：孔晁之議，出于臆説，劉喜難之，是也。

明帝時，祭社但稱皇帝。王肅議，太尉等祭祀，但稱名不稱臣，每有事，須告，皆遣祝史。

〔一〕「知」，諸本作「却」，據通典卷四五改。

魏曹植社頌：余前封鄄城侯，轉雍丘，皆遇荒土〔一〕。宅宇初造，以府庫尚豐，志在繕宮室〔二〕，務園圃而已〔三〕，農桑一無所營。經離十載，塊然守空，饑寒備嘗。聖朝閔之，故封此縣。田則一州之膏腴〔四〕，桑則天下之甲第。故封此桑，以爲田社，乃作頌云。

於惟太社，官名后土。是曰勾龍，功著上古。德配帝王，實爲靈主。克明播殖，農正曰柱〔五〕。尊以作稷，豐年是與。義與社同，方神北宇。建國成家，莫不攸叙。

右魏社稷

晉社稷

晉書武帝本紀：太康九年春三月壬辰〔六〕，初并二社爲一。

〔一〕「遇荒土」，諸本作「欲爲上」，據曹植集校注卷三改。
〔二〕「繕宮室」，諸本作「善公夫」，據曹植集校注卷三改。
〔三〕「園」，諸本作「完」，據曹植集校注卷三改。
〔四〕「一州之」三字，諸本脱，據曹植集校注卷三補。
〔五〕「曰柱」，諸本作「日舉」，據曹植集校注卷三改。
〔六〕「三月」，諸本作「二月」，據晉書武帝本紀改。

禮志：前漢但制官社而無官稷，王莽置官稷。漢至魏但太社有稷，而官社無稷，故常二社一稷。晉初仍魏，無所損益。至太康九年，改建宗廟，而社稷祠壇與廟俱徙。乃詔曰：「社實一神，其并二社之祀。」於是車騎司馬傅咸表曰：「祭法王社、太社，各有其義。天子尊事宗廟，故冕而躬耕。躬耕也者，所以重孝享之粢盛。親耕故自報，自爲立社者，爲籍田而報者也。國以人爲本，人以穀爲命，故又爲百姓立社而祈報焉。事異報殊，此社之所以有二也。王景侯之論王社，亦謂春祈藉田，秋而報之也。其論太社，則曰王者布下圻内，爲百姓立之，謂之太社，不自立之於京都也。景侯此論據祭法。祭法：『大夫以下成群立社，曰置社。』景侯解曰：『今之里社是也。』景侯解祭法，則以置社爲人間之社矣。而别論復以太社爲人間之社，未曉此旨也。太社，天子爲百姓而祀，故稱天子社。郊特牲曰：『天子太社，必受霜露風雨。』以群姓之衆，王者通爲立社，故稱太社也。若夫置社，其數不一，蓋以里所爲名，左氏傳盟于清丘之社是也。衆庶之社，既已不稱太矣，若復不立之京師，當安所立乎！祭法又曰：『王爲群姓立七祀，王自爲立七祀。』言自爲者，自爲而祀也；爲群姓者，爲群姓而祀也。太社與七祀，其文正等。説者窮此，因云墳籍但有五祀，無七祀也。案祭，五祀，國之大祀，七者，小祀。周禮所云祭凡小祀，則墨冕之屬也。景侯解大厲曰：『如周社，鬼有所歸，乃不爲厲。』今云無二社者稱景侯，祭法不謂無二，則曰『口傳無其文也』。夫以景侯之明，擬議而後爲解，而欲以口論除明文，如此非但二社當見思惟，景侯之解，亦未易除也。前被敕，尚書召誥乃社於新邑，惟一太牢，不二社之明義也。案郊特牲曰：『社稷太牢。』必援一牢之文以明社之無二，則稷無牲矣。説者則曰，舉社則稷可知。苟可舉社以明稷，何獨不舉一以明二？國之大事，在祀與戎。若有過而除之，不若過而存之。況存之有義，而除之無據乎！周禮封人掌設社壝，無稷字。今帝社無稷，蓋出於此。然國主社稷，故經傳動稱社稷。周禮王祭社稷則絺冕，此王社有稷之文也。封人所掌社壝無稷字，説者以爲略文，從可知也。謂宜仍舊立二社，而加立帝社之稷。」時成粲議社稷，景侯論太社不立京都，欲破鄭氏學。咸重表以爲：「如祭法之論，景侯之解文以此壞〔一〕。大雅云『乃立冢土』，毛公解曰：『冢土，大社也。』景侯解詩，即用此説。禹貢『惟土五色』，景侯解曰：『王者取五色土

〔一〕「文」，諸本作「交」，據晉書禮志上改。

爲太社，封四方諸侯，各割其方色，王者覆四方也。』如此，太社復爲立京都也。不知此論何從而出，而與解乖，上違經記明文，下壞景侯之解。臣雖頑蔽，少長學問，不能默已，謹復續上。」劉實與咸議同。詔曰：「社稷一神，而相襲二位，衆議不同，何必改作！其便仍舊，一如魏制。」

蕙田案：景侯不自立之京師之説，與孔晁同義。傅咸以爲人間之社，不稱太，足以折服之矣。景侯解禹貢，又與己説相矛盾，然此解却是。

武帝本紀：太康十年六月庚子，復置二社。

禮志：摯虞奏，以爲：「臣案祭法『王爲群姓立社，曰太社；王自爲立社，曰王社』，周禮大司徒『設其社稷之壝』，又曰『以血祭祭社稷』，則太社也。又曰『封人掌設王之社壝』，又有『軍旅，宜乎社』，則王社也。太社爲群姓祈報，祈報有時，主不可廢。故凡祓社釁鼓，主奉以從是也。此皆二社之明文，前代之所尊。以尚書召誥社於新邑、三牲各文，詩稱『乃立冢土』，無兩社之文，故廢帝社，惟立太社。詩、書所稱，各指一事，又皆在公旦制作之前，未可以易周禮之明典，祭法之正義。前改建廟社，營一社之處，朝議沸然，執古匡今。世祖武皇帝躬發明詔，定二社之義，以爲永制。宜定新禮，從二社。」詔從之。

元帝本紀：建武元年春三月，立宗廟、社稷於建康。

禮志：元帝建武元年，又依洛京立二社一稷。其太社之祝曰：「地德普施，惠存無疆。乃建太社，保佑萬方。悠悠四海，咸賴嘉祥。」其帝社之祝曰：「坤德厚載，邦畿是保。乃建帝社，以神地道。明祀惟辰，景福來造。」

晉殷仲堪合社文　里社之由來尚矣！今二三宗親，思桑梓之遺風，遵先聖之明誥，絜齊牲牢，庶乎自祐，以來一日之澤。然三人之行，必有其師。故復選中正，立三老者，惟公理以御衆，稽舊章以作憲。

王廙春社樂頌　吉辰兮上戊，明靈兮唯社。百室兮畢集，祈祭兮樹下。濯茆兮菹韮〔一〕，齧蒜兮擗鮓〔二〕。縹醪兮浮蟻，交觴兮並坐。氣和兮體適，心怡兮志可。

右晉社稷

〔一〕「茆」，諸本作「卯」，據先秦漢魏晉南北朝詩晉詩卷一一改。
〔二〕「蒜」，諸本作「菻」，據先秦漢魏晉南北朝詩晉詩卷一一改。

宋齊社稷

宋書禮志：祀太社、帝社、太稷，常以歲二月、八月二社日祀之。太祝令夕牲進熟，如郊廟儀。司空、太常、大司農三獻也。官有其注，周禮，王親祭，漢以來，有司行事。

通典：宋仍晉舊，無所改作。

宋何承天社頌　余以永初三年八月大社，聊爲此文。社實陰祇〔一〕，稷爲穀先。率育萬類，協靈昊乾。霸德方將，世號共工。厥有才子，實曰勾龍。稱物平賦，百姓熙雍。唐堯救災，決河流江。棄亦播殖，作乂萬邦。克配二祀〔二〕，以報勳庸。勳庸伊何，厚載生民。倉廩既實，禮節斯行。人亦有言，因物思人。矧乃大德，功彼陶鈞。豈伊百世，萬代不泯。蒸哉帝王，肇建皇極。體國經野，設官分職。峨峨二社，剖榦比殖。歲云其秋，晷漏均程。牲牢既潔，嘉薦惟馨。乃家乃國，是奉是尊。

南齊書禮志：永明元年十二月，有司奏：「今月三日，臘祀太社稷。一日合朔，日

〔一〕「社實」，諸本作「實唯」，據全上古三代秦漢三國六朝文全宋文卷二四改。
〔二〕「二祀」，原作「三祀」，據味經窩本、乾隆本、光緒本、全上古三代秦漢三國六朝文全宋文卷二四改。

蝕既在致齋内，未審於社祀無疑不。曹檢未有前准。」尚書令王儉議：「禮記曾子問天子嘗禘郊社五祀之祭，簠簋既陳，惟大喪乃廢。至於當祭之日，火、日蝕則停。尋伐鼓用牲，由來尚矣。而簠簋初陳，問所不及。據此而言，致齋初日，仍值薄蝕，則不應廢祭。又初平四年，士孫瑞議以日蝕廢社而不廢郊，朝議從之。王者父天親地，郊社不殊，此則前准，爲不宜廢。」詔可。

永明十一年，兼祠部郎何佟之議：「案禮記郊特牲『社祭土而主陰氣也，君南向於北墉下，答陰之義也』。鄭玄云：『答，猶對也。北墉，社内北牆也。』王肅云：『陰氣北向，故君南向以答之。答之爲言，是相對之稱。』知古祭社，北向設位，齋官南向明矣。近代相承，帝社南向，太社及稷並東向，而齋官位在帝社壇北，西向，於神位後行禮。又名稷爲稷社，甚乖禮意。及未知失在何時，原此禮當未久。竊以皇齊改物，禮樂維新，中國之神，莫貴於社，若遂仍前謬，懼虧盛典。謂二社，語其義則殊，論其神則一，位並宜北向。稷若北向，則成相背。稷是百穀之總神，非陰氣之主，宜依先東向。齋官在社壇東北，南向立，東爲上，諸執事西向立，南爲上。稷依禮無兼稱，今若欲尊崇，正可名爲太稷耳，豈得謂爲稷社耶？臘祀太社日近，案奏事御，改定儀注。」

儀曹稱治禮學士議曰：「郊特牲又云：『君之南向，答陽也；臣之北向，答君也。』若以陽氣在南，則位應向北，陰氣在北，則位宜向南。今南北二郊，一限南向，皇帝奠幣、黑瓚階東西向，故知壇墠無繫於陰陽，設位寧拘於南北。群臣小祀，類皆限南面，薦享之時，北向行禮，蓋欲申靈祇之尊，表求幽之義。魏世秦靜使社稷别營，稱自漢以來，相承南向。漢之於周，世代未遠，鄗上頹基，商丘餘樹，猶應尚存，迷方失位，未至於此，通儒達識，不以爲非。庾蔚之昔已有此議，後徐爰、周景遠並不同，仍舊不改。」佟之議：「來難引君南向答陽，臣北向答君。敢問答之爲言，爲是相對，爲是相背？相背則社位南向，君亦南向，可如來議。郊特牲云『臣之北向答君』。復是君背臣。今言君南臣北，向相稱答，則君南不得稱答矣，記何得云祭社君南向以答陰邪？社果同向，則君亦宜西向，何故在社南向，在郊西向邪？解則不然，記云『君之南向答陽』，此明朝會之時，盛陽在南，故君南向對之，猶聖人南面而聽，向明而治之義耳，寧是祈祀天地之日乎？知祭社北向，君答故南向，祀天南向，君答宜北向矣。今皇帝黑瓚階東西向者，斯蓋始入之別位，非接對之時也。案記云『社所以神地之道也』，又云『社祭土而主陰氣』，又云『不用命，戮於社』。孔安國云：『社主陰，陰主殺。』傳曰：『日蝕，伐鼓於社。』杜預云：『責群陰也。』社主陰氣之盛，故北向設位，以本其義耳。餘祀雖亦地祇之貴，而不主此義，故位向不同。不得見餘陰祀不北向，便謂社應南向也。案周禮祭社南向，君求幽，宜北向。而記云君南向，答陰之義，求幽之論不乖歟？魏權漢社，社稷同營共門，稷壇在社壇北，非古制。後移宫南，自當如禮〔一〕。如静此言，乃是顯漢社失周法，見漢世舊事。爾時祭社南向，未審出何史籍。就如議者静所言，是祭社位向仍漢舊法，漢又襲周成規，因而不改者，則社稷三座，並應南向，今何改帝社南向，泰社及稷並東向邪？」治禮又難佟之，凡三往反。至建武二年，有司議：「治禮無的然顯據。」佟之議乃行。

蕙田案：郊特牲君南向以答陰，則社北向可知。以爲社稷並南向固非，以爲社南向、稷東向，是以稷爲社之配位矣，勾龍、后稷之配，更宜何向耶？佟之駁稷社名得之，治禮解臣北向答君，非是。祈祀天地之日，亦是也。

右宋齊社稷

〔一〕「如禮」，諸本脱，據南齊書禮志上校勘記補。

梁社稷

隋書禮儀志：梁社稷在太廟西，其初蓋晉元帝建武元年所創，有太社、帝社、太稷，凡三壇。門牆並隨其方色。每以仲春、仲秋，並令郡國縣祠社稷、先農，縣又兼祀靈星、風伯、雨師之屬。及臘，又各祀社稷於壇。百姓則二十五家爲一社，其舊社及人稀者，不限其家。春秋祠，水旱禱祈，祠具隨其豐約。

蕙田案：梁社稷壇承晉制，仲春、仲秋祠之，郡國各有祠也。

舊太社，廩犧吏牽牲，司農省牲，太祝吏贊牲。天監四年，明山賓議，以爲：「案郊廟省牲日，則廩犧令牽牲，太祝令贊牲。祭之日，則太尉牽牲。郊特牲云『社者神地之道』，國主社稷，義實爲重。今公卿貴臣，親執盛禮〔一〕，而令微吏牽牲，頗爲輕末。且司農省牲，又非其義，太常禮官，實當斯職。禮，祭社稷無親事牽之文。謂宜以太常省牲，廩犧令牽牲，太祝令贊牲。」帝惟以太祝贊牲爲疑，又以司農省牲，於理似傷，犧吏執紖，即事誠卑。議以太常丞牽牲，餘依明議。於是遂定。大同初，又加官社、

〔一〕「禮」，諸本脱，據隋書禮儀志二補。

官稷，并前爲五壇焉。

右梁社稷

陳社稷

隋書禮儀志：陳制皆依梁舊。而帝社以三牲首，餘以骨體。薦粢盛爲六飯：粳以敦，稻以牟，黄粱以簠，白粱以簋，黍以瑚，粢以璉。通典：其儀本之齊制。敦音對。

陳書高祖本紀：永定三年六月丁酉，高祖不豫，遣兼太宰、中書令謝哲告太社。

隋書禮儀志：陳宣帝大建中，議從雙祀崑崙皇地示位，神州位在青陛之北甲寅地。社在赤陛之西未地，稷位白陛之南庚地。

右陳社稷

北魏社稷

北魏書太祖本紀：天興元年七月，遷都平城，始營宫室，建宗廟，立社稷。十有一月辛亥，詔儀曹郎中董謐撰郊廟、社稷之儀。

禮志：天興二年冬十月，置太社、太稷、帝社於宗廟之右，爲方壇，四陛。祀以二月、八月，用戊，皆太牢。句龍配社，周棄配稷，皆有司侍祠。

劉芳傳：芳以社稷無樹，又上疏曰：「依合朔儀注：日有變，以朱絲爲繩，以繞係社樹三匝。而今無樹。又周禮司徒職云：『設其社稷之壝，而樹之田主，各以其社之所宜木。』鄭玄注云：『所宜木，謂若松柏栗也。』此其一證也。又小司徒封人職云：『掌設王之社壝，爲畿封而樹之。』鄭玄云：『不言稷者，王主於社，稷，社之細也。』此其二證也。又論語曰：『哀公問社於宰我，宰我對曰：夏后氏以松，殷人以柏，周人以栗。』是乃土地之所宜也。此其三證也。又白虎通云：『社稷所以有樹，何也？尊而識之也，使民望見即敬之，又所以表功也。』案此正解所以有樹之義，了不論有之與無也。此其四證也。此云『社稷所以有樹何』，然則稷亦有樹明矣。又五經通義云：『天子太社、王社，諸侯國社、侯社。制度奈何？曰：社皆有垣無屋，樹其中以木，有木者土，主生萬物，萬物善於木，故樹木也。』此其五證也。此最其丁寧備解有樹之意也。又五經要義云：『社必樹之以木。周禮司徒職曰：班社而樹之，各以土地所生。尚書無逸篇曰：太社唯松，東社唯柏，南社唯梓，西社唯栗，北社唯槐。』此其六證也。此又太社及四方皆有樹別之明據也。又見諸家禮圖，社稷圖皆畫爲樹，惟誡社、誡稷無樹。此其七證也。雖辯有樹之據，猶未正所植之木。案『夏后氏以松，殷人以柏，周人以栗』，便是世代不同。而尚書無逸篇則云『太社惟松，東社惟柏，南社惟梓，西社惟栗，北社惟槐』，如此，便以一代之中，而五社各異也。愚以爲宜植以松。何以言之？逸書云『太社惟松』，今者植松，不慮失禮。惟稷無成證，乃社之細，蓋亦不離松也。」世宗從之〔一〕。

高祖本紀：孝文帝太和二十三年春正月戊戌〔二〕，車駕至自鄴。庚子，告廟社。

禮志：天平四年四月，七帝神主既遷於太廟，太社石主將遷於社宮。禮官云應用幣。中書侍郎裴伯茂時爲祖祀文，伯茂據故事，太和中遷社宮，高祖用牲不用幣，遂以奏聞。於是議者或引大戴禮，遷廟用幣，今遷社宜不殊。伯茂據尚書召誥，應用牲。詔遂從之。

右北魏社稷

〔一〕「世宗」，諸本作「世祖」，據魏書劉芳傳改。
〔二〕「戊戌」，諸本作「戊辰」，據魏書高祖本紀改。

北齊社稷

隋書禮儀志：後齊立太社、帝社、太稷三壇於國右。每仲春、仲秋月之元辰及臘，各以一太牢祭焉。皇帝親祭，則司農卿省牲進熟，司空亞獻，司農終獻。

右北齊社稷

北周社稷

周書孝閔帝本紀：元年春正月甲辰，祠太社。二月戊寅，祠太社。八月戊辰，祠太社。

隋書禮儀志：後周社稷，皇帝親祀，則冢宰亞獻，宗伯終獻。

通典：後周立社稷於左。

明帝本紀：元年冬十月甲午，祠太社。

武帝本紀：保定元年春正月乙卯，祠太社。

右北周社稷

隋社稷

隋書高祖本紀：開皇元年二月甲子〔一〕，即皇帝位，丙寅，修廟社。

禮儀志：開皇初，社稷並列於含光門内之右，仲春、仲秋吉戊，各以一太牢祭焉。牲色用黑。孟冬下亥，又臘祭之。州郡縣二仲月，並以少牢祭，百姓亦各爲社。

高祖本紀：開皇三年秋八月戊子，上有事於太社。七年十一月甲午，幸馮翊，親祠故社。父老對詔失旨，上大怒，免其縣官而去。

禮儀志：大業七年，征遼東，煬帝遣諸將於薊城南桑乾河上築社稷二壇，設方壝，行宜社禮。帝齋於臨朔宮懷芳殿，預告官及侍從各齋於其所。十二衛士並齋。帝衮冕玉輅，備法駕。禮畢，御金輅，服通天冠，還宮。

樂志：社稷歌辭四首：迎送神、登歌，與方丘同。

春祈社，奏諴夏辭　厚地開靈，方壇崇祀。達以風露，樹之松梓。勾萌既甲，芟柞伊始。恭祈粢盛，載膺休祉。

〔一〕「元年」，原作「二年」，據味經窩本、乾隆本、光緒本、隋書高祖本紀改。

春祈稷，奏諴夏辭　粒食興教，播厥有先。尊神致絜，報本惟虔。瞻榆束耒，望杏開田。方憑戩福，佇詠豐年。

秋報社，奏諴夏辭　北墉申禮，單出表誠。豐犧入薦，華樂在庭。原隰既平，泉流又清。如雲已望，高廩斯盈。

秋報稷，奏諴夏辭　人天務急，農亦勤止。或蓘或蔍，惟䵚惟芑。涼風戒時，歲云秋矣。物成則報，功施必祀。

右隋社稷

唐社稷

舊唐書高祖本紀：武德九年二月戊寅，親祠社稷。

禮儀志：武德、貞觀之制，仲春、仲秋二時戊日，祭大社、大稷，社以勾龍配，稷以后稷配，社稷各用太牢一，牲色並黑，籩、豆、簠、簋各二，鉶、俎各三。季冬蜡之明日，又祭社稷於社宫，如春秋二仲之禮。

通典：唐社稷，亦在含光門内之右。

册府元龜：武德九年正月丙子，詔曰：「厚地載物，社主其祭，嘉穀養民，稷惟元祀。列聖垂範，昔王通訓，建邦正位，莫此爲先。爰暨都邑，建於州里，率土之濱，咸極莊敬。所以勸農務本，修始報功，敦序教義，整密風俗。末代澆浮，祀典虧替，時逢喪亂，仁惠弛薄，壇壝闕昭備之禮，鄉閭無紀合之訓。朕握圖受曆，菲食卑宮，奉珪璧以尊嚴，潔粢盛而禋燎。尚想躬稼，厲精治本，永言享祀，宜存億紀。是以吉日惟戊，親祀大社，率從百僚，以祈九穀。今既南畝俶載，東作方興，州縣致祀，宜盡祗肅。四方之民，咸勤殖藝，隨其性類，命爲宗社。京邑庶士，臺省群官，里閈相從，共遵社法，以時供祀，各申祈報。兼行宴醑之義，用洽鄉黨之歡，且立節文，明爲典制，進退俯仰，登降折旋，明加誨厲，遞相勸獎，齊之以禮，有恥且格。布告天下，即宜遵用。」戊寅，親祀社稷。

通典：唐初，爲帝社，亦曰籍田壇。貞觀三年，太宗將親耕，給事中孔穎達議曰：「禮，天子藉田南郊，諸侯東郊，晉武帝猶東南。今帝社乃東壇，未合於古。」太宗曰：「書稱『平秩東作』，而青輅黛耜，順春氣也。吾方位少陽，田宜於東郊。」乃耕於東郊。

舊唐書高宗本紀：咸亨五年五月己未，詔：「春秋二社，本以祈農，如聞此外别爲邑會。此後除二社外，不得聚集，有司嚴加禁止。」

唐書武后本紀：長壽元年九月，大赦，改元。改用九月社。

中宗本紀：神龍元年五月乙酉，立太廟、社稷於東都。

禮樂志：先農，唐初爲帝社，亦曰籍田壇。垂拱中，武后籍田壇曰先農壇。神龍元年，禮部尚書祝欽明議曰：「周頌載芟：『春藉田而祈社稷。』禮：『天子爲籍千畝，諸侯百畝。』則緣田爲社，曰王社、侯社。今曰先農，失王社之義，宜正名爲帝社。」太常少卿韋叔夏、博士張齊賢等議曰：「祭法，王者立太社，然後立王社，所置之地，則無傳也。漢興已有官社，未立官稷，乃立於官社之後，以夏禹配官社，以后稷配官稷。臣瓚曰：『高紀，立漢社稷，所謂太社也。官社配以禹，所謂王社也。至光武乃不立官稷，相承至今。』魏以官社爲帝社，故摯虞謂魏氏故事立太社是也。晉或廢或置，皆無處所。或曰二社並處，而王社居西。崔氏、皇甫氏皆曰王社在藉田。案衛宏漢儀『春始東耕於籍田，引詩先農，則神農也』。又五經要義曰：『壇於田，以祀先農如社。』魏秦靜議風伯、雨師、靈星、先農、社、稷爲國六神。晉太始四年，耕於東郊，以太牢祀先農。周、隋舊儀及國朝先農皆祭神農於帝社，配以后稷。則王社、先農不可一也。今宜於藉田立帝社、帝稷，配以禹、棄，則先農、帝社並祠，叶於周之載芟之義。」欽明又議曰：「藉田之祭本王社。古之祀先農，勾龍、后稷也。烈山之子亦謂之農，而周棄繼之，皆祀爲稷。共工之子曰后土〔一〕，湯勝夏，欲遷而不可。故二神，社、稷主也。黄帝以降，不以羲、農列常祀，豈社、稷而祭神農乎？社、稷之祭，不取神農耒耜大功，而專於共工、烈山，蓋以三皇洪荒之迹，無取爲教。彼秦靜何人，而知社稷、先農爲二，而藉田有二壇乎？先農、王社一也，皆后稷、勾龍異名而分祭，牲以四牢。」欽明又言：「漢祀禹，謬也。今欲正王社、先農之號而未決，乃更加二祀，不可。」叔夏、齊賢等乃奏言：「經無先農，禮曰『王自爲立社，曰王社』。先儒以爲在籍田也。永徽中猶曰籍田，垂拱後乃爲先農。然則先農與社一神，今先農壇請改曰帝社壇，以合古王社之義。其祭，準令以孟春吉亥祠后土，以勾龍氏配。」於是爲帝社壇，又立帝稷壇於西，如太社、太稷，而不設方色，以異於太社。

〔一〕「后土」，原作「后稷」，據味經窩本、乾隆本、光緒本、新唐書禮樂志四改。

蕙田案：社在籍田，本無明據。唐始以帝社爲籍田壇，繼以籍田爲先農壇，合社與先農而一之，謬矣。叔夏等又欲合先農、帝社並祠而爲二壇，尤謬矣。後乃改先農之名，而曰帝社，稍爲得之。然立社於籍田，而奪先農之祀，終非禮也。

張齊賢傳：齊賢遷博士。時東都置大社，禮部尚書祝欽明問禮官博士：「周家田主用所宜木，今社主石，奈何？」齊賢與太常少卿韋叔夏、國子司業郭山惲、尹知章等議：「春秋『君以軍行，祓社釁鼓，祝奉以從』。故曰：『不用命，戮於社。』社稷主用石，以可奉而行也。崔靈恩曰：『社主用石，以地産最實歟？』吕氏春秋言『殷人社用石』。後魏天平中，遷太社石主，其來尚矣。周之田主用所宜木，其民間之社歟？非太社也。」於是舊主長尺有六寸，方尺七寸，問博士云何，齊賢等議「社主之制，禮無傳。天子親征，載以行，則非過重。禮『社祭土，主陰氣』。韓詩外傳：『天子太社方五丈〔一〕，諸侯半之。』五，土數。社主宜長五尺，以準數五；方二尺，以準陰偶；剡其上，以象物生；方其下，以象地體；埋半土中，本末均也。請度以古尺」云。又問：「社稷

〔一〕「太社」，原作「社祭」，據味經窩本、乾隆本、光緒本、新唐書張齊賢傳改。

壇隨四方用色，而中不數尺，冒黄土，謂何？」齊賢等曰：「天子太社，度廣五丈〔一〕，分四方，上冒黄土，象王者覆被四方，然則當以黄土覆壇上。舊壇上不數尺，覆被之狹，乖於古。」於是以方色飾壇四面及陛，而黄土全覆上焉。祭牲皆太牢，其後改先農曰帝社，又立帝稷，皆齊賢等參定。

舊唐書禮儀志：起居舍人王仲丘撰成一百五十卷，名曰大唐開元禮。二十年九月，頒所司行用焉。以社稷、帝社爲中祀，州縣之社稷爲小祀。

唐書禮樂志：社稷之壇，廣五丈，以五土爲之。社以后土、稷以后稷配。以太罍實醍齊，著尊實盎齊，皆二；山罍一。州縣之社稷以象尊二實醍齊，以兩圭有邸，幣以黑；小祀幣以白。籩豆皆十，簠二、簋二、鉶三、俎三。州縣祭，籩豆皆八，簠二、簋二、俎三。春秋祭，牲皆太牢，以黑。孟春祭帝社及配坐，籩豆皆十，簠二、簋二、㲉三、鉶三、俎三。

開元禮：仲春、仲秋上戊，祭太社、太稷。舊樂用姑洗之均，三變。社稷之祀，於

〔一〕「五丈」，諸本作「五尺」，據新唐書張齊賢傳改。

禮爲尊，豈同丘陵，止用三變？合依地祇，用函鍾之均、八變之樂。

皇帝仲春、仲秋上戊，祭太社、太稷儀。攝事附。

齊戒如方丘儀。

陳設　前祭三日，尚舍直長施大次於社宮西門之外道北，南向。尚舍奉御鋪御座。衛尉設文武侍臣次於大次之後，文官在左，武官在右，俱南向。設諸祭官次於齋坊之内，攝事，無設大次儀，但守臣設祭官次。三師於北門之外道西〔一〕，諸王於三師之北，俱東向，南上。文官從一品以下、九品以上於齋坊南門之外，重行，東向，北上。介公、酅公于北門之外道東，西向，以南爲上。諸州使人，東方、南方於諸王西北，東面，西方、北方于介公、酅公東北，西面，重行〔二〕，俱南上。武官三品以下、九品以上于東門之外道北，南向，以西爲上。諸國之客于東門之外，東方、南方于武官東北，南向，西方、北方于道南，北向，俱以西爲上。攝事，無三師以下至此儀。前祭二日，太樂令設宮縣

〔一〕「道西」，諸本脱，據通典卷一一三、開元禮卷三三補。

〔二〕「西面重行」四字，諸本脱，據通典卷一一三、開元禮卷三三補。

之樂于壇北，東方、西方磬簴起南，鍾簴次之；南方、北方磬簴起東，鍾簴次之；設十二鎛鍾于編懸之間，各依辰位；樹靈鼓于南懸之内道之左右，植建鼓于四隅，置柷敔于懸内；柷在左，敔在右。設歌鍾、歌磬各于壇上近北，南向，皆磬簴在東，鍾簴在西〔一〕；其匏竹者各立于壇下，重行〔二〕，南向，相對爲首；凡縣，皆展而編之。諸工人各位于懸後，東方、西方以南爲上，南方、北方以東爲上。右校清掃内外，又爲瘞埳二於南門之内，於稷壇西南，攝事，爲埋坎二于樂縣之北。方深取足容物，北出陛。前祭一日，奉禮設御位北方之内〔三〕，當社稷壇北，南向。將祭，奉禮郎一人守之，在版位東北立五步所，南向。又設望瘞位西門之内，當瘞埳，南向。攝事，無御位以下至此儀。設祭官公卿位於西門之内道北，執事位于其後，少退〔四〕，每等異位，俱重行，東面，以南爲上。設御史位於壇上，正位于太社壇東北隅，西向，副位于太稷壇西北隅，東向。攝事，令史陪後。設奉禮位于樂

〔一〕「在東鍾簴」四字，諸本脱，據通典卷一一三、開元禮卷三三補。
〔二〕「重行」，諸本脱，據通典卷一一三、開元禮卷三三補。
〔三〕「御」，諸本脱，據通典卷一一三、開元禮卷三三補。
〔四〕「少退」，諸本作「少北」，據通典卷一一三、開元禮卷三三改。

縣西北，贊者二人在北，差退，俱東面，南上。又設奉禮、贊者位于瘞埳西北，東向，北上。攝事，無奉禮位。設協律郎位各於壇之上東北隅，俱西向。設太樂令位于南縣之間〔一〕，南向；設祭官位、三師位于北門之内道西，諸王位於三師之西〔二〕，俱南面，東上。設介公、酅公位于道東，南面，西上。文官從一品以下、九品以上位于執事北，每等異位，俱重行，東向。武官三品以下、九品以上位于東方，值文官，每等異位，重行，西向，皆以南爲上。諸州使人位，東方、南方于北門之内道西，于諸王西北，重行，南向，以東爲上；西方、北方于道東，于介公、酅公東北，重行，南向，以西爲上。諸蕃客位于北門之内，東方、南方于諸州使人之西〔三〕，每國異位，重行，南向，以東爲上；西方、北方於諸州使人之東，每國異位，俱重行，南向，以西爲上。設門外位，祭官公卿以下皆于西門之外道南，每等異位，重行，北向，以東爲上。三師位于北門之外道西，諸王于三師之北，俱東向。介公、酅公位于道東，西向，皆以南爲上。文官從一品以下、九品

〔一〕「間」，諸本作「門」，據通典卷一一三、開元禮卷三三改。
〔二〕「諸王位於三師之西」八字，諸本脱，據通典卷一一三、開元禮卷三三補。
〔三〕「于」，諸本脱，據通典卷一一三補。

以上位西門之外、祭官之南，每等異位，重行，北向，以東爲上。武官三品以下、九品以上位于東門之外道北，每等異位，重行，南向，以西爲上。諸州使人位，東方、南方于諸王西北，重行，東向，西方、北方於介公、酅公東北，西向，俱南上。設諸國客位，東方、南方于武官東北，每國異位，俱重行，南向；西方、北方於道南，每國異位，重行，北向，皆以西爲上。攝事，無三師北門内位至此儀，但設祭官門外之位。設酒罇之位，太社大罇二，著罇二，罍二，壇上西北隅，南向。設后土氏象罇二，著罇二，罍二，于太社酒罇之西，俱南向，東上，各置于坫，皆加勺、冪。爵皆置于罇下。設太稷、后稷酒罇于其壇上，如太社、后土之儀〔一〕。設御洗各于太社、太稷壇之西北，南向。亞獻之洗，又各于西北，南向，俱罍水在洗西，篚在洗東，北肆。篚實以巾、爵。執罇罍篚冪者位于罇罍篚冪之後，各設玉幣之篚于壇上罇坫之所。晡後，謁者引光禄卿詣厨，省譔具。訖，還齋所。祭日，未明十刻，太官令帥宰人以鑾刀割牲，祝史以豆取毛血，攝事，齋郎取毛血。置于饌所，遂烹牲。牲皆用黝。未明五刻，太史令、郊社令各服其服升，設太社、太稷神座

〔一〕「后土」，原作「后稷」，據味經窩本、乾隆本、光緒本、通典卷一一三改。

各于壇上近南，北向；設后土氏于太社神座之右，后稷氏于太稷神座之左，俱東向，席皆以莞，設神座各于座首。

鑾駕出宫如方丘之儀。

奠玉帛　祭日，未明三刻，諸祭官各服其服。郊社令、良醖令各帥其屬入實罇罍、玉幣。大罇爲上，實以醴齊；著罇次之，實以盎齊；罍爲下，實以清酒〔一〕。配座之罇亦如之，齊加明水，酒加玄酒，各實于上罇。禮神之玉，太社、太稷兩圭有邸，幣色各以玄。太官令帥進饌者實諸籩豆簠簋，皆設於神厨。未明二刻，奉禮帥贊者先入就位。贊引引御史、諸太祝及令史、祝史與執尊罍篚冪者，入自西門，當太社壇北，重行，南面，以東爲上，凡引導者，每曲一逡巡。立定，奉禮曰「再拜」，贊者承傳，凡奉禮有詞，贊者皆承傳。御史以下皆再拜。訖，執罇者各升自西陛，立于罇所。執罍洗篚冪者各就位。贊引引御史、諸太祝詣太社壇西陛升，行掃除于上，令史、祝史行掃除于下，降，又詣太稷壇行掃除，如太社之儀。訖，各引就位。駕將至，謁者、贊引各引祭官，通事舍人分引從祭群官、客使先置者俱

〔一〕「酒」，諸本作「酌」，據通典卷一一三改。

就門外位〔一〕。駕至大次門外，迴輅，南向，將軍降立于輅右，侍中進當鑾駕前，跪，奏稱「侍中臣某奏，請降輅」。俯伏，興，還侍立。皇帝降輅，之大次。謁者引文武五品以上從祭群官皆就門外立。攝事，謁者、贊引引祭官各就位。無駕將至至此儀。太樂令帥工人二舞次入就位，文舞入陳于懸内，武舞立于懸北道東。謁者引司空入就位，立定，奉禮曰「再拜」，司空再拜。訖，謁者引司空詣壇西陛升，行掃除于上，升稷壇亦如之。訖，降，行樂懸于下〔二〕。訖，引就門外位。皇帝停大次半刻頃，謁者、贊引各引祭官，通事舍人分引從祭文武群官、介公、酅公、諸國客使先入就位，太常博士引太常卿立于大次門外，當門，北向。侍中版奏「外辦」，皇帝服繡冕出次〔三〕，華蓋、侍衛如常儀。侍中負璽，陪從如式。博士引太常卿，太常卿引皇帝，凡太常卿前導，皆博士前引。至社宮西門外，殿中監進大圭，尚衣奉御又以鎮圭授殿中監，受，進，皇帝搢大圭，執鎮圭，華蓋、侍衛停于門外，近侍者從入，如常儀。謁者引禮部尚書、太常少卿陪從如常。皇帝至

〔一〕「先置者」三字，諸本脱，據通典卷一一三補。
〔二〕「下」，諸本作「上」，據通典卷一一三、開元禮卷三三改。
〔三〕「出」，諸本脱，據通典卷一一三補。

版位，南向立，每立定，太常卿與博士退立于左。謁者、贊引各引祭官次入就位。立定，太常卿前奏稱「請再拜」，退，復位，皇帝再拜。奉禮曰「衆官再拜」，在位者皆再拜，其先拜者不拜。太常卿前奏「有司謹具，請行事」，退，復位。攝事，謁者白太尉，下倣此。協律郎跪，俯伏，舉麾，凡取物者，跪，俯伏，取以興，奠物，則奠訖俯伏而後興。鼓柷，奏順和之樂，乃以函鍾爲均，文舞八成，偃麾，戞敔，樂止。凡樂，皆協律郎舉麾，工鼓柷而後作，偃麾，戞敔而後止。太常卿前奏稱「請再拜」，退，復位，皇帝再拜。奉禮曰「衆官再拜」，在位者皆再拜。諸太祝俱取玉幣于篚，各立于罇所。太常卿引皇帝，太和之樂作。皇帝每行，皆作太和之樂。皇帝詣太社壇，升自北陛。侍中、中書令下及左右侍衛、量人從升，以下皆如之。皇帝升壇上，南向立，樂止。太祝加玉于幣，以授侍中。侍中奉玉幣西向進，皇帝搢鎮圭，受玉幣。凡受物，皆搢鎮圭，奠訖，執圭，俯伏，興。登歌作肅和之樂，乃以應鍾之均。太常卿引皇帝進，南向跪，奠于太社神座，俯伏，興。太常卿引皇帝少退，南向，再拜。太常卿引皇帝立于東方，西向，太祝以幣授侍中，侍中奉幣，南向進，皇帝受幣。太常卿引皇帝進，西向跪，奠于后土氏神座，俯伏，興。太常卿引皇帝少退，西向，再拜，訖，登歌止。太常卿引皇帝降自北陛，樂作。太常卿引皇帝詣太稷壇，升自北陛，南向立，樂止。太祝加玉于幣，以授侍中，侍中奉玉帛，西向進，皇帝受玉帛，登歌作，太常卿引皇帝進，南向跪，奠于太稷神座，俯伏，興。太常卿引皇帝少退，南向，再拜，訖，太常卿引皇帝立于東方，西向。又太祝以幣授侍中，侍中奉幣，南向進，皇帝受幣，登歌作，太常卿引皇帝進，奠于后稷氏神座，俯伏，興。太常卿引皇帝少退，西向，再拜，訖，登歌止。太常卿引皇帝降自北陛，樂作。皇帝還版位，南向立，樂止。初，群官拜訖，祝史各奉毛血之豆立于門外，登歌止。祝史奉毛血入，各由其陛升，諸太祝迎取于壇上，俱進，奠于神座前。諸太祝與祝史退立于罇所。

進熟〔一〕　皇帝既升，奠玉帛，太官令出，帥進饌者奉饌，陳於西門外。謁者引司徒出，詣饌所。司徒奉太社之俎，初，皇帝既至位，樂止。太官令引饌入，太社、太稷之饌入自正門，配座之饌入自左闥。俎初入門，雍和之樂作，以太蔟之均。饌至陛，樂止。祝史各進徹毛血之豆，降自西陛以出。太社、太稷之饌升自北陛，配座之饌升自西陛，諸太祝迎引于壇上，各設于神座前。籩豆蓋冪先徹，乃升簠簋，奠訖，却其蓋于下。設訖，謁者引司徒以

〔一〕「進熟」，原作「遂進熟食」，據味經窩本、乾隆本、光緒本、通典卷一一三改。

下降自西陛，復位，諸太祝還罇所。太常卿引皇帝詣罍洗，樂作，其盥洗之儀，並如圜丘。太常卿引皇帝，樂作，皇帝詣太社壇，升自北陛，樂止。謁者引司徒升自西陛，立于罇所。齋郎奉俎從升，立于司徒之後。太常卿引皇帝詣太社酒罇所，執罇者舉冪，侍中贊酌醴齊，壽和之樂作。皇帝每酌獻及飲福，皆作壽和之樂。太常卿引皇帝進太社神座前，南面跪，奠爵，俯伏，興。太常卿引皇帝少退，南向立，樂止。太祝持版進于神座之右，西面跪，讀祝文曰：「維某年歲次月朔日，子嗣天子某，攝事云「謹遣太尉封臣名」，下同。敢昭告于太社：維神德兼博厚，道著方直，載生品物，含弘庶類。謹因仲秋仲春，祗率常禮，敬以玉帛、一元大武、柔毛、剛鬣、明粢、薌合、薌萁、嘉蔬、嘉薦、醴齊，備茲煙瘞，用伸報本，以后土勾龍氏，配神作主，尚享。」興，皇帝再拜。初，讀祝文訖，樂作，太祝進奠版于神座前，還罇所。皇帝拜，訖，樂止。太常卿引皇帝詣后土氏酒罇所，執罇者舉冪，侍中取爵于坫，進，皇帝受爵，侍中贊酌醴齊，樂作。太常卿引皇帝進后土氏神座前，西向跪，奠爵，俯伏，興。太常卿引皇帝少退，西向立，太祝持版進于神座之左，南面跪，讀祝文曰：「維某年歲次月朔日，子開元神武皇帝某，敢昭告于后土氏：爰茲仲春仲秋，揆日惟吉，恭修常祀，薦於太社。唯神功著水土，平易九州，昭配之義，實唯通典。謹以制幣、一元大武、柔毛、剛鬣、明粢、薌合、薌萁、嘉薦、醴齊，陳于表位，作主侑神，尚享。」訖，興，皇帝再拜。初，讀祝文訖，樂作，太祝進奠版于神座前，還罇所。皇帝拜，訖，樂止。太常卿引皇帝進太社神位前，南向立，樂作。太祝各以爵酌上尊福酒，合置一爵，訖，太祝持爵授侍中，侍中受爵，東向進，皇帝拜受爵，跪，祭酒，啐酒，奠爵，俯伏，興。太祝帥齋郎進俎，太祝減大社神座前三牲胙肉，各置一俎上。太祝以俎授司徒，司徒持俎，東向，以次進皇帝，每受以授左右。皇帝跪，取爵，遂飲，卒爵。侍中進受爵，以授太祝，太祝受爵，復于坫。皇帝俯伏，興，再拜，樂止。太常卿引皇帝，樂作，皇帝降自北陛，詣罍洗，樂止。謁者引司徒降壇西陛以從，皇帝至罍洗，盥手，洗爵。侍中、黄門侍郎贊洗如常，訖，太常卿引皇帝，樂作。皇帝詣太稷壇，升自北陛，樂止。謁者引三公，三公與齊郎奉俎，升自西陛，立於罇所。皇帝詣太稷酒罇所，執罇者舉冪，侍中贊酌醴齊，樂作。太常卿引皇帝進太稷神座前，南向跪，奠爵，俯伏，興。太常卿引皇帝少退，南向立，樂止。太祝持版進于神座之右，西向跪〔二〕，讀祝文曰：「維某年歲次月朔日，子嗣天子某，敢昭告於太稷：唯神

〔二〕「右西」，原誤倒，據味經窩本、乾隆本、光緒本、通典卷一一三乙正。

播生百穀，首兹八政，用而不匱，功濟氓黎。恭以玉帛、一元大武、柔毛、剛鬣、明粢、薌萁、薌合、嘉薦、醴齊，式陳瘞祭，備修常禮，以后稷棄配神作主，尚享。」訖，皇帝再拜。初讀祝文訖〔一〕，樂作。太祝進奠版于神座，還罇所。皇帝拜，訖，樂止。太常卿引皇帝詣后稷氏酒罇所，執罇者舉冪，侍中取爵于坫，進，皇帝受爵，侍中贊酌醴齊，樂作。太常卿引皇帝詣后稷氏神座前，西向跪，奠爵，俛伏，興。太常卿引皇帝少退，西向立，樂止。太祝持版進於神座之左，南面跪，讀祝文曰：「維某年歲次月朔日，子開元神武皇帝某，敢昭告於后稷氏：爰以仲春，式揀吉辰，敬修常禮，薦於太稷。唯神功叶稼穡，闡修農政，允兹從祀。用率舊章，謹以制幣、一元大武、柔毛、剛鬣、明粢、薌合、薌萁、嘉薦、醴齊，陳於表位，作主配神，尚享。」訖，興，皇帝再拜。初，讀祝文訖，樂作。太祝進奠版于神座前，還罇所。皇帝拜，訖，樂止。太常卿引皇帝進太稷神座前，南向立，樂作，皇帝飲福受胙，如太社之儀，訖，樂止。太常卿引皇帝，樂作，皇帝降自北陛，還版位，南向立，樂止。謁者引司徒降自西陛，復位。文舞出，鼓柷，

〔一〕「初」，原作「祝」，據味經窩本、乾隆本、光緒本、通典卷一一三改。

作舒和之樂，出訖，戛敔，樂止。武舞入，鼓柷，作舒和之樂，立定，戛敔，樂止。皇帝獻后土氏，將畢，謁者引太尉，攝事，則引太常卿，下同。詣罍洗，盥手，洗爵。訖，謁者引太尉自西陛升壇，詣太社酒罇所，執尊者舉羃，太尉酌盎齊，武舞作。謁者引太尉進太社神座前，南向跪，奠爵，興。謁者引太尉少退，南向再拜。謁者引太尉詣后土氏酒罇所，取爵于坫。執尊者舉羃，太尉酌盎齊，謁者引太尉進后土氏神座前，南向跪，奠爵，興。謁者引太尉少退，西向再拜。謁者引太尉進太社神座前，南向立。太祝各以爵酌罍福酒，合置一爵，訖，太祝持爵進太尉之右，東向立。太尉再拜受爵，跪，祭爵，遂飲，卒爵。太祝進受爵，復于坫。太尉興，再拜，謁者引太尉降自西陛，詣罍洗，盥手，洗爵〔一〕。詣太稷壇，升獻如太社之儀。訖，引降，復位。初，太尉獻后土將畢，謁者引光禄卿，攝事同，以光禄卿爲終獻〔二〕。詣罍洗，盥手，洗爵，升，酌盎齊，終獻如亞獻之儀。訖，謁者引光禄卿降，復位，武舞六成，樂止。舞、獻俱畢，諸太祝各徹豆，還罇所。

〔一〕「盥手洗」三字，諸本脱，據通典卷一一三、開元禮卷三三補。
〔二〕「以」，諸本作「與」，據文獻通考卷八二改。

奉禮曰「賜胙」，贊者唱「衆官再拜」，在位者皆再拜，已飲福受胙者不拜。順和之樂作，太常卿奏稱「請再拜」，退，復位，皇帝再拜。奉禮曰「衆官再拜」，在位者皆再拜，樂一成，止。太常卿前奏「請就望瘞位」，太常卿引皇帝，樂作，皇帝就望瘞位，南向立，樂止。群官將拜，諸太祝各執篚進神座前取幣。齋郎以俎載牲體、稷黍飯〔一〕、爵酒，各由其陛壇南行，當瘞埳，西行。諸太祝以玉幣、饌物置於埳〔二〕，訖，奉禮曰「可瘞」，埳東西面各四人寘土，半埳，太常卿前奏「禮畢」。太常卿引皇帝還大次，樂作，皇帝出門，殿中監前受鎮圭，以授尚衣奉御，殿中監又前授大圭，華蓋、侍衛如常儀。皇帝入次，樂止。謁者、贊引引祭官，通事舍人分引從祭群官、諸方客使以次出。贊引引御史以下俱復執事位，立定。奉禮曰「再拜」，御史以下皆再拜。贊引引出〔三〕，工人、二舞以次出，其祝版燔于齋所。

鑾駕還宮如方丘之儀。

〔一〕「飯」，諸本作「飲」，據通典卷一一三改。
〔二〕「物」，諸本脱，據通典卷一一三、開元禮卷三三補。
〔三〕「出」，諸本脱，據通典卷一一三補。

諸州祭社稷儀：諸縣祭社稷附。

前三日，刺史縣則縣令，下倣此。散齋於別寢二日，致齋於廳事一日。亞獻以下應祭之官散齋二日，各於正寢；致齋一日，皆於壇所。上佐爲亞獻，録事參軍及判司爲終獻。若判司及上佐等有故，並次差攝之。縣則丞爲亞獻，主簿及尉通爲終獻。若縣令已下有故，亦以次差。不足，則州官及比縣官充。諸從祭之官，各清齋於公館一日。從祭官，刺史未出之前，先赴祭所，齊皆如別儀。前二日，本司先修除壇之内外，其壇方二丈五尺，高三尺，四出階〔一〕，三等。爲瘞埳二於壇西門之外道北，南向。縣埳于壇北，方深足容物。設刺史次於社壇西門之外道北，南向。縣令同。諸祭官已下次於刺史次西北，俱南向，以東爲上。前一日晡後，本司帥其屬守社稷壇四門，去壝九十步所，縣七十步。禁止行人。本司設刺史位於北門之内道西，南向。若刺史有故，攝祭初獻位于亞獻之前，東面，縣令位同。設亞獻、終獻位於社稷壇西北，設掌事者位於西門之内道北，俱每等異位，東向，南上。設贊唱者位於終獻東北，東面，南上。設州官位於祭官掌事者之北，東面，縣從祭官位同。府官位於東方，當州

〔一〕「四」下，諸本衍「寸」字，據通典卷一二一、開元禮卷六八删。

官，西面，俱重行，南上。縣無府官以下至此儀。設望瘞位於垏北，南向，東上。設門外位，祭官以下於西門之外道南，州官於祭官之南，俱重行，北面，以東爲上。縣從祭官位同。府官於東門之外道南，重行，北面，以西爲上〔一〕。祭器之數，每座罇二、籩八、豆八、簋二、簠二、俎三，羊豕及腊各一俎〔二〕，縣同。掌事者以罇坫升自西階，各設於壇上西北隅，配座之罇在西，俱南向，東上，皆加勺、冪。社稷皆爵一〔三〕，配座皆爵四，各置于坫。設洗于社稷北陛之西，去壇三步所，南向。罍水在洗西，加勺、冪，篚在洗東，北肆，實爵六，巾二，加冪。執尊罍洗篚者，各位于尊罍洗篚之後。祭日未明，烹牲于厨。祝以豆二取牲血。夙興，掌饌者實以祭器，牲體，羊豕皆載右胖，前脚三節肩臂臑，節一段，皆載之；後脚三節，節一段，去下一節，載上肫胳二節。又取正脊、脡脊、横脊、短脇、正脇、代脇各二骨以並，餘皆不設。簠實黍稷，簋實稻粱，籩實石鹽、乾魚、棗、栗、菱、芡、鹿脯，豆實韲菹、醓醢、菁菹、鹿醢、韮菹、兔醢、筍菹、魚醢，若土無者，各以其類充之。本司帥掌事者以席入自西門，詣壇西階升。設社稷神座各於壇上近南，北向。又設后土

〔一〕「西爲」，原脱，據味經窩本、乾隆本、光緒本、通典卷一一二、開元禮卷六八補。
〔二〕「及」，諸本作「皮」，據通典卷一一二、開元禮卷六八改。
〔三〕「爵一」，諸本誤倒，據通典卷一一二、開元禮卷六八乙正。

氏神座於社神之左，后稷氏神座於稷神之左，俱東向。席皆以莞。質明，諸祭官及從祭之官各服其服。祭官服祭服。從祭之官應公服者公服，非公服者常服。本司帥掌事者入實鐏罍。每座尊二，一實玄酒爲上，一實醴齊次之。祝版各置于坫，祝以幣各置於篚，與血豆俱設於饌所。社稷之幣，皆用黑，各長丈八尺。贊唱者先入就位，祝與執鐏罍篚者入自西門，當社壇北，重行，南向，以東爲上。立定，贊唱者曰「再拜」，祝以下皆再拜。執鐏者升自西階，立於鐏所，執罍篚者各就位，詣社壇，升自西階，行掃除。訖，降，詣稷壇，升，掃除如社壇之儀。降，掃除於下，訖，皆就位。刺史將至，縣則縣令將至，下倣此。贊禮者引祭官及從祭之官與掌事者俱就門外位。刺史至，參軍事引之次，贊唱者先入就位。縣令贊者引，下倣此。刺史停於次，少頃，服祭服，出次。參軍事引刺史入自西門就位，南向。參軍事立於刺史之東，少退，南向。贊禮者引祭官以下及從祭之官以次入就位。凡導引者，每曲一逡巡。立定，贊唱者曰「再拜」，刺史以下皆再拜。參軍事少進刺史之左，西面，白「請行事」，退，復位。本司帥執饌者奉饌陳於西門之外。祝以幣授刺史，參軍事引刺史自北階升社壇〔一〕，南

〔一〕「自」，諸本脱，據通典卷一二一、開元禮卷六八補。

向跪，奠幣于社神座前。訖，興，少退，再拜。祝又以幣授刺史，參軍事引刺史升稷壇，南向跪，奠幣于稷神座，如社壇之儀。訖，參軍引刺史降，復位。本司引饌入，社稷之饌升自北階，配座之饌升自西階。諸祝迎引于壇上，設于神座前。籩豆蓋冪，先徹。乃升簠簋。既奠，却其蓋于下。籩居右，豆居左，簠簋居其間。羊豕二俎，横而重于右，腊特于左。本司與執饌者降自西階，復位。諸祝各還罇所，參軍事引刺史縣，贊禮者引縣令，下同。詣罍洗，執罍者酌水，執洗者跪取盤，興，承水。刺史盥手，執篚者跪取巾于篚，興，進，刺史帨手。訖，執篚者受巾，跪，奠於篚。遂取爵，興，以進。刺史受爵，執罍者酌水，刺史洗爵，執篚者又取巾于篚，興，進。刺史拭爵，訖，受巾，奠於篚。奉盤者跪，奠盤，興。參軍事引刺史自社壇北階升，詣社神酒罇所，執尊者舉冪，刺史酌醴齊。參軍事引刺史詣社神座前，南向跪，奠爵，興，少退，南向立。祝持版進於神座之右，西向跪，讀祝文曰：「維某年歲次月朔日，子某官姓名，敢昭告于社神：唯神德兼博厚，道著方直，載生品物，含養庶類。謹因仲春，祇率常禮，恭以制幣犧齊，粢盛庶品，備兹明薦，用伸報本，以后土勾龍氏配神作主，尚享。」縣祝文以下，並同。訖，祝興，刺史再拜，祝進，跪，奠版于神座，興，還罇所。刺史拜訖，參軍事引刺史詣配座酒罇所，取爵於坫。執罇者舉冪，刺史酌醴齊，參軍事引詣后土氏神座前，西向跪，奠爵，興，少退，西向立。祝持版進于神座之左，南面跪，讀祝文曰〔一〕：「爰茲仲春，厥日唯戊，敬修常祀，薦於社神。唯神功著水土，平易九州，昭配之義，實通祀典。謹以犧齊、粢盛庶品，式陳明薦，作主侑神，尚享。」祝興，刺史再拜，祝進，跪，奠版于神座，興，還罇所。刺史拜訖，參軍事引刺史進當社神座，南向立。祝各以爵酌福酒，合置一爵，祝持爵進于刺史之右，東向立。刺史再拜，受爵，跪祭，啐酒，奠爵，興。祝帥執饌者以俎進，減社神座前胙肉，各取前脚第二骨。共置一俎上。興，祝持俎，東向進，刺史受以授左右。刺史跪，取爵，飲，卒爵。祝進受爵，復于坫。刺史興，再拜，參軍事引刺史降自北階，詣罍洗，盥手，洗爵，自稷壇北階升，詣稷神酒罇所。執罇者舉冪，刺史酌醴齊，參軍事引刺史詣稷神座前，南向跪，奠爵，興，少退，南向立。祝持版進于神座之右，西面跪，讀祝文曰〔二〕：「敢昭告于稷神：唯神播生百穀，首茲八政，用而不匱，功濟氓黎。恭以制幣犧

〔一〕「神座之左南面跪讀」，諸本作「后土氏前」，據通典卷一二一、開元禮卷六八改。
〔二〕「西面跪讀祝文」六字，諸本脱，據通典卷一二一、開元禮卷六八補。

齊，粢盛庶品，祗奉舊章，備兹瘞禮，以后稷棄配神作主，尚享。」訖，祝興，刺史再拜。祝進，跪，奠版于神座，興，還罇所。刺史拜訖，參軍事引刺史詣配座酒罇所，刺史取爵于坫。執罇者舉冪，刺史酌醴齊，參軍事引刺史詣后稷氏座前，西向跪，奠爵，興，少退，西向立。祝持版進於神座之左〔一〕，南面跪，讀祝文曰：「敢昭告于后稷氏：爰以仲春，恭修常禮，薦於稷神。唯神功叶稼穡，闡修農政，允兹從祀。用率舊章，謹以制幣犧齊〔二〕，粢盛庶品，式陳明薦，作主配神，尚享。」訖，祝興，刺史再拜。祝進，跪，奠版於神座，興，還罇所。刺史拜訖，參軍事引刺史詣稷神座前，南向立，飲福受胙，如社壇之儀。訖，參軍事引刺史降自本階，還本位。初，刺史獻將畢，贊者引亞獻詣罍洗，盥手，洗爵，升獻如刺史之儀。唯不讀祝文，不受胙。亞獻將畢，贊禮者引終獻詣罍洗，升爵，終獻如亞獻之儀。訖，降，復位。諸祝各進神座前，跪，徹豆，興，還罇所。贊唱曰「賜胙，再拜」，非飲福受胙者皆再拜。贊唱者又曰「再拜」，刺史已下皆再拜。

〔一〕「左」，諸本作「右」，據通典卷一二一改。
〔二〕「制幣」，諸本脱，據文獻通考卷八二、開元禮卷六八補。

參軍事少進刺史之左，西面，白「請就望瘞位」。參軍事引刺史就望瘞位，南向立[一]。祝於神前取幣及血寘於埳。贊唱者曰「可瘞」，埳東西面各二人寘土[二]，半埳，參軍事進刺史左，白「禮畢」，遂引刺史出，還次。贊禮者引祭官以下次出，諸祝及執罇罍篚者降，復掌事位。贊唱者曰「再拜」，祝以下皆再拜以出。其祝版燔于齋所。

諸里祭社稷儀：

前一日，社正及諸社人應祭者各清齋一日於家正寢。正寢者，爲人家前堂待賓之所。應設饌之家先修治神樹之下，又爲瘞埳于神樹之北，方深取足容于物[三]。掌事者設社正位于稷座西北十步，東面；諸社人位于其後，東面，南上；設祝奉血豆位于瘞埳之北，南向。祭器之數，每座罇酒二并勺一，以巾覆之，俎一、籩二、豆二、爵二、簠二、簋二。無禮器者，量以餘器充之。祭日未明，烹牲於厨。唯以特豕。祝以豆取牲血，置于饌所。夙興，掌饌者實祭器。牲體載右胖，折節，如州縣制，分載二俎，其罇一實玄酒爲上，一實清酒次之，籩實棗栗，豆實菹

[一]「南」，諸本作「西」，據通典卷一二一、開元禮卷六八改。
[二]「埳」，諸本作「埋」，據通典卷一二一改。
[三]「方」，諸本脱，據通典卷一二一補。

醢，簠實黍稷，簋實稻粱。掌事者以席入，社神之席設于神樹下，稷神之席設于神樹西，俱北向。質明，社正以下各服其服。掌事者以盥水器入，設于神樹北十步所，加勺巾二、爵一於其下，盛以箱。又以酒罇入，設於神樹北近西〔一〕，社神之罇在東，稷神之罇在西，俱東上，南向。置爵二及祝版於罇下，執罇者立於罇後，掌事者入實罇酒。訖，祝及執罇者其祝以社人有學識者充之。入當社神北，南向，以東爲上，皆再拜。執酒罇者就罇後立，其執盥者就盥器後立。贊禮者引社正以下俱就位，立定。贊禮者贊「再拜」，社正以下皆再拜。祝詣罇所，贊禮者贊「再拜」〔二〕，社正以下皆再拜。掌事者以饌入，各設於神座前，葅醢居前左右箱，黍稷在其間，俎居其外。訖，掌事者出，贊禮者引社正詣盥器所。執盥者酌水，社正洗手，取巾，拭手；訖，洗爵，拭爵；訖，贊禮者引社正詣社神酒罇所，酌酒；訖，贊禮者引社正詣社神座前，跪奠爵於饌右，興，少退，南向立。祝持版進社神座東，西面跪，讀祝文曰：「維某年歲次月朔日，子某坊村則云某村，以下准此〔三〕。社正姓

〔一〕「樹」，諸本脱，據通典卷一二一、開元禮卷七一補。
〔二〕「贊再拜」，諸本脱「贊」字，據通典卷一二一、開元禮卷七一補。
〔三〕「以」，諸本作「次」，據通典卷一二一改。

名，合社若干人等，今昭告于社神：唯神載育黎元，長兹庶物，時屬仲春，日唯吉戊，謹率常禮，恭用特牲清酌，粢盛庶品，祇薦社神，尚享。」祝興，社正以下及社人等俱再拜。贊禮者引社正詣稷神罇所，取爵，酌酒，訖，贊禮者引社正詣稷神座前，南向跪，奠酒於饌右，興，少退，南向立。祝持版進于稷神座西，東向跪，讀祝文曰：「若干人等敢昭告于稷神：唯神主兹百穀，粒此群黎，今仲春吉戊，秋云仲秋。謹率常禮，恭以特牲清酌，粢盛庶品，祇薦於稷神，尚享。」祝興，社正以下及社人俱再拜。贊禮者引社正立于社神座前，南向立。祝以爵酌社稷神福酒，合置一爵，進社正之右。社正再拜，受酒，訖，跪，祭酒，遂飲，卒爵。祝受爵，還罇所。社正興，再拜，贊禮者引社正還本位，立定。贊禮者贊「再拜」〔一〕，社正及社人俱再拜。訖，祝以血置於埳，埳東西各一人寘土，半埳，贊禮者少前，白「禮畢」，遂引社正等出。祝與執罇者復位，再拜，訖，出。其餘饌，社人等俱於此餕，如常會之儀。其祝版燔于祭所。

唐會要：開元二十二年三月，詔州縣社仍用牲牢。

〔一〕「贊再拜」，諸本脱「贊」字，據通典卷一二一、開元禮卷七一補。

天寶元年十月戊寅九日，詔：「社爲九土之尊，稷乃五穀之長，祭官宜加精潔，其社壇側禁樵牧。」　三載二月戊寅，詔：「社稷升爲大祀，以四時致祭。」後又依開元禮爲中祀。

通典：天寶三載，詔：「社稷列爲中祀，頗紊大猷。自今以後，社稷及日月五星，並升爲大祀，仍以四時致祭。」

舊唐書肅宗本紀：至德二載秋九月壬寅，廣平王統朔方、安西、回紇、南蠻、大食之人，與賊將戰於香積寺西北，賊軍大敗，棄京城東走。癸卯〔一〕，復西京。甲辰，捷書至行在。即日，遣裴冕入京，啓告郊廟社稷。

文獻通考：開元十九年正月三十日，敕：「普天率土，崇德報功。饗祀唯殷，刲割滋廣，非所以全惠養之道，協靈祇之心。其春秋二時社及釋奠，天下諸州府縣等並停牲牢，唯用酒脯，務存修潔，足展誠敬，自今以爲常式。」至二十二年三月二十五日，敕：「春秋祈報，郡縣常禮。比不用牲，豈云血祭？陰祀貴臭，神何以歆？自

〔一〕「癸卯」，諸本作「癸未」，據舊唐書肅宗本紀改。

今已後，州縣祭祀特以牲牢，宜依常式。」其年六月二十八日，敕：「大祀、中祀及州縣社稷，依式合用牲牢，餘並用酒脯。」至貞元五年九月十二日，國子祭酒包佶奏：「春秋祭社稷，准禮，天子社稷皆太牢。至大曆六年十月三日敕，中祀少牢。社稷是中祠，至今未改。」敕旨，宜准禮，用太牢。

舊唐書音樂志：祭太社樂章八首：貞觀中，褚亮等作。

迎神，用順和詞同夏至方丘。

皇帝行，用太和詞同冬至圜丘。

登歌，奠玉帛，用肅和　后土凝德，神功叶契。九域底平，兩儀交際。戊期應序，陰墉展幣。靈車少留，俯歆樽桂〔一〕。

迎俎，用雍和　美報崇本，嚴恭展事。受露疏壇，承風啓地。潔粢登俎，醇犧入饋〔二〕。介福遠流，群生畢遂。

〔一〕「桂」，原作「柱」，據光緒本、舊唐書音樂志三改。
〔二〕「入」，諸本作「八」，據舊唐書音樂志三改。

皇帝酌獻、飲福，用壽和詞同冬至圜丘。

送文舞出，迎武舞入，用舒和　神道發生敷九稼，陰陽乘仁暢八埏。緯武經文陶景化，登祥薦祉啓豐年。

武舞，用凱安詞同冬至圜丘。

送神，用順和詞同冬至圜丘。

又太社樂章二首：太樂舊有此詞〔一〕，不詳所起。

迎神　烈山有子，后土有臣〔二〕。播種百穀，濟育兆人。春官緝禮，宗伯司禋。戊爲吉日，迎享兹辰。

送神　告祥式就，酬功載畢。親地尊天，禮文經術。旣徵令序，福流初日。神馭爰歸，祠官其出。

右唐社稷

〔一〕「樂」，原作「社」，據味經窩本、乾隆本、光緒本、舊唐書音樂志三改。

〔二〕「臣」，原作「神」，據味經窩本、乾隆本、光緒本、舊唐書音樂志三改。

五禮通考卷四十四

吉禮四十四

社稷

宋社稷

宋史禮志：社稷，自京師至州縣，皆有其祀。歲以春秋二仲月及臘日祭太社、太稷。州縣則春秋二祭，刺史、縣令初獻，上佐、縣丞亞獻，州博士、縣簿尉終獻。如有故，以次官攝；若長吏職官或少，即許通攝，或別差官代之。牲用少牢，禮行三獻，致齋三日。其禮器數：正配坐尊各二，籩、豆各八，簠、簋各二，俎三。從祀籩、豆各二，簠、簋、俎各一。太社壇廣五丈，高五尺，五色土爲之。稷壇在西，如其制。社以石爲主，形如鍾，長五尺，方二尺，剡其上，培其下半。四面宫垣飾以方色，面各一屋，三門，每門二十四戟，四隅連飾罘罳，如廟之制，中植以槐。其壇三分宫之一，在南，無屋。又大祀，春秋二仲及臘日祭太社、太稷，州縣祭社稷，如小祀。

太宗淳化三年十二月將郊，常奏告外，又告太社、太稷。

真宗本紀：咸平二年八月戊午〔一〕，社宴近臣於中書。四年八月戊辰，社宴宰相於中書。

文獻通考：景德四年，户部員外郎判太常禮院言：「天下祭社稷、釋奠，長吏多不親行事，及闕三獻之禮，甚非爲民祈福、尊師設教之意。望令禮官申明舊典。」詔付有司。

宋史禮志：慶曆三年，定報社稷，兩圭有邸，祈不用玉。慶曆三年，定社稷牲牢、籩豆之數。慶曆祭社稷，用羊豕各二，正配位籩豆十二，山罍、簠、簋、俎二，祈報象尊一。

〔一〕「二年」，原作「二月」，據味經窩本、乾隆本、光緒本、宋史真宗本紀改。

仁宗本紀：至和元年四月甲午朔，日有食之，用牲於社。嘉祐四年正月丙申朔，日有食之，用牲於社。

禮志：治平四年十二月，詔以來歲正旦日食，命翰林學士承旨王珪祭社。

元豐三年，詳定所言：「社稷祝版、牲幣、饌物，請並瘞於坎，更不設燔燎。又周禮大宗伯『以血祭祭社稷』，社爲陰祀，血者幽陰之物，是以類求神之意。郊天先薦血，次薦腥，次薦爓，次薦熟。社稷、五祀，先薦爓，次薦熟。至于群小祀，薦熟而已。今社稷不用血祭，又不薦爓，皆違經禮。請以埋血爲始，先薦爓，次薦熟。古者祭社，君南向於北墉下〔一〕，所以荅陰也。今社稷壝内不設北墉，而有司攝事，乃設東向之位，非是。請設北墉，以備親祀南向荅陰之位，有司攝事，則立北墉下少西。王制曰：『天子社稷皆太牢，諸侯社稷皆少牢。』今一用少牢，殊不應禮。夫爲一郡邑報功者，當用少牢；爲天下報功者，當用太牢。所有春秋祈報太社、太稷，請于羊豕外，加角握二牛。」又言：「社稷之祭，有瘞玉而無禮玉，開元禮：『奠太社、太稷，並以兩圭有邸。』請下有司造兩圭有邸

〔一〕「墉」，原作「牖」，據光緒本、宋史禮志五校勘記改。下同。

二，以爲禮神之器，仍詔于壇側建齋廳三楹，以備望祭。」先是，州縣社主不以石，禮部以爲社稷不屋而壇，當受霜露風雨，以達天地之氣，故用石主，取其堅久。又禮，諸侯之壇，半天子之制，請令州縣社主用石，尺寸廣長亦半太社之制。遂下太常，修入祀儀。

蕙田案：此議有合禮處。

六年，詳定禮文所言：「太社、太稷，皆瘞牲之左髀以報陰。」

文獻通考：元豐七年，詔諸州社稷于壇側建齋廳三楹，以備望祭。

宋史禮志：元祐中，又從博士孫諤言，祭太社、太稷，皆設登歌樂。

元符三年四月朔，太陽虧，遣官告太社。

徽宗本紀：崇寧二年九月甲辰，詔郡縣謹祀社稷。

禮志：大觀，議禮局言：「太社獻官、太祝、奉禮，皆以法服；至於郡邑，則用常服。請下祭服制度于郡縣，俾其自製，敝則聽敕造之。」

文獻通考：徽宗政和三年，議禮局上五禮新儀〔一〕。太社、太稷壇四門，同一壝，二

〔一〕「五禮新儀」，原作「五禮新議」，據光緒本、文獻通考卷八二改。

十五步，壇飾各隨方色，燾以黃土。政和五年，知歙州歙縣盧知原言：「社稷之祭，郡邑以長吏及以次官充三獻官，著于甲令。比來州郡多委曹掾攝事，請申嚴有司，應奉祀官非實有疾故，不得輒委他官行禮。」從之。

宋史高宗本紀：紹興元年二月壬申，初定歲祀天地、社稷，如奏告之禮。

禮志：紹興元年，以春秋二仲及臘前祭太社、太稷于天慶觀，又望祭于臨安天寧觀。

高宗本紀：紹興七年秋七月乙酉，詔即建康權正社稷之位。

文獻通考：紹興八年，改祀于惠照齋宮。以言者謂用血祭，始用羊豕皆四，籩豆皆十有二，備三獻，如祀天地之儀。徙齋宮之欞星門于南，除其地，以設牲器。

蕙田案：祀社稷，如祀天地之儀，過矣。

宋史高宗本紀：紹興十三年二月甲子〔一〕，製郊廟社稷祭器。三月乙巳，建社稷壇。

〔一〕「二月」，原作「正月」，據光緒本、宋史高宗本紀改。

如儀。

禮志：始築壇壝于觀橋之東，立石主〔一〕，置太社令一員，備牲牢器幣，進熟、望燎如儀。

文獻通考：孝宗淳熙四年，命臨安守臣立望祭社稷殿及庖室、齋廬，儀視神州。惟設太社、太稷位于壇之南方，北向；后土勾芒氏、后稷氏位于其西〔二〕，東向。

祀社稷儀注：陳設　前祀二日，本司修除壇之内外，設祀官次于壇西門之外道北，南向。祀日，掌事者設神位版于壇上，席以莞。執尊罍者設祭器，掌饌者實之，正配每位籩八，在神位前左，重三行；豆八，在神位前右，重三行；俎二，在籩豆外，分左右；槃一，在籩豆之間；簠簋各一，在二俎之間。設尊二于壇上西北隅，配位之尊在西，俱南向，西上，尊置于坫，加以勺冪。設洗二各于子陛之西，南向，社稷各一。罍在洗西，加勺冪；篚在洗東，北肆，置巾爵。設三獻位于壇西北，祝位二又于其西，俱道北，南向，東上。又設祝位于稷壇上，東向，南上。設初獻飲福位于稷壇上神座之東

〔一〕「石主」，原作「大主」，據味經窩本、乾隆本、光緒本、宋史禮志五改。
〔二〕「后土」下，諸本衍「氏」字，據文獻通考卷八二刪。

北，南向。設望瘞位于瘞埳之南，北向，東上。開瘞埳各于壇之北壬地，方深取足容物，南出陛，置香爐，合并燭于神座之前。幣置篚，陳于左，祝版置坫，陳于右。行禮　祀日，質明，諸祀官各服其服。贊禮者引三獻官以下入，就位立。贊禮者少前，初獻之左，贊「請行事」。執事者瘞血，贊唱者曰「拜」，獻官以下皆再拜。訖，祝詣社壇，升自西陛，就位，東向立。俟初獻將詣罍洗，祝詣社壇，跪取幣于篚，興，立于社神座左。贊禮者引初獻詣社壇罍洗北，南向。執罍者酌水，初獻搢笏，盥手，執篚者取巾于篚，授初獻，帨手，訖，即受巾，奠于篚。初獻執笏，升自子陛，詣社神座前，南向，搢笏，跪，三上香。祝以幣東向跪，授初獻，訖，興，詣配位前，南向立。初獻受幣，奠于社神座前，執笏，俯伏，興，再拜。訖，引初獻詣后土神座前，西向，如上儀。訖，祝次詣稷神座前，東向立。初獻降壇，詣稷壇罍洗，升獻並如社壇之儀。訖，降，還位。祝復位，立少頃，引初獻再詣社壇罍洗，南向。執罍者酌水，初獻搢笏，盥手，帨手，訖，又取爵以授初獻，執罍者酌水，初獻洗爵。又授巾，初獻拭爵，訖，巾奠于篚。初獻執笏，升自子陛，執事者引初獻詣社神酒尊所，舉冪，酌酒于爵。初獻詣社神座前，南向，搢笏，跪，執爵，三祭酒，奠爵，執笏，俯伏，興，少退，南向立。初獻將詣罍洗，祝詣社壇，持版于社神座之右，西面跪，讀祝訖，初獻再拜，祝奠版于神座右坫，興，次詣配位前，北向立。執事者引初獻詣配位酒尊所，舉冪，酌酒于爵。初獻詣后土氏神座前，西向跪，執爵，三祭酒，奠爵，初獻執笏，俯伏，興，少退，西向立。祝持版于后土神座之右，北面跪，讀祝，畢，初獻再拜，祝奠版于神座右坫，興，詣稷神座前，西向立。初獻降壇，詣稷壇罍洗，盥帨、洗爵，訖，升自子陛，執事者詣稷神酒尊所，舉冪，酌酒于爵。初獻詣稷神座前，南向，搢笏，跪，執爵，三祭酒，奠爵，執笏，俯伏，興，少退，南向立。祝持版于稷神之右，西面跪，讀祝畢，初獻再拜，祝奠版于神座右坫，興，次詣配位前，北向立。執事者引初獻詣配位酒尊所，舉冪，酌酒于爵。初獻詣后稷氏神座前，西向跪，執爵，三祭酒，奠爵，執笏，俯伏，興，少退，西向立。祝持版于后稷神座之右，北面跪，讀祝畢，初獻再拜，祝奠版于神座右坫，興，初獻降，復位。次引亞獻詣社壇罍洗北，南向，搢笏，盥手，帨手，洗爵，執笏，升自酉陛，詣社神座前，南向，搢笏，跪，執爵，三祭酒，奠爵，執笏，俯伏，興，再拜。次詣后土氏神座前，如上儀。訖，降壇，詣稷壇罍洗，升獻並如社壇之儀。訖，降，復位，次引終獻詣社稷壇罍洗，升獻如亞獻之儀，降，復位。次引初獻詣稷壇，升自子陛，詣飲福位，南向立，執事者各以爵酌酒，合置一爵，持爵詣初獻之左，西向立。初獻再拜，搢笏，跪，受爵，祭酒，啐酒，奠爵，執饌者以俎減社稷神座前胙肉，合置一俎上，又以豆取稷黍飯，合置一豆，先以飯授初獻，受訖，又以俎授初獻，受訖，皆以授執饌者。初獻取爵飲，卒爵，執事者受虛爵，復于坫。初獻執笏，俯伏，興，再拜，降，復位。引初獻以下詣社稷壇望瘞位，北向立，執事者以篚詣神位，跪，取祝版、幣及饌物、牲之左髀，寘于坎，以火焚半，贊禮者曰「可瘞」，寘土半坎，訖，贊禮者少前，贊「禮畢」，引初獻以下出，退。

舊制，用羊豕各一口，籩十二，菱、芡、栗、鹿脯、榛實、乾桃、乾橑、乾棗、形鹽、魚鱐、糗餌、粉餈。登二，大羹。鉶鼎三〔一〕，鉶羹。盤一，毛血。簠二，黍、稷。簋二，稻、粱。豆十二，芹、筍、葵、菁、韭、酏食、魚醢、羹醢、豚胉、鹿臡、醓醢、糝食。兔俎八，羊腥七體，羊熟十一，羊腥胃、肺，羊熟腸、胃、肺〔二〕，豕腥七體，豕熟十一，豕腥膚，豕熟膚。尊罍二十四，實以酒，並同皇地祇。

〔一〕「鉶」下，諸本衍「脂」字，據文獻通考卷八二刪。
〔二〕「肺」，諸本作「豚」，據文獻通考卷八二改。

七年，權禮部侍郎齊慶胄奏：「郡縣春秋祈報，社稷壇壝，器服之度，升降跪起之節，鄙野不經。請以祥符所頒祭器圖制、元豐郊廟祀禮、政和五禮新儀與其沿革，及今所用冕服壇壝之制、祭祀之儀，參類爲書，鏤版以賜。」禮官謂：「祥符祭器圖制以竹木，今臨安上丁、上戊及祀風雷，亦用之。請以祥符圖制及郡縣壇壝、冕服祀儀，類爲一書，命臨安守臣刻之，摹上禮部，下之四方，名曰淳熙編類祀祭儀式。」從之。

朱子州縣社稷壇說：州縣社壇，方二丈五尺，四步，今每步六分之一。凡言方者，皆徑也，此言方二丈五尺者，從東至西二丈五尺，從南至北二丈五尺也。壝二十五步，其説亦然。高三尺，既言壇高三尺，又言壇分三級，則是以一尺爲一級也。四出陛。此陛之級，即壇之級也。但于四面陛之兩傍，各以石砌作幔道隔斷，使其中爲陛級，外爲壇級可也。稷壝如社壇之制。社以石爲主，其形如鐘，長二尺五寸，方一尺一寸，剡其上，培其下半。舊法，唯社有主，而稷無主，不曉其意。恐不可以己意增添。其言壇上之南方，非壇之中也。蓋神位坐南向北，而祭器設于神位之北，故此石主當壇上南陛之上，若在壇中央，即無設祭處矣。四門，同一壝，二十五步。壝方二十五步者，亦是徑二十五步，謂從東至西二十五步，以丈計之，六尺爲步，則爲十五丈也。四角築土爲壝，高三尺許，使壇上與齋廳相望得見。壝上不用瓦，蓋以磚兩面砌，使其走水，尤爲堅固。四門，當中開門，古法不言闊狹，恐須闊一丈餘，庶幾行禮執事之人往來寬展，不相妨礙。兩旁各立一華表，高一丈許，上以横木貫之，如門之狀。華表，于禮無文，但見州縣有如此者，或恐易得損壞，不作亦得。但壇面二丈五尺，乃是上一級之數，下面更兩級，一級須展一尺，即壇脚須徑二丈九尺。壇飾各隨方色，上蓋以黄土，古者社稷不屋，有明文，不用磚砌，無所考。然亦不言磚砌者〔二〕，中原土密，雖城壁，亦不用磚。今南方土疏，不砌，恐易壞。赤土飾之，又恐僭于郊壇，不可用也。**瘞坎於壇之北壬地，南出陛，方深取足容物。**瘞坎在壇之北壬地，即是合在北壝門内兩壇邊，各于中央下日隔取壬地，各用磚石砌作一小天井，深闊三四尺許，其南作踏道上下，閒時以土實之，臨祭，即令人取去土，掃令潔淨，祭畢，即使人持幣及祝版之屬，從踏道下送入坎中，然後下土築實，依條差人守視。又曰，右出政和五禮新儀。以行事儀考之，二壇東西相並，坐南向北，石主在壇上之南方，北門壝外空地，須令稍寬，可容縣官席位。空地之北，乃作齋廳，以備風雨，設獻官位。獻官南面行事，社各植之以土之所宜木，壇壝等，當用古尺，不當用大尺。

右宋社稷

〔二〕「言」，諸本作「須」，據文獻通考卷八二改。

金社稷

金史熙宗本紀：皇統三年五月甲申，初立社稷。

海陵本紀：貞元元年閏十二月癸巳，定社稷制度。

禮志：貞元元年，有司奏建社稷壇於上京。

世宗大定七年七月，建社稷壇於中都。

社爲制，外四周爲垣，南向開一神門，門三間。内又四周爲垣，東西南北各開一神門，門三間，各列二十四戟，四隅連飾罘罳，無屋，于中稍南爲壇位，令三方廣闊，一級四陛。以五色土各飾其方，中央覆以黄土，其廣五丈，高五尺。其主用白石，下廣二尺，剡其上，形如鐘，埋其半，壇南，栽栗以表之。近西爲稷壇，如社壇之制而無石主。四壝門各五間，兩塾三門，門列十二戟。壝有角樓，樓之面皆隨方色飾之。饌幔四楹，在北壝門西，北向。神厨在西壝門外，南向。廨在南圍牆外東，西向。有望祭堂三楹，在其北，雨則于是堂望拜。堂之南北各爲屋二楹，三獻官及司徒致齋幕次也。堂下南北相向有齋舍二十楹。外門止一間，不施鴟尾。祭用春秋二仲月上戊日，樂用登歌，遣官行事。太尉一、司徒一，以上奏差。亞獻太常卿一，終獻光禄卿一，省牲。太常卿一，光禄卿一，郊社令一，學士院官一，請御署祝版。大樂令一，大官令二，監祭御史二，太常博士二，廩犧令一，奉禮郎一，協律郎二，司尊罍二，奉爵酒官一，太祝七，祝史四，盥洗官二，洗爵官二，執巾篚官四，齋郎四十八，贊者一，禮直官十，以上部差。守衛十二人，各衣其方色，其服官給。舉瘞四，衣皂，軍人内差，其衣自備。前三日，質明，行事官受誓戒于尚書省、御史臺，太常寺引衆官就位，禮直官贊「揖」，對揖，訖，太尉誓曰：「某月某日上戊，祭于大社，各揚爾職。其或不恭，國有常刑。」讀訖，對拜，訖，退。凡與祭官散齋二日，致齋一日，已齋而缺者通攝行事，習禮于社宫。諸衛令帥其屬，各以其方器服通衛社宫門。大樂工人俱清齋一宿。前三日，陳設局設祭官公卿以下次于齋房之内。及設饌幔四於社宫西神門之外門南，西向。前二日，郊社令帥其屬掃除壇之上下。大樂令設樂於壇上。郊社令爲瘞坎二於壬地〔一〕，方深取足容物，南出陛。又設望瘞位於坎之北，南向。前一日，奉禮郎帥禮直官，設祭官公卿已下褥位於

〔一〕「二」，諸本作「位」，據金史禮志七改。

西神門之内道南，執事官於道北，每等異位，俱重行，東向，南上。設御史位二於壇下，一在太社東北，西向，一在太稷西北，東向，博士各在其北。設奉禮郎位於稷壇上西北，贊者一在北，東向。設協律郎位二於壇上東北隅，俱西向。設太樂令位於兩壇之間，南向。設獻官褥位於壇上神位前。設省牲位於西神門外。設牲榜於當門，黝牲二居前，又黝牲二，少退，北上。設廩犧令位於牲東北，南向。設諸太祝位於牲西，各當牲後，祝史陪其後，俱東向。設太常卿省牲位於前近南，北向。又設御史位於太常卿之東，北向。太常卿帥其屬，設酒罇之位。太罇二、著罇二、犧罇二、山罍二在壇上北隅，南向。象罇二、壺罇二、山罍二在壇下北陛之西，南向。后土氏象罇二、著罇二、山罍二在太社酒罇之西，俱東向，南上。設太稷、后稷酒罇於壇之上下，如太社、后土之儀。設洗位二於社壇西北，南向。罍在洗東，篚在洗西，北肆。司尊罍篚冪者，各位於其後。設玉帛之篚於壇上尊坫之所。設四座，各籩十、豆十、簠二、簋二、鉶三、盤一、俎三、坫四，内籩一、豆一、簠一、簋一、俎三，各設於饌幔内。光禄卿帥其屬入實。籩之實，魚鱐、乾棗、形鹽、鹿脯、榛實、乾䕩、桃、菱、芡、栗，以序爲次。豆之實，筍菹、芹菹、葵菹、菁菹、韭菹、魚醢、兔醢、豚胉、鹿䵼、醓醢，以序爲次。鉶實以羹，加芼滑。簠實以稻、粱，簋實以黍、稷，粱在稻前，稷在黍前。太官令入實尊罍以酒，各一尊實以玄酒。祭日未明五刻，郊社令升設太社、太稷神座，各於壇上近南，北向。設后土氏神座於太社神座之左，后稷氏神座於太稷神座之左，俱東向〔一〕。席皆以莞，加裀褥如幣之色。神位版各於座首。前一日，諸衛之屬禁斷行人。郊社令與其屬以尊坫罍洗篚冪入設于位，司尊罍、奉禮郎及執事者升自太社壇西陛以俟。其省牲器、視滌溉，並如郊廟儀。祭日未明十刻，太官令率宰人以鸞刀割牲，祝史以豆取毛血，各置於饌所，以盤取血置神座前，遂烹牲。未明三刻，諸祭官各服其服。郊社令、太官令入實玉幣尊罍。太官令帥進饌者實諸籩豆簠簋。未明一刻，奉禮郎、贊者先入就位。禮直官引光禄卿、御史、博士、諸太祝、祝史、司罇罍篚冪者入自西門，當太社壇北，重行，南向，東上，立定。奉禮曰「再拜」，贊者承傳，御史以下皆再拜，訖，司罇罍篚冪者皆就位。奉盤血祝史與太祝由西陛升壇，各於尊所立，祝史以俟瘞血，太祝以次取玉幣。太樂令

〔一〕「俱東向」，原脱，據光緒本、金史禮志七補。

率工人入。禮直官各引祭官入就位，立定。奉禮曰「衆官再拜」，贊者曰「在位者皆再拜」，其先拜者不拜。禮直官進太尉之左，曰「有司謹具，請行事」，退，復位。禮直官引光禄卿就瘞血所，又引祝史奉盤血降自西陛，至瘞位，引光禄卿瘞血，訖，復位。祝史以盤還饌幔，以俟奉毛血豆，奉禮曰「衆官再拜」，在位者皆再拜。諸太祝取玉幣於篚，各立於尊所。禮直官引太尉詣盥洗位。協律郎跪，俯伏，舉麾，樂作太蔟宫正寧之曲。後盥洗同。至洗位，南向立，樂止。搢笏，盥手，帨手，訖，詣太社壇，樂作應鍾宫嘉寧之曲。後升壇同。升自北陛，樂止，南向立。太祝以玉帛西向授太尉，太尉受玉帛，禮神之玉奠于神前，瘞玉加於幣，配位不用玉。玉用兩圭有邸，盛以匣。瘞玉以玉石爲之。帛用黑繒，長一丈八尺。樂作太蔟宫嘉寧之曲。太稷同。禮直官引太尉進，南向跪，奠於太社座前，俯伏，興。引太尉少退，詣褥位，南向再拜。太祝以幣授太尉，太尉受幣，西向跪，奠於后土神座前，俯伏，興。禮直官因太尉少退，西向再拜，訖，樂止。禮直官引太尉降自北陛，詣太稷壇，盥洗，升奠玉幣，如太社、后土之儀。祝史奉毛血入，各由其陛升，毛血豆係别置一豆。諸太祝迎取於壇上，俱進奠於神座前，祝史退立於尊所。太尉既升，奠玉幣，太官令出，帥進饌者奉饌陳于西門外。

禮直官引司徒出詣饌所，司徒奉太社之俎。諸太祝既奠毛血，禮直官、太官令引太社、太稷之饌入自正門，配座之饌入自左闥。饌初入門，樂作太蔟宮正寧之曲，饌至陛，樂止。祝史俱進徹毛血豆，降自西陛以出。太社、太稷之饌升自北陛，配座之饌升自西陛，諸太祝迎取於壇上，各於神座前設訖，禮直官引司徒以下，降自西陛，樂作，復位，樂止。諸太祝還尊所。禮直官引太尉詣罍洗位，樂作，至位，樂止。執盥手，洗爵，訖，禮直官引太尉詣太社壇，升自北陛，樂作，至太社酒尊所，樂止。執尊者舉冪，執事者以爵授太尉，執爵，太官令酌酒，訖，樂作太蔟宮皁寧之曲。太稷同。太尉以爵授執事者。禮直官引太尉詣太社神座前，執事者以爵授太尉，南向跪，奠爵，訖，以爵授執事者，俛伏，興。太尉少退，樂止。讀祝官與捧祝官進於神座前右，西向跪，讀祝，讀訖，讀祝官就一拜，各還尊所。太尉拜訖，詣配位酒尊所。執事者舉冪，執事者以爵授太尉，太尉執爵，太官令酌酒，訖，樂作太簇宮昭寧之曲。太尉以爵授執事者。禮直官引太尉進后土神座前，執事者以爵授太尉，西向跪，奠爵，訖，以爵授執事者，俛伏，興。太尉少退，樂止。讀祝如上儀。太尉再拜，訖，禮直官引太尉降自北陛，樂作，至罍洗位，樂止。盥手，洗爵，訖，禮直官引太尉詣太稷壇，升自北陛，並如太社、后土之儀。樂曲同。訖，禮直官引太尉還本位。亞、終獻，盥洗、升獻並如太社之儀。禮直官引終獻，降，復位，樂止。太祝各進徹豆，樂作應鍾宫娛寧之曲，還尊所，樂止。徹者籩豆各一，少移於故處。奉禮曰「賜胙」，贊者曰「衆官再拜」，在位者皆再拜。禮直官進太尉之右，請就望瘞位，御史、博士從，南向立。於衆官將拜之前，太祝執篚進於神座前，取玉幣，齋郎以俎載牲體、稷黍飯、爵酒，體謂牲之左髀。各由其陛降壇，以玉幣饌物置於坎，訖，奉禮曰「可瘞」，坎東西各二人置土，半坎，訖，禮直官進太尉之左曰「禮畢」，遂引太尉出，祭官以下以次出。禮直官引御史、博士以下，俱復執事位，立定。奉禮曰「再拜」，御史以下皆再拜。訖，出，工人以次出。祝版燔於齋坊。光禄卿以胙奉進，御史就位展視，光禄卿望闕再拜，乃退。其州縣祭享，一遵唐、宋舊儀。

石琚傳：大定十年二月，祭社，有司奏請御署祝版，上問琚曰：「當署乎？」琚曰：「故事有之。」上曰：「祭祀典禮，卿等慎之，無使後世譏誚。熙宗尊謚太祖，宇文虚中定禮儀，以常朝服行事。當時朕雖童稺，猶覺其非。」琚曰：「祭祀，大事也，非故事不敢行。」

章宗本紀：明昌四年，始以春、秋二仲月上戊日祭社稷。五年二月戊戌〔一〕，祭社稷，以宣獻皇后忌辰，用熙寧祀儀，樂懸而不作。

宣宗本紀：貞祐四年二月甲辰，命禮部尚書張行信提控修奉社稷。三月己巳，以將修社稷，遣太子少保張行信預告。冬十月丁卯，以奉安社稷，遣官預告。戊辰，命張行信攝太尉，奉安社稷，禮樂咸殺其數。

興定二年秋七月己卯，遣官祭太社、太稷。

右金社稷

元社稷

元史世祖本紀：至元七年十二月，詔歲祀太社、太稷。

十一年八月甲辰朔，頒諸路立社稷壝儀式。

十六年三月甲戌，中書省下太常寺，講究州郡社稷制度，禮官折衷前代，參酌儀

〔一〕「二月戊戌」，諸本作「正月甲戌」，據金史章宗本紀改。

禮，定擬祭祀儀式及壇壝祭器制度，圖寫成書，名曰至元州縣社稷通禮，上之。

二十年二月戊子，定以春秋仲月上戊日祭社稷。

二十九年秋七月壬申，建社稷和義門内，壇各方五丈，高五尺，白石爲主，飾以五方色土，壇南植松一株，北墉瘞坎壝垣，悉倣古制，别爲齋廬，門廡三十三楹。

蕙田案：古者立社，樹以土之所宜木，爲依神也。神無依不止，樹有生意。又土之所生，其氣相得，恐木不盛，不足以久，故必以所宜木，聖人之意微矣。後世依鄭注，易以石主，殊爲弗類。元社壇植松一株，猶得古之遺意，似可法也。

祭祀志：至元七年十二月，有詔歲祀太社、太稷。三十年正月，始用御史中丞崔彧言，于和義門内少南，得地四十畝，爲壝垣，近南爲二壇，壇高五尺，方廣如之。社東稷西，相去約五丈。社壇土用青赤白黑四色，依方位築之，中間實以常土，上以黄土覆之。築必堅實，依方面以五色泥飾之。四面當中，各設一陛道。其廣一丈，亦各依方色。稷壇一如社壇之制，惟土不用五色，其上四周純用一色黄土。壇皆北向，立北墉于社壇之北，以塼爲之，飾以黄泥；瘞坎二于稷壇之北少西，深足容物。二壇周圍壝垣，以磚爲之，高五丈，廣三十丈，四隅連飾。内壝垣欞星門四所，外垣欞星門二所，每所門三，列戟二十有四。外壝内北垣下屋七間，南望二壇，以備風雨，曰望祀堂。堂東屋五間，連厦三間，曰齊班廳。廳之南，西向屋八間，曰獻官幕。又南，西向屋三間，曰院官齋所。又其南，屋十間，自北而南，曰祠祭局、曰儀鸞庫、曰法物庫、曰都監庫、曰雅樂庫。又其南，北向屋三間，曰百官厨。外垣南門西壝垣西南，北向屋三間，曰大樂署。其西，東向屋三間，曰樂工房。又其北，北向屋一間，曰饌幕殿。又北，南向屋三間，曰饌幕。又北稍東，南向門一間。院内南，南向屋三間，曰神厨。東向屋二間，曰酒庫。近北少却，東向屋三間，曰犧牲房。井有亭。望祀堂後自西而東，南向屋九間，曰執事齋郎房。自北折而南，西向屋九間，曰監祭執事房。此壇壝次舍之所也。社主用白石，長五尺，廣二尺，剡其上如鍾。于社壇近南，北向，埋其半于土中。稷不用主。后土氏配社，后稷氏配稷。神位版二，用栗，素質黑書。社樹以松，于社稷二壇之南，各一株。此作主樹木之法也。祝版四，以楸木爲之，各長二尺四寸，闊一尺二寸，厚一分。文曰：「維年月日，嗣天子敬遣某官某，敢昭告于太社之神。」配位曰「后土之神」。稷曰「太稷之神」，配位曰「后稷之神」。玉幣，社稷皆黝圭一，繅藉，瘞玉一，以黝石代之，玄幣一。配位皆玄幣一，各長一丈八尺。此祝文玉幣之式也。牛一，其色黝，其角握，有副。羊四，野豕四。籩之實皆十，無糗餌、粉餈。豆之實亦十，無飽食、糝食。簠簋之實皆四，鉶之實和羹五。齊皆以尚醞代之。香用沈龍涎。神席一，緣以黑綾，黑綾褥方七尺四寸。太尊、著尊、犧尊、山罍各二，有坫，加勺冪。象尊、壺尊、山罍各二，有坫冪，設而不酌。籩豆各十有一，其一設於饌幕。鉶三、簠三、簋三，其一設於饌幕。俎八，其二設於饌幕〔一〕。盤一、毛血豆一、爵一，有坫。沙池一、玉幣篚一、木柶一、勺一、香鼎一、香盒一、香案一、祝案一，皆有衣。紅髹器一，以盛馬湩。盥洗位二，罍二、洗二。白羅巾四，實以篚。朱漆盤五。已上，社稷皆同。配食有象尊，無太尊。設而不酌者，無象尊，餘皆與正位同。此牲齊祭器之等也。饌幕、省饌殿、香殿，黃羅幕三，黃羅額四，黃絹帷一百九十五幅，獻攝版位三十有五，紫綾拜褥百，蒲葦席各二百，木燈籠四十，絳羅燈衣百一十，紅挑燈十，剪燭刀二，鐵粇盆三十有架，黃燭二百，雜用燭二百，麻粇三百，松明、清油各百觔。此饌幕版位燭燎之用也。初獻官一，亞獻官一，終獻官一，攝司徒一，助奠官二，太常卿一，光禄卿一，廩犧令一，太官令一，巾篚官四，祝史四，監祭御

〔一〕「二」，元史祭祀志五作「三」。

史二，監禮博士二，司天監二，良醖令一，奉爵官一，司尊罍二，盥洗官二，爵洗官二，太社令一，太社丞一，太樂令一，太樂丞一，協律郎二，奉禮郎二，讀祝官一，舉祝官二，奉幣官四，剪燭官二，太祝七，齋郎四十有八，贊者一，禮直官三，與祭官無定員。此獻攝執事之人也。凡祭之日，以春秋二仲月上戊。

成宗本紀：至元三十一年，成宗即位。八月戊子，初祀社稷，用堂上樂。

祭祀志：元貞二年冬，復下太常議，置壇于城西南，二壇，方廣視太社、太稷，殺其半。壺尊三，籩豆皆八，而無樂。牲用羊豕，餘皆與太社、太稷同。三獻官以州長貳爲之。

仁宗本紀：延祐六年春二月丁亥，改祀社稷于中戊。

祭祀志：延祐六年，改用中戊。其儀注之節有六：

○一曰迎香。前一日，有司告諭坊市，灑掃經行衢路，設香案。至日質明，有司具香酒樓轝，三獻官以下及諸執事官各具公服，五品以下官、齋郎等皆借紫，詣崇天門。三獻官及太常禮儀院官入，奉祝及御香〔一〕、尚尊酒、馬湩自内出。監祭御史、監

〔一〕「奉」，原作「奏」，據光緒本、元史祭祀志五校勘記改。

禮博士、奉禮郎、太祝分左右兩班前導。控鶴五人，一人執繖，四人執儀仗，由大明門正門出。教坊大樂作。至崇天門外，奉香酒、馬湩者各安置于輿，導引如儀。至紅門外，百官乘馬分班行于儀仗之外，清道官行于儀衛之先，兵馬司巡兵夾道次之，金鼓又次之，京尹儀從左右成列又次之，教坊大樂一隊次之。控鶴弩手各服其服，執儀仗左右成列次之。拱衛使行其中，儀鳳司細樂又次之。太常卿與博士、御史導于輿前，獻官、司徒、助奠官從于輿後。若駕幸上都，三獻官以下及諸執事官則詣健德門外，皆具公服于香輿前北向立，異位重行。俟奉香酒官驛至，太常官受而奉之，各置于輿。禮直官贊「班齊，鞠躬，再拜，興，平立」。班首稍前，搢笏，跪，衆官皆跪，三上香，出笏，就拜，興，平立；退，復位，北向立；鞠躬，再拜，興，平立。衆官上馬，分班前導如儀。至社稷壇北神門外皆下馬，分左右入自北門，序立如儀。太常卿、博士、御史前導，獻官、司徒、助奠等官後從。至望祀堂下，三獻官奉香酒、馬湩陞階，置于堂中黄羅幕下。禮直官引三獻官以次而出，各詣齋次，釋服。

〇二曰齋戒。前期三日質明，有司設三獻官以下行事執事官位于中書省。太尉南向，監祭御史位二于其西[一]，東向，監禮博士位二于其東，西向，俱北上。司徒、亞獻、終獻位于其南，北向。次助奠，稍却。次太常卿、光禄卿、太官令、司尊彝、良醞令、太社令、廩犧令、光禄丞、太樂令、太社丞，次讀祝官、奉爵官、太祝、祝史、奉禮郎、協律郎、司天生、諸執事齋郎，每等異位，重行，俱北向，西上。贊者引行事執事官各就位，立定。禮直官引太尉、初獻就位，讀誓曰：「某年某月某日上戊日，祭於太社、太稷，各揚其職，其或不敬，國有常刑。」散齋二日，宿於正寢，致齋一日於祠所。散齋日治事如故，不弔喪問疾，不作樂，不判署刑殺文字，不決罰罪人，不與穢惡事。致齋日，惟祭事得行，其餘悉禁。凡與祭之官已齋而闕者，通攝行事。七品以下官先退，餘官對拜。守壝門兵衛與大樂工人，俱清齋一日。行禮官，前期習儀于祠所。

〇三曰陳設。前期三日，所司設三獻以下行事執事官次於齋房之内，又設饌幕四于西神門之外[二]，稍南，西向，北上。今有饌幕殿在西壝門外，近北，南向。陳設如

[一]「祭」，原作「察」，據光緒本、元史祭祀志五改。
[二]「又」，諸本作「及」，據元史祭祀志五改。

儀。前祭二日，所司設兵衛，各以其方色器服守衛壝門，每門二人，每隅一人。大樂令帥其屬設登歌之樂於兩壇上，稍北，南向。磬簴在東，鐘簴在西，柷一在鐘簴南稍東，敔一在磬簴南稍西。摶拊二，一在柷南，一在敔南，東西相向。歌工次之，餘工位在縣後。其匏竹者位于壇下，重行，南向，相對爲首。太社令帥其屬掃除壇之上下，爲瘞坎二于壬地，方深足以容物，南出陛。前祭一日，司天監、太社令帥其屬升，設太社、太稷神座各于壇上，近南，北向。設后土神座于太社神座之左，后稷神座于太稷神座之左，俱東向。席皆以莞，裀褥如幣之色，設神位版各于座首。奉禮郎設三獻官位于西神門之内道南，亞獻、終獻位稍却。司徒位道北，太常卿、光禄卿次之，稍却。司天監、光禄丞又次之。太社令、太官令、良醖令、廩犧令、太社丞、讀祝官、奉爵官、太祝以次位于其北。諸執事者及祝史、齋郎位于其後，每等異位，重行，俱東向，南上。又設監祭御史位二，監禮博士位二，于太社壇子陛之東北，俱西向，南上。設奉禮郎位于稷壇之西北隅，贊者位於北稍却，俱東向。協律郎位二，於各壇上樂簴東北，俱西向。太樂令位于兩壇樂簴之間，南向，司尊彝位於酌尊所，俱南向。設望瘞位於坎之南，北向。又設牲榜於西神門外，東向。諸太祝位於牲西，祝史次之，東向。

太常卿、光禄卿、太官令位在南，北向，東上。監祭、監禮位於太常卿之東稍却，俱北向，東上。廩犧令位於牲東北，南向。又設禮饌于牲東，設省饌于禮饌之北，今有省饌殿設位于其北，東西相向，南上。太常卿、光禄卿、太官令位于西，東向，監祭、監禮位于東，西向，俱南上。禮部設版案各于神位之側，司尊彝、奉禮郎帥執事者設玉幣篚于酌奠所。次設籩豆之位，每位各籩十、豆十、簠二、簋二、鉶三、俎五、盤一。又各設籩一、豆一、簠一、簋一、俎三于饌幕内。毛血别置一豆。設尊罍之位，社稷正位各太尊二、著尊二、犧尊二、山罍二，于壇上酉陛之西北隅，南向，東上。設配位各著尊二、犧尊二、象尊二、山罍二，在正位酒尊之西，俱南向，東上。又設正位各象尊二、壺尊二、山罍二，于壇下子陛之東，南向，東上。配位各壺尊二、山罍二，在卯陛之南，西向，南上。又設洗位二于各壇子陛之西北，南向。篚在洗東，北肆，執罍篚者各位于其後。祭日丑前五刻，司天監、太社令各服其服，帥其屬升，設正配位神位板于壇上。又陳玉幣，正位禮神之玉一，兩圭有邸，置于匣。正配位幣皆以玄，各長一丈八尺，陳于篚。太祝取瘞玉加于幣，實于篚，瘞玉以玉石爲之，及禮神之玉各置于神座前。光禄卿帥其屬入實籩豆簠簋。每位籩三行，以右爲上。第一行，乾橑在前，乾棗、形鹽、魚鱐次之。第二行，鹿脯在前，榛實、乾桃次之。第三行，菱在前，芡、栗次之。豆三行，以左爲上。第一行，芹菹在前，笋菹、葵菹、菁菹次之。第二行，韭菹在前，魚醢、兔醢次之。第三行，豚拍在前，鹿臡、醓醢次之。簠實以稻粱，簋實以黍稷，鉶實以羹。良醖令帥其屬入實尊罍。正位太尊爲上，實以泛齊，著尊實以醴齊，犧尊實以盎齊，象尊實以醍齊，壺尊實以沈齊，山罍實以三酒。配位著尊爲上，實以泛齊，犧尊實以醴齊，象尊實以盎齊，壺尊實以醍齊，山罍實以三酒。凡齊之上尊實以明水，酒之上尊實以玄酒，酒齊皆以尚醖代之。太常卿設燭于神座前。

〇四曰省牲器。前期一日午後八刻，諸衛之屬禁止行人。未後二刻，太社令帥其屬掃除壇之上下。司尊彝、奉禮郎帥執事者，以祭器入設于位。司天監、太社令升，設神位版及禮神之玉幣如儀。俟告潔畢，權徹，祭日重設。未後二刻，廩犧令與諸太祝、祝史以牲就位，禮直官、贊者分引太常卿、監祭、監禮、太官令于西神門外省牲位，立定。禮直官引太常卿，贊者引監祭、監禮，入自西神門，詣太社壇，自西陛升，自滌濯于上〔一〕，執事

〔一〕「上」，原作「二」，據光緒本、元史祭祀志五改。

者皆舉羃曰「潔」。次詣太稷壇，如太社之儀，訖，降，復位。禮直官稍前曰「告潔畢，請省牲」，引太常卿稍前省牲，訖，退，復位。次引廩犧令出班，巡牲一匝，東向折身曰「充」，復位。諸太祝俱巡牲一匝，上一員出班，東向折身曰「腯」，復位。禮直官稍前曰「省牲畢，請就省饌位」，引太常卿以下各就位，立定。省饌畢，還齋所。廩犧令與太祝、祝史以次牽牲詣厨，授太官令。次引光禄卿以下詣厨省鼎鑊，視滌溉，畢，乃還齋所。晡後一刻，太官令帥宰人以鸞刀割牲，祝史以豆取血各置于饌羃。祝史又取瘞血貯於盤，遂烹牲。

〇五曰奠玉幣。祭日丑前五刻，三獻官以下行事執事官各服其服。有司設神位板，陳玉幣，實籩豆簠簋尊罍。俟監祭、監禮案視壇之上下，及徹去蓋羃。未明二刻，大樂令帥工人入，奉禮郎、贊者入就位，禮直官、贊者入就位。禮直官、贊者分引監祭、監禮、諸太祝、祝史、齋郎及諸執事官，自西神門南偏門入，當大社壇北壝下，重行，南向立，以東爲上。奉禮曰「再拜」，贊者承傳，監祭、監禮以下皆再拜。次贊者分引各就壇上下位，祝史奉盤血，大祝奉玉幣，由西階升壇，各于尊所立。次引監祭、監禮案視壇之上下，糾察不如儀者，退，復位。質明，禮直官、贊者各引三獻以下行禮執事官入就位，皆由西神門南偏門以入。禮直官進初獻之左，曰「有司謹具，請行事」，退，復位。協律郎跪，俯伏，舉麾，興，工鼓柷，樂作八成，偃麾，戛敔，樂止。禮直官引太常卿瘞血于坎，訖，復位。祝史以盤還饌幕，以俟奉毛血豆。奉禮曰「衆官再拜」，在位者皆再拜。又贊「諸執事者各就位」，禮直官、贊者分引執事官各就壇上下位。諸太祝各取玉幣于篚，立于尊所。禮直官引初獻詣太社壇盥洗位，樂作，至位，南向立，樂止。搢笏，盥手，帨手，執笏，詣壇，樂作，升自北陛，至壇上，樂止。詣太社神座前，南向立，樂作，搢笏，跪。太祝加玉于幣，東向跪以授初獻，初獻受玉幣，奠訖，執笏，俯伏，興，少退，再拜，訖，樂止。禮直官引初獻降自北陛，詣太稷壇盥洗位，樂作，至位，樂止。盥洗訖，升壇奠玉幣，並如太社、后土之儀。奠畢，降自北陛，樂作，復位，樂止。初獻奠玉幣，將畢，祝史各奉毛血豆，立于西神門外，俟奠玉幣畢，樂止。祝史奉正位毛血入自中門，配位毛血入自偏門。至壇下，正位者升自北陛，配位者升自西陛，諸太祝迎取于壇上，各進奠于神位前，太祝、祝史俱退立于尊所。

○六曰進熟。初獻，既奠玉幣，有司先陳鼎八於神厨，各在于鑊右。太官令出，帥進饌者詣厨，以匕升羊豕于鑊，各實于一鼎，冪之。祝史以扃對舉鼎，有司執匕以從，各陳于饌冪内。俟光禄卿出，帥其屬實籩豆簠簋訖，乃去鼎之扃冪，匕加于鼎。太官令以匕升羊豕，各載于俎，俟初獻還位，樂止。禮直官引司徒出詣饌所，帥進饌者各奉正配位之饌，太官令引以次自西神門入。正位之饌入自中門，配位之饌入自偏門。饌初入門，樂作，饌至陛，樂止。祝史俱進，徹毛血豆，降自西陛以出。正位之饌升自北陛，配位之饌升自西陛，諸太祝迎取于壇上，各跪奠于神座前，訖，俯伏，興。禮直官引司徒、太官令及進饌者，自西陛各復位。諸太祝還尊所，贊者曰「太祝立茅苴於沙池」。禮直官引初獻官詣太社壇盥洗位，樂作，至位，南向立，樂止。搢笏，盥手，帨手，執笏，詣爵洗位，至位，南向立。搢笏，洗爵，拭爵，以爵授執事者，執笏詣壇，樂作，升自北陛，至壇上，樂止。詣太社酌尊所，東向立，執事者以爵授初獻，初獻搢笏，執爵，司尊者舉冪，良醖令跪酌太尊之泛齊，樂作。初獻以爵授執事者，執笏，詣太社神座前，南向立。搢笏，跪，執事者以爵授初獻，初獻執爵，三祭酒，奠爵，執笏，俯伏，興，少退，立，樂止。舉祝官跪，對舉祝版。讀祝官西向跪，讀祝文，讀訖，俯伏，興，舉祝官奠祝版于案，興。初獻再拜，訖，樂止。次詣后土氏酌尊所，東向立，執事者以爵授初獻，初獻搢笏，執爵，司尊彝舉冪，良醖令跪酌著尊之泛齊，樂作。初獻以爵授執事者，執笏，詣后土神座前，西向立。執笏，跪，執事者以爵授初獻，初獻執爵，三祭酒，奠爵，訖，執笏，俛伏，興，少退，立，樂止。舉祝官跪，對舉祝版。讀祝官南向跪，讀祝文，讀訖，俛伏，興，舉祝官奠祝版于案，興。初獻再拜，訖，樂止。降自北陛，詣太稷壇盥洗位，樂作，至位，樂止。盥洗、升獻，並如太社、后土之儀。降自北陛，樂作，復位，樂止。讀祝、舉祝官亦降，復位。亞獻詣兩壇，盥洗、升獻，並如初獻之儀。終獻盥洗、升獻，並如亞獻之儀。終獻奠獻畢，降，復位，樂止，執事者亦復位。太祝各進徹籩豆，樂作，卒徹，樂止。奉禮曰「賜胙，衆官再拜」，贊者承傳，在位者皆再拜，訖，送神樂作，一成，止。禮直官進初獻之左，曰「請詣望瘞位」，御史、博士從，樂作，至位，北向立，樂止。初在位官將拜，諸太祝各執篚進于神座前，取瘞玉及幣，齋郎以俎載牲體并黍稷爵酒，各由其陛降，置于坎。訖，贊者曰「可瘞」，東西各二人置土，半坎，禮直官進初獻之左，曰「禮畢」，禮直官各引獻官以次出。禮直官引監祭、太祝以下執事官，俱復于壇北壝下，南向立定。奉禮曰「再拜」，監祭以下皆再拜，訖，出。祝史、齋郎及工人以次出。祝版燔于齋所。光禄卿、監祭、監禮展視酒胙，訖，乃退。其告祭儀，告前三日，三獻官以下諸執事官各具公服，赴中書省受誓戒。告前一日，省牲器。告日質明，三獻官以下諸執事各服其服，禮直官引監祭、監禮以下諸執事官入自北壝下，南向立定。奉禮郎贊曰「再拜」，在位官皆再拜，訖，奉禮郎贊曰「各就位，立定」。監祭、監禮視陳設畢，復位，立定。禮直官引三獻以下太常卿、光禄卿入就位，立定。禮直官贊「有司謹具，請行事」。降神樂作，八成，止。太常卿瘞血，復位，立定。奉禮郎贊「再拜」，皆再拜，訖，禮直官引初獻官詣盥洗位，盥手，訖，詣社壇正位神座前，南向，搢笏〔一〕，跪，三上香，奠玉幣，執笏，俯伏，興。再拜，訖，詣配位神座前，西向，搢笏，跪，三上香，奠幣，執笏，俯伏，興。再拜，訖，詣稷壇盥洗位，盥手，訖〔二〕，升壇，並如上儀。俱畢，降，復位。司徒率齋郎進饌，奠訖，降，復位。禮直官引初獻官詣盥洗位，盥手；訖，詣爵洗位，洗爵；訖，詣酒尊所酌酒；訖，詣社壇神位座前，南向立，搢笏，跪，三上香，執爵，三祭酒于茅苴，爵授執事者，執笏，俯伏，興。俟讀祝官讀祝文

〔一〕「搢」，原作「執」，據味經窩本、乾隆本、光緒本、元史祭祀志五改。
〔二〕「訖」，諸本作「詣」，據元史祭祀志五改。

訖，再拜，興，詣酒尊所酌酒；訖，詣配位神座前，西向，搢笏，跪，三上香，執爵，三祭酒于茅苴，爵授執事者，執笏，俯伏，興。俟讀祝文訖，再拜，興，詣稷壇盥洗位，盥手，洗爵，酌獻，並如上儀。俱畢，降，復位。禮直官引亞獻，並如初獻之儀，惟不讀祝。俱畢，降，復位。禮直官引終獻，並如亞獻之儀。俱畢，降，復位。太祝徹籩豆，訖，奉禮郎贊「賜胙」。衆官再拜，訖，禮直官引三獻、司徒、太常卿詣瘞坎位，南向立定。禮直官贊「可瘞」，禮畢出。禮直官引監祭、監禮、太祝、齋郎至北壖下，南向立定。奉禮贊「再拜」，皆再拜，訖，出。

樂志：社稷樂章：

降神，奏鎮寧之曲，林鍾宫二成　以社以方，國有彝典。大哉元德，基祚綿遠。農功萬世，于焉報本。顯相默佑，降監壇壝。

太蔟角二成　錫民地利，厥功甚溥。昭代典禮，清聲律吕。穀旦于差，洋洋來下。相此有年，根本日固。

姑洗徵二成　平厥水土，百穀用成。長扶景運，宜歆德馨。五祀爲大，千古舉行。感通肸蠁，登歌鎮寧。

南呂羽二成　幣齊虔修，粢盛告備。倉庾坻京，繄誰之賜。崇壇致恭，幽光孔邇。享于精誠，休祥畢至。

初獻盥洗，奏肅寧之曲，太蔟宮　禮備樂陳，辰良日吉。挹彼樽罍，馨哉黍稷。濯溉揭虔，維巾及冪。萬年嚴祀，蹌蹌受職。

初獻升壇，奏肅寧之曲，降同。應鍾宮　春祈秋報，古今彝章。民天是資，神靈用彰。功崇禮嚴，人阜時康。雍雍爲儀，燔芬苾香。

正配位，奠玉幣，奏億寧之曲，太蔟宮　地祇嚮德，稽古美報。幣帛斯陳，圭璋式纈。載烈載燔，肴羞致告。雨暘時若，丕圖永保。

司徒捧俎，奏豐寧之曲，太蔟宮　我稼既同，群黎徧德。我祀如何，牲牷孔碩。有翼有嚴，隨方布色。報功求福，其儀不忒。

正位酌獻，奏保寧之曲，太蔟宮　異世同德，於皇聖造。降茲嘉祥，衛我大寶。生我烝民，俾德覆燾。厥作祼將，有相之道。

配位酌獻，奏保寧之曲，太蔟宮　以御田祖，皇家秩祀。有民人焉，盍究本始。惟叙惟修，誰實介止。酒旨且多，盛德宜配。

亞、終獻，奏咸寧之曲，太蔟宮　以引以翼，來處來燕。豆籩牲牢，有楚有踐。肅答神休，神亦錫羡。土穀是依，成此禱獻。

徹豆，奏豐寧之曲，應鍾宮　文治修明，相成田功。功爲特殊，儀爲特隆。終如其初，誠則能通。明神毋忘，時和歲豐。

送神，奏鎮寧之曲，林鍾宮　不屋受陽，國所崇敬。以興來歲，苞秀堅穎。雲軿莫駐，神其諦聽。景命有僕，與國同永。

望瘞位，奏肅寧之曲，太蔟宮　雅奏肅寧，繁釐降格。篚厥玄黃，丹誠烜赫。肇視以歸，瞻言咫尺。萬年攸介，丕承帝德。

英宗本紀：至治元年二月戊申，祭社稷。　八月戊申，祭社稷。　二年二月戊申，祭社稷。　八月戊辰，祭社稷。

文宗本紀：天曆元年十一月壬申，遣官告祭社稷。

順帝本紀：元統二年八月戊午，祭社稷。　至元元年二月戊午，祭社稷。　八月戊午，祭社稷。　二年二月戊寅朔，祭社稷。　八月戊寅，祭社稷。　三年八月戊辰，祭社稷。　四年二月戊辰，祭社稷。　八月戊辰，祭社稷。　五年二月戊戌，祭社稷。　八月戊子，祭社稷。　六年二月戊子，祭社稷。八月戊子，祭社稷。至正元年二月戊寅，祭社稷。八月戊申，祭社稷。　二年二月戊申，祭社稷。八月戊申，祭社稷。三年二月戊戌，祭社稷。八月戊戌，祭社稷。　四年二月戊戌，祭社稷。八月戊午，祭社稷。　五年二月戊午，祭社稷。八月戊午，祭社稷。　六年八月戊申，祭社稷。　九年二月戊辰，祭社稷。　十四年二月戊戌，祭社稷。

右元社稷